Margret Ruep

(Hrsg.)

Bildungspolitische Trends und Perspektiven

PROFESSIONSWISSEN
FÜR LEHRERINNEN UND LEHRER

Hans-Ulrich Grunder
Katja Kansteiner-Schänzlin
Heinz Moser (Hrsg.)

Band 6

Schneider Verlag
Hohengehren GmbH

Umschlag: PE-Mediendesign, Elke Boscher,
88521 Ertingen

Coverbild: At lesson © pressmaster – Fotolia.com

Gedruckt auf umweltfreundlichem Papier (chlor- und säurefrei hergestellt).

Bibliografische Information der Deutschen Nationalbibliothek

Die Deutsche Nationalbibliothek verzeichnet diese Publikation in der Deutschen Nationalbibliografie; detaillierte bibliografische Daten sind im Internet über ›http://dnb.d-nb.de‹ abrufbar.

Professionswissen für Lehrerinnen und Lehrer

	Deutschland	Schweiz
Band 1–10 **zusammen**:	ISBN 978-3-8340-0900-5	978-3-03755-120-2
Band 1: Sozialisation u. Entwicklung	ISBN 978-3-8340-0901-2	978-3-03755-121-9
Band 2: Lehren und Lernen	ISBN 978-3-8340-0902-9	978-3-03755-122-6
Band 3: Heterogenität und Differenz	ISBN 978-3-8340-0903-6	978-3-03755-123-3
Band 4: Diagnose und Beurteilung	ISBN 978-3-8340-0904-3	978-3-03755-124-0
Band 5: Gesellschaftl. Spannungsfeld	ISBN 978-3-8340-0905-0	978-3-03755-125-7
Band 6: Trends u. Perspektiven	**ISBN 978-3-8340-0906-7**	**978-3-03755-126-4**
Band 7: Schulentwicklung	ISBN 978-3-8340-0907-4	978-3-03755-127-1
Band 8: Lehrer-Identität …	ISBN 978-3-8340-0908-1	978-3-03755-128-8
Band 9: Aus der Geschichte lernen	ISBN 978-3-8340-0909-8	978-3-03755-129-5
Band 10: Forschung	ISBN 978-3-8340-0910-4	978-3-03755-130-1

Schneider Verlag Hohengehren, Wilhelmstr. 13, 73666 Baltmannsweiler
Hompage: www.paedagogik.de

Verlag Pestalozzianum, Zürich
www.verlagpestalozzianum.ch

Das Werk und seine Teile sind urheberrechtlich geschützt. Jede Verwertung in anderen als den gesetzlich zugelassenen Fällen bedarf der vorherigen schriftlichen Einwilligung des Verlages. Hinweis zu § 52a UrhG: Weder das Werk noch seine Teile dürfen ohne vorherige schriftliche Einwilligung des Verlages öffentlich zugänglich gemacht werden. Dies gilt auch bei einer entsprechenden Nutzung für Unterrichtszwecke!

© Schneider Verlag Hohengehren, 73666 Baltmannsweiler 2011
Printed in Germany – Druckerei Djurcic, Schorndorf

Inhaltsverzeichnis

Margret Ruep
Einleitung 9

Basiswissen

Michael Schratz
1. Die Internationalisierung von Bildung im Zeitalter
   der Globalisierung 19

Tabea Raidt
2. Bildungspolitik und Bildungsmonitoring – Konsequenzen
   aus der internationalen Entwicklung in Deutschland 55

Gerhard W. Schnaitmann
3. Die Rolle der Lehrerinnen und Lehrer im
   bildungspolitischen Diskurs 75

Brennpunkte

Margret Ruep
4. Leistung und Chancengleichheit:
   Grundlegende Ziele der Bildungspolitik unter besonderer
   Berücksichtigung der Diskussion um integrative bzw.
   selektive Schulstrukturen 103

Margret Ruep
5. Die Einzelschule im Spannungsfeld zwischen zentralen
   Vorgaben und kontextgebundener Profilbildung 121

Bettina Wolf
6. Ganztagsschule 149

Bettina Würth / Peter Fratton
7. Privatschulen – eine ergänzende Alternative zum öffentlichen Schulwesen – am Beispiel der Freien Schule Anne-Sophie in Künzelsau 167

Perspektiven

Petra Burmeister
8. Fremdsprachenlernen in Kindergarten und Grundschule 189

Michael Henninger / Christina Barth / Anna Kutter / Meike Jaschniok / Christian Schmidt
9. Erfolgsfaktoren von mediengestütztem Lehren und Lernen 215

Gregor Lang-Wojtasik
10. Interkulturelles Lernen in einer globalisierten Gesellschaft – Differenzpädagogische Anregungen am Beginn des 21. Jahrhunderts 237

Die Autorinnen und Autoren 261

Einleitung

Margret Ruep

Einleitung

Bildung ist als Prozess und Ergebnis ein auf Individuen bezogenes Phänomen. Die Notwendigkeit von Bildung ergibt sich aus dem Wesen des Menschen, aus seiner anfänglichen Hilflosigkeit einerseits und andererseits aus seiner potentiellen Bildsamkeit, die mehr ist als bloße Lernfähigkeit. Letztlich ist Bildung das, was nicht nur je einzelne Menschen, sondern auch die Menschheit als Ganzes vorangebracht hat. „Der Baum der Erkenntnis" ist symbolisch das, was den Menschen zum Menschen, zum Mitmenschen und zum spezifischen Akteur in der Welt werden lässt. Das heute über viele Jahrhunderte hinweg erreichte Ziel von Bildung in seiner würdigsten und besten Form zeigt sich in den Ideen der Aufklärung, in den daraus entstandenen Verfassungsprinzipien, die demokratischen Staaten, aber auch der Staatengemeinschaft der Vereinten Nationen, zugrunde liegen. „Die Anerkennung der angeborenen Würde des Menschen bildet die Grundlage von Freiheit, Gerechtigkeit und Frieden", so heißt es in der ersten Präambel der Allgemeinen Erklärung der Menschenrechte der UNO von 1948. Da sich der UNO 192 von 200 Staaten weltweit als zugehörig erklärt haben, ist dieser Gedanke als eine Errungenschaft der Menschheit zu werten, die für alle Staaten Grundlage und Ziel von Bildung sein sollte. Der Referenzrahmen von Bildung und ihrer Organisation ist deshalb heute nicht mehr nur der lokale, regionale oder nationale Kontext, sondern die Weltgemeinschaft. Das Ziel von Bildung ist dann nicht mehr nur der mündige Bürger eines Nationalstaats, sondern der verantwortliche Weltbürger in einer Weltgesellschaft.
Bildung gilt seit dem Aufkommen der Nationalstaaten als öffentliche Aufgabe und wird in der Regel vom Staat und seinen Bürokratien über Schulen, Hochschulen und weitere Bildungseinrichtungen organisiert. Bildungspolitik gilt auch im Zeitalter der Globalisierung in allen Ländern innerhalb der UNO als grundlegende gesellschaftliche Aufgabe. Bildung lässt sich, betrachtet man die Entwicklung der letzten zwanzig Jahre, als eines der bedeutsamsten Politikfelder bezeichnen. Während UNO und UNESCO mittels Bildung insbesondere den Weltfrieden und die Demokratisierung aller Länder anstreben, wird innerhalb der OECD (Organisation for Economic Cooperation and Development; Zusammenschluss von 30 führenden Industrieländern) Bildung als Wirtschafts- und Standortfaktor in den Blick gerückt, der Mensch gilt als Humankapital bzw. Humanressource. Diese Ökonomisierungstendenzen haben den Vorteil, dass Bildung in ihrer Bedeutung in den Fokus rückt und dass Bildungsausgaben als Investitionen in die Zukunft gewertet werden. Außerdem wird dadurch der Bildung und den nationalen Bildungssystemen ein

zentraler Stellenwert beigemessen. Es entsteht gewissermaßen eine Wettbewerbssituation, die dazu führt, dass alle Länder sich hinsichtlich ihrer Bildungspolitik erheblich anstrengen müssen.

Aus dieser Entwicklung ergeben sich auch kritische Fragen wie:

Bildung ist auf das Individuum bezogen, das in einem begrenzten Kontext in die jeweilige Gesellschaft, das politische System und die Kultur mit seiner Sprache hineinwächst – lässt sich das Vorhaben einer Weltgesellschaft angesichts dieses Sachverhalts überhaupt realisieren? Sind das nicht utopische, die Menschen überfordernde Vorstellungen einiger Idealisten?

Bildung hat tiefgreifende kulturelle, nicht zuletzt auch religiöse Wurzeln, die eine hohe Wirkkraft besitzen – ist interkulturelles Lernen, der Erwerb von interkultureller Kompetenz dann überhaupt möglich? Entsteht nicht vielmehr so etwas wie babylonische Sprach- (und Kultur-)verwirrung?

Bildung findet zunächst immer lokal, regional, national statt und ist auf entsprechende Beziehungen in überschaubaren Kontexten angewiesen – ist der Anspruch, der mit der Globalisierung auf die nationalen Bildungssysteme zukommt, nicht zu hoch? Sind damit nicht Kulturverlust, Oberflächlichkeit oder Bindungslosigkeit vorprogrammiert?

Sind politische Systeme aufgrund ihrer je historischen und kulturellen Traditionen nicht zu verschieden, als dass sich ihre Bildungssysteme angleichen könnten?

Und schließlich: Welche Wirkungen hat die technisch ausgerichtete Kommunikation weltweit, die außerhalb personaler Begegnungen stattfindet? (Wie) kann sie im Bildungsbereich sinnvoll und den Bildungsprozess fördernd nutzbar gemacht werden?

Die Auswahl der Artikel in diesem Band geht von der Überzeugung aus, dass wir angesichts der globalisierten Welt, die sich über die Staatengemeinschaft der UNO an den Prämissen der Aufklärung, insbesondere an Menschenwürde, Freiheit, Gerechtigkeit und Frieden, orientiert, eine Bildungspolitik anstreben müssen, die in ihren nationalen, regionalen und lokalen Handlungsrahmen Bildung gemäß dieser Voraus-Setzungen definiert und organisiert. Als Herausgeberin bin ich davon überzeugt, dass wir der Globalisierung der Finanzmärkte eine kulturell-politisch-ethische Globalisierung an die Seite stellen müssen und dass diese Form der Globalisierung gerade über die Bildungssysteme und deren Vernetzung möglich und realisierbar ist. Dazu bietet die moderne Technik, wenn sie richtig eingesetzt wird, unterstützende Möglichkeiten bei Lern- und Bildungsprozessen.

Das Motto muss lauten: Global und systemisch denken, lokal (oder regional, national) handeln. Oder: Groß denken, in konkreten, kleinen Schritten handeln. Oder: In weltweiten Netzwerken Wissen und Können teilen, die daraus entstehende Kompetenz in die konkrete Handlungssituation transformieren.

Lehrerinnen und Lehrer sind die Hauptakteure in schulischen Bildungsprozessen. Für sie ist es besonders wichtig, um die großen Zusammenhänge zu wissen und zugleich ein Bewusstsein von ihrer bedeutsamen Aufgabe in einer globalisierten Welt zu entwickeln. Lehrerinnen und Lehrer sollten sich in der modernen Welt als *global teacher* begreifen und gerade deshalb ihre eigenen kulturellen Wurzeln so gut kennen, dass sie auch andere Kulturen verstehen und wertschätzen können. Fundiertes Wissen und Weitblick sind dafür gleichermaßen notwendig.

Deshalb ist die vertiefte Kenntnis der Internationalisierung von Bildung ebenso wichtig wie das Wissen um nationale und länderspezifische Konsequenzen aus dem internationalen Bildungsmonitoring, das letztlich tief in die einzelne Schule und in das je individuelle Lehrerhandeln in einem lokal-regionalen Umfeld hineinwirkt. Die Rolle der Lehrerinnen und Lehrer im bildungspolitischen Kontext ist insoweit von Bedeutung, als die Lehrkräfte stets eine politisch-gesellschaftliche, d.h. öffentliche, Aufgabe wahrnehmen; das gilt unabhängig davon, ob sie Beamte sind oder nicht. Die Aufgabe der Bildungspolitik zielt zwar auf Individuen, ist aber zugleich auf die (Welt)Gesellschaft und ihr politisch-rechtliches System bzw. das politisch-rechtlich internationale Beziehungsgeflecht zu beziehen. Moderne Staaten sind heute keine klassischen Nationalstaaten mehr; vielmehr sind sie immer auch Teil internationaler Vernetzungen. So greifen EU-Rechte in nationale Rechtssysteme ein, internationales Recht wird in einer globalisierten Welt immer wichtiger, was aus derzeitigen Wirtschafts- und Finanzkrise leicht abzuleiten ist. Insoweit unterstehen auch Bildungssysteme nicht mehr ausschließlich nationalen politisch-rechtlichen Systemen, sondern sind eingebunden in internationale Vereinbarungen und Abkommen, die auch jeweils lokal-regional in jede einzelne Schule hineinwirken.

Aus den Basistexten dieses Bandes, die die genannten Vernetzungen verdeutlichen, ergibt sich die Auswahl der Artikel in den Kapiteln 'Brennpunkte' und 'Perspektiven', wo einerseits die insbesondere in Deutschland bestehenden Problemfelder aufgezeigt und wo andererseits – dies ist die Überzeugung der Bandherausgeberin – die wichtigsten bildungspolitischen Perspektiven dargestellt werden: Hier geht es um den Umgang mit modernen Medien als grundlegende und als notwendig zu erwerbende Kulturtechnik, um die Notwendigkeit von Mehrsprachigkeit im globalen Kontext und bereits im frühen Lebensalter; schließlich ist es interkulturelles und transkulturelles Lernen mit einem Fokus auf dem Umgang mit Differenz, die Bildung heute und in der Zukunft wesentlich prägen muss.

Basistexte

Michael Schratz: Internationalisierung von Bildung im Zeitalter der Globalisierung
Der Autor gibt mit diesem Beitrag einen Überblick über Bildung und ihre wissenschaftliche Grundlegung im internationalen, globalen Kontext. Die Entwicklung der Erziehungswissenschaft wird dabei ebenso herausgearbeitet wie ihre aktuelle Situation und die anzustrebenden Perspektiven. Es folgt ein Überblick über die Steuerung von Bildung im Spannungsfeld zwischen Freiheit und Verantwortung, zwischen globalen Akteuren und Einzelschule. Insbesondere die Rolle und Aufgaben der Lehrerinnen und Lehrer sowie der schulischen Leitungspersonen werden mit Blick auf Schulentwicklungsprozesse aufgezeigt. Schratz erörtert die Be-

deutung der EU und ihrer politischen Entwicklung für die nationalen Bildungssysteme und bietet einen der Moderne angemessenen Referenzrahmen für alle Bildungsverantwortlichen an.

Tabea Raidt: Bildungspolitik und Bildungsmonitoring – Konsequenzen aus der internationalen Entwicklung in Deutschland unter besonderer Berücksichtigung von Baden-Württemberg

Dem Beitrag von Tabea Raidt liegt eine bildungssoziologische Dissertation (2009) zum Thema *Bildungsmonitoring* zugrunde. Die Autorin stellt dabei die internationale Entwicklung der letzten Jahrzehnte dar und gibt einen umfassenden Einblick in die internationalen Vergleichsstudien und in das daraus in Deutschland abgeleitete nationale Bildungsmonitoring. Die Besonderheit in Deutschland ist das föderale System mit 16 Bundesländern. Der Text verdeutlicht die Schwierigkeiten, die angesichts der föderalen Struktur Deutschlands das zunächst international ausgerichtete Bildungsmonitoring mit sich bringt, vor allem wenn es in Maßnahmen der Bundesländer umgesetzt werden soll. Am Beispiel von Baden-Württemberg werden die Problembereiche an der Schnittstelle zwischen Bund und Ländern aufgezeigt. Außerdem macht Raidt deutlich, dass eine Diskrepanz zwischen zentraler und dezentral-lokaler Steuerung zu verzeichnen ist, deren auftretende Probleme derzeit noch nicht gelöst sind. Die Verbindung zwischen zentralem Bildungsmonitoring als Qualitätsentwicklung des national-regionalen Bildungssystems und der lokalen schulischen Qualitätsentwicklung wird als Hauptaufgabe der Zukunft herausgestellt.

Gerhard W. Schnaitmann: Die Rolle der Lehrerinnen und Lehrer im bildungspolitischen Diskurs

Schnaitmann spannt den Bogen von dem Bild der Lehrerinnen und Lehrer in der Öffentlichkeit über die Anforderungen, die von der Bildungspolitik an Lehrpersonen gestellt werden hin zum Selbstbild der Betroffenen im Kontext des bundesdeutschen Schulsystems und dessen Steuerung. Der Autor stellt die Ergebnisse verschiedener Studien vor, die eingehen auf die Motivation von Lehrkräften bei ihrer Berufswahl, auf ihre Berufszufriedenheit und Gesundheit sowie auf den Einfluss der Lehrpersonen auf gelingende schulische Lernprozesse. Die dabei aufgezeigten Erkenntnisse machen deutlich, dass es erheblichen Optimierungsbedarf gibt, und zwar sowohl auf Seiten der Bildungspolitik wie seitens der Lehrerinnen und Lehrer selbst sowie insbesondere auch der Akteure in der Lehrer(aus)bildung aller drei Phasen (Studium, Seminarphase, Weiterbildung).

Brennpunkte

Margret Ruep: Leistung und Chancengleichheit: Grundlegende Ziele der Bildungspolitik unter besonderer Berücksichtigung der Diskussion um integrative bzw. selektive Schulstrukturen

Die Autorin richtet den Fokus auf die beiden von den Bildungsforschern als wichtigste bildungspolitische Ziele definierten Phänomene: Leistung und Chancengleichheit. Durch einen Vergleich mit Finnland unter Einbeziehung der Schweiz wird aufgezeigt, welcher spezifische Politikstil in Deutschland vorherrscht, wodurch konsensuale Bildungsprogramme tendenziell verhindert werden. Es folgt eine kritische Analyse der typisch deutschen Strukturdebatte, die oft in Form von Parteien- oder Lobbyistenstreit einen grundlegenden Diskurs überlagert, erschwert oder gänzlich unmöglich macht. Die Autorin analysiert diesen Sachverhalt kritisch auf der Grundlage von Forschungsergebnissen vor dem Hintergrund der internationalen Entwicklungen und der in den Verfassungen von Bund und Ländern festgelegten Prämissen. Sie kommt zu dem Schluss, dass Verfassungsprinzipien und die Realität des Bildungssystems nicht hinreichend übereinstimmen.

Margret Ruep: Die Einzelschule im Spannungsfeld zwischen zentralen Vorgaben und kontextgebundener Profilbildung
Dieser Beitrag verdeutlicht, wie Bildungssysteme heute von der Politik gesteuert werden. Der Übergang von der traditionellen Vorgabensteuerung zur weit gefassten Eigenverantwortung der Einzelschule befindet sich inmitten eines seit Jahren in Deutschland durchgeführten Umsteuerungsprozesses. Dabei wird das Problem der Balance zwischen zentraler Steuerung und pädagogischer Freiheit ebenso dargestellt, wie Gelingensbedingungen für den vorgezeichneten Weg angeboten werden. Den Abschluss bilden acht Thesen, die aus der Analyse des Sachverhalts abgeleitet werden und die Perspektiven für die Zukunft zeigen.

Bettina Wolf: Ganztagsschule
Bettina Wolf stellt in Ihrem Beitrag die Entwicklung der Ganztagsschule in Deutschland und die Motive zu ihrer Einrichtung unter Einbeziehung der aktuellen Debatten in Österreich und der Schweiz dar. Dabei begründet sie die Bedeutung der Ganztagesschule als „Erziehungs- und Lebensschule" für heutige Schülerinnen und Schüler. Formen und pädagogische Gestaltungselemente der Ganztagsschule zeigen ihre bildungsrelevanten Möglichkeiten gerade in der modernen Gesellschaft auf. Es wird deutlich, dass die Bildungspolitik über verschiedene Programme in Deutschland erhebliche Anstrengungen unternommen hat, um Ganztagsschulen zu etablieren und somit eine Antwort auf veränderte sozial-familiäre Strukturen zu geben. Erste Forschungsergebnisse zeigen die Wirksamkeit von Ganztagsschulen in verschiedenen Bereichen, wobei deutlich wird, dass zur politischen Zielsetzung, Chancengleichheit über Ganztagsschulprogramme zu erreichen, keine ausreichenden und somit aussagekräftigen Daten vorhanden sind. Letzteres hängt auch mit der spezifischen Form der Ganztagesschulen in Deutschland (wie auch in der Schweiz und in Österreich) zusammen.

Bettina Würth, Peter Fratton: Privatschulen – eine ergänzende Alternative zum öffentlichen Schulwesen – am Beispiel der Freien Schule Anne-Sophie in Künzelsau
Die Unternehmerin Bettina Würth und der Schweizer Schulreformer Peter Fratton stellen in ihrem Beitrag die Freie Schule Anne Sophie in Künzelsau vor. Dabei wird

deutlich, welche Motive dazu geführt haben, eine solche Schule zu gründen und dabei nicht nur erhebliche Ressourcen zu investieren, sondern sich auch im Umfeld traditionell vorwiegend staatlicher Schulen auf das Abenteuer einer privaten Schule einzulassen. Das Schulkonzept orientiert sich an dem, was Peter Fratton in der Schweiz als 'Haus des Lernens' bzw. als 'Autonomes Lernen in der gestalteten Umgebung' mit Ruth Cohn konzipiert und erfolgreich umgesetzt hat. Eine 'Schule der Gewinner' sollte entstehen, in der davon ausgegangen wird, dass alle Kinder und Jugendlichen Potentiale und Talente haben, die in der Schule gefördert werden können und müssen. Gelernt wird in gestalteten förderlichen Umgebungen mit klarer Zielorientierung, einem hohen Maß an Autonomie und Eigenverantwortung und einem Optimum an Unterstützung durch Lehrerinnen und Lehrer, die 'Lernbegleiter' heißen. Die 'Lernpartner', in der traditionellen Schule die Schülerinnen und Schüler, erfahren Lernen als die zielgerichtete Realisierung ihrer Möglichkeiten. Ein überaus sinnvolles Schulkonzept, das auch für staatliche Schulen sehr gut geeignet wäre.

Michael Henninger, Christina Barth, Anna Kutter, Maike Jaschniok, Christian Schmidt: Erfolgsfaktoren von mediengestütztem Lehren und Lernen
Medienkompetenz ist in der heutigen Welt eine grundlegende Kulturtechnik. Dazu gehört für Lehrerinnen und Lehrer auch die Fähigkeit, mediengestütztes Lehrern und Lernen zu planen, umzusetzen und zu bewerten. Dass es hierfür eine beträchtliche Anzahl eigener Kompetenzen bedarf wie technische Handhabung des notwendigen Equipment Informationsauswahl, didaktisches und methodisches Know-How, Diagnose- und Urteilsfähigkeit, liegt auf der Hand. Mit diesem Beitrag zeigen die Autoren, wie Lehr- und Lernprozesse durch die Gestaltung und Implementierung digitaler Werkzeuge unterstützt und positiv beeinflusst werden können und welche zunehmende Bedeutung Medienentwicklungspläne für alle Bildungseinrichtungen haben. Um konkrete Hinweise geben zu können, wird zunächst eine evidenzbasierte Bewertung medial unterstützter Lehre vorgenommen. Für Lehrerinnen und Lehrer ist dieser Beitrag besonders gewinnbringend, weil die dargestellten Forschungsergebnisse hier nicht nur etwas über die Wirksamkeit moderner Medien auf Lernprozesse, sondern über die Lernprozesse selbst aussagen. Der Erkenntnisgewinn geht somit weit über den Medienbereich hinaus.

Petra Burmeister: Fremdsprachenlernen in Kindergarten und Grundschule
Während vor wenigen Jahren noch eine heftige bildungspolitische Debatte zum frühen Fremdsprachenlernen geführt wurde, zeigt dieser Beitrag, welche Entwicklungen es in Deutschland gegeben hat, welche Forschungsergebnisse zwischenzeitlich vorliegen und wie die Perspektiven für die Zukunft zu bewerten sind. Petra Burmeister stellt die Situation in Deutschland dar und vergleicht internationale Forschungsergebnisse mit denen aus deutschen Kindertageseinrichtungen. Insbesondere wird herausgearbeitet, welche Gelingensfaktoren für den Fremdsprachenerwerb zu beachten sind, welchen Einfluss er hat auf Muttersprache, Sprachbewusstsein und die Entwicklung interkultureller Kompetenz und generelle Spracherwerbeskompetenz. Schließlich lässt sich aus den Forschungsergebnissen die

Empfehlung ableiten: So früh wie möglich (unter Beachtung der Gelingensbedingungen) mit der Fremdsprache beginnen! Mit Blick auf die Forschungsergebnisse der Fremdsprache in der Grundschule wird deutlich, wie wichtig die Gestaltung der Übergänge von Kindertageseinrichtungen zur Grundschule und von der Grundschule zu den weiterführenden Schulen ist und welche Bedeutung bilingualer Unterricht hat. Die Forschungsergebnisse, Lehrerinnen und Lehrer betreffend, zeigen in der Lehrer(aus)bildung (bildungs)politischen Handlungsbedarf (das Unwissen überwiegt derzeit offensichtlich).

Gregor Lang-Wojtasik: Interkulturelles Lernen in einer globalisierten Gesellschaft – Differenztheoretische Anregungen am Beginn des 21. Jahrhunderts
Der Beitrag geht aus von einer Weltgesellschaft, die in ihrer Komplexität nur durch spezifische Kategorien zu fassen ist. Lang-Wojtasik bietet dazu vier Sinndimensionen an – räumlich, sachlich, zeitlich, sozial –, die sich in konkreten Handlungssituationen national-regional-lokal sehr unterschiedlich darstellen können. Dabei werden die durch dieses Phänomen auftretenden nationalen und internationalen Probleme und Differenzen offengelegt, die für den Einzelmenschen – gerade mit Blick auf seinen individuellen Bildungsprozess – erhebliche Auswirkungen haben. Der Autor stellt der (nationalen) Interkulturellen Pädagogik das (internationale, auf die Weltgesellschaft bezogene) Globale Lernen gegenüber, welches er im Sinne einer 'Glokalisierung' als Schlüssel zur Bildung für eine Weltgesellschaft anbietet. Grundlage dafür ist eine Didaktik der Differenz, die in schulisches Handeln im Rahmen von Lehr-Lern-Prozessen umgesetzt werden muss. Mit dem Fokus auf einem professionellen Umgang mit Differenz schließt sich hier der Kreis vom Ausgangspunkt der von der Bandherausgeberin in der Einleitung definierten Prämisse – „Die Anerkennung der angeborenen Würde des Menschen bildet die Grundlage von Freiheit, Gerechtigkeit und Frieden" (Präambel der Allgemeinen Erklärung der Menschenrechte der UNO von 1948) – über alle Beiträge in diesem Band zu der Handlungsdevise: Global denken, national-regional-lokal handeln! – **Die** Herausforderung für alle Bildungspolitiker und Bildungsverantwortliche im 21. Jahrhundert weltweit.

Basiswissen

Michael Schratz

1. Die Internationalisierung von Bildung im Zeitalter der Globalisierung

1.1 Von der vergleichenden Erziehungswissenschaft zur empirischen Bildungsforschung

Dieser Beitrag setzt sich mit grundsätzlichen Fragen der Internationalisierung von Bildung auseinander, mit dem Ziel, Einsichten in die Veränderungsprozesse zu geben, die nationale Bildungspolitik und -praxis in den letzten Jahren geprägt haben, deren Ursprung in der – auch in der von Bildung voranschreitenden – Globalisierung liegt. Seit langem haben Erziehungswissenschafterinnen und -wissenschafter versucht, aus vergleichender Sicht von anderen Systemen zu lernen. Ursprünglich waren das noch Interessen Einzelner, die sich aus der vergleichenden Sicht wertvolle Impulse zur Schul- bzw. Unterrichtsreform erwarteten, daraus hat sich mit Zunahme der Verwissenschaftlichung eine eigenständige Richtung der 'Vergleichenden Erziehungswissenschaft' entwickelt. In den letzten Jahren haben immer stärker auch ökonomische Interessen dazu beigetragen, Schulsysteme miteinander zu vergleichen, um Reformen auf globaler Ebene durch den Vergleich der 'Systemleistungen' der einzelnen Länder öffentlich zu machen.
Die Vergleichende Erziehungswissenschaft war lange die Leitdisziplin zur Auseinandersetzung mit Fragen der Internationalisierung von Erziehung und Bildung. Sie hat ihren Ursprung im 19. Jahrhundert, als der Franzose Marc-Antoine Jullien andere Länder besuchte und Reformpädagogen (Pestalozzi u. a.) kennen lernte. Er wird daher als Gründer der *comparative education* genannt, da er 1817 einen Plan für vergleichende Pädagogik veröffentlichte, in dem er die Gründung eines 'Normal Institute of Education for Europe' vorschlug, um die Lehrerinnen und Lehrer nach den bekanntesten Unterrichtsmethoden auf dem ganzen Kontinent auszubilden. Das Institut veröffentlichte ein regelmäßig erscheinendes Publikationsorgan, um periodisch die Kommunikation unter all jenen Sachkundigen zu unterstützen, die in der Erziehungswissenschaft tätig waren. Jullien starb im Alter von 73 Jahren, ohne dass er seinen Traum der Gründung eines internationalen Instituts für vergleichende Pädagogik umsetzen hätte können (Fraser, Jullien 1964, S. 39).
Erst im 20. Jahrhundert ist Vergleichende Erziehungswissenschaft zu einem Thema geworden, das an Universitäten als akademische Teildisziplin gelehrt wurde.

Anfangs waren es oft Auswanderer, die das (System-)Wissen in ihre neue Heimat brachten (Hayhoe, Mundy 2008, S. 5). 1933 erschien das erste Jahrbuch über vergleichende Erziehungswissenschaft von Isaac Kandel (ein Rumäne, der über England in die USA kam und Schüler von John Dewey wurde), in dem die Länder England, Frankreich, Italien, Deutschland, die Sowjetunion und die Vereinigten Staaten verglichen wurden. Dahinter stand bereits die Idee, durch vergleichende Schulsystemanalyse zum Weltfrieden beizutragen (vgl. Bickmore 2008).

An die Zukunft denkende Wissenschaftstreibende haben 1929 in Genf das Internationale Büro für Pädagogik (*International Bureau of Education* [IBE]) gegründet, einen Zusammenschluss unabhängiger Professioneller, deren Ziele u.a. Bildung für alle und die Förderung von Bildung zur internationalen Verständigung war. Unter Leitung von Jean Piaget (1929–1967) hat das IBE den Status einer *intergovernmental organization* erhalten und entwickelte viele Funktionen, die nach dem 2. Weltkrieg von der UNESCO übernommen wurden. Eine jährliche Konferenz brachte führende Wissenschafter und Wissenschafterinnen aus unterschiedlichen Ländern zusammen und veröffentlichte Bildungsstatistiken aus jenen Ländern, die Daten dazu beitrugen. 1933 ist das von der IBE herausgegebene *International Yearbook of Education* zum ersten Mal erschienen. 1969 ist das IBE in die UNESCO eingegangen (vgl. Hayhoe, Mundy 2008, S. 6–7).

1928 hat Zhuang Zexuan, Professor für Pädagogik an der Zhejiang Universität, das erste chinesische Lehrbuch in vergleichender Pädagogik herausgegeben. In China war es für Erziehungswissenschafter aufgrund des zentralistischen Systems wichtig, von den progressiven Ideen in anderen Ländern zu erfahren (z.B. John Dewey u.a.), da sie große Schwierigkeiten hatten, ihre liberalen Vorstellungen aufgrund der politischen Kontrolle von Bildung im eigenen Land umzusetzen (ebd).

1.2 Vergleichende Bildungsforschung

Nach dem 2. Weltkrieg kam es zu einem rasanten Anwachsen von Aktivitäten und Arbeiten in Theorie und Praxis der vergleichenden Erziehungswissenschaft. Die Gründung der UNESCO *(United Nations Educational, Scientific and Cultural Organization)* im Jahre 1945 war einer der Auslöser dazu. Weitere Anlässe finden sich in der allmählichen Aufnahme von pädagogischen Anforderungen und Aufgaben in die Arbeit von internationalen Entwicklungsorganisationen wie Weltbank, UNICEF, United States Agency for International Development und Canadian International Development Agency, die eine Zunahme von wissenschaftlicher Vergleichsforschung bewirkten. 1970 erfolgte der erste Weltkongress der Vergleichenden Erziehungswissenschaftlichen Gesellschaften, der eine weltweite Vernetzung vergleichender Forschungsarbeiten auf wissenschaftlicher Ebene in Gang setzte. Allerdings waren bis in die 90er Jahre die westlichen Staaten prägend für den Referenzrahmen 'guter' Bildungssysteme. Erst in den letzten Jahren hat eine stärkere Auseinandersetzung mit anderen Perspektiven (z.B. Benachteiligung in sog. Dritte-Welt-Ländern, Nachhaltigkeit u.ä.) begonnen. In den ersten Jahren ging es –

ähnlich der Entwicklung in anderen Disziplinen – um die Absicherung der Wissenschaftlichkeit und Legitimation der Disziplin, was zu einer Diskussion um den stärkeren Einbezug statistischer Daten und um größere Vergleichsstudien ging, was durch die Einführung der Computertechnologie eine große Unterstützung erfuhr. Die Methodendiskussion führte zu einer differenzierteren Auseinandersetzung über den Einsatz erfolgreicher Instrumente wie etwa Vergleichsanalysen mittels reflektiver Interviews (vgl. Spindler, Spindler 1993). Das von George Bereday (1994) verfasste Buch *Comparative Method in Education* wurde zum ersten Standardwerk in einschlägigen Lehrveranstaltungen, das eine systematische Herangehensweise zur Gewinnung von Daten in verschiedenen Ländern, deren kontrastierende Darstellung und die Identifikation von Prinzipien bzw. Gesetzmäßigkeiten von Bildung und gesellschaftlicher Entwicklung durch eine induktive Herangehensweise enthielt (vgl. Hayhoe, Mundy 2008, S. 9).

1.2.1 Der Einfluss der Computerisierung

Dank der Möglichkeit der computergesteuerten Dateneingabe und -analyse in Forschungsprojekten kam es bald auch zu größeren Veränderungen im Bereich der Vergleichenden Erziehungswissenschaft. Auf der einen Seite können heute die computerisierte Datenerfassung und die Möglichkeit des permanenten Datenzugriffs aufgrund von online-Datenbanken statistische Daten für Vergleichszwecke einzelner Ländern leichter und rascher verfügbar gemacht werden, als dies früher über Publikationen der Fall war. In der Europäischen Union wurde zunächst Eurydice als Einrichtung für den Aufbau einer vergleichenden Wissensbasis gegründet, um den Datenaustausch im Bereich von Bildung (Bildungspolitik und Bildungsforschung) zwischen den Mitgliedsländern zu vereinfachen.

In der Weiterführung wurde unter dem Stichwort *Eurybase (The Information Database on Education Systems in Europe)* eine einzigartige und sehr detaillierte Datenbank mit Informationen zu allen Bildungssystemen, die das Eurydice-Netz abdeckt, entwickelt[1]. Neben der Recherche über einzelne Länder kann über *Eurybase* nach Informationen zu bestimmten Themen und Unterthemen in einer oder mehreren Länderbeschreibungen in verschiedenen Sprachen gesucht werden. Über die Schlagwortsuche (Suchmaschine) können eine oder mehrere Länderbeschreibungen nach einem oder mehreren Suchbegriffen abgerufen werden.

Auf der anderen Seite hat die zunehmende computergestützte Datenerfassung die Möglichkeit für breit angelegte internationale Vergleichsstudien *(large scale assessments)* geschaffen: Je mehr Länder in eine derartige Studie einbezogen wurden, umso umfassender konnte wissenschaftlich argumentiert werden, wenn die gesammelten Daten bzw. Variablen miteinander in Beziehung gesetzt wurden. Dabei haben sich zusehends zwei Fragen als zentrale Kategorien vergleichender Bildungsforschung herauskristallisiert:

Die erste untersucht die Beziehung zwischen Bildung und wirtschaftlicher Entwicklung. „What kinds of investment in 'human capital' will produce the highest

---

[1] Siehe http://eacea.ec.europa.eu/portal/page/portal/Eurydice/EuryPresentation

'social rates of return' (benefit to the economy) or 'individual rates of return' (income for the individual)?" (Hayhoe, Mundy 2008, S. 10) An solchen Kosten-Nutzen-Rechnungen waren die für Bildungsplanung Verantwortlichen interessiert, die wissen wollten, welche Maßnahmen (z. B. Lehrerbildung) bzw. Investitionen (z. B. Lehrbücher, Computer) für das jeweilige System den größten Nutzen hätten. Allerdings konnten einschlägige Studien noch keine präzisen Angaben darüber machen, welche Investitionen im Bildungswesen die größte Wirkung hätten, da einzelne Variablen erst im jeweiligen Systembezug wirksam werden und die sozio-kulturellen Bedingungen der einzelnen Länder berücksichtigt werden.

Die zweite Frage ist für die Vergleichende Erziehungswissenschaft von größerem Interesse, nämlich welche Faktoren in Schule und Gesellschaft haben einen signifikanten kausalen Zusammenhang auf den unterschiedlichen Ebenen des Bildungswesens. Welche Unterrichtsmethoden erzielen die besten Ergebnisse im Mathematikunterricht? Welche Klassengröße ist für hohe Leistungen in Physik optimal? Welche curriculare Organisation erzielt die besten Ergebnisse im Fremdsprachenunterricht? In den 60er Jahren begann die *International Association for the Evaluation of Educational Achievement* (IEA) eine Serie von Studien, die diesen Fragestellungen gewidmet waren (vgl. 1.3). Im Lauf der Jahre haben immer mehr Länder daran teilgenommen, woraus alternative internationale Vergleichsstudien wie PISA entwickelt wurden.

Mit der Zunahme derartiger internationaler Studien zeichnet sich ein Übergang von der vergleichenden Erziehungswissenschaft, die Bildungssysteme historisch, strukturell und (bildungs)analytisch verglichen hat, zur empirisch quantitativen vergleichenden Bildungsforschung *(large scale assessments)*: „Im Zentrum stehen Surveys und Tests, die Input-, Prozess- und vor allem Output-Variablen erfassen und mit Kriterien (Standards) in Verbindung bringen, um Hinweise auf die Qualität zu erhalten." (Haider 2006, S. 12)

1.2.2 Empirisierung

Die Konsequenzen, die aus den Ergebnissen internationaler Vergleichsstudien gezogen werden, sind sehr unterschiedlich. Vor allem erfahren Lehrerinnen und Lehrer die Konsequenzen globaler Einflüsse auf die Bildungspolitik erst über die damit verbundenen Konzepte und Maßnahmen, deren Nachvollzug ihnen vielfach nicht mehr möglich ist. Aus den ursprünglichen Visionen einer unter internationalen Gesichtspunkten attraktiven Idee werden über den Weg der bürokratischen Instanzen für die Praxis die Mühen der Ebene zur täglichen Herausforderung. Das augenscheinlichste Beispiel dafür stellen die internationalen Vergleichsstudien dar, von denen PISA wohl die höchste öffentliche Aufmerksamkeit erhalten und – beispielsweise in Deutschland und Österreich – die größten Irritationen ausgelöst hat *(PISA-Schock)*.

Es scheint einzutreffen, was Niklas Luhmann aus systemtheoretischer Sicht fragte, nämlich „ob das Erziehungssystem aus eigenen Beständen neue Reflexionsideen generieren kann oder ob es auf Irritationen und strukturelle Kopplungen mit seiner gesellschaftlichen Umwelt angewiesen ist – nicht zuletzt, um sich als Differenz erfahren zu können" (Luhmann 2002, S. 196). Die Irritationen, welche die gegenwärtige Debatte um PISA und die Einführung der Bildungsstandards ausgelöst hat, treffen wir auf allen Ebenen des Schulsystems an. Für Salcher (2008, S. 195) hat die PISA-Debatte den richtigen Stein ins Rollen gebracht, dieser rolle aber in die falsche Richtung:

> „Die offiziellen Reaktionen Österreichs und Deutschlands auf das schlechte Abschneiden beim PISA-Test 2003 erinnerten an einen im Prinzip sehr begabten Schüler, der sich jahrelang gut durchgeschwindelt hat, dessen mangelnde Leistungen aber auf einmal bei einer großen Prüfung doch auffliegen. Sie reichten von Schuldzuweisungen, wilder Empörung, tiefer Zerknirschung bis zu dem Versprechen, jetzt ganz brav zu lernen, um es das nächste Mal besser zu machen. Die jeweils verantwortlichen Regierungspolitiker übernahmen die Rolle der aufgebrachten Eltern, die sich verärgert bei der Prüfungsbehörde über die für ihren Sprössling völlig ungeeigneten Aufgabenstellungen bis hin zu den Fehlern bei der Korrektur beschwerten."

Salchers Zitat bringt in pointierter Form zum Ausdruck, wie schwer sich Bildungssysteme tun, wenn die Ergebnisse internationaler Vergleichsstudien den systemimmanent geführten nationalen Bildungsdiskurs irritieren bzw. 'perturbieren', wie es in der Systemtheorie heißt. Den Zustand einer Gesellschaft kann man daran erkennen, wie sie ihr Schulwesen organisiert, denn darin spiegeln sich auch die Erwartungen an die künftige Generation. Bildungssysteme und ihre Entwicklung sind Teil gesellschaftlicher und darin ökonomischer Prozesse und tief in diese eingebettet. Die Ergebnisse des Schul- bzw. Bildungssystems haben wiederum wesentlichen Einfluss auf die gesellschaftliche Entwicklung (Wirtschaft, Politik, Kultur …). Aus dem Spannungsfeld zwischen Reproduktion und Transformation (vgl. Schratz 1996, S. 23) ergibt sich das Dilemma, dass über Strukturen von gestern junge Menschen zu mündigen Staatsbürgerinnen und -bürgern von morgen erzogen, gebildet und ausgebildet werden sollen, ein Spannungsfeld, das derzeit mehr oder weniger alle Bildungssysteme unter Zugzwang setzt.

Es gab allerdings bereits in den 1960er und 70er Jahren vergleichende Erziehungswissenschafter, die die zunehmende Empirisierung ihrer Disziplin nicht befürworteten, da ihrer Meinung nach Vergleiche mittels Zahlen den Grundzügen einer Gesellschaft widersprächen. So finden sich über ethnographische Ansätze in der vergleichenden Bildungsforschung immer wieder Bemühungen, eine stärker qualitativ ausgerichtete Herangehensweise zu verwenden, um den Lernprozessen eine phänomenologische Form der Deutung zu geben (vgl. Meyer-Drawe 2008).

1.3 Die Neuorganisation von Steuerungsmacht im Spannungsfeld zwischen Freiheit und Verantwortung

Wir befinden uns in einer Phase der Neuordnung gesellschaftlicher Steuerungskräfte. Der Staat hat die Steuerungsmacht über einzelne Subsysteme aufgegeben, da er nach dem früheren Muster, allgemeine Lösungen für spezielle Probleme vorzugeben, nicht mehr funktionieren kann. 'Risikogesellschaft', 'Erlebnisgesellschaft' und ähnliche Zuschreibungen sind nur einige begriffliche Formulierungen dafür, dass sich der/die/das Einzelne zu individualisieren begonnen hat (vgl. Kron, Horácek 2009).

Den Individualisierungstendenzen der Einzelnen entsprechen die Privatisierungs- bzw. Autonomisierungsbewegungen ganzer gesellschaftlicher Teilsysteme. Die Autonomisierung des Schulwesens ist *eine* Ausformung dieser Entwicklung, welche dazu geführt hat, dass es zu einer Neubestimmung zwischen Freiheit und Verantwortung (vgl. Liket 1995), zwischen Selbststeuerung und Kontrolle gekommen ist.

Auf Grund der Abgabe von Entscheidungsmacht der zentralen Schulbürokratie sind die autonomen Entscheidungsspielräume an den Schulen erweitert worden, wodurch der Druck über zentrale Kontrolle abgenommen hat. Der Grad der Freiheit in schulnahen Entscheidungen hat dadurch zugenommen, wodurch auf Grund der möglichen Vielfalt nicht mehr im herkömmlichen Sinn kontrolliert werden kann. Während die Autonomisierung des Schulwesens auf lokaler Ebene flexiblere Handlungsspielräume eröffnet hat, ist auf der Ebene von Schulsystemen eine Globalisierung in Gang gekommen, die – analog zu den Prinzipien der politischen Ökonomie – zu einer Neugestaltung von Macht- und Kontrollstrukturen führt.

Ein Beispiel für die Globalisierung im Bildungswesen ist die *International Association for the Evaluation of Educational Achievement* (IEA), ein unabhängiger, internationaler Zusammenschluss von nationalen Forschungseinrichtungen und ministeriellen Forschungsagenturen. Ihr Ursprung liegt im Jahr 1958, als sich eine Gruppe von Forscher/innen aus unterschiedlichen Disziplinen (Pädagogische Psychologie, Soziologie, Psychometrik) am UNESCO-Institut für Pädagogik in Hamburg traf und Probleme der Evaluation von Schulen und Schülerinnen und Schülern erörterte. Sie argumentierten, dass eine effektive Evaluation im Bildungssystem nicht nur die Inputsteuerung bzw. Kontextbedingungen berücksichtigen dürfe, sondern auch Ergebnisse wie Wissen, Einstellungen und Partizipation beinhalten müsse. Sie wollten über die bloße Feststellung von Aussagen über die Zufriedenheit bzw. Unzufriedenheit hinaus jene Bestimmungsfaktoren erkunden, die einen bedeutsamen und konsistenten Einfluss auf die Leistungen von Schule hätten.

Die Gründer von IEA sahen die Welt als ein natürliches Labor für Bildungsprozesse, in dem unterschiedliche Schulsysteme auf unterschiedliche Weise versuchten, die besten Ergebnisse für die Bildung ihrer Jugend zu erzielen. Obwohl die einzelnen Länder ähnliche Definitionen für ein erfolgreiches Bildungssystem geben, setzen sie unterschiedliche Methoden ein, um die besten Ergebnisse zu erzielen. Die Gründer nahmen an, dass vergleichende Untersuchungen, die Ergebnisse aus einem breiten Spektrum von Ländern hervorbringen, einen Einblick in wirksame Beziehungen schaffen, die bei der bloßen Beobachtung eines Bildungssystems nicht festgestellt werden könnten. Über ihre vergleichenden Forschungsprojekte und Vergleichsstudien verfolgt die IEA folgende Ziele:

- Erarbeitung internationaler Bezugsnormen (Benchmarks), die politische Entscheidungsträger durch internationale Vergleiche unterstützen sollen, die Stärken und Schwächen ihres jeweiligen Bildungssystems zu identifizieren.
- Erarbeitung qualitativ hochwertiger Daten, die politischen Entscheidungsträgern ein Verständnis darüber geben, welche Schlüsselfaktoren innerhalb und außerhalb der Schule den Unterricht beeinflussen.
- Besorgung qualitativ hochwertiger Daten, die für politische Entscheidungsträger Einblick in Problembereiche und Lösungsansätze in ihrem jeweiligen Schulsystem gewähren und sie bei der Vorbereitung und Evaluation von Bildungsreformen unterstützen.
- Entwicklung und Verbesserung der Fähigkeiten der Bildungssysteme zum Aufbau nationaler Strategien für Bildungsmonitoring und Systementwicklung.
- Beitrag zur Entwicklung einer weltweiten Forschergemeinschaft im Bereich pädagogischer Evaluation.

Seit der Gründung (1958) bis zur Mitte der 90er Jahre wurden für die einzelnen IEA-Studien jeweils wechselnde Studienleitungen benannt, die jeweils die komplette Infrastruktur der Studien neu zu entwickeln und aufzubauen hatten. Im Jahr 1995 beschloss die IEA, den Prozess der Datenverarbeitung zu zentralisieren, um das in einzelnen Studien erworbene Wissen immer wieder nutzen und ausbauen zu können. Die wachsende Anzahl der IEA-Studien sowie die zunehmende Zahl der Teilnehmerländer intensivierte die Anforderungen an die Datenverarbeitung, wodurch dieser Schritt erfolgte. Da in den Jahren vor dieser Entscheidung die Studienleitung einer IEA-Studie in Hamburg lokalisiert war, wurde das IEA Data Processing Center (DPC) als Datenverarbeitungszentrum aller zukünftigen IEA-Studien in Hamburg gegründet (vgl. www.iea-dpc.de).

Seit 1998 führt das IEA DPC auch Aufgaben für Schulleistungsstudien innerhalb Deutschlands durch, etwa bei den Feldtests für PISA Deutschland. Seither hat der Bedarf an der Durchführung von Vergleichsstudien stark zugenommen, wodurch das Data Processing Center in Hamburg ein großes Wachstum erfahren hat und von unterschiedlichen Auftraggebern und Organisationen im In- und Ausland für das Handling der Daten in *large scale assessments* eingesetzt wird. Inzwischen beschäftigt das DPC in Hamburg mehr als 100 Personen und kann daher Komplett-Dienste für eine Vielzahl von Untersuchungsdesigns anbieten.

Seit ihrer Gründung 1958 hat die IEA über 25 größere vergleichende Forschungsstudien – meist in schulischen Unterrichtsfächern – in Folgezyklen durchgeführt. Beispiele dafür sind TIMSS (*Trends in Mathematics and Science Study*: 1995, 1999, 2003, 2007) und PIRLS (*Progress in International Reading Literacy Study*: 2001, 2006). Darüber hinaus auch Studien von besonderem Interesse wie etwa die vergleichende Video-Studie zu TIMSS, CIVED *(civic education)*, SITES *(Study on information technolgy in education)* sowie im Vorschulbereich PPP *(pre-primary education)* und 2005 die erste Untersuchung im tertiären Bildungsbereich: TEDS-M *(Teachers Education and Development Study in Mathematics)*.

Seit Beginn von IEA ist die Zahl der Mitglieder von 12 auf 66 Forschungseinrichtungen gewachsen, die von Universitäten bis Ministerien reichen. Die Finanzierung erfolgt einerseits durch die Regierungen der Mitgliedsländer, aber auch durch private Stiftungen und internationale Einrichtungen wie das US National Center for Educational Statistics, die Weltbank, The Inter-American Development Bank, United Nations Development Program for Arab Countries, und die Europäische Kommission.

Die zunehmende Globalisierung von Bildung und die damit ausgelöste Veränderung der Steuerungsmacht werden durchaus auch kritisch gesehen. Beispielsweise sieht Münch (2009) in PISA- und McKinsey-Studien die Vertreter eines grundlegenden Wandels der Herrschaft in der Gegenwart. PISA verkörpert für ihn die Transformation von Bildung in Humankapital. McKinsey sieht er verantwortlich für die Umgestaltung aller Lebensbereiche nach ökonomischen Denkmodellen. Aufgrund einer 'unheiligen' Allianz globaler Berater und lokaler Eliten seien die deutschen Schulen und Universitäten in 'institutionelle Hybride' verwandelt worden, in denen Anspruch und Wirklichkeit immer weiter auseinander klafften. Die Ursache sieht er in einer Verschiebung der symbolischen Macht weg von der nationalen Bildungselite und hin zu einer neuen, an der naturwissenschaftlichen Methodik geschulten, transnational organisierten Wissenselite (vgl. Münch 2009), was der Qualität der Bildungsinstitutionen mehr geschadet als genützt habe.

1.4 Globale Akteure im internationalen Diskurs

Die in Abschnitt 1.3 skizzierte Entwicklung der Neuorganisation von Steuerungsmacht im Rahmen gesamtgesellschaftlicher Globalisierungsprozesse hat, wie bereits angedeutet, den Einfluss von internationalen Entwicklungen auf nationale Bildungssysteme vergrößert. Während bis ans Ende des letzten Jahrtausends die Bildungspolitiken der einzelnen Länder sehr selbstreferentiell agiert hatten und Auseinandersetzungen in Deutschland eher zwischen den Entwicklungen in den einzelnen Bundesländern stattgefunden hatten, brachten Länder vergleichende Aktivitäten – vor allem in Form von Vergleichstests – einen starken Impuls durch die Ausrichtung auf externe Referenzdaten. Dadurch begannen globale Akteure stärker Einfluss auf die nationalen Entwicklungen zu nehmen. Drei davon werden im Folgenden näher beschrieben: Vereinte Nationen, OECD und Europäische Union.

1.4.1 Das Streben nach Frieden und Gerechtigkeit als internationale Bildungsperspektive: Die Vereinten Nationen als Global Player

Bereits nach dem Ersten Weltkrieg gab es Bemühungen, über einen weltweiten Völkerbund künftige Weltkriege zu vermeiden. Diese scheiterten, sodass es erst 1945 zur Gründung der Vereinten Nationen (*United Nations* [UN]) mit Hauptsitz in

New York kam. Die damals von 50 Nationen unterfertigte Charta ist ein zeitlich nicht begrenzter völkerrechtlicher Vertrag, der sich unter anderem mit den verschiedenen Hauptorganen der UN, der friedlichen Beilegung von Streitigkeiten, den Maßnahmen bei Bedrohung oder Bruch des Friedens und bei Angriffshandlungen sowie ihren Zielen und Grundsätzen befasst.

Zur Sicherstellung des Bemühens, den Weltfrieden zu einem zentralen Ansatz für die künftige Entwicklung der Menschheit zu machen, wurde im selben Jahr die UNESCO *(United Nations Educational, Scientific and Cultural Organization)* als rechtlich eigenständige Sonderorganisation der Vereinten Nationen gegründet. Sie ist die Organisation der Vereinten Nationen für Bildung, Wissenschaft, Kultur und Kommunikation und umfasst derzeit 193 Mitgliedstaaten mit Sitz in Paris. In der Präambel ihrer Verfassung, die 37 Staaten am 16. November 1945 in London unterzeichnet hatten, steht die Leitidee der UNESCO: „Da Kriege im Geist der Menschen entstehen, muss auch der Frieden im Geist der Menschen verankert werden."[2] Sie steht in der Präambel ihrer Verfassung, um aus der Erfahrung des Zweiten Weltkrieges die Lehre zu ziehen:

„Ein ausschließlich auf politischen und wirtschaftlichen Abmachungen von Regierungen beruhender Friede kann die einmütige, dauernde und aufrichtige Zustimmung der Völker der Welt nicht finden. Friede muss – wenn er nicht scheitern soll – in der geistigen und moralischen Solidarität der Menschheit verankert werden."

Damit ist auch der Bildungs- und Wissenschaftsbereich aufgerufen, zur Sicherung von Frieden auf der Welt beizutragen. Daher steht im Artikel I.1 der UNESCO-Verfassung:

> „Ziel der UNESCO ist es, durch Förderung der Zusammenarbeit zwischen den Völkern in Bildung, Wissenschaft und Kultur zur Wahrung des Friedens und der Sicherheit beizutragen, um in der ganzen Welt die Achtung vor Recht und Gerechtigkeit, vor den Menschenrechten und Grundfreiheiten zu stärken, die den Völkern der Welt ohne Unterschied der Rasse, des Geschlechts, der Sprache oder Religion durch die Charta der Vereinten Nationen bestätigt worden sind."

Die UNESCO hat das breiteste Programmspektrum aller UN-Sonderorganisationen und umfasst die vier Aufgabenbereiche: Bildung, Wissenschaft, Kultur und Kommunikation. Bildung ist in der Programmstrategie der UNESCO der Schlüssel für Entwicklung. Die UNESCO koordiniert das weltweite Aktionsprogramm 'Bildung für alle'. Ziel ist es, bis 2015 allen Kindern eine Grundschulbildung zu ermöglichen und die Zahl der Analphabeten weltweit zu halbieren. Im Hochschulnetzwerk der UNESCO kooperieren über 570 UNESCO-Lehrstühle in rund 120 Ländern. Im internationalen Schulnetzwerk arbeiten 8000 UNESCO-Projektschulen in 180 Ländern mit. Die UNESCO hat auch die Federführung für die UN-Dekade 'Bildung für nachhaltige Entwicklung' (2005–2014).

---

[2] Diese und folgende Zitate stammen von der UNESCO-Homepage www.unesco.de

INTERNATIONALISIERUNG

1.4.2 UNESCO Schul-Netzwerk

Im internationalen Schulnetzwerk der UNESCO arbeiten etwa 190 deutsche sowie jeweils ca. 60 österreichische und schweizerische Schulen mit. Auf ihrem Arbeitsprogramm stehen die Menschenrechte, nachhaltige Entwicklung und der gerechte Ausgleich zwischen Arm und Reich. Die UNESCO-Projektschulen leben als übergeordnetes Bildungsziel 'Zusammenleben lernen in einer pluralistischen Welt in kultureller Vielfalt' und gestalten das Schulleben im Sinne des interkulturellen Lernens.

Über die Grenzen von Schularten und Ländern hinweg beziehen die UNESCO-Projektschulen andere Schulen in ihre Arbeit ein und geben gute Praxismodelle auch an Schulen außerhalb des Netzwerkes weiter. Durch die internationale Verbindung und ihre inhaltliche Ausrichtung an Gerechtigkeit in der Bildung bemühen sich die Schulen um die Heranbildung weltoffener, politisch kompetenter und handlungsfähiger Menschen mit Gestaltungskompetenz, die bereit sind, sich für zukunftsfähige Lösungen einzusetzen. Zwei aktuelle Themen der UNESO werden hier herausgehoben, da sie in den kommenden Jahren von Bedeutung sein dürften: Das Recht auf Bildung und die Dekade der Nachhaltigkeit.

Das Recht auf Bildung

Die Arbeit der UNESCO-Schulen als Teil eines von den Vereinten Nationen initiierten weltweiten Bildungs-Netzwerks hat in der Bevölkerung – außer bei den Betroffenen, deren Kinder eine solche besuchen oder die dort selbst unterrichten – keinen sehr hohen Bekanntheitsgrad. Größere Öffentlichkeit erhielt die internationale Bildung, nicht zuletzt durch die mediale Aufbereitung, durch den Besuch des Sonderberichterstatters der Vereinten Nationen, Vernor Muñoz, im Jahr 2006. Der Jura-Professor aus Costa Rica, der beim Büro des Hohen UNO-Kommissars zur Wahrung der Menschenrechte in Genf angesiedelt ist, hat auf Einladung der Regierung vom 13. bis 21. 2. 2006 die Bundesrepublik Deutschland besucht, um die Umsetzung des Menschenrechts auf Bildung anhand von folgenden vier Querschnittthemen zu analysieren:

- Die Auswirkungen des deutschen föderalen Systems.
- Die Reformen des Bildungssystems, die im Anschluss an PISA durchgeführt wurden.
- Die Struktur des Bildungswesens.
- Der Paradigmenwechsel bei der Migration in Verbindung mit demographischen Veränderungen und sozio-ökonomischen Faktoren.

Die Ergebnisse seiner Analyse wurden dem 'Rat für Menschenrechte' der Vereinten Nationen im März 2006 vorgelegt. Der Sonderberichterstatter stellte fest, dass die erfolgreiche Reform des deutschen Bildungssystems als Ganzes sowohl inhaltlicher als auch struktureller Reformen bedarf, wozu im Bericht sieben Kernbereiche herausgestellt werden:

„1) Wandel von einem selektiven Bildungssystem zu einem System, bei dem das Individuum unterstützt wird und dessen spezifische Lernfähigkeiten im Mittelpunkt stehen;
2) größere Unabhängigkeit der Schulen; dies bedeutet, dass Schulen flexibel und autonom in der Nutzung ihrer Finanzen, der Einstellung von Lehrern und der Umsetzung der zentralen Zielsetzungen sein sollten;
3) Verbesserung der Bildungsinhalte und Methoden insbesondere durch eine systematische Sprachausbildung der Migrant/innen, die Verstärkung der Lesefähigkeiten und die Einführung neuer Medien;
4) Verstärkung der demokratischen Schulkultur, indem man dem Kind mehr Autonomie und die Möglichkeit gibt, seine Kompetenzen einzusetzen;
5) die Strukturen sollten so gestaltet werden, dass sie jedem die Chance geben, sein/ihr Potenzial auszuschöpfen bzw. durch verstärkte Kindergartenangebote, die Einführung von Ganztagsschulen und den Verzicht auf ein gegliedertes Schulsystem;
6) eine andere Ausbildung für Lehrer, die nicht nur in ihrem Fachgebiet spezialisiert sein sollten, sondern auch auf pädagogischer Ebene;
7) stärkere Investitionen und mehr Finanzmittel für frühkindliche Unterstützung; dafür sollten die Finanzen besser investiert und verteilt werden." (Muñoz Vernor: Bericht des UNO-Sonderberichterstatters für das Recht auf Bildung. Zusammenfassung des Originalberichts durch den BMBF-Sprachendienst in allen Amtssprachen, 09.03.2007. Zitiert nach Priebe 2008, 11)

Diese Rückmeldung hat im Sinne der oben zitierten systemtheoretischen Betrachtungen von Luhmann (2002) Irritationen ausgelöst, über welche die Differenzerfahrung zwischen Selbst- und Fremdbild in vielfachen Reaktionen sichtbar werden konnte.

Dekade Bildung für nachhaltige Entwicklung

Da Bildung als Schlüssel angesehen wird, um einen gesellschaftlichen Wandel in Richtung einer nachhaltigen Entwicklung zu realisieren, wurden von den Vereinten Nationen die Jahre 2005 bis 2014 zur Dekade 'Bildung für nachhaltige Entwicklung' erklärt und die UNESCO als sogenannte *Lead Agency* beauftragt. Ziel ist die Verankerung von nachhaltiger Entwicklung in den nationalen Bildungsvorhaben der UN-Mitgliedsstaaten. Von der UN-Generalversammlung wurden zur Umsetzung der UN-Dekade durch die UNESCO folgende acht Handlungsfelder beschlossen:
- Gleichstellung von Frauen und Männern
- Gesundheitsförderung
- Umweltschutz
- Ländliche Entwicklung
- Friede und humanitäre Sicherheit
- Nachhaltiger Konsum

- Kulturelle Vielfalt
- Nachhaltige Stadtentwicklung.

Bildung für nachhaltige Entwicklung (BNE) zielt darauf ab, Menschen Kenntnisse, Fähigkeiten und Einstellungen zu vermitteln, die für die Gestaltung einer nachhaltigen Gesellschaft notwendig sind. Um die ökologischen, sozialen und ökonomischen Herausforderungen zu bewältigen, sollen Lernenden Kompetenzen und Fähigkeiten mit auf den Weg gegeben werden, die es ihnen ermöglichen, aktiv und eigenverantwortlich die Zukunft mit zu gestalten. Die einzelnen Staaten haben gemäß ihrer Kulturhoheit eigene Strategien entwickelt, um Bildung für nachhaltige Entwicklung in der UN-Dekade zielgerichtet umzusetzen. So wurden in den einzelnen Ländern themenbezogene Bildungsportale eingerichtet. Auf dem Bildungsportal für nachhaltige Entwicklung in Deutschland (www.bne-portal.de) wird das folgende Leitbild vorgestellt:

„Bildung für nachhaltige Entwicklung vermittelt Kindern, Jugendlichen und Erwachsenen nachhaltiges Denken und Handeln. Sie versetzt Menschen in die Lage, Entscheidungen für die Zukunft zu treffen und dabei abzuschätzen, wie sich das eigene Handeln auf künftige Generationen oder das Leben in anderen Weltregionen auswirkt.

Dazu gehört Wissen über:
- globale Zusammenhänge und Herausforderungen wie den Klimawandel oder globale Gerechtigkeit;
- die komplexen wirtschaftlichen, ökologischen und sozialen Ursachen dieser Probleme.

Gestaltungskompetenz
Vor allem fördert Bildung für nachhaltige Entwicklung die Gestaltungskompetenz. Sie umfasst folgende Fähigkeiten:
- vorausschauendes Denken;
- interdisziplinäres Wissen;
- autonomes Handeln;
- Partizipation an gesellschaftlichen Entscheidungsprozessen.

Der einzelne erfährt durch Bildung für nachhaltige Entwicklung: Mein Handeln hat Konsequenzen. Nicht nur für mich und mein Umfeld, sondern auch für andere. Ich kann etwas tun, um die Welt ein Stück zu verbessern. Um die notwendigen Veränderungen anzustoßen, die unserer Welt durch Raubbau an der Natur und ungerechte Verteilung von Wohlstand drohen, ist ein solches Denken notwendig. Regierungen, Organisationen und Unternehmen müssen Nachhaltigkeit lernen und umsetzen."

1.4.3 UNICEF

Eine weitere Einrichtung der Vereinten Nationen ist UNICEF, eine Sonderorganisation, die sich weltweit dafür einsetzt, die Kinderrechte für jedes Kind zu verwirklichen. Das Kinderhilfswerk der Vereinten Nationen wurde 1946 gegründet und arbeitet heute in über 150 Ländern daran die Kinderrechte für jedes Kind zu verwirklichen. Jedes Kind soll gesund erwachsen werden und sich seinen Fähigkeiten gemäß entwickeln können – unabhängig etwa von Hautfarbe, Religion oder ethnischer Zugehörigkeit. Richtschnur der UNICEF-Arbeit sind die UN-Konvention über die Rechte des Kindes und die Allgemeine Erklärung der Menschenrechte. Der Leitsatz von UNICEF lautet „Gemeinsam für Kinder" *(Unite for children)*, da sich das Recht jedes Kindes auf Überleben, Bildung, Schutz vor Gewalt und Beteiligung nur gemeinsam verwirklichen lässt.

UNICEF versorgt jedes zweite Kind weltweit mit Impfstoffen, baut Brunnen und stellt Schulmaterial für Millionen Kinder bereit. UNICEF hilft aber auch, Kinder vor HIV/AIDS, vor Ausbeutung, Missbrauch und Gewalt zu schützen. Gleichzeitig setzt sich UNICEF politisch ein, um die Lebenssituation der Kinder nachhaltig zu verbessern – auch in den deutschsprachigen Ländern. So setzt sich UNICEF in Deutschland für die Rechte der Kinder ein und macht auf Kinderrechtsverletzungen aufmerksam. Gemeinsam mit anderen Organisationen fordert das Kinderhilfswerk, dass die Kinderrechte ins Grundgesetz aufgenommen werden, denn weltweit wächst das Bewusstsein, dass Kinder Persönlichkeiten mit eigenen Rechten sind. UNICEF engagiert sich zudem mit kompetenten deutschen Partnern zu Themen wie Kinderarmut und besseren Bildungschancen[3]. Die Hauptaktivitäten von UNICEF sind stark auf jene Länder ausgerichtet, in denen Kinderarmut in Entwicklungs- und Krisenländern die Bildungschancen junger Menschen im Vergleich zu wohlhabenden Ländern in hohem Maße verhindert bzw. vermindert, weshalb das Kinderhilfswerk im deutschsprachigen Raum primär als Spendenorganisation und im schulischen Unterricht als 'Dritte-Welt-Thema' bekannt ist. Zahlreiche Aktivitäten, Initiativen und Projekte lassen erkennen, dass auch in sog. 'Erste-Welt-Ländern' pädagogisches Know-how über die Bekämpfung von Verarmungstendenzen erforderlich ist. Exzellente Veröffentlichungen, die für erstere Zielgruppen erstellt wurden, eignen sich auch in hoch entwickelten Schulen als Anregung zur Arbeit 'Gemeinsam für Kinder'. Etwa im Manual 'Child Friendly Schools' (UNICEF 2009) die Ausführungen in den Kapiteln 'Location, design and construction' über architektonische Anregungen zum Schulbau für kindergerechten Unterricht, 'School and community' über die Zusammenarbeit der Schule als 'learning community' und 'Schools as protective environments' über die Voraussetzungen einer gesunden Schule.

1.5 Die schöne Welt der Vergleiche: Die OECD als wirtschaftlicher Treiber für Bildungspolitik

Die PISA-Studie ist als bekanntestes Beispiel des Typs *Large Scale Assessment* das Flaggschiff der OECD im Hinblick auf globale Interventionen auf nationale Bildungssysteme. In ihrem Zentrum steht die internationale Vergleichsperspektive, aufgrund derer die Stärken und Schwächen von Bildungssystemen (der OECD-Staaten) sichtbar gemacht werden sollten – mit dem wünschenswerten Ziel, dass aufgrund der Ergebnisse die Schwächen in den einzelnen Ländern behoben bzw. zumindest verbessert werden.

---

[3] Weitere Hinweise zur Arbeitsweise und Strategien findet sich unter
http://www.unicef.de/strategie.html

Der sog. PISA-Schock erfolgte vor allem aufgrund der Erkenntnis, dass die deutschsprachigen Länder in den einzelnen Kompetenzbereichen (Lesen, Mathematik, Naturwissenschaften) nicht im Spitzenfeld vertreten waren, während sie sich in der Selbsteinschätzung – als reiche und hoch entwickelte Länder – eher den besten Schulsystemen der Welt zurechneten. Allerdings basierte diese eher auf der den Gymnasien zugewiesenen Stärke als Qualitätsindikator, während die PISA-Studie ein anderes Problem bestätigte, nämlich die soziale Ungleichheit bei den Lernergebnissen: „Bildungserfolge hängen in Deutschland weiterhin extrem von der Vorbildung der Eltern ab. Nach der deutschen Pisa-Auswertung hat ein Kind aus der Oberschicht heute eine 2,2-mal höhere Chance, das Gymnasium zu besuchen als ein genauso intelligentes Facharbeiterkind. Im internationalen Vergleich gehört das deutsche Schulsystem zu denen, die Kinder von Zuwanderern am wenigsten gut integrieren. Die Ergebnisse der zweiten Migrantengeneration, also der bereits in Deutschland Geborenen, sind sogar schlechter als die der ersten. Sie haben gegenüber ihren deutschen Klassenkameraden einen Rückstand von über zwei Jahren – der höchste Wert innerhalb der OECD." (Füller 2008, S. 133) Diese und ähnliche Ergebnisse wurden nicht nur mehr oder weniger differenziert in den öffentlichen Medien sowie in Fachpublikationen transportiert, sondern über sie wurde in Lehrerseminaren, Fortbildungsinstituten und nicht zuletzt in Ministerien heftig debattiert. Dennoch lässt sich immer wieder erkennen, dass wenige überhaupt die volle Bezeichnung hinter den vier Buchstaben (*Programme for International Student Assessment*) kennen. Ähnliches gilt für den Hintergrund von internationalen Vergleichsstudien. Daher erfolgt nach Veröffentlichung jeder neuen PISA-Welle fast routinemäßig die Forderung nach einer Neugestaltung der Lehrerbildung. Diese Forderung mag legitim sein; Ausbildungscurricula verändern sich allerdings nicht auf Zuruf oder Aufforderung hin, sondern sind Teil eines langfristigen Musterwechsels in der curricularen Entwicklung.

Internationale Vergleichsstudien sind in erster Linie aus der vergleichenden Bildungsforschung entstanden, um Aussagen zum System-Monitoring, d. h. zur vergleichenden Beobachtung von Bildungssystem zu erhalten (vgl. Haider 2008). Drechsel und Prenzel (im Druck) zeigen auf, dass Vergleichsstudien, die eine internationale Perspektive anlegen, eine Vielzahl von Themen und Fragen aufwerfen, die auch für Lehrerausbildung und Schule bedeutsam sind. Sie zeigen nämlich auf, wie andere Bildungssysteme – mit mehr oder weniger Erfolg – aktuelle Herausforderungen bewältigen (vgl. Seidel, Prenzel 2008). Für sie liefern internationale Vergleichsstudien und die daraus entstehenden Berichte „viele Daten und Befunde, die in Erkenntnisse oder professionelles Wissen umgesetzt werden können und sollten: Wissen über Ziele, Bildungskonzeptionen und fachdidaktische Modelle, Wissen über derzeitige Bedingungen und Ergebnisse schulischer Bildung, Wissen über unterschiedliche Schul- und Unterrichtszugänge sowie Wissen über relevante Bedingungsfaktoren" (Drechsel, Prenzel im Druck).

Ähnlich fordern Oelkers und Reusser in ihrer im Auftrag des Bundesministeriums für Bildung und Forschung (BMBF) in Auftrag gegebenen Expertise zur Qualitätsentwicklung: „Die Lehrkräfte als wichtigste Akteure und Erfolgsgaranten der

Reform müssen gewonnen werden. Dies erfordert nebst einer gemeinsam geteilten Problemwahrnehmung insbesondere ein hinreichend elaboriertes, gemeinsames Verständnis der Ziele der Reform und der durch Bildungsstandards und die damit verbundenen Tests zur Verfügung gestellten Information" (Oelkers, Reusser 2008, S. 513).

Ein erster Schritt dazu ist die Auseinandersetzung mit dem Hintergrund internationaler Vergleichsstudien, weshalb sie heute zum Grundbestand von Lehrerwissen gehören: „Die Ergebnisse solcher Studien erfahren zu können, die Hintergründe und theoretischen Grundlagen, sowie die verwendeten Methoden bei der Testentwicklung und der Auswertung und wichtige Fallstricke bei der Interpretation zu kennen gehört als fester Bestandteil in eine moderne Lehreraus- und -weiterbildungskultur" (Drechsel, Prenzel im Druck).

Zum Verständnis und zur Interpretation der Ergebnisse der PISA-Studien ist es notwendig, die Grundprinzipien der internationalen Vergleichsperspektive zu kennen. Inhaltliche Kriterien sind auf eine Vorstellung von Grundbildung bezogen und auf dieser Grundlage in ihren verschiedenen Abstufungen beschrieben und beurteilt. In den Ergebnissen wird die Verteilung der Schülerinnen und Schüler auf *Kompetenzstufen* dargestellt. Sie sind inhaltliche Beschreibungen der Fähigkeiten und Fertigkeiten, die zum Lösen der Aufgaben notwendig sind. Die Ergebnisse können über eine Zeitleiste hin verglichen werden, die sich aus den unterschiedlichen Erhebungsrunden ergibt (bisher PISA 2000, 2003, 2006 und 2009). Zu Vergleichszwecken werden die an einer repräsentativen Stichprobe durchgeführten PISA-Tests international skaliert und die Skalenwerte so definiert, dass die Ergebnisse möglichst wenig aufwändig und anschaulich verglichen werden können. Eine gemeinsam festgelegte Skala soll den internationalen Vergleich der Testergebnisse erleichtern. Die Normierung der Kompetenzskalen erfolgte so, dass der Mittelwert aller OECD-Staaten 500 Punkte und die Standardabweichung 100 beträgt, was den OECD-Durchschnitt darstellt. Dieser Mittelwert dient als Referenzwert für den Vergleich und die Einschätzung der Ergebnisse. Als mögliche Vergleichskategorien bieten sich nicht nur Vergleiche über die Zeit an (s. o.), sondern auch Vergleiche von Teilgruppen und Verteilungen auf Kompetenzstufen.

Kritik an PISA

Die über die PISA-Studien gewonnen Daten werden allerdings nicht immer so positiv bewertet, wie sie von ihren Erfindern, Konsortien bzw. nationalen Agenturen dargestellt werden. Kritische Anmerkungen beziehen sich u. a. auf politische Interessen, die dahinter liegende Philosophie und Testideologie, methodologische Aspekte sowie den Umgang mit den Ergebnissen (z. B. Jahnke, Meyerhöfer 2006, Hopmann, Brinek, Retzl 2007). „Mit der Erfindung, Forderung und dann Einführung der Zuchtnorm eines virtuellen international konkurrenzfähigen Schülers wird Bildung nicht nur äußerlich in ihrer Erscheinungsform und ihrem Betrieb ökonomischen Prinzipien unterworfen, sondern auch innerlich. Der Zweck so geformter Bildung ist nicht mehr eine humanistisch motivierte Teilhabe an der Kultur oder andere 'Grillen', sondern die Sicherung der ökonomischen Vorherrschaft der Industriestaaten. Bildung ist aber im emphatischen Sinne nicht nur ein Urgrund gesellschaftlicher Formen, sondern auch deren Kritik. Diese wird systematisch ausgemerzt, wenn Bildung nur noch funktional der Gesellschaft zuarbeiten soll. Dazu und nur dazu bedarf es des Drucks der Politik. Bildungspolitik und Schulbehörden, die sich hier unter Schlagworten wie Grundbildung, Konkurrenzfähigkeit, Qualitätssicherung und -steigerung oder Effizienz des Unterrichts zu Rettern der Bildung aufschwingen, wissen nicht, was sie tun, oder – schlimmer noch – sie wissen es und nehmen dabei die Experten wie Pädagogen und Mathematikdidaktiker in ihre Dienste, die sich über ihren jähen Zuwachs an Macht und Einfluss frohlockend die Augen reiben." (Jahnke 2006, S. 13–14)

Dem gegenüber finden sich jene Argumente, die aus volkswirtschaftlicher Sicht Klärung suchen: „Wann werden wir endlich begreifen, dass eine gelungene Schulpolitik eine Investition ist, die sich ganz handfest auszahlt? Wann werden wir endlich den Weg einschlagen, den die Daten und Fakten uns weisen? Denn täten wir das, dann könnten wir mit einer Verbesserung der schulischen Leistungen eine signifikant bessere wirtschaftliche Entwicklung sowie sinkende Arbeitslosigkeit und Armut befördern. Und diese Verbesserung ist vor allem durch ein Loslassen ideologisch geprägter Vorurteile, durch Umdenken und den besseren Einsatz der Gelder zu haben – wohingegen wir Arbeitslosigkeit und Armut ansonsten im Nachhinein mit großen finanziellen Aufwendungen, etwa für die soziale Sicherung, bekämpfen müssten." (Wössmann 2007, S. 66–67)

Wie immer die Einschätzung der Ergebnisse von Studien wie PISA ausfällt, ein Problem bleibt allemal: „Die Erträge eines Schulsystems zu kennen, ist eine zwar hilfreiche, jedoch nicht hinreichende Bedingung zu einer Qualitätsverbesserung. So wächst unser Wissen über die Leistungsergebnisse unserer Bildungssysteme derzeit schneller als das Wissen darüber, wie diese Erkenntnisse für eine Verbesserung der Angebots- und Prozessqualität genutzt werden können." (Oelkers, Reusser 2008, S. 494) Diese nicht überraschende Erkenntnis ist vor allem deshalb von großer Bedeutung, da die durch internationale Vergleichsstudien ausgelöste Output-Orientierung in den meisten Ländern zur Einführung von sogenannten Bildungsstandards geführt hat.

Der über internationale Vergleichsstudien ausgelöste Paradigmenwechsel in der Debatte um Standards besteht im Blickwechsel von der Perspektive „Die Schülerin ist schuld, dass sie etwas nicht weiß oder nicht kann" zu „Der Lehrer hat die Verantwortung, dass die Schülerinnen und Schüler sich die im Lehrplan vorgegebenen Kenntnisse und Fähigkeiten aneignen können" und „Das Bildungssystem hat die Lehrer/innen und Schulen zu unterstützen, dass sie die jeweiligen Ziele erreichen können" (Schratz 2007, 146). Klare Ziele und wirksame Unterstützung sind für Schleicher (2006) die besonderen Treiber für die Entwicklung von Schule, was er in Abbildung 1 aufzeigt.

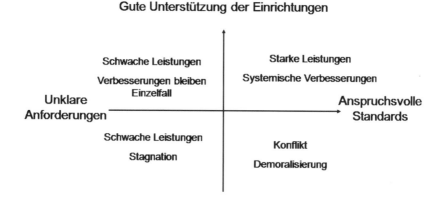

Abb. 1 Zielklarheit und Unterstützung (nach Schleicher 2006)

Während anspruchsvolle Ziele in Form von Standards bei geringer Unterstützung nach Schleicher zu Konflikten bzw. zur Demoralisierung der Lehrkräfte führen dürften, können unklare Anforderungen schwache Leistungen und Stagnation mit sich bringen. Bei Zielunklarheit nutzen für ihn auch gute Unterstützungsangebote wenig, da Verbesserungen eher als Einzelfälle auftreten. Starke Leistungen im Sinne von systemischen Verbesserungen ergeben sich erst bei der Formulierung anspruchsvoller Standards, wenn die Lehrpersonen bei deren Erreichung gut unterstützt werden. Im Einzelnen sind dies einerseits die Schulleitungen, die für die Qualitätsentwicklung der Schule verantwortlich sind, andererseits die Lehrpersonen, die für die Qualität des Unterrichts bzw. die Bildungsprozesse der Schülerinnen und Schüler verantwortlich sind (vgl. Hall, Hord 1987, Firestone, Riehl 2006).

Um ihre Mitgliedsländer bei dieser durch die Output-Orientierung ausgelösten neuen Aufgabe zu beraten und unterstützen, hat die OECD internationale Programme eingerichtet, die speziell auf die Zielgruppe Lehrpersonen und Schulleitungen ausgerichtet sind. Zwei hier bedeutsame davon sind:

1.5.1 Teachers Matter: Attracting, Developing and Retaining Effective Teachers[4]

In vielen Ländern werden neue Lehrkräfte in den kommenden 5-10 Jahren in sehr viel größerer Zahl in den Berufsstand eintreten als in den vergangenen 20 Jahren. Wenn der Lehrerberuf nicht als attraktiver Beruf betrachtet wird und sich das Profil des Lehrerberufs nicht grundlegend verändert, besteht die Gefahr, dass die Qualität der Schule nachlässt und sich eine Abwärtsspirale in der Professionalität von

---
[4] Siehe www.oecd.org

Lehrkräften nur schwer wieder umkehren lässt. Als wichtigste Anliegen haben sich für eine Gegensteuerung in der Bildungspolitik folgende vier herausgestellt:
- Steigerung der Attraktivität des Lehrerberufs,
- Entwicklung von Wissen und Qualifikationen der Lehrkräfte,
- Einstellung, Auswahl und Beschäftigung von Lehrkräften,
- Verbleib qualifizierter Lehrkräfte im Schuldienst.

Politikinitiativen sind dazu auf zwei Ebenen notwendig. Die erste Ebene betrifft den Lehrerberuf insgesamt. Hier müssen Anstrengungen unternommen werden, um sowohl das gesellschaftliche Ansehen der Lehrkräfte und die Wettbewerbsfähigkeit des Berufs am Arbeitsmarkt als auch die berufliche Entwicklung der Lehrkräfte und das Arbeitsumfeld in der Schule zu verbessern. Die zweite Ebene betrifft stärker zielorientierte Strategien, die sich auf die Anwerbung und den Verbleib bestimmter Kategorien von Lehrkräften sowie die Anwerbung von Lehrkräften für bestimmte Schulen konzentrieren. Tabelle 1 (OECD 2007, S. 4) enthält eine Zusammenfassung der wichtigsten Orientierungen für bildungspolitische Maßnahmen zur Auseinandersetzung mit den vier Anliegen sowie zur Umsetzung dieser Maßnahmen.

Tab. 1 Bildungspolitische Ziele für die Entwicklung der Professionalität von Lehrerinnen und Lehrern (OECD 2007, S. 4)

Politikziel	Für den Lehrerberuf insgesamt	Für bestimmte Lehrer- bzw. Schulkategorien
Den Lehrerberuf zu einer attraktiven Berufswahl machen	– Verbesserung von Image und gesellschaftlichem Ansehen des Lehrerberufs – Verbesserung der Wettbewerbsfähigkeit des Lehrergehalts – Verbesserung der Arbeitsbedingungen – Nutzung des Überangebots an Lehrkräften	– Expansion des Angebotspools potenzieller Lehrkräfte – Flexiblere Gestaltung von Anreizmechanismen – Verbesserung der Zugangsbedingungen für neue Lehrkräfte – Überdenken der Trade-offs zwischen dem Schüler/Lehrerverhältnis und dem durchschnittlichen Lehrergehalt
Weiterentwicklung von Wissen und Kompetenzen der Lehrkräfte	– Entwicklung von Lehrerprofilen – Betrachtung der Lehrerentwicklung als Kontinuum – Flexiblere und anpassungsfähigere Gestaltung der Lehrerausbildung – Akkreditierung von Lehrerausbildungs- und -fortbildungsprogrammen – Integration der beruflichen Fort- und Weiterbildung in die Berufslaufbahn	– Verbesserung der Auswahl für die Lehrerausbildung – Verbesserung praktischer Erfahrungen – Zertifizierung neuer Lehrkräfte – Verstärkung der Vorbereitungsprogramme

Einstellung, Auswahl und Beschäftigung von Lehrkräften	– Verwendung flexiblerer Beschäftigungsformen – Ausstattung der Schulen mit mehr Verantwortung für das Lehrpersonalmanagement – Deckung von kurzfristigem Lehrkräftebedarf – Verbesserung des Informationsflusses und der Beobachtung des Lehrerarbeitsmarkts	– Ausweitung der Kriterien für die Lehrerauswahl – Einführung einer Pflichtprobezeit – Förderung einer stärkeren Lehrermobilität
Verbleib effektiver Lehrkräfte in Schulen	– Evaluierung und Belohung von effektivem Unterricht – Schaffung von mehr Möglichkeiten für Karrierevielfalt und Diversifizierung – Verbesserung der Schulleitung und des Schulklimas – Verbesserung der Arbeitsbedingungen	– Vorgehen gegen ineffiziente Lehrkräfte – Mehr Unterstützung für neue Lehrkräfte – Einführung flexiblerer Arbeitszeiten und -bedingungen
Entwicklung und Umsetzung der Lehrerpolitik	– Beteiligung der Lehrkräfte an der Entwicklung und Umsetzung von Politikmaßnahmen – Entwicklung beruflicher Lerngemeinschaften – Verbesserung der Wissensbasis zur Förderung der Lehrerpolitik	

Solange die Lehrkräfte nicht aktiv an der Politikformulierung beteiligt sind und sich für Reformen mitverantwortlich fühlen bzw. sich mit diesen identifizieren, ist es unwahrscheinlich, dass wesentliche Veränderungen erfolgreich umgesetzt werden. Auf der anderen Seite sollte die Entwicklung aber auch nicht dahin gehen, dass Interessengruppen in der Lage sind, Bildungsreformen, die in demokratischen Politikprozessen verabschiedet worden sind, mit einem Veto zu verhindern. Bei einem derartigen Verhalten würde die Gefahr bestehen, die Unterstützung der Öffentlichkeit zu verlieren, von der die Bildungspolitik so entscheidend abhängt. Es ist schwierig, das richtige Gleichgewicht zu finden, doch sind ein offener und fortdauernder systematischer Dialog und Konsultationsprozess für diesen Prozess von grundlegender Bedeutung. Ferner können auch institutionelle Regelungen vieles verändern. So haben mehrere Länder so genannte *Teacher Councils* (eine Form der Lehrerberufsorganisation) eingeführt (vgl. Sliwka 2008), die Lehrkräften und sonstigen Interessengruppen sowohl ein Forum für die Entwicklung der Bildungspolitik als auch, und das ist noch entscheidender, einen Mechanismus für eine vom Berufsstand ausgehende Normensetzung und Qualitätssicherung in den Bereichen Lehrerausbildung, Vorbereitungszeit (Referendariat), Lehrkräfteleistungen und Karriereentwicklung bieten.

1.5.2 School Leadership Development[5]

Aufgrund der Befunde um die Bedeutung von Schulleitung für die dezentrale Entwicklung des Schulstandorts ist ihre Professionalisierung in vielen Ländern zu einem Schlüsselthema in der Bildungspolitik geworden. Diesem Anliegen trug die OECD-Studie *School Leadership Development* Rechnung (2006-2008), aus der zwei umfassende Publikationen entstanden sind:

- *Improving School Leadership, Volume 1: Policy and Practice*
  Die Ergebnisse aus den einzelnen Länderstudien zeigen auf, weshalb Schulleitung zu einer bildungspolitischen Schlüsselmaßnahme geworden ist und arbeiten folgende vier 'Hebel' (policy levers) heraus, die, zusammen genommen, zur Verbesserung der Führungsleistung von Schulleitung und Qualitätsverbesserung im Schulsystem beitragen können:
  1. (Neu-)Bewertung der Verantwortlichkeiten von Schulleitung
  2. Teilen von Leitungsaufgaben
  3. Entwicklung von Kompetenzen für effektive Schulleitung
  4. Schulleitung zu einem attraktiven Berufsziel machen

- *Improving School Leadership, Volume 2: Case Studies on System Leadership*
  In diesem Band werden Entwicklungen aus einzelnen Ländern vorgestellt, die einen erfolgversprechenden Blick in die zukünftige Entwicklung der Professionalisierung bzw. Professionalität von Schulleitung geben. In Form von Fallstudien werden bedeutsame Aspekte von *leadership development* auf Systemebene in unterschiedlichen Kontexten vorgestellt und kritisch analysiert.

1.6 Vereinigte Bildung von Europa? Die Europäische Union

Der Lebens- und Wirtschaftsraum Europa ist in den letzten Jahren durch die Erweiterung der Europäischen Union zu einem immer wichtigeren Bezugspunkt für die Bildungspolitik und -praxis geworden. Hinter dem Konzept der Europäischen Union steht nicht nur ein ökonomisches, sondern ein politisches, demokratisches und gesellschaftliches Modell der Einheit und des Zusammenschlusses der Vielheit der Sprachen, Kulturen, Traditionen, Religionen und Wertebilder, aus deren Vielfalt jedes einzelne Mitgliedsland einen Gewinn bzw. Mehrwert erleben sollte.

Die Schule ist insofern von der Europäisierung betroffen, als die Lehrerinnen und Lehrer zunehmend damit konfrontiert sind, die künftigen Generationen auf ihre europäische (Mit-)Bürgerschaft vorzubereiten. Im Bildungsbereich werden dazu vor allem die Mobilitätsprogramme der Europäischen Union von Lehrenden und Studierenden, aber auch von Schülerinnen und Schülern sowie erwachsenen Lernenden als Chance für transnationale Beziehungen genutzt. Die Einflussnahme der EU in Bildungsagenden ist im Gegensatz zur Neuordnung des wirtschaftlichen

---
[5] Siehe www.oecd.org/schoolleadership

Binnenmarktes nicht so offensichtlich (außer es wird die Gleichstellung der EU-Bürger verletzt, wie z. B. beim Hochschulzugang), da die Mitgliedsländer auf Basis der eigenstaatlichen Gesetze und nationalen Interessen auf die eigene Hoheit von Bildung und Kultur Wert legen. Aufgrund gemeinsamer europäischer Strategien erfolgt ein starker Druck auf die nationalen Bildungspolitiken, nationale Entwicklungen in den Bereichen Schule und Universität subsidiär mit gemeinschaftlicher Reformpolitik abzustimmen. Herausragende Beispiele dafür sind die *Lissabon-Strategie* zur Stärkung eines wettbewerbsfähigen Wirtschaftsraums und die *Bologna-Deklaration* zur Schaffung eines 'Europäischen Hochschulraums'.

1.6.1 Die Lissabon-Strategie im Wettbewerb der Wirtschaftsmächte

Den ersten Anstoß zu einer gemeinsamen Strategie gaben die Schlussfolgerungen des Vorsitzes des Europäischen Rats von Lissabon im März 2000: „Die Europäische Union ist mit einem Quantensprung konfrontiert, der aus der Globalisierung und den Herausforderungen einer neuen wissensbestimmten Wirtschaft resultiert. […] Deshalb muss die Union ein klares strategisches Ziel festlegen und sich auf ein ambitioniertes Programm für den Aufbau von Wissensinfrastrukturen, die Förderung von Innovation und Wirtschaftsreform und die Modernisierung der Sozialschutz- und der Bildungssysteme einigen."[6]

Diese Leitsätze stehen am Anfang der Schlussfolgerungen des Europäischen Rates von Lissabon, bei dem die Staats- und Regierungschefs der EU im März 2000 das Ziel vereinbarten, bis 2010 die „Union zum wettbewerbsfähigsten und dynamischsten wissensbasierten Wirtschaftsraum der Welt zu machen – einem Wirtschaftsraum, der fähig ist, ein dauerhaftes Wirtschaftswachstum mit mehr und besseren Arbeitsplätzen und einem größeren sozialen Zusammenhalt zu erzielen".

Die Staats- und Regierungschefs forderten die europäischen Bildungsminister auf, „allgemeine Überlegungen über die konkreten künftigen Ziele der Bildungssysteme anzustellen". Der Rat Bildung reagierte darauf mit der Verabschiedung eines Berichts (Stockholm 2001), in welchem die drei übergeordneten Ziele

- höhere Qualität und verbesserte Wirksamkeit der Systeme der allgemeinen und beruflichen Bildung in der Europäischen Union,
- leichterer Zugang zu den Systemen der allgemeinen und beruflichen Bildung für alle,
- Öffnung der Systeme der allgemeinen und beruflichen Bildung gegenüber der Welt

genannt werden. Zur Konkretisierung und Umsetzung dieser Kernziele wurde im Jahr 2002 das Arbeitsprogramm über die 'Allgemeine und berufliche Bildung 2010' verabschiedet. Darüber hinaus haben sich die Mitgliedstaaten verpflichtet, bis 2006 umfassende nationale Strategien des lebenslangen Lernens zu entwickeln.

---

[6] Siehe http://www.consilium.europa.eu/ueDocs/cms_Data/docs/pressData/de/ec/00100-r1.d0.htm

Um die drei strategischen Ziele im vorgegebenen Zeitraum umzusetzen, wurden sie im detaillierten Arbeitsprogramm in 13 Teilziele und 42 Kernpunkte oder Kernaufgaben untergliedert, die das breite Spektrum der allgemeinen und beruflichen Bildung umfassen (Europäische Kommission 2002, S. 12):

- *Strategisches Ziel 1*: Erhöhung der Qualität und Wirksamkeit der Systeme der allgemeinen und beruflichen Bildung in der EU
- *Strategisches Ziel 2*: Leichterer Zugang zur allgemeinen und beruflichen Bildung für alle
- *Strategisches Ziel 3*: Öffnung der Systeme der allgemeinen und beruflichen Bildung gegenüber der Welt.

Zur Umsetzung der Lissabon-Strategie wurden *Indikatoren* und *Benchmarks* als Instrumente zur qualitativen und quantitativen Messung der erreichten Fortschritte eingeführt. Indikatoren sind statistische Werte zur Darstellung nicht direkt messbarer Phänomene. Sie dienen in Zusammenhang mit konkreten Zielvorgaben als *Benchmarks*. Im Mai 2003 wurden vom Rat Bildung fünf *EU-Benchmarks* für allgemeine und berufliche Bildung festgelegt. Die bis 2010 zu erreichenden Zielwerte sind europäische Durchschnittsbezugswerte, die gemeinschaftlich erreicht werden sollen:

- *Frühzeitige Schulabgänger/innen*: Bis 2010 höchstens 10% frühzeitige Schulabgänger/innen.
- *Abschlüsse Mathematik, Naturwissenschaften und Technik*: Bis 2010 um mindestens 15% Steigerung, wobei gleichzeitig das Geschlechterungleichgewicht abnehmen soll.
- *Abschluss der Sekundarstufe II*: Bis 2010 sollen mindestens 85% der 22-Jährigen in der Europäischen Union über einen Schulabschluss der Sekundarstufe II verfügen.
- *Grundlegende Fertigkeiten*: Bis 2010 soll der Anteil der 15-Jährigen in der Europäischen Union, die im Bereich der Lesekompetenz schlechte Leistungen erzielen, im Vergleich zu 2000 um mindestens 20% gesunken sein.
- *Lebenslanges Lernen*: Bis 2010 soll der EU-Durchschnitt der Erwachsenen im erwerbsfähigen Alter, die sich am lebenslangen Lernen beteiligen, mindestens 12,5% betragen.

Die Ziele der Strategie sollten durch eine neue Dimension der Politikkoordinierung erreicht werden, ohne jedoch die in diesen Bereichen ausschließlichen Kompetenzen der Mitgliedstaaten zu beschränken. Eingeführt wurde dazu die 'Offene Methode der Koordinierung', die auf der Vorgabe von Leitlinien mit Zeitplänen zur Umsetzung sowie Indikatoren und Benchmarks und einem Berichterstattungssystem beruht. Diese Methode beruht auf Freiwilligkeit und sieht keine Sanktionen bei Nichterreichung der Zielwerte vor. Die Verpflichtung der Mitgliedstaaten zur regelmäßigen Berichterstattung in den verschiedenen Politikbereichen soll jedoch die Evaluation der Umsetzung ermöglichen und einen gewissen politischen und öffentlichen Druck aufbauen. Es zeigte sich allerdings bald, dass die ambitionierten Ziele in der vorgesehenen Form nicht umsetzbar waren, sodass nach fünf Jahren eine Zwischenbilanz gezogen wurde: Eine hochrangige Sachverständigengruppe kam zum Schluss, dass das Ziel auf der Basis der gewählten Strategie schwer zu erreichen sein würde, weshalb es zu einer Strategieänderung kam. Es wurde in der Konsequenz eine Vereinfachung der Lissabon-Instrumente sowie eine Fokussierung der Reformbestrebungen auf die Bereiche Wachstum (Mikro- und Makroökonomie) und Beschäftigung beschlossen, was vom Erfolgsdruck auf die ursprüngliche Zielerreichung insbesondere im Bildungsbereich entlastend wirkte, da sich die angestrebten Ergebnisse im Bildungssystem nicht kurzfristig erreichen lassen.

Strategischer Rahmen für die europäische Zusammenarbeit im Zeitraum bis 2020 auf dem Gebiet der allgemeinen und beruflichen Bildung (ET 2020)

Am 12.5.2009 war sich der Rat der EU in den Schlussfolgerungen zu einem strategischen Rahmen für die europäische Zusammenarbeit auf dem Gebiet der allgemeinen und beruflichen Bildung ('ET 2020') einig,

„dass
1. das Hauptziel der europäischen Zusammenarbeit im Zeitraum bis 2020 darin bestehen sollte, auf die Weiterentwicklung der Systeme der allgemeinen und beruflichen Bildung in den Mitgliedstaaten hinzuwirken, mit denen folgende Ziele verfolgt werden:
   (a) persönliche, soziale und berufliche Entwicklung aller Bürger;
   (b) nachhaltiger wirtschaftlicher Wohlstand und Beschäftigungsfähigkeit unter gleichzeitiger Förderung der demokratischen Werte, des sozialen Zusammenhalts, des aktiven Bürgersinns und des interkulturellen Dialogs;
2. diese Ziele in einer globalen Perspektive zu sehen sind. Die Mitgliedstaaten erkennen an, dass Weltoffenheit eine wichtige Voraussetzung für Entwicklung und Wohlstand weltweit ist, die die Europäische Union – durch die Bereitstellung eines hervorragenden und attraktiven Bildungs-, Ausbildungs- und Forschungsangebots – ihrem Ziel näher bringen werden, eine weltweit führende wissensbasierte Wirtschaft zu werden;
3. die europäische Zusammenarbeit auf dem Gebiet der allgemeinen und beruflichen Bildung bis 2020 in einem strategischen Rahmen angesiedelt werden sollte, der die Systeme der allgemeinen und beruflichen Bildung insgesamt in einer Perspektive des lebenslangen Lernens umfasst. Lebenslanges Lernen wäre also tatsächlich als ein Grundprinzip des gesamten Rahmens anzusehen, das jede Art des Lernens – formal, nicht formal oder informell – auf allen Ebenen abdecken soll: von der Bildung im frühen Kindesalter und der Schulbildung über die Hochschulbildung und die Berufsausbildung bis hin zur Erwachsenenbildung."[7]

In diesem Rahmen sollen insbesondere die folgenden vier *strategischen Ziele* angegangen werden:
- Verwirklichung von lebenslangem Lernen und Mobilität.
- Verbesserung der Qualität und Effizienz der allgemeinen und beruflichen Bildung.
- Förderung der Gerechtigkeit, des sozialen Zusammenhalts und des aktiven Bürgersinns.
- Förderung von Innovation und Kreativität – einschließlich unternehmerischen Denkens – auf allen Ebenen der allgemeinen und beruflichen Bildung.

---

[7] Siehe http://eur-lex.europa.eu/LexUriServ/LexUriServ.do?uri=OJ:C:2009:119:0002:0010:DE:PDF

Lehrerbildung

Im Einklang mit dem hohen Stellenwert, den die Europäische Kommission dem strategischen Ziel beimisst, die Qualität und Effektivität der europäischen Systeme für die allgemeine und berufliche Bildung im Rahmen des Lissabon-Prozesses zu erhöhen, betont sie immer wieder, dass ein qualitativ hochwertiger Unterricht eine Voraussetzung für qualitativ hochwertige allgemeine und berufliche Bildung darstelle, die wiederum ein entscheidender Faktor für die langfristige Wettbewerbsfähigkeit und die Fähigkeit Europas zur Schaffung von mehr Arbeitsplätzen und Wachstum sei. Unter Hinweis auf Herausforderungen, denen sich Lehrer/innen im 21. Jahrhundert gegenübersehen, darunter Schulklassen mit Kindern, die verschiedenen Kulturkreisen entstammen und deren Erstsprache, Leistungsniveau und Förderbedarf unterschiedlich sind, äußerte sich die Kommission besorgt darüber, dass von einer systematischen Koordinierung einzelner Elemente der Lehrerausbildung in und zwischen den Mitgliedstaaten kaum die Rede sein könne.

Daher gab der Ausschuss für Kultur und Bildung des Europäischen Parlaments eine Studie über *Inhalt und Qualität der Lehrerausbildung in der Europäischen Union* in Auftrag. Sie gibt einen Überblick über die in der EU bestehenden Systeme zur Ausbildung von Grundschullehrern, wobei die Gemeinsamkeiten und Unterschiede herausgestellt werden, und liefert konkrete Informationen zu sämtlichen Mitgliedstaaten. Die Autoren benennen Ausbildungsmethoden, die sich in einigen Mitgliedstaaten als erfolgreich erwiesen haben und als nachahmenswert gelten können, und richten politische Empfehlungen an die Minister des Europäischen Parlaments, so etwa zur Berufseinführung und Fortbildung der Lehrerinnen und Lehrer.

Da die Phase der Grundschulbildung von den Regierungen der Mitgliedstaaten und den Arbeitgebern als besonders kritisch angesehen wird, misst man einer verbesserten Ausbildung der Grundschullehrkräfte große Bedeutung bei. In nahezu allen 27 EU-Staaten traten laut Studie Defizite in der Qualifikation und beruflichen Entwicklung der Grundschullehrerinnen und -lehrer zutage. Das Team des Institute of Education an der Universität London, das mit der Studie beauftragt worden war, fand auch keine systematische Koordinierung einzelner Elemente der Lehrerausbildung in und zwischen den Mitgliedstaaten. Die Konzepte, die in den Bereichen Lehrernachwuchs, Lehrerausbildung, Besoldung, Beschäftigungs- und Arbeitsbedingungen, Leistungsbewertung und Laufbahngestaltung verfolgt werden, differieren von Land zu Land erheblich. Die Förderung der Mobilität und der Abbau unnötiger Hemmnisse könnten insgesamt eine höhere Qualität der Lehrtätigkeit in Europa und darüber hinaus bewirken. Die Gesamtdauer der Erstausbildung (einschließlich Berufseinführung und Probezeit) liegt zwischen drei und fünf Jahren. Auch die Zulassungsvoraussetzungen, das Qualifikationsniveau, die Berufseinführung und die Fortbildung weisen erhebliche Unterschiede auf.

Im Bereich Lehrerbildung sind vor allem zwei Initiativen zu nennen, die die Umsetzung der europäischen Zielvorgaben unterstützen bzw. begleiten:

- *Expert/innengruppe 'Teacher and Trainer Education'*

Zur Erreichung der strategischen Ziele wurden von der Europäischen Kommission Expertengruppen für einzelne Aufgabenfelder eingerichtet, die sich aus Vertreterinnen und Vertretern aller Mitgliedsstaaten sowie sonstiger Stakeholders (z.B. Gewerkschaft) rekrutieren. Für das Aufgabenfeld 1.1 *Verbesserung der allgemeinen und beruflichen Bildung von Lehrkräften und Ausbildner/innen* wurde die Expertengruppe 'Teacher and Trainer Education' eingerichtet. Diese erstellte ein Grundsatzpapier zu *Common European Principles for Teacher and Trainer Competences and Qualifications* (Gemeinsame Europäische Grundsätzen für Kompetenzen und Qualifikationen von Lehrkräften)[8]. Es enthält die gemeinsamen europäischen Grundsätze für Kompetenzen und Qualifikationen von Lehrkräften, welche die Entwicklung neuer politischer Initiativen auf nationaler oder regionaler Ebene unterstützen sollen. Es enthält vor allem Hinweise zur Entwicklung von Kompetenzen über die gesamte Berufslaufbahn von Lehrerinnen und Lehrern sowie die Unterstützung durch kohärente Systeme auf nationaler, regionaler und lokaler Ebene.

Die Expertengruppe hat nicht nur theoretische Vorarbeiten geliefert, sondern auch thematische Analysen politikrelevanter Themen in einzelnen Mitgliedsländern 'vor Ort' durchgeführt, um im transnationalen Austausch in Form so genannter *Peer Learning Activitites* innovative Modelle zu erkunden und zu entwickeln, so etwa in den Bereichen *Continuous Professional Development for Teachers and Trainers* (Irland), *Schools as Learning Communities for their Teachers* (Niederlande), *Partnership between Schools for Vocational Education and Training (VET) and Companies* (Österreich), *Preparing Teachers to Teach Effectively in Culturally Diverse Settings* (Norwegen) und *Relationships between Teacher Education Institutes and schools* (Dänemark und Schweden). Außerdem hat sie ein Policy-Handbuch zum Thema *Developing Coherent and System-wide Induction Programmes for Beginning Teachers* erstellt, um dem Anliegen der Berufseingangsphase vermehrt Rechnung zu tragen, die im Kontinuum des Lehrerberufs eine zentrale Rolle zu spielen scheint.

- European Network of Teacher Education Policies (ENTEP)

ENTEP, das *European Network of Teacher Education Policies*[9], bemüht sich, eine europäische Dimension in die Aus- und Weiterbildung von Lehrer/innen einzubringen. Damit soll Folgendes erreicht werden:

- Die Steigerung der Qualität der Lehrerbildung, um dadurch auch die Qualität der Bildung und Ausbildung in der Europäischen Union so zu verbessern, dass sie den Herausforderungen des lebenslangen Lernens in einer Wissensgesellschaft entspricht.
- Die Entwicklung einer europäischen Dimension der Bildung in Lehrerbildungsprogrammen.

---

[8] Siehe http://ec.europa.eu/education/policies/2010/doc/principles_de.pdf
[9] ENTEP: *European Network of Teacher Education Policies* (siehe www.entep.bildung.hessen.de)

- Die Verbesserung der öffentlichen Wahrnehmung des Lehrerberufs und gegenseitiges Vertrauen in die von den Mitgliedstaaten vermittelten Lehrqualifikationen.
- Die Steigerung der Lehrermobilität in der Europäischen Union.
- Es bleibt die Frage offen, was eine/n Lehrer/in 'europäisch' macht?

In der europäischen Lehrerbildung geht es um die Frage, was das 'Europäische' ('*Europeanness*') für den Beruf des Lehrers und der Lehrerin bedeutet[10]. Aus diesem Blickwinkel setzt sich die europäische Dimension aus zahlreichen unterschiedlichen Facetten zusammen, die tief im soziopolitischen und kulturellen Konzept einer wachsenden europäischen Gemeinschaft verwurzelt sind. Diese Themen sind die Europäische Identität, Kenntnisse über Europa, Europäischer Multikulturalismus, Europäische Sprachkompetenz, Europäische Professionalität und Europäische Bürgerschaft, Europäische Qualitätsmaßnahmen.

Mobilität als Zielsetzung für ein künftiges Europa

Eine europäische Lehrperson erlebt die Vorzüge der Europäischen Union teilweise in Form einer vereinfachten Mobilität. Diese Mobilität beinhaltet Auslandsstudien und das Erlernen von Fremdsprachen ebenso wie das Kennenlernen der Kulturen der anderen EU-Länder. Lehrkräfte können sich um eine Anstellung in anderen Ländern bemühen und die von der Europäischen Union angebotenen Austauschprogramme nutzen. Dies trägt zur Schaffung eines Europas der verschiedenen Sprachen und Kulturen bei und bereichert die kulturelle Vielfalt als Vision für das künftige Zusammenleben.

Eine europäische Lehrperson erleichtert die Mobilität unter ihren Schüler/innen, indem sie es ihnen ermöglicht, physische und virtuelle Kontakte mit Gleichaltrigen in anderen europäischen Staaten zu knüpfen. Der Klassen- oder Schulaustausch und EU-Programme sind Mittel, um diesen Prozess des gegenseitigen Lernens und Zusammenwachsens in einem neuen Verständnis der europäischen Bürgerschaft zu bereichern. Dies trägt dazu bei, auf europaweite Beschäftigungsmöglichkeiten und mögliche Arbeitsplatzmobilität vorzubereiten. Im europäischen Klassenzimmer sind moderne Informations- und Kommunikationstechnologien (IKT) mehr als nur technische Instrumente zum Spielen und Erkunden oberflächlicher Daten. Stattdessen sind sie effiziente Instrumente, um über sprachliche und kulturelle Grenzen hinweg miteinander zu kommunizieren und die bestehende und vorhersagbare Klassenzimmerroutine zu bereichern, die sich aus einem monokulturellen Ansatz ergibt. Virtuelle Mobilität bei der Ermittlung und Verbreitung von Informationen wird als unabdingbare Voraussetzung für physische Mobilität angesehen und ist ebenfalls sehr effizient bei der grenzüberschreitenden Kommunikation.

---

[10] Siehe „What is an European Teacher?" (Die Übersetzung des englischen Originaltexts erfolgte im Sekretariat der Kultusministerkonferenz Deutschlands durch I. Veiders)

1.6.2 Der Bologna-Prozess und der Europäische Hochschulraum

Die zunehmende Wahrnehmung von EU-Bildungsprogrammen durch Studierende machte Maßnahmen erforderlich, um Studienanteile bzw. -abschlüsse stärker aufeinander zu beziehen. Die Idee eines gemeinsamen europäischen Hochschulraumes nahm über die 'Lissabon-Konvention' (1997), ein Übereinkommen zur Anerkennung von Qualifikationen im Hochschulbereich in der europäischen Region, konkrete Formen an. Mit der Unterzeichnung der 'Sorbonne-Erklärung' anlässlich der 800-Jahr-Feier der Sorbonne im Mai 1998 wurde der Begriff der 'Harmonisierung der Hochschulsysteme' geprägt, der heftige Diskussionen unter den Akteuren der Hochschulbildung in ganz Europa auslöste. Die *Bologna-Deklaration* ist die grundlegende Erklärung über einen zu schaffenden 'Europäischen Hochschulraum' am symbolträchtigen Ort der ältesten Universität Europas, die durch Vertreter von 29 Regierungen am 19. Juni 1999 erfolgte. Ziel der Bologna-Erklärung ist die Schaffung eines europäischen Hochschulraums bis 2010. Dies sollte durch die Umsetzung der so genannten Bologna-Ziele erreicht werden:

- Einführung eines Systems leicht verständlicher und vergleichbarer Abschlüsse *(Diploma Supplement)*.
- Schaffung eines zweistufigen (inzwischen dreistufigen) Studiensystems.
- Einführung eines Leistungspunktesystems nach dem ECTS-Modell.
- Förderung größtmöglicher Mobilität von Studierenden, Lehrer/innen, Wissenschafterinnen und Wissenschafter und Verwaltungspersonal.
- Förderung der europäischen Zusammenarbeit in der Qualitätssicherung.
- Förderung der europäischen Dimension im Hochschulbereich.

Inzwischen haben weitere Treffen in Prag, Berlin und Bergen stattgefunden (2007: London), die Zahl der 'Bologna-Staaten' ist seither auf 45 angestiegen[11].

Das Tuning-Projekt *(Tuning Educational Structures in Europe)* wurde im Jahr 2000 von einer Gruppe von Universitäten ins Leben gerufen, deren Ziel es war, unter dem programmatischen Titel *'Tuning Educational Structures in Europe'* gemeinsam den Herausforderungen des Bologna-Prozesses aus der Perspektive der Betroffenen zu begegnen. Ziel ist, die Strukturen der Hochschulausbildung in den europäischen Ländern unter dem Leitmotto 'Vielfältigkeit und Autonomie' aufeinander abzustimmen, eine Debatte über die Inhalte von Fachcurricula und der vermittelten Kompetenzen anzustoßen, um letztlich die Transparenz der Lerninhalte zu erhöhen. Am Tuning-Projekt beteiligen sich in der mittlerweile dritten Phase des Projekts 143 europäische Hochschulen aus über 30 europäischen Ländern. *Tuning* operiert mit Studienzielen *(learning outcomes)* als universell verständliche und einsetzbare Grundwährung. Sie drücken aus, was Studierende am Ende einer abgeschlossenen Lehr-/Lerneinheit durch die Vermittlung eines Inhalts und auf dessen Basis wissen, verstehen und/oder anwenden können. Sie werden in Kompetenzen ausgedrückt, sowohl fachspezifisch *(subject-specific)* als auch allgemein *(generic*

---

[11] Siehe www.bologna-bergen2005.no/ oder www.dfes.gov.uk/bologna/

competences). Daraus sollen vergleichbare Referenzpunkte der Beschreibungen von Studien(abschlüssen) für den Europäischen Hochschulraum entstehen.

Das *Europäische Netzwerk für Qualitätssicherung in der Hochschulbildung (ENQA[12] – European Association for Quality Assurance in Higher Education)* wurde 1998 eingerichtet, um den Austausch von Informationen, Erfahrungen, beispielhaften Verfahren und von Angaben zu den jüngsten Entwicklungen im Bereich der Evaluierung und der Qualitätssicherung im Hochschulwesen zwischen Behörden, Hochschulen und Agenturen für Qualitätssicherung zu fördern.

Europäischer Qualifikationsrahmen (EQR[13]) und Nationale Qualifikationsrahmen (NQR)

Das Maastricht-Kommuniqué, 2004 von 32 europäischen Staaten beschlossen, beinhaltet die Übereinkunft, einen Europäischen Qualifikationsrahmen sowie ein europäisches Kreditpunktesystem für die berufliche Bildung (ECVET) zu entwickeln, das nach den gleichen Prinzipien wie das ECTS-Modell funktionieren soll und an Lernergebnissen *(learning outcomes)* ausgerichtet ist. Die Lernergebnisse sind die im Rahmen eines Bildungsgangs oder auf informellem Wege erworbenen Kenntnisse, Fertigkeiten und Fähigkeiten *(knowledge, skills and competences)*. Das Ziel des EQR ist es, eine auf alle Bildungssysteme in Europa anwendbare gemeinsame Beschreibung von Qualifikationen zu entwickeln, um ein europäisches Transfersystem für das Niveau von Qualifikationen und die zu ihnen hinführenden Bildungsgänge zu schaffen. Es soll die Mobilität auf dem europäischen Arbeitsmarkt, zwischen den Bildungssystemen und innerhalb der Bildungssysteme erhöhen, die Transparenz verbessern und es Arbeitgebern und Bildungseinrichtungen erleichtern, die von BürgerInnen erworbenen Kompetenzen zu beurteilen.

Der EQR ist ein Instrument, das die Transparenz der Berufsbildungs- und Bildungssysteme der einzelnen Mitgliedsstaaten erhöht und die darauf ausgerichteten nationalen Qualifikationsrahmen zu einander in Bezug bringt. Die nationalen Qualifikationsrahmen (NQR) sollen es ermöglichen, die nationalen Qualifikationen den europäischen Referenzebenen der Qualifikationen zuzuordnen. Kernstück des EQR ist ein Referenzrahmen bestehend aus acht Niveaustufen, die auf Lernergebnissen bzw. Kompetenzen basieren. Der EQR hat dabei die Funktion eines übergeordneten 'Metarahmens', der eine Verbindung verschiedener Qualifikationsrahmen auf nationaler und sektoraler Ebene ermöglicht. Die im Rahmen eines Bildungsgangs erworbenen Kompetenzen sollen daher zuvor den Niveaustufen eines nationalen Bezugssystems, zum Beispiel einem Deutschen Qualifikationsrahmen (DQR) sowie Österreichischen Qualifikationsrahmen (ÖQR) zugeordnet werden. Durch die Definition eines Rasters soll der EQR als 'Übersetzungshilfe' zwischen den Qualifikationssystemen der Mitgliedsstaaten dienen, damit Bildungsabschlüsse für Arbeitgeber, Bürger und Einrichtungen vergleichbarer und verständlicher gemacht werden und Arbeitnehmer und Lernende ihre Qualifikationen in

---

[12] Siehe http://www.enqa.eu/
[13] Siehe http://europa.eu.int/comm/education/policies/2010/consultations_en.html

anderen Ländern nutzen können. Der EQR definiert eine Reihe von Bildungsniveaus, die das gesamte mögliche Spektrum von Bildungsergebnissen abdecken sollen. Jedes Niveau wird durch Deskriptoren beschrieben. Die Deskriptoren beziehen sich auf Kenntnisse, Fertigkeiten und Kompetenzen (KFK). Unter Kenntnissen wird dabei Theorie- und/oder Faktenwissen verstanden. Fertigkeiten können kognitiver Natur (Problemlösefähigkeit, kreatives Denken etc.) oder praktisch sein (z. B. Umgang mit Instrumenten und Materialien). Kompetenz hat im EQR-Kontext die beiden Aspekte 'Verantwortung' und 'Selbstständigkeit'. Die Beschreibung der geforderten KFK wird mit jedem Niveau anspruchsvoller. Der EQR ist in acht Stufen gegliedert. Diese acht Stufen reichen von grundlegenden allgemeinen Kenntnissen und Fertigkeiten (Stufe 1) bis zur Beherrschung eines hoch spezialisierten Wissensgebiets (Stufe 8). Die drei höchsten Niveaus entsprechen den im Rahmen des Europäischen Hochschulraums im Zuge des Bologna-Prozesses definierten Hochschulabschlüssen, wie Bachelor, Master und Promotion. Sie können jedoch auch für besonders anspruchsvolle berufliche Qualifikationen stehen.

Damit der EQR auf unterschiedliche Systeme anwendbar ist, basieren die Qualifikationsniveaus ausschließlich auf Lernergebnissen, also darauf, was ein Lernender weiß, versteht und kann und nicht mehr auf dem Lerninput, der durch die Dauer eines Lernprozesses oder die Art der Bildungseinrichtung bestimmt wird. Die Lernergebnisse sind die im Rahmen eines Bildungsgangs oder auch auf informellem Wege erworbenen Kenntnisse, Fertigkeiten und Fähigkeiten. Ausbildungsdauer, Ausbildungsort (Schule, Betrieb, Hochschule, Bildungseinrichtung) und Ausbildungsform (duale Ausbildung, Lernen am Arbeitsplatz, Studium etc.) spielen keine Rolle. Dadurch ist es möglich, die Lernergebnisse eines jeden Bildungsgangs in neutraler Form zu beschreiben, ohne einen unmittelbaren Vergleich vorzunehmen oder das Bildungs- bzw. Qualifikationssystem eines einzelnen Landes als Referenz heranzuziehen. Der EQR stellt somit einen neutralen Rahmen her, auf den jede Qualifikation/jeder Bildungsgang in jedem Staat der EU bezogen werden kann. Kein Bildungssystem soll dabei bevorzugt oder diskriminiert werden. Der EQR soll durch das noch in der Entwicklung befindliche europäische Leistungspunktesystem für die berufliche Bildung (ECVET) ergänzt werden.

1.7 Ausblick: Global denken, lokal handeln

Die bisherigen Ausführungen dieses Beitrags haben die zunehmende Internationalisierung von Bildung aufgezeigt. Bildungssysteme und ihre Entwicklung sind Teil gesellschaftlicher und darin ökonomischer Prozesse und tief in diese eingebettet. Durch die Globalisierung in vielen Lebensbereichen haben die 'Ergebnisse' des Schul- bzw. Bildungssystems wesentlichen Einfluss auf die gesellschaftliche Entwicklung (Wirtschaft, Politik, Kultur …). So wird etwa im deutschsprachigen Raum immer wieder auf die Erfolge der skandinavischen Länder verwiesen mit dem Hinweis, „dass Wohlfahrtsstaaten so reformiert werden können, dass sie flexibler werden und in der globalisierten Welt wettbewerbsfähig sind. Das neue europäische

Modell ist nicht das alte, es hat drei Adjektive: effizient, sozial und ökologisch. Wer das erste Adjektiv vergisst, erschwert das zweite und das dritte" (Aiginger 2006, S. 25).

Aussagen dieser Art bestimmen die gegenwärtigen Debatten in mehr oder weniger allen Ländern. So wundert es auch nicht, dass Studien wie die von McKinsey u. Company mit dem Titel *How the World's Best-Performing School Systems Come Out on Top* (Barber, Mourshed 2007), die diesen Diskurs unterstützen, im nationalen und internationalen Kontext wie Heilsbotschaften für die Modernisierung der Bildungssysteme gehandelt werden. Darin werden Daten von 25 Schulsystemen untersucht, wozu zehn der erfolgreichsten Staaten wie Belgien, Finnland und die Niederlande aus dem Kreis der EU-27 gehörten. Sieben weiteren Systemen, darunter dem englischen, wurde eine starke Aufwärtstendenz bescheinigt. Das Fazit des McKinsey-Berichts lautet, dass sich die Qualität des Lehrpersonals für das schulische Leistungsgefälle ursächlich auswirke, was nicht unbedingt eine neue Erkenntnis darstellt, offensichtlich über Bannerträger der New (?) Economy in der Bildungspolitik und -verwaltung aber mehr Gehör für die jeweiligen Anliegen schafft, wie auch für die Folgenden:

Leistungsstarke Schulsysteme mögen sich zwar von der Gestaltung und den Rahmenbedingungen her deutlich unterscheiden, doch würden sie durchwegs den Akzent auf die Verbesserung des Unterrichts legen, da sich dies unmittelbar auf die Leistung der Schülerinnen und Schüler auswirke. Die Verbesserung erreichten sie dadurch, dass sie die geeignetsten Kandidaten für den Lehrerberuf gewinnen würden, diese zu guten Pädagogen ausbildeten und allen Kindern durch gezielte Förderung die Möglichkeit geben, in den Genuss eines qualitativ hochwertigen Unterrichts zu kommen. Um dies bewerkstelligen zu können, seien strenge Normen und Beurteilungen, klar formulierte Erwartungen, eine differenzierte Unterstützung von Schülern und Lehrern sowie ausreichende Finanzmittel erforderlich.

In leistungsstarken Systemen bediene man sich zur Gewinnung und festen Bindung qualifizierter Lehrkräfte ähnlicher Strategien und bewährter Verfahren. Es würden Marketing- und Personalbeschaffungs-Verfahren aus der Wirtschaft genutzt, um das Angebot an erstklassigen Bewerbern zu erhöhen, Möglichkeiten für Seiteneinsteiger geschaffen, effektive Auswahlmechanismen eingesetzt (die auch eine rasche Trennung von leistungsschwachen Lehrkräften ermöglichen) und attraktive Einstiegsgehälter geboten. Leistungsstarke Systeme verfügten über Mechanismen, die bereits vor der Aufnahme einer Lehrtätigkeit erkennen liessen, ob die Bewerber bestimmte allgemeingültige Voraussetzungen erfüllten, nämlich hohe Schreib- und Lesekompetenz und rechnerische Fähigkeiten; eine hohe soziale Kompetenz und Kommunikationsfähigkeit; Lernbereitschaft und Motivation für den Lehrerberuf.

Zwar werden im McKinsey-Report verschiedene Fragen aufgeworfen, die weiterer Untersuchungen bedürfen, doch lautet das Fazit, dass eine bessere Kommunikation und die Übernahme erfolgreicher Rezepte die Aussicht auf eine höhere Qualität der Lehrerbildung eröffnen würde. Der Einfluss zivilgesellschaftlicher Beiträge zur Bildungsreform ist nicht zuletzt ein Zeichen dafür, dass es nationalen Bildungspolitiken immer schwerer fällt, eigenständige Maßnahmen zur Systemverbesserung umzusetzen, weshalb internationale Entwicklungen und gut vermarktete Studien als Legitimationsstrategie für Policy-Maßnahmen benützt werden. Umso mehr, als auch Erziehungswissenschafter wie David Hargreaves (2003) warnen, dass Bildung in Gefahr gerate, die gegenwärtigen Transformationsprozesse zu ignorieren, die Industrie und Wirtschaft nachhaltig verändern. „Schools today are still similar in lots of ways to the schools of 100 years ago; business is not. (Schools are still like the factories that they were established to feed.)" Kritische Anmerkungen zur McKinsey-Studie (vgl. Schratz 2008) und zu der dadurch ausgelösten Form von *policy borrowing* (vgl. Moos, Krejsler, Kofod 2008) legen nahe, dass es nicht so sehr um die Frage zu gehen scheint, ob der von Hargreaves geforderte Musterwechsel erforderlich ist, sondern wie er angelegt wird.

Es genügt nicht mehr, einzelne Schulen zu 'good practice' anzuspornen. Das Bildungssystem als Ganzes ist gefordert, zu einem *Lernenden System* zu werden, dessen Akteurinnen und Akteure bereit sind, Strukturen so zu gestalten, dass sie den jeweils laufenden Anforderungen entsprechen. Daraus ergeben sich neue Rollenanforderungen, wie sie etwa Michael Fullan (2005, S. 11) fordert:

> „We need a radically new mind-set for reconciling the seemingly intractable dilemmas fundamental for sustainable reform: top-down versus bottom-up, local and central accountability, informed prescription and informed professional judgment, improvement that keeps being replenished.... We need system thinkers in action, which ... are leaders at all levels of the system who proactively and naturally take into account and interact with larger parts of the system as they bring about deeper reform and help produce other leaders working on the same issues. They are theoreticians, but they are practitioners whose theories are lived in action every day. Their ideas are woven into daily interactions that make a difference."

Dieser radikale Ansatz von Fullan sieht über die Auflösung der üblichen Gegensätze im Bildungswesen einen neuen Weg globalen Denkens und lokalen Handelns. So stellen Dezentralisierung und höhere Selbstständigkeit bzw. erweiterte Eigenständigkeit von Schulen und die Verschiebung von finanziellen Zuständigkeiten, weg von Schulbehörden hin zu den Einzelschulen alleine noch keinen Garant für die Verbesserung der Schul- und Unterrichtsqualität dar. Reformansätze sind für ihn erst dann erfolgreich, wenn sie sich auf die Bildungsprozesse der Schülerinnen und Schüler auswirken. Somit ist im gesamten Schulsystem Leadership for Learning gefragt (vgl. MacBeath, Cheng 2008), welche die Übernahme von Verantwortung auf allen Systemebenen zum Thema macht, um die Distanz zwischen Policy und Praxis neu zu bestimmen. Andy Hargreaves und Dennis Shirley (2009) plädieren daher für einen notwendigen 'Vierten Weg' der Entwicklung von Bildungssystemen. Der 'Erste Weg' schulischer Veränderungen besteht für sie aus einem Mix von Innovation und Inkonsistenz im Bildungswesen, wodurch sich Professionalität nicht nachhaltig entfalten konnte. Entwicklungen sind für sie nicht kohärent, sodass professionelles Handeln einzelner Lehrpersonen zu keiner systemischen Verbesserung führen kann. Der 'Zweite Weg' versucht über Marktorientierung und Standardisierung eine Vergleichbarkeit (z.B. über Rankings) herzustellen, geht ihrer Einschätzung nach aber auf Kosten von Motivation und *'ownership'* (Deprofessionalisierung von Lehrerinnen und Lehrern). Der 'Dritte Weg' sucht den Weg aus der bürokratischen Reform durch die Auflösung der top-down und bottom-up Dichotomie über 'strukturellen Pluralismus' (ebd. S. 12). Dazu dienen Formen des personalisierten Lernens und einer neuen Partnerschaft zwischen Akteur/innen und Schulbehörde: „Third Way advocates have sought to address the dawning realiziation that education in the 21st century must move beyond the control of self-serving professionals under freewhelling progressivism and beyond the dark thicket of prescription and standardization that limits capacity and stifles initiative" (ebd. S. 19).

Für sie ist der 'Vierte Weg' jener der Inspiration und Innovation, der Verantwortung und Nachhaltigkeit. „ ... it brings together government policy, professional involvement, and public engagement around an inspiring social and educational vision of prosperity, opportunity, and creativity in a world of greater inclusiveness, security, and humanity." (Ebd. S. 71) Zur Umsetzung dieser anspruchsvollen Vision sind für sie auf der Basis der von ihnen analysierten Erfahrungen internationaler Entwicklungen die folgenden sechs Pfeiler von Zielorientierung und Partnerschaft erforderlich (ebd. S. 73):

- eine inspirierende und inklusive Vision
- starkes öffentliches Engagement
- Leistung durch Beteiligung
- von allen getragene Verantwortung für Bildung
- Schülerinnen und Schüler als Partner im Reformprozess
- Aufmerksamkeit im Lernen und Lehren

So einleuchtend diese Erfordernisse erscheinen, umso schwerer sind sie im Spannungsfeld globalen Denkens und lokalen Handelns umsetzbar. Denn ein solcher (Vierter) Weg erfordert die Bereitschaft, innezuhalten und sich Klarheit zu verschafffen, wohin Reformen führen. Es ist leichter einem vorgegebenen Weg zu folgen als einen neuen einzuschlagen.

Literatur

Barber, Michael; Mourshed, Mona (2007): How the World's Best-Performing School Systems Come Out on Top. London: McKinsey u. Kompany.

Bereday, George Z. F. (1964): Comparative method in education. New York: Holt Rinehart and Winston.

Bickmore, Kathy (2008): Education for Conflict Resolution and Peacebuilding in Plural Societies: Approaches from Around the World. In: Mundy, Karen; Bickmore, Kathy; Hayhoe, Ruth (Hrsg.): Comparative and International Education: Issues for Teachers: Teachers College Press, S. 249–272.

Drechsel, Barbara; Prenzel, Manfred (im Druck): Was Lehrkräfte über internationale Vergleichsstudien wissen und in der Aus- und Weiterbildung erfahren sollten. In: Kraler, Christian; Schratz, Michael; Schnabel-Schüle, Helga; Weyand, Birgit (Hrsg.): Kulturen der Lehrerbildung. Münster: Waxmann.

Firestone, William A.; Riehl, Carolyn (Hrsg.) (2005): A new agenda for research in educational leadership. New York: Teachers College Press (Critical issues in educational leadership series).

Fraser, Stewart; Jullien, Marc-Antoine (1964): Jullien's plan for comparative education, 1816-1817. New York: Bureau of Publications Teachers College Columbia University (Teachers College. Columbia University. Comparative education studies).

Fullan, Michael (2005): Leadership/Sustainability. System thinkers in action. Thousand Oaks Calif.: Corwin Press.

Füller, Christian (2008): Schlaue Kinder, schlechte Schulen. Wie unfähige Politiker unser Bildungssystem ruinieren – und warum es trotzdem gute Schulen gibt. München: Droemer Knaur.

Haider, Günter (2006): PISA – Schulsysteme im Wettbewerb. In: Haider, Günter; Schreiner, Claudia (Hrsg.): Die PISA-Studie. Österreichs Schulsystem im internationalen Wettbewerb. Wien: Böhlau, S. 9–26.

Hall, Gene E.; Hord, Shirley M. (Hrsg.) (1987): Change in schools. Facilitating the process. Albany N.Y.: State University of New York Press (SUNY series in educational leadership).

Hargreaves, Andy; Shirley, Dennis (2009): The fourth way. The inspiring future for educational change. Thousand Oaks Calif.: Corwin Press.

Hargreaves, David (2003): From Improvement to Transformation. Veranstaltung vom 2003.

Hayhoe, Ruth; Mundy, Karen (2008): Introduction to Comparative and International Education: Why Study Comparative Education? In: Mundy, Karen; Bickmore, Kathy; Hayhoe, Ruth (Hrsg.): Comparative and International Education: Issues for Teachers: Teachers College Press, S. 1–22.

Hopmann, Stefan T.; Brinek, Gertrude; Retzl, Martin (Hrsg.) (2007): PISA zufolge PISA – PISA According to PISA. Hält PISA, was es verspricht? – Does PISA keep, what it promises?: LIT.

Jahnke, Thomas (2007): Zur Ideologie von PISA/Co. In: Jahnke, Thomas; Meyerhöfer, Wolfram (Hrsg.): Pisa/Co – Kritik eines Programms: Franzbecker, S. 9–29.

Jahnke, Thomas; Meyerhöfer, Wolfram (Hrsg.) (2007): Pisa/Co – Kritik eines Programms. Hildesheim: Franzbecker.

Kron, Thomas; Horacek, Martin (2009): Individualisierung. Themen der Soziologie – Soziologische Themen: transcript.

Liket, Theo M. E. (1995): Freiheit und Verantwortung. Das niederländische Modell des Bildungswesens: Bertelsmann Stiftung.

Luhmann, Niklas (2002): Das Erziehungssystem der Gesellschaft. Frankfurt: Suhrkamp.

MacBeath, John; Cheng, Yin-Cheong (Hrsg.) (2008): Leadership for Learning: International Perspectives. Rotterdam: SensePublishers.

Meyer-Drawe, Käte (2008): Diskurse des Lernens. München: Fink.

Moos, Lejf; Krejsler John; Kofod, Klaus Kasper (2008): Successful principals: telling or selling? On the importance of context for school leadership. In: International Journal of Leadership in Education: Theory and Practice, Jg. 11, H. 4, S. 341–352.

Münch, Richard (2009): Globale Eliten, lokale Autoritäten. Bildung und Wissenschaft unter dem Regime von PISA, McKinsey/Co. Frankfurt: Suhrkamp.

OECD (2007): Teachers Matter: Attracting, Developing and Retaining Effective Teachers. Zentrale Bedeutung der Lehrkräfte: Anwerbung, berufliche Entwicklung und Verbleib von qualifizierten Lehrerinnen und Lehrern. Paris: OECD (Multilingual Summaries).

Oelkers, Jürgen; Reusser, Kurt (2008): Expertise: Qualität entwickeln – Standards sichern – mit Differenz umgehen/Jürgen Oelkers; Kurt Reusser [Hrsg.: Bundesministerium für Bildung und Forschung (BMBF), Referat Bildungsforschung]. Unter Mitarbeit von Esther Berner, Ueli Halbheer und Stefanie Stolz. Bonn: BMBF (Bildungsforschung, 27).

Priebe, Botho (2008): Das „Recht auf Bildung" im deutschen Bildungssystem. Aus dem Bericht des UNO-Sonderberichterstatters für das Recht auf Bildung. In: Lernende Schule, Jg. 11, H. 42, S. 11–13.

Salcher, Andreas (2008): Der talentierte Schüler und seine Feinde. Salzburg: Ecowin.

Schleicher, Andreas (2006): Perspektiven für die Zukunft von Schule. Vortrag bei der Tagung „Schulen in Deutschland – Schulen mit Zukunft?" der GEW am 24.3.2006 in Frankfurt/M. Online verfügbar unter http://www.gew.de/Schulen_in_Deutschland_Schulen_mit_Zukunft.html, zuletzt geprüft am 16.08.2009.

Schley, Wilfried; Schratz, Michael (im Druck): Die Zukunft gemeinsam entstehen lassen. Professionalisierung von Führungspersonen als Systemwandel. In: Kraler, Christian; Schratz, Michael; Schnabel-Schüle, Helga; Weyand, Birgit (Hrsg.): Kulturen der Lehrerbildung. Münster: Waxmann.

Schratz, Michael (1996): Gemeinsam Schule lebendig gestalten. Anregungen zu Schulentwicklung und didaktischer Erneuerung. Weinheim u. a.: Beltz.

Schratz, Michael (2007): Bildungsstandards in der Schulentwicklung. In: Labudde, Peter (Hrsg.): Bildungsstandards am Gymnasium. Korsett oder Katalysator?. Bern: hep, S. 145–155.
Schratz, Michael (2008): Commenting the McKinsey report. In: Journal of Educational Change, Jg. 9, S. 321–324.
Sliwka, Anne (2008): Professionalisierung durch Selbstregulierung: Teaching Councils in Irland, Kanada und Australien. In: Journal für LehrerInnenbildung, Jg. 8, H. 3, S. 45–51.
Spindler, George; Spindler, Louise (1993): Crosscultural, Comparative, Reflective Interviewing in Schönhausen und Roseville. In: Schratz, Michael (Hrsg.): Qualitative voices in educational research. London u. a. (Social research and educational studies series), S. 106–124.
Wößmann, Ludger (2007): Letzte Chance für gute Schulen. Die 12 großen Irrtümer und was wir wirklich ändern müssen. München: Zabert Sandmann.

Weiterlesen

Waterkamp, Dietmar (2006): Vergleichende Erziehungswissenschaft. Münster: Waxmann.
Das einführende Lehrbuch präsentiert das Gegenstandsproblem der „Vergleichenden Erziehungswissenschaft" in ihrem Entwicklungsgang und in der Verzweigung ihrer Forschungsrichtungen. Der Autor lässt das gedankliche Bemühen um die Gegenstandsbestimmung als den stimulierenden Impuls dieses Zweigs von Erziehungswissenschaft erkennen. Sein wissenschaftsgeschichtliches und zugleich erkenntniskritisches Vorgehen eröffnet einen weit reichenden Einblick in das Gegenstandsproblem. Der Wechsel zwischen theoretischen und berichtenden Passagen bietet einen Spannungsbogen für die Entfaltung der Inhalte.

Hornberg, Sabine (2010): Schule im Prozess der Internationalisierung von Bildung. Münster: Waxmann.
Diese Studie beschäftigt sich mit internationalen Schultypen, die von der deutschsprachigen Erziehungswissenschaft bisher weitgehend vernachlässigt wurden. In einem ideographischen Vergleich werden Genese, Bildungs- und Erziehungsziele sowie Organisationsformen und Unterrichtsinhalte von Schulen mit einem explizit europäischen Bezug (Europa-Schulen, Europäische Schulen) und mit internationalen Bezügen (UNESCO Projektschulen, Internationale Schulen) herausgearbeitet und mit dem neo-institutionalistischen World Polity-Ansatz theoretisch eingeordnet. Die von der Autorin geschaffene Zusammenschau der Internationalen Schulen und der mit ihnen verbunden Organisationen eröffnet neue Einblicke in das Entwicklungsfeld „Transnationaler Bildungsräume".

OECD (2009 ff.): Bildung auf einen Blick – OECD-Indikatoren. Paris: Organisation für wirtschaftliche Zusammenarbeit und Entwicklung (OECD).
Die jährlich aktualisierte Ausgabe „Bildung auf einen Blick" (Original: *Education at a Glance*) enthält ein umfangreiches aktuelles Spektrum an Indikatoren zur Leistungsfähigkeit der einzelnen Bildungssysteme. Die Zusammenschau der Daten beruht auf dem Konsens der Fachwelt darüber, wie der gegenwärtige Stand der Bildung im internationalen Vergleich jeweils bewertet werden kann. Sie reichen von den Zahlen der Lehrenden und Lernenden in den einzelnen Bildungseinrichtungen bis zu Fragen der ökonomischen Effizienz. Ein in der internationalen Bildungsarbeit unverzichtbares Nachschlagewerk für Wissenschaft und Praxis.

Weitersurfen

http://eacea.ec.europa.eu/education/eurydice/documents/european_glossary/053DE.pdf
Europäisches Glossar zum Bildungswesen. Teil 1: Prüfungen, Abschlüsse und Titel. Teil 2: Bildungseinrichtungen: Ein hilfreiches Vademecum durch den Dschungel der unterschiedlichen Begriffe, Systeme und nationalen Eigenheiten in den verschiedenen Ländern. Die herunter ladbaren Dokumente enthalten detaillierte Darstellungen der Termini, die auf nationaler Ebene allgemein gebräuchlich und für das jeweilige Bildungssystem spezifisch sind. Ein unverzichtbarer Ratgeber für die Arbeit in transnationalen Bildungsprojekten.

http://eacea.ec.europa.eu/education/eurydice/eurybase_en.php
Eurybase – Beschreibung der nationalen Bildungssysteme und Policies in Europa: Eine einzigartige und sehr detaillierte Datenbank mit Informationen zu allen Bildungssystemen, die von den europäischen Mitgliedsländern abgedeckt werden. Neben der Recherche über einzelne Länder kann über *Eurybase* nach Informationen zu bestimmten Themen und Unterthemen in einer oder mehreren Länderbeschreibungen in verschiedenen Sprachen gesucht werden. Über die Schlagwortsuche (Suchmaschine) können eine oder mehrere Länderbeschreibungen nach einem oder mehreren Suchbegriffen abgerufen werden.

Tabea Raidt

2. Bildungspolitik und Bildungsmonitoring – Konsequenzen aus der internationalen Entwicklung in Deutschland

Seit den Leistungsvergleichsstudien TIMSS[1] und PISA[2] ist in der deutschen Bildungspolitik und -verwaltung vieles in Bewegung gekommen. Durch die Leistungsvergleichsstudien ist auch eine Studie in den Blick der Fachöffentlichkeit geraten, die eigentlich schon seit 1992 veröffentlicht wird: Bildung auf einen Blick bzw. Education at a Glance (EaG). In EaG werden Bildungssysteme bezüglich ihrer Leistungsfähigkeit bewertet und verglichen. Deutschland erreicht weder bei TIMSS und PISA noch bei EaG Spitzenwerte, es findet sich vielmehr im Mittelfeld der teilnehmenden Länder wieder. Ähnlich wie nach der Proklamierung der Bildungskatastrophe Mitte der 1960er Jahre (Picht 1964) hat gerade die Veröffentlichung der Ergebnisse der ersten PISA-Studie Ende 2001 einen fraktionsübergreifenden Aktionismus in der Bildungspolitik und der Bildungsverwaltung[3] ausgelöst, der sich vor allem durch die Befürchtung erklären lässt, im internationalen ökonomischen Wettbewerb abgehängt zu werden. Seit der ersten Veröffentlichung von PISA (wobei PISA eher als Katalysator der Reformen im Bildungswesen betrachtet werden muss denn als alleiniger Auslöser) wurde von der Bildungspolitik vor allem ein Bereich auf- und ausgebaut: das Bildungsmonitoring. Als Muster für den Aufbau eines Bildungsmonitorings dient der nationalen wie auch der regionalen Bildungspolitik EaG mit seinen Indikatoren und Kennzahlen. Der Aufbau des Bildungsmonitorings bedeutet dabei nicht nur die Einführung eines neuen Instruments sondern auch einen Paradigmenwechsel, der einen Strategiewechsel von der Input- zur Outputsteuerung zum Kern hat. Die Grundlage des Bildungsmonitorings bilden neu gestaltete Curricula, in denen durch Schülerinnen und Schüler zu erreichende Bildungs- bzw. Kompetenzstandards vorgegeben werden, und Qualitätsrahmen, in denen Ziele und Kriterien der Qualitätsentwicklung an Schulen festgeschrieben sind. Die Erreichung der Kompetenzstandards und Quali-

---

[1] Third/Trends in International Mathematics and Science Study
[2] Programme for International Student Assessement
[3] Im Weiteren Text (wie auch in der Überschrift) wird auch die zusätzliche Nennung der Bildungsverwaltung verzichtet, wiewohl diese gerade durch die Landesinstitute einen entscheidenden Anteil an der Gestaltung der Reformen seit PISA hat.

tätskriterien wird im Rahmen des Bildungsmonitorings durch Vergleichsarbeiten, Leistungsvergleichsstudien und Evaluation überprüft, deren Ergebnisse wiederum zusammen mit weiteren Kennzahlen des Bildungssystems in Bildungsberichten zusammengefasst werden. Das so entstandene Bildungsmonitoring bildet dann die Basis für die Bildungssystemsteuerung, bei der den im Bildungsmonitoring benannten Problemfeldern durch bildungspolitisches Eingreifen begegnet werden soll.

Das Paradigma der Systemsteuerung durch Outputsteuerung löst dabei ein bildungspolitisches Paradigma ab, das sich in den letzten 20 Jahren des 20. Jahrhunderts in der Bildungspolitik entwickelt hatte. Als Antwort auf die proklamierte Bildungskatastrophe versuchte die Bildungspolitik, die aufgezeigten Probleme durch Bildungsplanung zu verringern. Bald wurde jedoch deutlich, dass eine Planung 'von oben' nicht so wirksam sein kann wie eine Entwicklung der Schulen, die diese selbst verantworten. Aus dieser Erkenntnis heraus ist die Schulentwicklung entstanden, bei der davon ausgegangen wird, dass Schulen – im Rahmen der gesetzlichen Möglichkeiten – auf ihre spezifischen Voraussetzungen mit auf ihre Voraussetzungen und Ziele abgestimmten Maßnahmen reagieren können müssen. Die Autonomie der Schule sollte vergrößert werden, um den Spielraum für spezifische Maßnahmen der Schulen zu erweitern. Zu dieser Schulentwicklung tritt nun seit PISA – auf der Ebene der Schule – die mit der Systemsteuerung in Verbindung stehende Qualitätsentwicklung hinzu. Knapp ein Jahrzehnt nach Initiation des Paradigmenwechsels kann als Zwischenfazit festgestellt werden, dass das Verhältnis zwischen der Schulentwicklung einerseits und der Qualitätsentwicklung andererseits – bzw. auf der Ebene der Bildungspolitik zwischen Vergrößerung der Autonomie der Schule einerseits und Systemsteuerung auf der Basis von Standards und Monitoring andererseits – noch nicht abschließend geklärt ist. Zwar wird deutlich, dass sich Standards und Evaluation bezüglich der Ziele und verstärkte Autonomie bezüglich der Maßnahmen ergänzen müssen. Doch wo die Grenze zwischen Autonomie und Standards verläuft und wie die Ergebnisse des Monitorings in die Schulentwicklung und die Systemsteuerung einfließen sollen, ist noch unklar.

Dieser Beitrag gliedert sich in vier Abschnitte. Im ersten Abschnitt werden die Grundzüge des internationalen Bildungsmonitorings dargestellt. Dabei werden die Prinzipien von EaG skizziert, die Konzeption von PISA und die Auftragnehmer und Auftraggeber der PISA-Studien vorgestellt sowie weitere Leistungsvergleichsstudien kurz zusammengefasst. Im zweiten Abschnitt geht es um das Bildungsmonitoring in Deutschland. Es werden die Reformen der Länder in ihrem Zusammenschluss in der Kultusministerkonferenz (KMK) dargestellt sowie die gemeinsamen Reformen der Länder mit dem Bund. Als ein Bestandteil des Paradigmenwechsels und des Bildungsmonitorings wird der Ausbau der empirischen Bildungsforschung beleuchtet. Der dritte Abschnitt widmet sich den Konsequenzen, die sich aus dem Paradigmenwechsel und den damit verbundenen Reformen – hauptsächlich dem Bildungsmonitoring und der Systemsteuerung – ergeben. Schließlich geht es viertens um die Frage des Neben- oder Miteinanders von Schulentwicklung einerseits und Qualitätsentwicklung andererseits (vgl. Ruep, Keller 2007).

2.1 Bildungsmonitoring international

Die EaG- wie auch die PISA-Studien sind das Ergebnis jahrelanger Vorarbeiten der an ökonomischen Interessen ausgerichteten OECD[4]. Diese gilt als Motor des internationalen Bildungsmonitorings mit dem Ziel, Wirtschaftsstandorte auch durch effiziente Bildungssysteme zu sichern. Seit 1992 gibt die OECD jährlich die Studie 'Bildung auf einen Blick' bzw. 'Education at a Glance' (EaG) heraus. EaG stellt nicht primär das Können der Schülerinnen und Schüler dar, sondern vielmehr die Performanz ganzer Bildungssysteme auf der Makroebene (vgl. OECD 2005a). EaG zeigt den teilnehmenden Ländern, „welche Fortschritte das Bildungssystem des eigenen Landes dabei macht, Schüler und Studierende von Weltklasseformat auszubilden" (ebd., S. 3). Hierbei betont die OECD auch, welchen Stellenwert sie dem Bildungssystem eines Landes beimisst: „Anhand der Beschäftigungsaussichten und des Einkommens jedes Einzelnen sowie des Wirtschaftswachstums insgesamt lassen sich klar erkennbare Erträge der Bildung messen" (ebd. S. 13). Damit kommt der jährlichen Vorstellung der aktuellen EaG-Studie vor den Medien die Funktion einer „Bilanzpressekonferenz des globalisierten Bildungssystems" zu (vgl. Kahl 2004). EaG bietet einen Überblick über die Kerndaten der Bildungssysteme der 30 OECD-Länder und von Partnerländern mit Hilfe quantitativer Indikatoren. Die Indikatoren beruhen „auf dem Konsens der Fachwelt ..., wie der gegenwärtige Stand der Bildung im internationalen Vergleich zu bewerten ist" (OECD 2005a, S. 21). Insbesondere werden personelle und finanzielle Ressourcen, Prozesse der Weiterentwicklung von Bildungssystemen und Bildungserträge beleuchtet. Als Bildungsergebnisse werden der Bildungsstand der Bevölkerung, Abschlussquoten im Sekundarbereich II und im Tertiärbereich, Ergebnisse aus PISA und TIMSS, Zusammenhänge zwischen Beschäftigungs- und Arbeitslosenquoten mit dem Geschlecht und dem Bildungsstand, Zusammenhänge zwischen Bildungsstand und Einkommen sowie das Wirtschaftswachstum aufgeführt. Die Indikatoren sollen dabei beispielsweise „den Bildungsstand der Erwachsenenbevölkerung als Kennzahl der in Wirtschaft und Gesellschaft vorhandenen Kenntnisse und Fähigkeiten" (ebd. S. 31) und den „Output" (ebd. S. 43) der Bildungssysteme erfassen. Die in Bildung investierten Finanz- und Humanressourcen spielen bei EaG eine besondere Rolle. Dazu zählen Bildungsausgaben der Länder pro Schülerin und Schüler und im Vergleich zum Bruttoinlandprodukt (BIP), Anteile öffentlicher und privater Ausgaben, Zuschüsse an Schülerinnen und Schüler sowie Studierende wie Darlehen oder Stipendien. Da die OECD davon ausgeht, dass „eine gut ausgebildete Bevölkerung ... für die wirtschaftliche und soziale Entwicklung eines Landes von entscheidender Bedeutung" ist (OECD 2005a, S. 259), wird der Bildungsteilnahme ein weiteres Kapitel gewidmet. Hauptaugenmerk liegt dabei auf der Zahl bzw. dem Anteil der Schülerinnen und Schüler sowie der Studierenden im Sekundarbereich II, im Tertiärbereich und in der Ausbildung, auf der Situation junger Menschen mit niedrigem Bildungsstand sowie der Stärke der Teilnahme an Fort- und Weiterbildung. Nicht zuletzt

---
[4] Organisation for Economic Co-Operation and Development

werden die Schulen selbst in den Blick genommen. Unterrichtszeit, Klassengröße, Schüler-Lehrer-Verhältnis, Gehälter und Arbeitszeit von Lehrerinnen und Lehrern, Indikatoren nach öffentlichen und privaten Bildungsanbietern werden im Hinblick auf eine Optimierung öffentlicher Investitionen und deren Effektivität geprüft (vgl. ebd. S. 377) sowie die Frage, ob bestimmte Strukturen der Bildungssysteme wie die Selektion von Schülerinnen und Schülern in Schulen oder Klassen verschiedener Niveaus oder Richtungen zu höheren oder homogeneren Schülerleistungen führen. Eine Besonderheit von EaG ist die explizit bildungspolitische Ausrichtung der Daten und Ergebnisse. So wird für jeden Indikator noch vor dessen inhaltlicher Beschreibung der 'politische Hintergrund' ausgeführt, der implizit konkrete Wertsetzungen und Zielvorstellungen formuliert (vgl. OECD 2005/2006, S. 7).

Ebenso wie EaG wurden die PISA-Studien von der OECD initiiert, sie werden jedoch formal von den teilnehmenden Ländern in Auftrag gegeben. In Deutschland ist der formale Auftraggeber die Kultusministerkonferenz (KMK; vgl. Deutsches PISA-Konsortium 2001, S. 62). Verantwortlich für die Durchführung der Studien in Deutschland ist ein nationales Konsortium, das vom Max-Planck-Institut für Bildungsforschung Berlin (MPIB) geleitet wird und dem Wissenschaftler des Deutschen Instituts für Internationale Pädagogische Forschung (DIPF), des Leibniz-Instituts für die Pädagogik der Naturwissenschaften (IPN) sowie verschiedener Universitäten angehören. PISA wurde bisher drei Mal durchgeführt und veröffentlicht, 2000, 2003 und 2006. Dabei gab es in Deutschland jeweils eine internationale Testung (PISA-I), die den Vergleich Deutschlands mit anderen Staaten erlaubt, und eine nationale Testung (PISA-E), die den Vergleich der Bundesländer innerhalb Deutschlands ermöglicht und zudem stärker auf die deutschen Curricula abgestimmt ist. Die Ergebnisse der Studien werden immer ein (PISA-I) bis zwei (PISA-E) Jahre nach der Erhebung veröffentlicht. 2009 startete ein zweiter Erhebungszyklus von PISA, dessen Testungen 2009, 2012 und 2015 stattfinden. Die Anzahl der teilnehmenden Staaten hat sich seit der ersten Testung verdoppelt (DIPF 2009a).

Ähnlich wie EaG basiert PISA auf einer normsetzenden Grundlage: „Man muss sich darüber im Klaren sein, dass die PISA-Tests mit ihrem Verzicht auf transnationale curriculare Validität ... und der Konzentration auf die Erfassung von Basiskompetenzen ein didaktisches und bildungstheoretisches Konzept mit sich führen, das normativ ist" (Deutsches PISA-Konsortium 2001, S. 19). Ziel der Studie ist es, in den beteiligten Ländern Kompetenzen von 15-jährigen Schülerinnen und Schülern zu erfassen. Die untersuchten Kompetenzen gelten als wichtig für das lebenslange Lernen. PISA stellt nicht nur das Leistungsniveau fest, das in den Schulen der beteiligten Staaten erreicht wird, sondern liefert auch Informationen über die Ergebnisse des Lehrens und Lernens. PISA deckt die Veränderungen im Bildungssystem auf und definiert Handlungsbedarfe, um Lernchancen optimal zu nutzen und gerecht zu verteilen (vgl. DIPF 2009b). PISA will also explizit nicht prüfen, inwiefern die Schülerinnen und Schüler das Curriculum ihres oder eines Landes erfüllen, sondern hat bezüglich der Definition von Bildung, der Inhalte sowie der Niveaus ein eigenes Benchmarking geschaffen. Bei PISA geht es um Kompetenzen, die die Schülerinnen und Schüler befähigen, sich in einer nicht zu prognostizierenden

Zukunft sicher orientieren zu können. „Nach diesem Modell müssen neue Kenntnisse und Fähigkeiten, die für die erfolgreiche Anpassung an veränderte Gegebenheiten erforderlich sind, kontinuierlich über die gesamte Lebensspanne hinweg erworben werden. Nicht alles, was sie als Erwachsene benötigen werden, können Schülerinnen und Schüler in der Schule lernen. Was sie daher erwerben müssen, sind die Voraussetzungen für erfolgreiches Lernen im späteren Leben" (Deutsches PISA-Konsortium 2000, S. 11). Diese funktionalistische Orientierung, das Begreifen von Kompetenzen als Kulturwerkzeuge, bildet die normative Grundlage des Bildungsverständnisses von PISA (Deutsches PISA-Konsortium 2001, S. 19).

Wichtig für das Verständnis von Studien wie EaG und PISA sind nicht nur deren Konzeptionen, sondern auch das Wissen um ihre Auftraggeber und Autoren. Hervorzuheben sind bei den nationalen und internationalen Leistungsvergleichsstudien vor allem die IEA[5] und die OECD. Die IEA führt große Studien wie PISA, TIMSS und PIRLS/IGLU[6] durch (vgl. IEA 2009a). Die UNESCO als Mutterorganisation der IEA hat vor allem das Ziel, Frieden und internationale Verständigung durch die Bewahrung und Ausbreitung von Bildung, Wissenschaft und Kultur zu fördern (vgl. UNESCO 2006). Die OECD dagegen sieht Bildung und Schulsystem als Bestandteil des Wirtschaftssystems und weist ihnen entsprechende Funktionen zu. Die OECD hat mit der Idee und der Arbeit an PISA Mitte der 1990er Jahre begonnen, PISA ist also eine originäre Initiative der OECD (OECD 2009c, S. 1). Die wesentlichen Entscheidungen zu PISA werden im 'Board of Participating Countries' getroffen, in dem alle Staaten vertreten sind (Deutsches PISA-Konsortium 2001, S. 61). Die Arbeit des Gremiums orientiert sich an den Bildungszielen der OECD: „Guided by the OECD's education objectives, the Board determines the policy priorities for PISA and makes sure that these are respected during the implementation of each PISA survey" (OECD 2009c, S. 2). Zur Konzeption von PISA hat die OECD fünf zumeist privatwirtschaftliche Forschungseinrichtungen beauftragt: ACER[7] aus Australien (Federführung), CITO[8] aus den Niederlanden, NIER[9] aus Japan sowie ETS[10] und WESTAT[11] aus den Vereinigten Staaten (Deutsches PISA-Konsortium 2001, S. 62).

PISA und EaG sind die zwei das internationale und damit auch nationale Bildungsmonitoring bestimmenden Studien. Daneben gibt es jedoch auch weitere wichtige Leistungsvergleichsstudien, etwa die großen Studien TIMSS und PIRLS, IGLU sowie DESI. Obwohl es auch in den 1960er Jahren schon internationale Vergleichsstudien gegeben hat (vgl. Ingenkamp 2002, S. 409 ff.), sind erst durch diese neueren Studien wirkkräftige bildungspolitische Konsequenzen gezogen worden. Die Daten der PISA-Studien wurden nicht nur für die bekannten Hauptveröffent-

---

[5] International Association for the Evaluation of Educational Achievement (Niederlande) der UNESCO (United Nations Educational, Scientific and Cultural Organization)
[6] Progress in International Reading Literacy Study/Internationale Grundschul-Lese-Untersuchung
[7] Australian Council for Educational Research
[8] Centraal Instituut voor Toets Ontwikkeling (Zentrales Institut für Testentwicklung)
[9] National Institute for Educational Research
[10] Educational Testing Service
[11] Westat Inc. (Eigenname)

lichungen, sondern auch für die Erstellung von PISA-Nebenstudien[12] verwendet, so beispielsweise die tiefergehende Analyse der Auswirkungen der familiären Herkunft, bei der gerade die schlechteren Chancen von Schülerinnen und Schülern aus sozial schwachen Familien und mit Migrationshintergrund deutlich geworden sind (vgl. Baumert, Stanat, Watermann 2006) oder die Untersuchung der Kompetenzentwicklung innerhalb eines Schuljahres (PISA-I-Plus). Zur nationalen Erweiterung von PISA 2000 gab es eine vertiefende Analyse insbesondere zu den Anforderungen und der Lehrplanübereinstimmung der Studie in Deutschland, zu sozialen und motivationsbezogenen Aspekten sowie als Schwerpunkt zu den institutionellen Bedingungen der Kompetenzentwicklung (vgl. Baumert u.a. 2003). Einen ähnlichen Inhaltsbereich deckt die Untersuchung des schulischen und außerschulischen Kontextes für Schülerleistungen ab (vgl. Schümer, Tillmann, Weiß 2004). Die so genannte PISA-Elternstudie 'Mathematical Literacy bei Erwachsenen' wurde als Ergänzung zu PISA 2003-E (nur in Deutschland) durchgeführt; erste Ergebnisse zeigen, dass es einen Zusammenhang zwischen mathematischen Kompetenzen der Eltern und ihrer Kinder gibt (vgl. Ehmke, Wild, Müller-Kalhoff 2005).
TIMSS als wichtigste Studie vor PISA wird von der IEA durchgeführt. Untersucht wurden bei TIMSS die Leistungen von Schülerinnen und Schüler in Schlüsseljahrgängen: in der Grundschule (TIMSS Population I), in der Sekundarstufe I (TIMSS Population II) und Sekundarstufe II (TIMSS Population III). TIMSS wurde bisher in den Jahren 1995, 1999, 2003 und 2007 durchgeführt, Deutschland hat allerdings nur 1995 und 1999 teilgenommen und auch nur in den Populationen II und III (vgl. Mullis u.a. 2000). Die Tests wurden in den Bereichen mathematisch-naturwissenschaftliche Grundbildung, voruniversitärer Mathematikunterricht und voruniversitärer Physikunterricht durchgeführt. Neben der mehrdimensionalen Leistungsstudie wurden Befragungen von Schulleitungen und Fachlehrkräften, Fallstudien und Videoanalysen eingesetzt (vgl. Mullis u.a. 2003). Im Gegensatz zu PISA setzt TIMSS keine eigenen und normativen Benchmarks. Die Tests beruhen auf ausführlichen Studien über die Curricula der teilnehmenden Länder, um sicher zu gehen, „that goals of mathematics and science education regarded as important in a significant number of countries are included" (ebd. S. 5). TIMSS nimmt mit der Verwendung des Konzepts der Literacy dessen spätere Verwendung in PISA vorweg (vgl. Baumert, Bos, Lehmann 2000, S. 85). Sowohl die mathematische als auch die naturwissenschaftliche Literalität werden als wichtige „kulturelle Werkzeuge, die instrumentelle Bedeutung für die Erschließung ganzer Erfahrungsbereiche haben" gesehen (ebd.). Und weiter: „Schwerwiegende Defizite in der Beherrschung dieser Werkzeuge gefährden in modernen Gesellschaften die Teilnahme an zentralen gesellschaftlichen Lebensbereichen und stellen Risikofaktoren individueller Lebensführung dar" (ebd.). Um die Bedeutung der naturwissenschaftlichen Grundbildung zu verdeutlichen, wird auf die naturwissenschaftlich und technologisch bestimmte Welt und den Modernisierungsprozess in diesem Bereich Bezug

---

[12] Eine ausführliche Liste der Publikationen findet sich auf der Webseite des Max-Planck-Instituts für Bildungsforschung (MPIB 2009).

genomen. Die naturwissenschaftliche Basisqualifikation wird als grundlegendes Kulturwerkzeug definiert (ebd. S. 86).

Daneben wurden auf internationaler, nationaler und regionaler Ebene weitere Studien durchgeführt, beispielsweise BIJU – Bildungsverläufe und psychosoziale Entwicklung im Jugendalter (vgl. MPIB 1996), LAU – Lernausgangslagen-Untersuchung (z. B. Behörde für Bildung und Sport 2002), MARKUS – Mathematik-Gesamterhebung Rheinland-Pfalz: Kompetenzen, Unterrichtsmerkmale, Schulkontext (vgl. Helmke 2001), QuaSUM – Qualitätsuntersuchung an Schulen zum Unterricht in Mathematik (vgl. Lehmann 2009), SALVE – Systematische Analyse des Lernverhaltens und des Verständnisses in Mathematik: Entwicklungstrends und Fördermöglichkeiten (z. B. Hosenfeld et. al. 2002), TOSCA – Transformation des Sekundarschulsystems und akademische Karrieren (vgl. Köller u. a. 2004), SCHOLASTIK – Schulorganisierte Lernangebote und Sozialisation von Talenten, Interessen und Kompetenzen (vgl. Weinert 1997), LOGIK – Longitudinalstudie zur Genese individueller Kompetenzen (Weinert 1999) oder die Münchner (Hauptschul-)Studie(n) (vgl. Helmke 1986). Was die meisten genannten Studien gemeinsam haben, ist der der Bildungsforschung nahe stehende Ansatz, nicht nur die Leistungen erheben zu wollen, sondern gleichsam die Bedingungsfaktoren systemischer, schulischer und außerschulischer Art auf deren Einfluss auf die Ergebnisse hin zu untersuchen – eine Stärke, die angesichts des Fokusses auf 'Rankings' und oberflächlicher Kritik oft übersehen wird.

2.2 Bildungsmonitoring in Deutschland

Die Reformen, die vor allem seit PISA umgesetzt werden, zeichnen sich durch eine relativ starke Koordination auf nationaler Ebene aus. Bundesländer und Kultusministerkonferenz (KMK) vereinbaren Bildungsstandards und einen verbesserten Abgleich zwischen den länderspezifischen Bildungssystemen. Nach dem Grundgesetz hat der Bund Aufgaben wie die Rechtssetzung für die außerschulische berufliche Bildung und Weiterbildung, die Forschungsförderung, die Gesetzgebung zur Ausbildungsförderung, die Förderung begabter Schülerinnen und Schüler, Auszubildender, Studierender und des wissenschaftlichen Nachwuchses sowie die Förderung des internationalen Austausches von Lernenden und Lehrenden. Da gerade diese Bereiche seit PISA stark an Bedeutung gewonnen haben, kann zumindest hier eine Nationalisierung der Bildungspolitik festgestellt werden. Am 07.10.2002 veröffentlichte die KMK in Folge der internationalen Studien sieben Handlungsfelder, an denen sich die Länder seitdem orientieren:

- Maßnahmen zur Verbesserung der Sprachkompetenz bereits im vorschulischen Bereich;
- Maßnahmen zur besseren Verzahnung von vorschulischem Bereich und Grundschule mit dem Ziel einer frühzeitigen Einschulung;
- Maßnahmen zur Verbesserung der Grundschulbildung und durchgängige Verbesserung der Lesekompetenz und des grundlegenden Verständnisses mathematischer und naturwissenschaftlicher Zusammenhänge;

- Maßnahmen zur wirksamen Förderung bildungsbenachteiligter Kinder, insbesondere auch der Kinder mit Migrationshintergrund;
- Maßnahmen zur konsequenten Weiterentwicklung und Sicherung der Qualität von Unterricht und Schule auf der Grundlage verbindlicher Standards sowie eine ergebnisorientierte Evaluation;
- Maßnahmen zur Verbesserung der Professionalität der Lehrertätigkeit, insbesondere im Hinblick auf diagnostische und methodische Kompetenz als Bestandteil systematischer Schulentwicklung;
- Maßnahmen zum Ausbau schulischer und außerschulischer Ganztagsangebote mit dem Ziel erweiterter Bildungs- und Fördermöglichkeiten, insbesondere für Schülerinnen und Schüler mit Bildungsdefiziten und besonderen Begabungen.

Die KMK konnte sich bei der Formulierung der Handlungsfelder auf zwei Vorarbeiten stützen, die vor der Veröffentlichung der PISA 2000-Ergebnisse entstanden waren. Zum einen auf die 'Empfehlungen des Forum Bildung' (vgl. Forum Bildung 2001, 2002), zum anderen auf die Denkschrift der Kommission 'Zukunft der Bildung – Schule der Zukunft'. Das Forum Bildung wurde 1999 von Bund und Ländern eingesetzt und bestand bis 2002 aus der Bundesbildungsministerin, Bildungs- und Wissenschaftsministerinnen und -minister der Länder sowie Vertreterinnen und Vertreter der Arbeitgeber, Arbeitnehmer, Wissenschaft, Kirchen, Auszubildenden und Studierenden (Forum Bildung 2001, S. 44). Bereits 1995 wurde die Denkschrift 'Zukunft der Bildung – Schule der Zukunft' der gleichnamigen Kommission in Nordrhein-Westfalen (vgl. Bildungskommission NRW 1995) veröffentlicht. „Es geht um Anforderungen, die Beruf, Arbeit und Wirtschaft stellen; es geht um Konsequenzen, die sich daraus für die Schule, die berufliche Bildung, den Übergang zur Hochschule und die Weiterbildung ergeben" (ebd. S. V). Die Kommission schlägt eine Reflexion über „Selbstverständnis, Zielvorstellungen und Gegenstände schulischen Lernens und Lebens" vor (ebd., S. XII) und entwickelt die Vorstellung vom 'Haus des Lebens', also von der 'Schule als Lern- und Lebensraum' mit größerer Selbständigkeit sowie vom 'lebenslangen Lernen' (ebd. S. XIII). Auch Konzepte wie die Selbstevaluation in Verbindung mit externer Evaluation werden dort vorgeschlagen. Hier sind bereits viele Ansätze angelegt, die bei den Reformen des Bundes und der Länder in den 2000er Jahren realisiert wurden.

Die KMK-Amtschefkommission 'Qualitätssicherung in Schulen' initiierte Ende 2003 die Gründung des Instituts zur Qualitätsentwicklung im Bildungswesen' (IQB), das an die Humboldt-Universität Berlin angebunden wurde (vgl. IQB 2009a). Das IQB arbeitet im Auftrag der Länder zur „Sicherung und kontinuierlichen Weiterentwicklung von Bildungserträgen im Schulsystem. Kernanliegen des IQB sind die Weiterentwicklung, Operationalisierung, Normierung und Überprüfung von Bildungsstandards" (ebd.). Dazu entwickelt es nationale Bildungsstandards weiter, normiert sie, überprüft ihre Erreichung und begleitet ihre Implementierung wissenschaftlich. Dazu gehört auch die Formulierung von Kompetenzmodellen (vgl. IQB 2009c). Das IQB entwickelt Tests zur standardisierten Kompetenzmessung anhand der Bildungsstandards, führt gemeinsam mit dem MPI für

Bildungsforschung die BIJU-Studie durch, evaluiert Implementierungsmaßnahmen zur Qualitätsentwicklung in Schulen, führt seit 2009 die nationalen Ländervergleiche der großen Vergleichsstudien durch und archiviert und dokumentiert die Datensätze der Studien im Forschungsdatenzentrum (FDZ) am IQB (vgl. IQB 2009d).
Im Jahr 2003 wurden bundesweit geltende Bildungsstandards für die Fächer Deutsch, Mathematik und die erste Fremdsprache für den Mittleren Schulabschluss und 2004 für den Hauptschulabschluss beschlossen, 2004 ebenfalls die Bildungsstandards in Deutsch und Mathematik für den Primarbereich. Diese sind seit dem Schuljahr 2004/2005 verbindlich. Die Bildungsstandards beschreiben hauptsächlich „die fachbezogenen Kompetenzen einschließlich zugrunde liegender Wissensbestände, die Schülerinnen und Schüler bis zu einem bestimmten Zeitpunkt ihres Bildungsganges erreicht haben sollen" (KMK 2005b, S. 6). Die erwarteten Leistungen werden im Rahmen von Anforderungsbereichen beschrieben, die Standards weisen ein mittleres Anforderungsniveau (Regelstandards) aus und beziehen sich auf den Kernbereich des jeweiligen Faches, lassen der Schule also Freiräume. Die KMK als 'Macher' der Bildungsstandards weist ausdrücklich darauf hin, dass Schulqualität mehr ist, als das Messen von Standards. „Der Auftrag der schulischen Bildung geht weit über die funktionalen Ansprüche von Bildungsstandards hinaus. Er zielt auf Persönlichkeitsentwicklung und Weltorientierung, die sich aus der Begegnung mit zentralen Gegenständen unserer Kultur ergeben. Schülerinnen und Schüler sollen zu mündigen Bürgerinnen und Bürgern erzogen werden, die verantwortungsvoll, selbstkritisch und konstruktiv ihr berufliches und privates Leben gestalten und am politischen und gesellschaftlichen Leben teilnehmen können" (ebd.).
Kurz nach Veröffentlichung eines ersten indikatorengestützten Bildungsberichts publizierte die KMK ihre Gesamtstrategie zum Bildungsmonitoring (vgl. KMK/IQB 2006). Diese besteht aus vier Bereichen: (1) der Teilnahme an internationalen Schulleistungsuntersuchungen, (2) der zentralen Überprüfung der Bildungsstandards im Ländervergleich, (3) den Vergleichsarbeiten in den Schulen sowie (4) der gemeinsamen Bildungsberichterstattung von Bund und Ländern (ebd. S. 5). Das Ziel der Gesamtstrategie ist die systematische Überprüfung von Prozessen und Ergebnissen des Lernens sowie der Reformmaßnahmen der letzten Jahre (ebd. S. 6). Das Bildungsmonitoring müsse jedoch mit Maßnahmen zur Unterrichts- und Qualitätsentwicklung und zur Unterstützung der Schulen verknüpft werden. Meilensteine des Bildungsmonitorings sind die ersten nationalen Bildungsberichte, die unter Federführung des DIPF entstanden. Der erste Bericht (vgl. Avenarius u.a. 2003) besteht im Wesentlichen aus aufbereiteten statistischen Daten, Zusammenfassungen von TIMSS, PISA, IGLU und EaG sowie der Darstellung der Maßnahmen zur Qualitätsentwicklung und Qualitätssicherung der Länder. Die Berichterstattung soll in regelmäßigen Abständen wiederholt werden. Dem Bericht liegt ein Verständnis zugrunde, nach dem sich die Ziele von Bildung in den drei Dimensionen 'individuelle Regulationsfähigkeit', 'Humanressourcen' sowie 'gesellschaftliche Teilhabe und Chancengleichheit' niederschlagen'. Mit der ersten Dimension

sollen die Herausforderung der Wissensgesellschaft und das lebenslange Lernen fokussiert werden, die zweite soll das Angebot qualifizierter Arbeitskräfte und für den einzelnen die entsprechenden Kompetenzen dafür sichern, die dritte Dimension beinhaltet Integration, Kultur, Gleichberechtigung und Partizipation.

Die Durchführung der Vergleichsarbeiten als Bestandteil der Gesamtstrategie der Bildungspolitik dient sowohl dem Bildungsmonitoring als auch den Schulen selbst (KMK/IQB 2006, S. 21). „Im Unterschied zu internationalen Studien und den zentralen Ländervergleichen, die durch repräsentative Stichproben erhoben werden, dienen Vergleichsarbeiten der landesweiten, jahrgangsbezogenen Untersuchung des Leistungsstands aller Schulen und Klassen" (ebd.). Die Angleichung der Durchführung von Vergleichsarbeiten zwischen den Ländern wurde im Primarbereich durch VERA[13] im Jahr 2002 angestoßen, 2009 wurde die Überprüfung der Bildungsstandards (Bereich 2) im Rahmen der VERA und VERA-8 länderübergreifend umgesetzt (vgl. Universität Koblenz-Landau 2009a; IQB 2009e). Ziele des VERA-Projekts sind die Schul- und Unterrichtsentwicklung, eine Bestandsaufnahme zur Standardsicherung und -entwicklung sowie die Erfassung und Verbesserung der Diagnosegenauigkeit und somit eine Professionalisierung der Lehrkräfte (vgl. Universität Koblenz-Landau 2009b). Die Ergebnisse der Überprüfung sollen bei der schulischen Evaluation, dem Bildungsmonitoring, dem Ländervergleich und der Bildungsberichterstattung Verwendung finden. Die Berichte sollen sich dabei auf Unterschiede der Kompetenzentwicklung zwischen Ländern, zwischen sozialen und ethnischen Gruppen sowie zwischen Bildungsgängen, die denselben Bildungsabschluss vergeben, konzentrieren sowie auf Unterschiede der Leistungsentwicklung von Schülerinnen und Schülern (KMK/IQB 2006, S. 15).

„In der Bundestagsdebatte zu den Konsequenzen aus dem schlechten Abschneiden deutscher Schulen in den Leistungsvergleichen vom 13. Juni 2002 konnte eine bis dato völlig ungewöhnliche bildungspolitische Konstellation festgestellt werden. Sieht man von dem ... parteipolitischen Geplänkel ab, wurde eine in den Jahrzehnten zuvor undenkbare gemeinsame Schnittmenge in der Diagnose und den Konsequenzen der schulpolitischen Lage erkennbar. Völliges Einvernehmen ... bestand ... bei der Einrichtung eines Systems zur fortlaufenden Leistungsmessung" (Muszynski 2002, S. 71). Als eine Konsequenz aus den PISA-Ergebnissen war sich die Politik beispielsweise schnell darüber einig, dass die Forschung zu Lern- und Bildungsthemen deutlich ausgeweitet werden muss. Dieses vehemente Einschwenken der Bildungspolitik auf das empirische Arsenal der Bildungsforschung kann durchaus mit der Forderung nach einer 'realistischen Wendung' in den 1960er Jahren (vgl. Roth 1962 und Brezinka 1972) verglichen werden. Die Forderung wurde nach Veröffentlichung der ersten PISA-Ergebnisse wieder aufgelegt und die Aktivitäten rund um das erneute Aufleben der Bildungsforschung können als 'Realistische Wendung 2.0' bezeichnet werden. Ende 2007 hat das BMFM ein Rahmenprogramm zur Förderung der empirischen Bildungsforschung herausgegeben

---

[13] Vergleichsarbeiten in der Grundschule

(vgl. BMBF 2007a). Das Maßnahmenpaket zur strukturellen Förderung der empirischen Bildungsforschung umfasst eine stärkere Nachwuchsförderung, die Ausweitung der Förderung des internationalen Austauschs von (Nachwuchs-)Wissenschaftlerinnen und Wissenschaftlern sowie die Verbesserung der informationellen Infrastruktur, z.B. durch die Einrichtung von Forschungsdatenzentren (ebd. S. 6ff.). Das Rahmenprogramm begreift „Bildung und Wissenschaft als Zukunftsressource" (ebd. S. 2), daher müsse auch verstärkt in Wissenschaft und Forschung über Lernen investiert werden. „Eine Gesellschaft, die international konkurrenzfähig sein will, muss früh, konsequent und effektiv in Bildung, Ausbildung und lebenslanges Lernen investieren und die Systeme von Wissenschaft und Forschung optimieren" (ebd.). Die Bildungsforschung hat im Sinne des Rahmenprogramms die Aufgabe, Aussagen über Wirkungsmechanismen von Lehr- und Lernprozessen zu treffen, ein System nationaler und internationaler Leistungsuntersuchungen sowie interner und externer Evaluationen zu schaffen und eine leistungsfähige Bildungsstatistik vorzuhalten. Zur bisherigen Förderung der Bildungsforschung des BMBF gehört beispielsweise die institutionelle Förderung der Deutschen Forschungsgemeinschaft (DFG), der Max-Planck-Gesellschaft (MPG), der Wissenschaftsgemeinschaft Gottfried Wilhelm Leibniz (WGL) oder des Bundesinstituts für Berufsbildung (BIBB) (BMBF 2007a, S. 5). Der Rahmenplan fordert auch grundsätzlich eine Schwerpunktsetzung für die Bildungsforschung, so z.B. für Themen, zu denen bei der Modernisierung des Bildungswesens besonderer Erkenntnisbedarf besteht wie die Konzeption eines Bildungspanels, die Kompetenzdiagnostik, Steuerungsfragen des Bildungssystems, Chancengerechtigkeit, die optimale Gestaltung von Lehr-Lernprozessen sowie die Professionalisierung des pädagogischen Personals (ebd. S. 9ff.). Das Rahmenprogramm soll von einem Projektträger aus Bildungsforscherinnen und -forschern umgesetzt werden, der Förderanträge begutachtet und bewilligt, die wiederum evaluiert werden und deren Ergebnisse in der Publikationsreihe 'Bildungsforschung' (BMBF) erscheinen (ebd., S. 13f.).

2.3 Konsequenzen des Bildungsmonitorings: Schulentwicklung vs. Qualitätsentwicklung

Der gesamte Komplex der Systemsteuerung, des System- bzw. Bildungsmonitorings und der Bildungsberichterstattung ist determiniert durch Zielvorgaben, die die Schulen mittels der ihr zugeteilten Ressourcen erreichen sollen. Daneben steht die Schulentwicklung, die wesentlich davon ausgeht, dass die Schule aufgrund bestimmter Rahmenvorgaben (z.B. Schulgesetz und Lehrplan) und der spezifischen Rahmenbedingungen (z.B. Wohnumfeld und Anteil der Kinder mit Migrationshintergrund) eigene Ziele und Maßnahmen entwickelt, die auf diese spezifischen Bedingungen angepasst sind. Die Schulentwicklung basiert also nicht auf festgelegten externen Normkatalogen, sondern auf den schuleigenen Zielsetzungen. Schulentwicklung und damit auch die Schulentwicklungsforschung hatten in den 1980er und 1990er Jahren Konjunktur (Holtappels 2005, S. 27). Schulentwicklung reagiert auf gesellschaftlichen Wandel und versucht, pädagogische Gestaltungsmöglichkeiten an der Schule auszuschöpfen. Dies geschieht aus einem pädagogischen Gestaltungskonzept heraus, das die Interessen der Lehrkräfte, Schülerinnen und Schüler, Eltern und lokale Gegebenheiten der Schule integriert. Im Zentrum der Schulentwicklung steht die Innovation, dazu gehören auch ein verändertes Bewusstsein gegenüber Steuerung und Zusammenarbeit im Kollegium, ein verändertes ökonomisches Bewusstsein bezüglich Aufwand und Nutzen sowie die Einbindung der Qualitätssicherung (ebd. S. 28f.). Die Grundlage dieser organisationalen Überlegungen ist dabei die Wertfrage, die mit normativen Vorstellungen über die gesellschaftliche Aufgabe der Schule zusammenhängt: „Zentrale Bedeutung haben somit Wertfragen, die über pädagogische Zielsysteme, grundlegende Strukturen und konkrete Gestaltungsansätze entscheiden können" (ebd., S. 29). Im Rahmen der Schulentwicklung wird die Schule als Organisation gesehen (Rolff 1995, S. 121). Dementsprechend ist die Schulentwicklung eine spezielle Organisationsentwicklung für die Schule. Ziel der Schulentwicklung ist ein Organisationslernen, also die Entwicklung von Problemlösefähigkeit durch die Schule (ebd. S. 142). „Die Erhöhung der Problemlösekapazität ist wiederum kein Selbstzweck, sondern dient der Verbesserung der Schulkultur als Rahmen für eine Verbesserung der Qualität der Lehrerschaft – und dies alles, um letztlich die Kompetenzen der Schülerinnen und Schüler zu erhöhen" (ebd.). Die Schulentwicklung widerspricht einem allzu engen Verständnis von Kompetenzen und Qualität und steht Leistungsmessungen und externer Evaluation zum Teil kritisch gegenüber. Aus Sicht der Schulentwicklung ist Schulqualität mehr als die reine Schülerleistung, die wiederum mehr umfasst als die beispielsweise durch Vergleichsstudien gemessene Leistung in wenigen Fächern. Qualität ist darüber hinaus nicht deskriptiv, sondern zunächst normativ, sie muss also bestimmt werden. Ebenso ist Qualität nicht mit Effektivität gleichzusetzen (ebd., S. 110f.).

Als Konsequenz aus PISA wird vermehrt eine konsequente und systematische Schulentwicklung gefordert. Hier muss jedoch grundsätzlich unterschieden werden zwischen (a) einer Schulentwicklung auf Gesamtsystemebene, die als 'Bildungsreform' bezeichnet wird, (b) einer Schulentwicklung bezüglich bestimmter Teilbereiche von Schule wie der Schulprogrammarbeit, die als 'School Improvement' bezeichnet wird, und (c) einer Schulentwicklung in der einzelnen Schule, ihrer „Bildungsziele, pädagogischen Orientierungen, Strategien, pädagogischen Gestaltungsformen und Organisationsstrukturen" (Holtappels 2003, S. 17), der eigentlichen, inneren Schulentwicklung (ebd.). Während also die Konsequenz aus PISA die seitdem umgesetzten Bildungsreformen sind, die auch Maßnahmen des School Improvement einschließen, haben sich die Schulen in den zwei Jahrzehnten vor PISA mit der inneren Schulentwicklung befasst. Aus dieser Perspektive werden zentrale Reformen eher kritisch gesehen. „Dass Reformen nicht einfach zielgetreu und effektiv von oben geplant und verordnet werden können, ist in diesem Zusammenhang eine Erkenntnis, auf die die Ergebnisse der Schulentwicklungsforschung schon lange hinweisen. Schulen folgen einer eigenen Entwicklungsdynamik und sind selbst Motor von Entwicklungen. Schulen arbeiten zudem unter derart unterschiedlichen Bedingungen, dass traditionelle Reformansätze von oben nur wenig erfolgversprechend sind. Daraus folgt eine neue notwendige Balance zwischen Selbststeuerung der Einzelschule und der Gesamtsteuerung: Im Zuge größerer Gestaltungsfreiheit sollen Schulen die Erneuerung und Verantwortung stärker in die eigene Hand nehmen können. Mit der Diskussion der Ergebnisse aus den Schulleistungsvergleichsstudien werden jedoch in der Systemsteuerung mehr und mehr wieder Top-Down-Elemente sichtbar: zentral administrierte Entwicklungen über zentrale Prüfungen, Standards und Tests" (Holtappels/Höhmann 2005, S. 7 f.).

Der Begriff der 'Qualitätsentwicklung' hat sich Ende der 1990er Jahre entwickelt, hauptsächlich im Bildungs- aber beispielsweise auch im Gesundheitswesen. Er kann einerseits als Weiterentwicklung der 'Qualitätssicherung' gesehen werden und andererseits als Verdeutschung und Anpassung des 'Qualitätsmanagements' an den Bildungsbereich. Während Qualitätssicherung eher das Halten eines bestimmten Qualitätsstandards mit Blick auf das Endprodukt impliziert, bezieht sich die Qualitätsentwicklung auf die Verbesserung eines Qualitätsniveaus und auf den gesamten Produktionsprozess (Ostermeier 2004, S. 26f.). Dieser Zuschreibungswandel hat in etwa zeitgleich mit der Einführung des Total Quality Managements (TQM) in den Unternehmen stattgefunden, das sich nicht nur am Produkt, sondern auch an den Kunden, den Prozessen und den Mitarbeitern orientiert (ebd. S. 27). Insofern hat sich die Qualitätsentwicklung sowohl aus der Schulentwicklung als auch aus dem Trend zum Qualitätsmanagement heraus entwickelt. Mittlerweile werden die Begriffe Qualitätssicherung und Qualitätsentwicklung häufig synonym verwendet (vgl. Ostermeier 2004, S. 28).

Fast jedes Bundesland in Deutschland hat ein Landesinstitut, das sich mit Fragen der Schulentwicklung und der Qualitätsentwicklung, meist zudem mit Standards, Bildungsplänen und der Lehrerbildung befasst. Viele der Institute tragen im Namen bereits eines der beiden Schwerpunktgebiete, die Schulentwicklung oder die Qualitätsentwicklung. Diese Institute in den Bundesländern haben in den letzten Jahren einen deutlichen Wandel erfahren. Dabei bilden sich „Leitvorstellungen für ein neues Steuerungssystem, in welchem die traditionellen Institutionen und Institutionsebenen in einen organisatorischen und funktionalen Revisionsprozess einbezogen werden" (Brockmeyer 2003, S. 22). Im Rahmen dieser veränderten Anforderungen an die Landesinstitute, die eine Neubestimmung ihrer Aufgaben, Arbeitsziele, Funktionen und Einbindung in das Steuerungssystem erfordern, kann grundsätzlich zwischen zwei Modellen unterschieden werden, wie die Landesinstitute mit dieser Herausforderung umgehen. Das eine Modell beinhaltet die Zusammenfassung bislang eigenständiger Institutionen zu einem neuen Institut oder Institutionenverbund. Das andere Modell besteht in einer Aufgliederung der alten und neuen zu bearbeitenden Themen in mehrere Institutionen, die dann eine Spezialisierung aufweisen (ebd., S. 24). Diese Themen lassen sich grob als Qualitätssicherung und -entwicklung, Schulentwicklungsmanagement, Bildungsberichterstattung, Professionalisierung sowie Verarbeitung wissenschaftlicher Erkenntnisse identifizieren (ebd., S. 25).

Bei den meisten Transformationen lässt sich zudem beobachten, dass damit auch eine Verschiebung bezüglich der thematischen Schwerpunktsetzung verbunden ist. Der Schwerpunkt verschiebt sich dabei von der Schulentwicklung, die eher schulbezogen ist, hin zur Qualitätsentwicklung, die eher systembezogen ist. Die Bundesländer lassen sich diesbezüglich in drei Gruppen aufteilen. In der ersten Gruppe der Bundesländer haben die Institute dadurch einen starken Wandel erfahren, dass sie entweder geschlossen und dafür neue gegründet wurden, oder dass durch Neubenennung und Umorganisation eine Veränderung stattfand (erstes Modell). In einem zweiten Teil der Bundesländer wurden zusätzlich zu bestehenden Instituten neue gegründet, mit gänzlich neuen Aufgabenbereichen oder als Ausgliederung von Aufgabenbereichen der bestehenden Institute (zweites Modell). In einer weiteren Gruppe von Bundesländern hat noch kein äußerlich sichtbarer Wandel der Landesinstitute stattgefunden. Dort haben sich eher innerhalb der bestehenden Institutionen Umorganisationen oder neue Aufgaben ergeben (Raidt 2010, Kap. 5.2). Die genauere Analyse der Veränderungen in den Landesinstituten zeigt, dass innerhalb kurzer Zeit, im Wesentlichen seit 2003, eine deutliche Schwerpunktverschiebung von der Schulentwicklung zur Qualitätsentwicklung und Evaluation stattgefunden hat. In vielen Instituten existieren die Aufgabenbereiche der Schulentwicklung und der Qualitätsentwicklung nebeneinander her, meist in gesonderten Abteilungen oder sogar in getrennten Einrichtungen. Häufig ist dabei unklar, wie Schulentwicklung und Qualitätsentwicklung genau voneinander abgegrenzt werden und in welchem Verhältnis sie zueinander stehen. Zum Teil werden Einzelprojekte und -programme beispielsweise zur Unterrichtsentwicklung, die vor der 'Einführung' der Evaluation begonnen wurden, unter dem Begriff der Schulentwicklung subsumiert, und alles, was mit der Evaluation zu tun hat, unter dem Begriff der Qualitätsentwicklung zusammengefasst (ebd.). Die Landesinstitute agieren an einer Schnittstelle zwischen Bildungspolitik bzw. -verwaltung und Bildungsforschung. Und ähnlich der Unklarheit der Beziehung von Schulentwicklung und Qualitätsentwicklung in Bildungspolitik und -verwaltung zeigt sich in der Bildungsforschung eine unklare Beziehung zwischen der Schulentwicklungsforschung einerseits und der Schulwirksamkeitsforschung andererseits. Dabei steht die Frage im Vordergrund, wie die Ergebnisse der Schulwirksamkeitsforschung – also insbesondere der großen Leistungsvergleichsstudien und der externen Evaluation – für die Arbeit in der Schule und für die Schulentwicklung genutzt werden können.

2.4 Perspektive: Balance zwischen Systemsteuerung und Schulentwicklung

Bei allen oben aufgezeigten Polaritäten geht es letztlich auch um die Balance zwischen Maßnahmen der Zentralinstanzen und dem Handeln der Akteure an den einzelnen Schulen. Die Pflicht zur Bildungssteuerung als öffentliche Aufgabe und die Verantwortung der Bildungspolitik für qualitativ hochwertige Bildungssysteme einerseits und andererseits notwendige lokal-regionale Handlungsspielräume treffen hier aufeinander. Die international vernetzte Bildungspolitik kann nicht davon ausgehen, dass Lehrerinnen und Lehrer oder Eltern reflexionslos aufnehmen, was ihnen vorgegeben wird, wenn sie an Entscheidungsprozessen nicht von Anfang an beteiligt sind. Eine große bildungspolitische Herausforderung ist deshalb die Verbindung notwendiger zentraler Vorgaben und der Ermöglichung von Freiräumen in den konkreten pädagogischen Handlungsräumen. Dass der Bildungspolitik diese Problematik prinzipiell bewusst ist, zeigt zum Beispiel der vom BMBF herausgegebene Band 3 der Reihe 'Bildungsforschung' mit dem Titel „Nutzung großflächiger Tests für die Schulentwicklung" (vgl. BMBF 2007b). Der Band untersucht, wie die Ergebnisse der großen Studien aus dem Bereich der Schulwirksamkeitsforschung und der Evaluationen für die Schulen genutzt werden können bzw. wie diese Schnittstelle in den Ländern England, Frankreich und Niederlande ausgefüllt wird. Mit Blick auf Deutschland stellt die Untersuchung fest, dass bisher zu sehr die Ergebnisse der Evaluationen und Studien im Mittelpunkt stehen und weniger die Übertragung der Ergebnisse auf die Entwicklung von Schule: „Die vorliegende Untersuchung hat ... deutlich gemacht, dass bislang zu wenig nach den Prozessen gefragt wird, die zu bestimmten Wirkungen führen. Mit Hilfe von externer Evaluation sollen Innovationen im Bildungswesen umgesetzt werden, doch meinen Innovation und Schulentwicklung einen Prozess und kein einmaliges Ereignis. Wenn mit einer externen überregionalen Evaluation beabsichtigt ist, die Entwicklung von Schule voranzutreiben, so muss der prozesshafte Charakter bei ihrer Durchführung und bei der Bewertung von Effekten berücksichtigt werden" (ebd. S. 196 f.). Es bedürfte hauptsächlich konkreter Implementationshilfen und -beispielen, um die Studienergebnisse für die Schule nutzbar zu machen. Als ein wichtiger Schritt wird daher vorgeschlagen, die Lehrkräfte in Kompetenzen wie dem Verstehen von Testmethoden, dem Sammeln und Interpretieren von Informationen sowie der Planung und Ausführung entsprechender Maßnahmen zu schulen (ebd. S. 201 f.). Die Lehrkräfte sollen so eine „assessment literacy" entwickeln (ebd. S. 204; mit Bezug auf Earl/Watson/Torrance 2002, S. 35 ff.). Dabei wird unterstützend eine Forschung angestrebt, die Möglichkeiten von Supportsystemen aufzeigt, die am besten dazu beitragen, Lehrkräfte am Schulstandort im verstehenden Umgang mit Ergebnissen zu fördern, so dass sie geeignete Handlungsstrategien entwickeln können. Hierbei kommt der Verknüpfung von Schuleffektivitätsforschung und Schulentwicklungsforschung besondere Bedeutung zu (vgl. ebd., S. 206). Konkrete Maßnahmen der Umsetzung von Erkenntnissen aus Evaluationen wären beispielsweise die Entwicklung gezielter Fördermaßnahmen wie „Konzepte zur Stärkung des Selbstvertrauens und der Lernmotivation der Schülerinnen und Schüler zu erarbeiten oder auch Maßnahmen zur Behebung von mathematikbezogenen Lernrückständen der Klasse zwischen Lehrkräften und Eltern zu vereinbaren" (Rolff 2001, S. 349). Werden mit zentral eingeführten Evaluationsmaßnahmen nicht zeitgleich solche Supportsysteme aufgebaut, werden die als defizitär evaluierten Schulen tendenziell schlechter als besser (vgl. Ruep, Keller 2007). Solche Maßnahmen können jedoch nur auf Schulebene erarbeitet, beschlossen und umgesetzt werden. Auf Systemebene muss dagegen eine Systemsteuerung greifen, die die Konzeptuierung von Förderprogrammen, die Weiterentwicklung der Lehrerbildung, Beratung und Unterstützungsangebote, Materialentwicklung oder den Ausbau von Ganztagsschulen umfassen kann (Rolff 2002, S. 94f.). Dabei stellt sich schließlich die Frage, wie eine Balance zwischen Systemsteuerung einerseits und Schulentwicklung andererseits aussehen soll. Denn einerseits belegen zahlreiche Studien, dass die Umsetzung von Reformen sich nicht auf der Systemebene, sondern durch die Umsetzung auf der Ebene der Schule entscheidet (vgl. Holtappels 2003, S. 3), andererseits hat die Systemebene, in diesem Fall die Bildungspolitik, den berechtigten Anspruch, steuernd auf die Entwicklung der Schulen einzuwirken – gerade mit Blick auf drängende Probleme wie den demographischen Wandel und den dadurch entstehenden vergrößerten Fachkräftebedarf. Eine funktionierende Balance zwischen Schulentwicklung einerseits und Systemsteuerung in Verbindung mit Qualitätsentwicklung andererseits scheint noch gefunden werden zu müssen und bleibt die vorrangigste Herausforderung der nächsten Jahre.

Literatur

Avenarius, Hermann (u.a.; 2003): Bildungsbericht für Deutschland. Erste Befunde. Opladen: Leske und Budrich.
Baumert, Jürgen et al. (Hrsg.) (2003): Pisa 2000. Ein differenzierter Blick auf die Länder der Bundesrepublik Deutschland. Opladen: Leske und Budrich.
Baumert, Jürgen; Stanat, Petra; Watermann, Rainer (Hrsg.) (2006): Herkunftsbedingte Disparitäten im Bildungswesen: Differenzielle Bildungsprozesse und Probleme der Verteilungsgerechtigkeit. Vertiefende Analysen im Rahmen von PISA 2000. Wiesbaden: Verlag für Sozialwissenschaften.
Baumert, Jürgen; Bos, Wilfried; Lehmann, Rainer (Hrsg.) (2000): TIMSS/III. Dritte Internationale Mathematik- und Naturwissenschaftsstudie. Mathematische und naturwissenschaftliche Bildung am Ende der Schullaufbahn. Band 1: Mathematische und naturwissenschaftliche Grundbildung am Ende der Pflichtschulzeit. Opladen: Leske und Budrich.
Bildungskommission NRW (1995): Zukunft der Bildung. Schule der Zukunft. Denkschrift der Kommission „Zukunft der Bildung – Schule der Zukunft" beim Ministerpräsidenten des Landes Nordrhein-Westfalen. Neuwied/Kriftel/Berlin: Luchterhand.
Brezinka, Wolfgang (1972): Von der Pädagogik zur Erziehungswissenschaft: eine Einführung in die Metatheorie der Erziehung. Weinheim/Basel: Beltz.
Brockmeyer, Rainer (2003): Institut und Agentur zugleich. Anmerkungen zur Entwicklung der Landesinstitute in den Bundesländern Deutschlands. In: Journal für Schulentwicklung. 3/2003.
Bundesministerium für Bildung und Forschung BMBF (2007a): Rahmenprogramm zur Förderung der empirischen Bildungsforschung. Berlin. In: www.bmbf.de/pub/foerderung_der_empirischen_bildungsforschung.pdf (14.10.2009).
Bundesministerium für Bildung und Forschung BMBF (2007b): Nutzung großflächiger Tests für die Schulentwicklung. Erfahrungen aus England, Frankreich und den Niederlanden. Bildungsforschung Band 3. Bonn/Berlin.
Deutsches Institut für Internationale Pädagogische Forschung DIPF (2009a): Teilnehmende Staaten. In: PISA 2009. www.pisa.dipf.de/pisa-2009/teilnehmende-staaten (04.10.2009).
Deutsches Institut für Internationale Pädagogische Forschung DIPF (2009b): Was ist PISA? In: PISA 2009. www.pisa.dipf.de/(04.10.2009).
Deutsches PISA-Konsortium (2000): Schülerleistungen im internationalen Vergleich. Eine neue Rahmenkonzeption für die Erfassung von Wissen und Fähigkeiten. Berlin: Max-Planck-Institut für Bildungsforschung. In: www.mpib-berlin.mpg.de/pisa/Rahmenkonzeptiondt.pdf (12.10.2009).

Deutsches PISA-Konsortium (2001): PISA 2000: Basiskompetenzen von Schülerinnen und Schülern im internationalen Vergleich. Opladen: Leske und Budrich.

Earl, Lorna; Watson, Nancy; Torrance, Nancy (2002): Front row seats: what we've learned from the national literacy and numeracy strategies in England. In: Journal of Educational Change. 3/2002.

Ehmke, Timo; Wild, Elke; Müller-Kalhoff, Thiemo (2005): Comparing Adult Mathematical Literacy with PISA students: descriptive results of a pilot study. Zentralblatt für Didaktik der Mathematik. International Reviews on Mathematical Education. 37(3). 159-167. In: www.subs.emis.de/journals/ZDM/zdm053a5.pdf (14.10.2009).

Forum Bildung (2001): Ergebnisse des Forum Bildung (I). Empfehlungen des Forum Bildung. Arbeitsstab Forum Bildung in der Geschäftsstelle der Bund-Länder-Kommission für Bildungsplanung und Forschungsförderung. Bonn.

Forum Bildung (2002): Ergebnisse des Forum Bildung (II). Empfehlungen und Einzelergebnisse des Forum Bildung. Arbeitsstab Forum Bildung in der Geschäftsstelle der Bund-Länder-Kommission für Bildungsplanung und Forschungsförderung. Bonn.

Helmke, Andreas; Jäger, Reinhold S. (2001): MARKUS: Mathematik-Gesamterhebung Rheinland-Pfalz. Landau: Verlag Empirische Pädagogik.

Helmke, Andreas; Schneider, Wolfgang; Weinert, Franz-Emanuel (1986): Quality of instruction and classroom learning outcomes. The German contribution to the IEA Classroom Environment Study. Teaching and Teacher Education. 2. Elsevier.

Holtappels, Heinz Günter (2003): Schulqualität durch Schulentwicklung und Evaluation. Konzepte, Forschungsbefunde, Instrumente. München/Unterschleißheim: Luchterhand.

Holtappels, Heinz Günter (2005): Bildungsqualität und Schulentwicklung. In: Holtappels, Heinz Günter/Katrin Höhmann (Hrsg.) (2005): Schulentwicklung und Schulwirksamkeit. Systemsteuerung, Bildungschancen und Entwicklung der Schule. Weinheim/München: Juventa.

Holtappels, Heinz Günter; Höhmann, Katrin (Hrsg.) (2005): Schulentwicklung und Schulwirksamkeit. Systemsteuerung, Bildungschancen und Entwicklung der Schule. Weinheim/München: Juventa.

Hosenfeld, Ingmar; Helmke, Andreas; Schrader, Friedrich-Wilhelm (2002): Diagnostische Kompetenz: Unterrichts- und lernrelevante Schülermerkmale und deren Einschätzung durch Lehrkräfte in der Unterrichtsstudie SALVE. In: Prenzel, Manfred; Jörg Doll (Hrsg.) (2002): Bildungsqualität von Schule: Schulische und außerschulische Bedingungen mathematischer, naturwissenschaftlicher und überfachlicher Kompetenzen. Zeitschrift für Pädagogik. 45. Beiheft. Weinheim: Beltz.

Ingenkamp, Karlheinz (2002): Die veröffentlichten Reaktionen auf PISA: ein deutsches Trauerspiel. In: Wagner, Petra, Spiel, Christiane (Hrsg.) (2002): Arbeitszeit für die Schule: Hausaufgaben und mehr (Themenheft). Empirische Pädagogik 2002. 16 (3). Landau: Verlag Empirische Pädagogik.

Institut zur Qualitätsentwicklung im Bildungswesen IQB (2009a): Zur Gründung. In: www.iqb.hu-berlin.de/institut/Grndung (14.10.2009).

Institut zur Qualitätsentwicklung im Bildungswesen IQB (2009b): Über das IQB/Herzlich Willkommen. In: www.iqb.hu-berlin.de/institut (14.10.2009).

Institut zur Qualitätsentwicklung im Bildungswesen IQB (2009c): Ziele. In: www.iqb.hu-berlin.de/institut/ziele (14.10.2009).

Institut zur Qualitätsentwicklung im Bildungswesen IQB (2009d): Arbeitsbereiche. In: www.iqb.hu-berlin.de/arbbereiche (14.10.2009).

Institut zur Qualitätsentwicklung im Bildungswesen IQB (2009e): VERA-8 – Vergleichsarbeiten in den 8. Klassen (auch „Lernstandserhebung", „Kompetenztest", o.ä.). In: www.iqb.hu-berlin.de/vera (14.10.2009).

International Association for the Evaluation of Educational Achievement IEA (2009a): IEA Publications. In: www.iea.nl/iea_publications.html (12.10.2009).

International Association for the Evaluation of Educational Achievement IEA (2009b): PIRLS 2001–2011. In: www.iea-dpc.de/pirls101.html (14.10.2009).

Kahl, Reinhard (2004): „Mit Bildung können arme Länder reich werden". Die neue OECD-Bildungsstudie stellt Deutschland erneut kein gutes Zeugnis aus. In: DIE ZEIT. 39/2004. www.zeit.de/2004/39/oecd (12.10.2009).

Köller, Olaf et al. (Hrsg.) (2004): Wege zur Hochschulreife in Baden-Württemberg. TOSCA – Eine Untersuchung an allgemein bildenden und beruflichen Gymnasien. Opladen: Leske und Budrich.

Kultusministerkonferenz KMK (2005a): Geschäftsordnung der Ständigen Konferenz der Kultusminister der Länder in der Bundesrepublik Deutschland. In: www.kmk.org/fileadmin/pdf/gogr.pdf (14.10.2009).

Kultusministerkonferenz KMK (2005b): Bildungsstandards der Kultusministerkonferenz. Erläuterungen zur Konzeption und Entwicklung. München/Neuwied: Luchterhand.

Kultusministerkonferenz KMK/Institut zur Qualitätsentwicklung im Bildungswesen IQB (2006): Gesamtstrategie der Kultusministerkonferenz zum Bildungsmonitoring. Bonn/München: Link-Luchterhand/Wolters Kluwer.

Lehmann, Rainer H. et al. (2009): QuaSUM. Qualitätsuntersuchung an Schulen zum Unterricht in Mathematik. Ergebnisse einer repräsentativen Untersuchung im Land Brandenburg. In: Abteilung Empirische Bildungsforschung und Methodenlehre: Die Forschung. www.zope.ebf.hu-berlin.de/document/quasum/ (14.10.2009).

Max-Planck-Institut für Bildungsforschung MPIB (2009): Publikationen des nationalen PISA-Konsortiums sowie von Mitarbeiterinnen und Mitarbeitern der PISA-Projektgruppen. In: www.mpib-berlin.mpg.de/pisa/publikationen.htm (14.10.2009).

Mullis, Ina et al. (2000): TIMSS 1999. International Mathematics Report. Findings from IEA's Repeat of the Third International Mathematics and Science Study at the Eighth Grade. Chestnut Hill: International Study Center, Lynch School of Education, Boston College.

Mullis, Ina et al. (2003): TIMSS. Trends in Mathematics and Science Study. Assessment Frameworks and Specifications 2003. 2nd Edition. Chestnut Hill: International Study Center, Lynch School of Education, Boston College.

Münch, Joachim (2002): Bildungspolitik. Grundlagen – Entwicklungen. Hohengehren: Schneider.

Muszynski, Bernhard (2002): Empirische Wende oder heiße Luft? Was die PISA-Debatte bewegen könnte. In: Massing, Peter (Hrsg.) (2002): Bildungspolitik in der Bundesrepublik Deutschland. Entwicklung – Kontroversen – Perspektiven. Politische Bildung. Jg. 35. Heft 3. Schwalbach/Ts.: Wochenschau.

Organisation for Economic Co-Operation and Development OECD (2009a): OECD Programme for International Student Assessment (PISA). In: www.pisa.oecd.org/pisa (12.10.2009).

Organisation für wirtschaftliche Zusammenarbeit und Entwicklung OECD (2009b): Übereinkommen über die Organisation für Wirtschaftliche Zusammenarbeit und Entwicklung. In: www.oecd.org/document/25/0,3343,de

Organisation for Economic Co-Operation and Development OECD (2009c): PISAFAQ. In: www.pisa.oecd.org/dataoecd/10/60/38248407.pdf (12.10.2009).

Organisation für wirtschaftliche Zusammenarbeit und Entwicklung OECD (2005a): Bildung auf einen Blick. OECD-Indikatoren 2005. Paris: Elsevier.

Organisation für wirtschaftliche Zusammenarbeit und Entwicklung OECD (2005/2006): OECD Work on Education. Paris: Trocadero. In: www.oecd.org/dataoecd/35/40/30470766.pdf (12.10.2009).

Ostermeier, Christian (2004): Kooperative Qualitätsentwicklung in Schulnetzwerken. Eine empirische Studie am Beispiel des BLK-Programms „Steigerung der Effizienz des mathematisch-naturwissenschaftlichen Unterrichts" (SINUS). Münster/München/Berlin: Waxmann.

Picht, Georg (1964): Die deutsche Bildungskatastrophe. Analyse und Dokumentation. Olten/Freiburg im Breisgau: Walter.

PISA-Konsortium Deutschland (Hrsg.) (2006): PISA 2003 – Untersuchungen zur Kompetenzentwicklung im Verlauf eines Schuljahres. Münster: Waxmann.

Raidt, Tabea (2010): Bildungsreformen nach PISA. Paradigmenwechsel und Wertewandel. Hamburg: Tredition (im Druck).

Ritz, Adrian (2003): Evaluation von New Public Management. Bern/Stuttgart/Wien: Haupt.

Rolff, Hans-Günter (2002): Rückmeldung und Nutzung der Ergebnisse von großflächigen Leistungsuntersuchungen. Grenzen und Chancen, In: Rolff, Hans-Günter et al. (Hrsg.) (2002): Jahrbuch der Schulentwicklung. Bd. 12. Weinheim/München: Juventa.

Rolff, Hans-Günter (2001): Was bringt die vergleichende Leistungsmessung für die pädagogische Arbeit an Schulen? In: Weinert, Franz (Hrsg.) (2001): Leistungsmessungen in Schulen. Weinheim/Basel: Beltz.

Rolff, Hans-Günter (1995): Wandel durch Selbstorganisation. Theoretische Grundlagen und praktische Hinweise für eine bessere Schule. Weinheim/München: Juventa.
Roth, Heinrich (1962): Die realistische Wendung in der Pädagogischen Forschung. In: Neue Sammlung. Göttinger Blätter für Kultur und Erziehung. 2. Jg. Heft 1. Göttingen: Vanderhoeck und Ruprecht.
Ruep, Margret; Keller, Gustav (2007): Evaluation in der Schule. Frankfurt: Peter Lang.
Schmoll, Heike (2004): Bildung läßt sich nicht messen. In: Frankfurter Allgemeine Zeitung. Nr. 288. 09.12.2004.
Schümer, Gundel; Tillmann, Klaus-Jürgen; Weiß, Manfred (Hrsg.) (2004): Die Institution Schule und die Lebenswelt der Schüler – vertiefende Analysen der PISA 2000-Daten zum Kontext von Schülerleistungen. Wiesbaden: Verlag für Sozialwissenschaften.
UNESCO (2006): UN-Dekade „Bildung für nachhaltige Entwicklung". In: UNESCO heute. 53. Jahrgang. Ausgabe 1/2006. www.unesco-heute.de/0106/didacta06.htm (11.02.2009).
Universität Koblenz-Landau (2009a): VERA Vergleichsarbeiten in der Grundschule. In: www.139.14.28.6/verapub/index.php?id=174 (14.10.2009).
Universität Koblenz-Landau (2009b): VERA Ziele. In: www.139.14.28.6/verapub/index.php?id=172 (14.10.2009).
Weinert, Franz; Helmke, Andreas (Hrsg.) (1997): Entwicklung im Grundschulalter. Weinheim: Psychologie Verlags Union.
Weinert, Franz; Schneider, Wolfgang (Hrsg.) (1999): Individual development from 3 to 12: Findings from the Munich Longitudinal Study. New York: Cambridge University Press.

Weiterlesen

Raidt, Tabea (2010): Bildungsreformen nach PISA. Paradigmenwechsel und Wertewandel. Hamburg: Tredition
Die PISA-Studie hat bei Ihrem ersten Erscheinen im Jahr 2001 eine Welle von Reformen ausgelöst, deren Ende noch nicht abzusehen ist. Die Konzeption der Studie ist normativ, basiert also auf einem eigenen Benchmarking der OECD, dessen Kern die Testung von Kompetenzen bzw. der „Literacy" ist. Das Konzept der Kompetenzen hat über die Bildungs- bzw. Kompetenzstandards der KMK Einzug in das deutsche Bildungswesen erhalten. Dieser Paradigmenwechsel von einer Input- zu einer Outputsteuerung wird flankiert von einem Wertewandel, bei dem die Funktionalität im Vordergrund steht.

Raidt, Tabea (2010): Ökonomische Perspektiven auf Bildung – Beobachtungen zu deutschen Widerständen, In: Barz, Heiner (Hrsg.): Handbuch Bildungsfinanzierung. Wiesbaden: VS Verlag für Sozialwissenschaften
Seit der Veröffentlichung internationaler Leistungsvergleichsstudien seit Ende des 20. Jahrhunderts steht das Bildungssystem in der Öffentlichkeit unter erheblichem Entwicklungsdruck. Lösungsmöglichkeiten durch Ökonomisierung, Privatisierung und Effizienzsteigerung stehen im Raum und werden immer vehementer gefordert. Der Widerstand gegen diese Tendenzen ist in Deutschland groß. Als Gründe für die Ablehnung ökonomischer Denk- und Handlungsweisen im Bildungsbereich werden die in Deutschland starke Tradition des humanistischen Bildungsideals, der traditionell eher konservative Bildungsstaat mit seinem Subsidiaritätsprinzip sowie die im Bildungsbereich starken konservativen und sozialdemokratischen Interessengruppen erörtert.

Weitersurfen

www.bildungsbericht.de
Offizielle Webseite des Konsortiums Bildungsberichterstattung, das im zweijährigen Rhythmus den nationalen Bildungsbericht und damit auch einen Teil des nationalen Bildungsmonitorings veröffentlicht. Auf der Webseite können die Berichte herunter geladen werden.

www.iqb.hu-berlin.de
Das Institut zur Qualitätsentwicklung im Bildungswesen IQB hat als Kerntätigkeit die Weiterentwicklung, Normierung und Überprüfung der KMK-Bildungsstandards. Daneben entwickelt es die Vergleichsarbeiten VERA.

Gerhard W. Schnaitmann

3. Die Rolle der Lehrerinnen und Lehrer im bildungspolitischen Diskurs

3.1 Problemstellung

Lehrerinnen und Lehrer werden in Deutschland oft in negativen Bildern und Meinungen in der Presse- und Medien-Öffentlichkeit dargestellt und in ihrem Berufsverständnis oft geradezu verpönt und missachtet. In den Medien war und ist das Lehrerbild häufig schlecht und in nichts zu vergleichen mit dem Bild anderer akademischer Berufe wie z.B. Ärzte, Apotheker oder Rechtsanwälte. Das Bild vom Lehrer in der Öffentlichkeit hat sich im Laufe der letzten rund fünfzehn Jahre jedoch immer wieder gewandelt. Der Tiefpunkt des Lehrer-Images waren die 1990er Jahre, gekennzeichnet durch Gerhard Schröders, damals Ministerpräsident des Landes Niedersachsen, abfällige Worte in einer Schülerzeitung: „Ihr wisst doch ganz genau, was das für faule Säcke sind" (Perger 1995, S. 1).
Im Jahr 1999 führte die Universität München eine repräsentative Umfrage in bayerischen Haushalten durch und kam ebenso zu lehrerunfreundlichen Ergebnissen: Der Lehrerberuf sei dabei, „in der Öffentlichkeit seine ehemalige Funktion als hoch geschätztes Leitbild zu verlieren"; nur 40% der Befragten waren mit dem beruflichen Engagement der Lehrerinnen und Lehrer zufrieden, und „75% der Aussagen über Schule und Lehrkräfte in der Boulevard- und Tagespresse ... [nehmen] ... eine eher kritische Haltung" ein (Bayerisches Staatsministerium für Unterricht und Kultus 2001, S. 8).
Auch der frühere Kultusminister in Baden Württemberg, Gerhard Mayer-Vorfelder (Amtszeit 1980 bis 1991), äußerte sich abwertend über Lehrerinnen und Lehrer, als er zu einem GEW-Kreisvorsitzenden sagte: „Sie sind doch auch nur Lehrer geworden, damit Sie das letzte Wort behalten!" (vgl. Behr, Horeni 2004).
Im Zusammenhang mit den PISA-Studien hat sich allmählich das Lehrerbild verändert. Der Deutsche Beamtenbund (DBB) hat 2007 die Ergebnisse einer Forsa-Umfrage veröffentlicht, in der sich zwar zeigt, dass Beamte grundsätzlich ein ziemlich schlechtes Image haben, Lehrerinnen und Lehrer jedoch hinsichtlich ihres „Ansehens" auf Platz 6 rangieren, direkt nach Feuerwehrmann (1), Arzt (2), Krankenpfleger (3), Polizist (4), Richter (5) und Müllmann (6). Am Ende der Skala rangieren Telekom-Mitarbeiter und Versicherungsvertreter (DBB 2007, S.17). Im September 2008 führte Infratest dimap (Infratest dimap: Gesellschaft für Trend- und

Wahlforschung mbH Berlin) eine Umfrage über Lehrer und Lehrerinnen durch. Sie ergab folgende zusammenfassende Ergebnisse: 64 % sind der Meinung, Lehrerinnen und Lehrer leisteten 'gute' oder 'sehr gute' Arbeit. Nur 25 % bescheinigen ihnen eine 'weniger gute' oder 'schlechte' Leistung. Große Unzufriedenheit herrscht in der Bevölkerung aber über die pädagogische Ausbildung der Lehrkräfte. 63 % sind der Meinung, sie entspreche nicht den Anforderungen. Nur 26 % halten sie für ausreichend (vgl. ZEIT ONLINE 2008). Dieses auch in der politischen Öffentlichkeit veränderte Bild von Lehrerinnen und Lehrern ist in einem Interview mit der Bundeskanzlerin, Angela Merkel, am 21.08.2008 nachzulesen (Blome et al. 2008):

> BILD: „Frau Bundeskanzlerin, Ihr Vorgänger Schröder hat einmal gesagt: Lehrer sind faule Säcke. Sehen Sie das auch so?"
> Angela Merkel: „Überhaupt nicht. Ich sage: Lehrer sind Schlüsselpersönlichkeiten in unserer Gesellschaft, die besonders in Haupt- und Berufsschulen mehr Anerkennung verdienen, als sie derzeit bekommen. Lehrerinnen und Lehrer prägen unsere Kinder – und zwar nicht nur durch Wissensvermittlung, sondern auch menschlich."

Aber es gibt auch nach wie vor kritische Meinungen über Lehrerinnen und Lehrer. So hat ein anonymer Schreiber im Internet aus einem Spiegelartikel 46/2003 folgende Meinung und folgende Urteile und Vorurteile über Lehrerinnen und Lehrer zusammengestellt:
„Der Berufsstand der Lehrer ist auf den Hund gekommen, zumindest in der öffentlichen und der veröffentlichten Meinung ... :

- Deutsche Lehrer verdienen mehr als Lehrer in anderen Ländern und arbeiten weniger. Und sind unkündbar und deshalb so träge!
- Deutsche Lehrer verdienen verglichen mit anderen Berufen in Deutschland zuviel.
- Deutsche Lehrer werden so früh pensioniert wie sonst nirgends. Da gibt es Zahlen wie 'Durchschnittsalter bei der Pensionierung 52 Jahre'.
- Deutsche Lehrer haben nachmittags frei und vormittags recht, außerdem haben sie dauernd Ferien.
- In den Lehrerzimmern sammeln sich die Weicheier der Nation.
- Die Lehrer bringen nichts, das sieht man an den PISA-Ergebnissen. Lehrer in anderen Ländern (Finnland, Japan, Schweden, ..., eigentlich fast überall) leisten trotz schmaler Bezahlung viel mehr.
- Die Bezahlung der Lehrer ist top, das Wissen der Schüler ein Flop. Lahme Lehrer, dumme Schüler: Warum das so ist ...
- Von denen gerade mal 9 % bis 65 durchhalten. und die vor allem gern jammern. Manche Lehrer werden mit Anfang 40 in den Ruhestand versetzt.
- Das Lehrerzimmer wird zum Auffangbecken für Unentschlossene, Ängstliche und Labile.
- In vielen Lehrerzimmern sitzen immer noch zahllose elektronische Analphabeten.
- Das Lehramtsstudium ist für viele eine Notlösung" (vgl. SPIEGEL 46/2003).

Der letzten Aussage, dass das Lehramtsstudium für viele eine Notlösung darstelle, wurde 2007 in einer empirischen Studie nachgegangen, die einen Zusammenhang zwischen der geringen Motivation vieler Lehramtsstudierender und dem späteren Burn-Out ergeben hat. Demnach wählen viele Lehramtsstudierende (Grund- und Hauptschul- sowie Realschullehramt betreffend) dieses Studium nur aus Verlegenheit. Und viele, die später über Burn-Out klagen, waren schon im Studium wenig engagiert (vgl. Rauin 2007) – eine denkbar schlechte Voraussetzung für einen überaus anspruchsvollen Beruf. Die Studie zeigt, dass an Lehrerinnen und Lehrer von allen Seiten große Anforderungen gestellt werden, die sie offenbar nach einer kurzen Phase der Berufsausübung bereits als Überforderung erleben. Ebenfalls wird der Frage nachgegangen, ob man Risiken im Lehrerberuf nicht schon im Studium prognostizieren und ob man bei manchen Lehrerinnen und Lehrern überhaupt von Burn-Out sprechen könne. „Die über besondere Belastungen Klagenden haben vermutlich nie 'gebrannt'" (Rauin 2007, S. 64). Rauin kommt auf der Grundlage seiner Begleitstudie zu dem ernüchternden Ergebnis: „Wer in Deutschland studiert, weil er Lehrer werden will, macht das sehr oft aus Verlegenheit" (ebd.). Der Studie zufolge waren 60 % jener, die im Beruf über die Belastungen klagen, schon im Studium überfordert. Im Vergleich dazu haben sich von denen, die schon erfolgreich studiert haben, später nur 10 % über die Job-Belastungen beklagt. Weitere Ergebnisse dieser Studie verdeutlichen, dass die Ausbildung zu einem der für die Gesellschaft wichtigsten Berufe oftmals Abiturienten aufnehmen, die keine bessere Idee von ihrer Zukunft haben:

- 25 % aller Studienanfänger, die in der Studie befragt wurden, gaben an, das Studium sei eine Notlösung. Sie wollten eigentlich nicht wirklich Lehrer werden. Die Hälfte dieser Gruppe studierte trotzdem weiter.
- 27 % der Befragten gaben sich selbst schlechte Noten in Fragen von Aufgeschlossenheit gegenüber anderen Menschen, Engagement oder beruflicher Motivation. Trotzdem hielten sie an ihrem Berufsziel fest.
- Über 50 % der Studenten gaben an, dass der Wunsch, in der Nähe des Heimatortes zu studieren und später arbeiten zu können, ihre Entscheidung beeinflusst habe oder dass die Aussicht auf einen sicheren Arbeitsplatz und ein überschaubares Studium bei der Studienwahl eine Rolle spielte.

Eine große Rolle bei den Motiven spielten auch sehr eigennützige Interessen. „Etwas überspitzt könnte man formulieren, nicht nur geborene Erzieher drängen ins Lehramt, sondern oft auch Pragmatiker oder Hedonisten" (Rauin 2007, S. 62). Die Annahme geringer Anforderungen im Studium und damit mehr Zeit für persönliche Interessen seien nach den Ergebnissen von Rauin auch wichtig bei der Berufswahl. Bequem, wenig engagiert, Lehramtsstudent aus Verlegenheit – die Frankfurter Studie zeichnet ein düsteres Bild, das im Besonderen den Zustand bei den Studierenden für das Lehramt an Haupt- und Realschulen skizziert. Dieser Bereich wird häufig als ein Verlegenheitsstudium gewählt, weil man bestimmte andere Studiengänge nicht wählen konnte. Spürt man möglichen Ursachen für diesen Sachverhalt nach, kommt man zu folgenden Erkenntnissen: Viele Schüler glauben, keinen Beruf so gut zu kennen wie den des Lehrers – sie haben ihn schließlich

oft mehr als 13 Jahre miterlebt. Das kann ein Trugschluss sein: Viele haben eine falsche Idee vom Lehrerberuf, weshalb Experten in Deutschland längere Praxisphasen schon zu Beginn des Studiums fordern, um die eventuell absehbare Frustration nicht auf den Berufsstart zu verschieben. Auch in einschlägigen (erziehungs-)wissenschaftlichen Publikationen findet sich eine Vielzahl sehr unterschiedlicher Darstellungen über den Lehrer. So heißt es, dass „der Lehrer von heute, gleich ob er sich der elementaren, mittleren, höheren oder hohen Bildung verschrieben hat, … sich in einem Spannungsfeld postulierter berufsethischer Entscheidungsfreiheit und verpflichtender Denk- und Handlungsstrukturen" … sieht (Arnhardt et al. 2000, S. 11). In dem Artikel „Lehrerberuf und Lehrerrolle" von Martin Rohland wird von einem Lehrerbild der 1950er- und 1960-er Jahre ausgegangen, das „häufig weniger dem eines Berufs als einer besonderen Berufung zum erzieherischen pädagogischen Handeln" (Blömeke et al. 2009, S. 495) gekennzeichnet war. Die Vorstellung von der Lehrerpersönlichkeit kennzeichnete damals das Vorhandensein einer vorgegebenen Veranlagung oder ein innerer Antrieb als gute Lehrperson. Diese Sichtweise war sehr stark von Eduard Sprangers Vorstellung des Lehrers gekennzeichnet, der forderte, dass „ein Erzieher von 'pädagogischer' Liebe durchdrungen sein soll" (Spranger 1958, S. 22). Der Versuch, sich dem Wesen des Lehrerberufs als „Erzieher mit pädagogischer Liebe" zu nähern, erscheint heute antiquiert. Es erstaunt jedoch, dass das Bild von einer persönlichen Veranlagung zu ihrem Beruf bei Lehrern immer noch sehr verbreitet ist. Eine Interviewstudie zeigt, dass die befragten Lehrerinnen und Lehrer unter dem Begriff der Lehrerpersönlichkeit „ein Ensemble von Eigenschaften, die erstens zentral für eine erfolgreiche Berufsausübung sind, sich zweitens trennscharf umreißen lassen und drittens den Charakter des 'Nichtlernbaren' tragen. … Interviewte, die sich durch jahrelange Erfahrung in ihrem Beruf auskennen, …, erklären schlicht, dass zentrale Momente ihres Berufs gar nicht erlernbar sind" (Herrmann, Hertramph 2002, S. 203).
Studien zum Gesundheitsstatus von Lehrerinnen und Lehrern bringen alarmierende Ergebnisse zutage. Hier wird ein Bild von einem über alle Maßen anstrengenden Beruf gezeichnet, den eine Mehrheit der Betroffenen gesundheitlich nicht zu verkraften imstande ist. Umso mehr muss die Frage gestellt werden, ob die richtigen Personen sich für den Lehrerberuf entscheiden und ob man diesen Beruf wie andere Berufe auch erlernen kann. BILD befragte dazu 2008 den Mediziner Dr. Fritz, der im Lauf der letzten Jahre festgestellt hat: „Viele meiner Patienten sind ältere Lehrer. Sie leiden unter zu vielfältiger Anspannung, fühlen sich seelisch überfordert, bekommen davon körperliche Beschwerden wie Rückenschmerzen, Migräne. […] Einer starb mit 45 Jahren an Lungenkrebs – er weigerte sich, sich in Behandlung zu begeben, bevor sein Kurs durchs Abi war – da war es zu spät!" (Bild 2008). Schaarschmidt zeigt ein ähnliches Bild von den Lehrkräften (vgl. Schaarschmidt 2005): „Lehrerinnen und Lehrer sind nicht mehr vorsätzlich faul, braungebrannt und ignorant, deren Beruf sich durch die Annehmlichkeiten langer Ferien und einer Halbtagsbeschäftigung bei voller Bezahlung auszeichnet" (Schaarschmidt 2005, S. 1), sondern es sind abgewrackte Gesellschaftsopfer, deren Engagement dem Kampf Don Quijotes gegen die Windmühlen gleicht: idealistisch – aber

sinnlos (vgl. ebd.) Schaarschmidt unterscheidet vier Muster beruflichen Verhaltens und Erlebens, die bei den untersuchten Lehrerinnen und Lehrern über ihr Berufsleben hinweg stabil bleiben:
- Muster G (Psychische Gesundheit, ca. 17%): Hohes, aber nicht überhöhtes Engagement bei hoher Ausgeglichenheit, Belastbarkeit und Zufriedenheit. Positives Lebensgefühl.
- Muster S (Schonungshaltung, ca. 23%): Wenig berufliches Engagement in Verbindung mit Gelassenheit, Ruhe und relativer Zufriedenheit. Das Engagement wird außerhalb des Berufs eingesetzt. Positives Lebensgefühl.
- Muster A (Risikotyp 1 / Übermäßiges Sich-Verausgaben, ca. 30%): Betroffene zeigen Selbstüberforderung, exzessive Verausgabung, verminderte Erholungsfähigkeit sowie eingeschränkte Belastbarkeit und geringe Zufriedenheit. Vorstufe zum Burn-out. Negatives Lebensgefühl.
- Muster B (Risikotyp 2 / Rückzug in die Resignation, ca. 30%): Unzufriedenheit, Niedergeschlagenheit. Geringes Engagement, geringe Erholungs- und Widerstandsfähigkeit. Burn-out. Negatives Lebensgefühl (vgl. Schaarschmidt 2005).

Schaarschmidt empfiehlt mehr Möglichkeiten für Lehrkräfte für selbstbestimmtes professionelles Handeln (vgl. www.zeit.de/2006/51/B-Lehrer). Er kritisiert: „Der Schulalltag ist in ein Korsett von Reglementierungen und Bevormundungen geschnürt, wie sie in anderen akademischen Berufen kaum vorstellbar sind. Diese Art der Fremdbestimmung macht es Lehrern schwer, auch längerfristig Ziele zu setzen und zu verfolgen – eine wesentliche Bedingung psychischer Gesundheit im Berufsleben. ... Da werden die Schulen von oben mit immer neuen Reformen, Reförmchen und Kampagnen beglückt. Denken Sie nur an die unzähligen Forderungen, denen sich die Lehrer nach Pisa ausgesetzt sahen. Die Schulen brauchen mehr Ruhe und Muße für eine solide Arbeit" (ebd.). Nach Schaarschmidt gibt es „zu viele Lehramtsstudierende, denen die Basisvoraussetzungen für ihren Beruf fehlen. Das sind neben der psychischen Belastbarkeit vor allem eine optimistische und aktive Lebenseinstellung sowie die erforderlichen sozial-kommunikativen Fähigkeiten. Dazu gehören Geschick und Freude im Umgang mit Kindern und Jugendlichen" (ebd.). Um der negativen psychischen und physischen Entwicklung der Lehrer entgegen zu wirken, wurden früher schon sieben Präventionsbereiche vorgeschlagen (vgl. Schaarschmidt 2005), die auch in Forschungsprojekten der Universität Potsdam Eingang (vgl. Schaarschmidt 2008) fanden:
- „Unterstützung der Studien- und Berufswahl: Entwicklung eines (Selbst-) Diagnose- und Beratungsinstruments für junge Leute mit Interesse am Lehramtsstudium.
- Ausbildungsbegleitende Intervention: Entwicklung und Erprobung eines Trainingsprogramms für Lehramtsstudierende.
- Berufsbegleitende Intervention: Entwicklung und Erprobung eines Beratungs- und Trainingsprogramms für Lehrerinnen und Lehrer (sowie Referendarinnen und Referendare).
- Unterstützung der Teamentwicklung an der Schule: Entwicklung und Erprobung eines Modells zur Förderung der sozialen Unterstützung im Kollegium.

- Unterstützung der Schulleiter: Umsetzung der Ergebnisse und Schlussfolgerungen der Studie in die Aus- und Fortbildung der Schulleiter sowie in Materialien und Instrumentarien der Führungsarbeit an der Schule.
- Analyse und Gestaltung des Lehrerarbeitstages: Erarbeitung von Prinzipen der beanspruchungsoptimierenden Gestaltung des Arbeitstages und der Arbeitswoche über die Erfassung von Beanspruchungsverläufen (mittels Tagebuchmethodik und physiologischer Messung).
- Analyse der Arbeitsbedingungen in der Schule: Entwicklung und Erprobung eines Arbeitsbewertungsverfahrens zur Bestimmung des Veränderungsbedarfs in den konkreten schulischen Arbeitsbedingungen" (Schaarschmidt 2005, S. 17).

Zusammenfassend lässt sich sagen, dass es vor allem um die Professionalisierung des Lehrerberufs geht, wo keine subjektiven Meinungen den Beruf bestimmen, aber auch nicht die Vorstellung von bloßer Berufung als Voraussetzung für diesen Beruf. Vielmehr kommt es wie bei anderen Berufen darauf an, genau zu analysieren, wie das Berufsfeld aussieht, welche Faktoren zur positiven Aufgabenbewältigung führen und welche Ausbildung dafür notwendig ist. Der professionsorientierte Ansatz vom Lehrerberuf beruht auf dem klassischen Professionskonzept, das einen Beruf als Profession auf wissenschaftliche Fundierung, eine freiberufliche Stellung, auf Autonomie bei der Formulierung von Standards der Berufsausübung und Ausbildung, eine berufsständische Organisation, eine Berufsethik und eine Klientorientierung gründet (vgl. W. Helsper 2002).

Welche Rolle wird nun Lehrerinnen und Lehrern im aktuellen bildungspolitischen Diskurs zugewiesen? Informationen dazu finden sich im jüngsten nationalen Bildungsbericht 2008, im Kontext der aktuellen internationalen Schulleistungsstudien und den neuen Entwicklungen in der Lehrer(aus)bildung.

Ein Ergebnis aller Studien besteht darin, dass Qualifizierung, Auswahl und Einsatz des pädagogischen Personals, also der Lehrkräfte, eine wesentliche Voraussetzung ist für die Entwicklung von Schule und Unterricht, also auch von schulischen Lehr- und Lernprozessen. Nicht zuletzt haben die internationalen Schulleistungsuntersuchungen und der absehbare Neubedarf an pädagogischem Personal[1] die Fragen der Ausbildung und Professionalisierung der Lehrer sehr in den Vordergrund des öffentlichen bildungspolitischen Interesses gerückt. Im Folgenden gehe ich insbesondere auf den Zweiten Nationalen Bildungsbericht 2008 (vgl. Autorengruppe Bildungsberichterstattung 2008) ein, auf die Standards der Lehrerbildung (vgl. KMK 2004), die ländergemeinsamen inhaltlichen Anforderungen für die Fachwissenschaften und Fachdidaktiken in der Lehrerinnen- und Lehrerbildung (vgl. KMK 2008) und auf eine persönlich im Juli und August 2009 durchgeführte Befragung von Lehrerinnen und Lehrern über ihre selbsteingeschätzte Rolle im aktuellen Bildungsdiskurs.

---

[1] Deutschland hat im internationalen Vergleich einen hohen Anteil älterer Lehrkräfte: „Im Sekundarbereich I sind 60 % aller Lehrkräfte 50 Jahre und älter. Im internationalen Vergleich hat Deutschland einen der höchsten Anteile von Lehrkräften des Primar- und Sekundarbereichs, die 50 Jahre und älter sind. Innerhalb der nächsten 15 Jahre wird voraussichtlich rund die Hälfte der derzeitigen Lehrkräfte an Schulen in den Ruhestand gehen" (Autorengruppe Bildungsberichterstattung 2008: 13)

3.2 Die Rolle der Lehrerinnen und Lehrer im Zweiten Nationalen Bildungsbericht (2008)

Der Nationale Bildungsbericht 2008[2] geht insbesondere in zwei großen Kapiteln auf Lehrer ein, nämlich im Kapitel B4 Bildungspersonal und im Kapitel D4 Pädagogisches Personal im Schulwesen.
Im Kapitel B4 wird vor allem auf die Geschlechter- und Altersstruktur des Personals[3] eingegangen. Dabei wird das relativ hohe Durchschnittsalter von Lehrkräften in Deutschland im europäischen Vergleich Bezug genommen. Schließlich wird die Frage erörtert, „ob im erforderlichen Umfang qualifiziertes Personal gewonnen werden kann" (Autorengruppe Bildungsberichterstattung 2008, S. 46). Die Antwort lautet: Das „hängt u. a. von der Neugestaltung der Ausbildungssysteme für das pädagogische Personal und von der Attraktivität der pädagogischen Berufe für junge Menschen ab" (ebd.). Im Kapitel D4 wird der Lehrerschaft „für die Entwicklung der Qualität von Schule und Unterricht sowie für die Entwicklung schulischer Lehr- und Lernprozesse" insoweit eine Hauptrolle zugewiesen, als den Lehrerinnen und Lehrern die Hauptverantwortung für gute Schulleistungen zuerkannt wird (ebd. S. 74). Der Bericht geht außerdem der Frage nach, auf welche Weise Lehrpersonen für ihren Beruf qualifiziert werden und wie die Arbeitsbedingungen und die berufsbegleitende Professionalisierung zu bewerten sind. Als wichtige Veränderungen bei der Lehrerausbildung werden die international übliche Bachelor- und Masterstruktur, eine Verstärkung der fachdidaktischen und erziehungswissenschaftlichen Ausbildungsanteile sowie eine Betonung des Praxisbezugs hervorgehoben. Allerdings gilt dies in Deutschland nicht für alle Bundesländer. Baden-Württemberg und Bayern z. B. haben sich gegen die Einführung von Bachelor-und Masterstudiengängen in den Lehrämtern ausgesprochen. Außerdem kann man bezüglich der Lehramtsausbildung der Gymnasiallehrer und Berufsschullehrer in Baden-Württemberg auch nicht ausdrücklich davon sprechen, dass die fachdidaktischen und erziehungswissenschaftlichen Ausbildungsanteile verstärkt worden seien. In Bezug auf eine Professionalisierung des Lehrerberufs wird betont, dass die „Förderung der didaktischen und diagnostischen Kompetenz der Lehrkräfte, die Fähigkeit zur sozialen Interaktion und zum Umgang mit Heterogenität ... die entscheidenden Faktoren für die Weiterentwicklung der Qualität und Ansatzpunkte für eine erfolgreiche Steuerung des Schulwesens" (ebd., S. 75) sind.
Eine zentrale Rolle bezüglich der Lehrerrolle (und damit auch in der Lehrerbildung) nimmt der Kompetenzbegriff ein. Die Basis hierzu liefert die Kompetenz-

---

[2] Im Auftrag der Ständigen Konferenz der Kultusminister der Länder in der Bundesrepublik Deutschland (KMK) und des Bundesministeriums für Bildung und Forschung, verfasst und erstellt unter der Federführung des Deutschen Instituts für Internationale Pädagogische Forschung Frankfurt/Main (www.dipf.de) und von einer Autorengruppe von einer Vielzahl von Institutionen (siehe auf der zweiten Seite der Titel)

[3] „Rund zwei Drittel des pädagogischen Personals waren 2007/2008 Frauen, im Gegensatz zu 45 % aller Erwerbstätigen. Der Anteil des weiblichen Personals ist umso niedriger, je älter die von ihm betreuten Bildungsteilnehmer sind." (Autorengruppe Bildungsberichterstattung 2008, S. 44).

theorie von Weinert (vgl. Weinert 2001). Davon ausgehend können unter professioneller Kompetenz von Lehrkräften kognitive Fähigkeiten und Fertigkeiten verstanden werden, die in Verbindung mit motivationalen Dispositionen nötig sind, um berufsspezifische Probleme und Aufgaben zu lösen. Die Kompetenzen des Lehrers umfassen vor allem psychologische Konstrukte, die wiederum aus kognitiven Dimensionen bestehen, wie
- fachliches und fächerübergreifendes Wissen,
- fachdidaktisches Wissen und
- pädagogisches Wissen.

Letzteres strukturiert sich in drei Bereiche, die auch wichtige Gegenstände von Lehrerbildungsforschung sind (vgl. König et al. 2008, S. 667):
- das Unterrichten als Kernaufgabe von Lehrpersonen (vgl. Bromme 1997),
- Allgemeine Didaktik (vgl. Tulodziecki et al. 2004),
- Unterrichtsforschung (vgl. Helmke 2003; Baumert et al. 2006).

Mit der Professionalisierungs- und Kompetenzdebatte im Lehrerberuf ist die Frage eng verbunden, wie dies mittels Lehreraus- und Weiterbildung zu leisten ist. Abschließend heißt es, dass „Befunde aktueller empirischer Studien insbesondere die Lehrerkompetenzen und die Lehrerprofessionalität als Determinanten des Schulerfolgs bereits ... klar ... einordnen können", ... [aber dass] ... „es erhebliche empirische Defizite hinsichtlich des Zusammenhangs von Lehrerkompetenzen, Lehrerhandeln und Lernerfolg der Schüler gibt" (ebd., S. 77). Das heißt: Einem breiten Informationsbedarf über Professionalisierung im Lehrerberuf und den damit verbundenen bildungspolitischen und -praktischen Herausforderungen steht ein eher schwacher Wissensbestand gegenüber (ebd.). Im 'Perspektivenkapitel' wird zusammenfassend festgehalten: „Deutsche Lehrerinnen und Lehrer haben einen im internationalen Vergleich hohen Akademisierungsgrad. Problematisch erscheint jedoch der sehr hohe Anteil an älteren Lehrkräften. Das führt in den nächsten Jahren zu einem erheblichen Ersatzbedarf beim pädagogischen Personal. Zwei Drittel aller Lehrkräfte sind Frauen, und diese wiederum überwiegend teilzeitbeschäftigt. Ob und wie sich diese Personalstruktur auf die Qualität von Schule und Unterricht auswirkt, muss als offene Frage angesehen werden" (ebd., S. 91). Schließlich wird darauf verwiesen, dass „im Jahr 2006 (...) bereits mehr Lehrkräfte eingestellt wurden, als Absolventinnen und Absolventen des Vorbereitungsdienstes verfügbar waren" (ebd., S. 202). Auch ist die Zahl der arbeitslosen Lehrer nach Auffassung der Autoren des Bildungsberichts rückläufig (ebd.). Nach „aktualisierten Schätzungen auf Länderebene ... [gibt es] ... insbesondere für die westdeutschen Länder einen erhöhten Einstellungsbedarf in den Fächern Physik, Chemie, Informatik, Mathematik und Latein im allgemeinbildenden sowie für Metall- und Elektrotechnik im beruflichen Bereich. Die schon jetzt offenkundigen Diskrepanzen zwischen der Fächerwahl von Lehramtsanwärtern und dem fachspezifischen Bedarf drohen die fachlich abgesicherte Unterrichtsversorgung ernsthaft zu gefährden" (ebd., S. 203). Den Mangel an Fachlehrern für mathematisch-naturwissenschaftliche sowie technisch-gewerbliche Fächer veranlasste Bundesbildungsministerin Schavan im Februar 2009, Ingenieure als Lehrerinnen und Lehrer in die Schule zu schicken, was jedoch auf heftigen Widerstand der Lehrerverbände stieß. Fehlende oder zu wenige Fachlehrer sind auch bei den mangelnden Leistungszuwächsen von Schülerinnen und Schülerin im Rahmen von PISA 2003 und DESI empirisch nachgewiesen worden. Hier nämlich wurde aufgezeigt, dass fachliche, aber vor allem auch fachdidaktische Kompetenzen von Lehrkräften für die Leistungszuwächse der Schülerinnen und Schüler bedeutsam sind (vgl. PISA 2003 und DESI 2006). So erreichen die Klassen von fachfremd unterrichtenden Englischlehrkräften vergleichsweise geringe Leistungszuwächse. Im Fach Mathematik zeigt eine Ergänzungsstudie zu PISA 2003, dass bei erfolgreichem Unterricht Aufgaben mit einem hohen kognitiven Anforderungsniveau und enger Passung zum Lehrplan eingesetzt werden und dass die inhaltliche Qualität des Unterrichts wiederum vom fachdidaktischen Wissen der Lehrkräfte abhängt. Weitere Merkmale erfolgreichen Unterrichts sind eine klare, zielorientierte, störungspräventive Klassenführung sowie ein schülerorientiertes, unterstützendes Unterrichtsklima. Lehrkräfte aus- und fortzubilden, die diese vielfältigen Anforderungen gut ausbalanciert erfüllen können, stelle deshalb die größte Herausforderung dar (vgl. ebd., S. 203).

Man darf bei allen Daten im Bildungsbericht, insbesondere wenn sie Lehrerinnen und Lehrer betreffen, nicht außer acht lassen, dass länderspezifische Besonderheiten zu berücksichtigen und gewollt sind. Die Unterschiede zwischen den Ländern in Deutschland erzeugen nicht selten Probleme, so z. B. bei Wohnortwechsel in ein anderes Bundesland oder durch eine differierende Lehrerausbildung. Eine Hauptaufgabe der Kultusministerkonferenz (KMK) wird es in den nächsten Jahren verstärkt sein müssen, eine bessere Vergleichbarkeit der länderspezifischen Systeme herzustellen (vgl. www.kmk.org). Zunächst gilt die Kulturhoheit der Länder. Deshalb behandelt die KMK „Angelegenheiten der Bildungspolitik, der Hochschul- und Forschungspolitik sowie der Kulturpolitik von [ausschließlich] überregionaler Bedeutung mit dem Ziel einer gemeinsamen Meinungs- und Willensbildung und der Vertretung gemeinsamer Anliegen" (KMK 2009, S. 20). Eine wesentliche Aufgabe der KMK besteht darin, durch Konsens und Kooperation in ganz Deutschland für die Lernenden, Studierenden, Lehrenden und wissenschaftlich Tätigen vergleichbare Bedingungen zu schaffen. Dies geschieht insbesondere durch die Festlegung von Standards, die Unterrichtsqualität und die Lehrerausbildung betreffend (vgl. Bildungsstandards 2003; Standards für die Lehrerbildung 2004; Ländergemeinsame inhaltliche Anforderungen für die Fachwissenschaften und Fachdidaktiken in der Lehrerinnen- und Lehrerbildung 2008).

Daraus ergeben sich als abgeleitete Aufgaben:
- die Übereinstimmung oder Vergleichbarkeit von Zeugnissen und Abschlüssen sicherzustellen,
- auf die Sicherung von Qualitätsstandards in Schule, Berufsbildung und Hochschule hinzuwirken,
- die Kooperation von Einrichtungen der Bildung, Wissenschaft und Kultur zu befördern.

Die erforderliche Koordination erfolgt in der Regel durch Empfehlungen, Vereinbarungen bzw. Staatsabkommen. Im Sinne von mehr Toleranz und Vielfalt im

Bildungswesen soll auf Detailregelungen verzichtet werden. Das gemeinsam vereinbarte Niveau soll Experimente und Innovationen zulassen. Bei der Vertretung der gemeinsamen Interessen der Länder ist die Kultusministerkonferenz ein wichtiges Instrument für die Vertretung gegenüber dem Bund, der Europäischen Union, bei internationalen Organisationen und für die gemeinsame Darstellung der Länder bei Angelegenheiten der Bildung, Wissenschaft und Kultur in der Öffentlichkeit. Sie nimmt damit die sich aus dem Kulturföderalismus ergebende gemeinsame Verantwortung der Länder wahr. Zudem begreift sie sich als Forum kritischer Diskussion. Eine besondere Aufgabe hat die KMK bei der beruflichen Bildung. Da die Ausbildungsrichtlinien der Betriebe Sache des Bundes ist, während die Berufsbildung in den Schulen in die Kompetenz der Länder fällt, erfolgt die hier notwendige Abstimmung auch im Zusammenwirken zwischen Bundesregierung und Kultusministerkonferenz.

3.3 Die Rolle der Lehrerinnen und Lehrer in den Standards der Lehrerbildung (KMK 2004, 2008)

3.3.1 Standards für die Lehrerbildung in den Bildungswissenschaften 2004

Die KMK führt aus, dass sie „es als zentrale Aufgabe ansieht, die Qualität schulischer Bildung zu sichern. Ein wesentliches Element zur Sicherung und Weiterentwicklung schulischer Bildung stellt die Einführung von Standards und deren Überprüfung dar. Mit Standards wird Zielklarheit und die Grundlage für eine systematische Überprüfung der Zielerreichung geschaffen" (vgl. Sekretariat der Ständigen Konferenz der Kultusminister der Länder in der Bundesrepublik Deutschland 2004, S. 1). Die Standards sollen Anforderungen definieren, die alle Lehrerinnen und Lehrer in den Bundesländern erfüllen sollen. Sie beziehen sich auf die jeweiligen Schulgesetze und die darin formulierten Bildungs- und Erziehungsziele. Insbesondere wird auf die gemeinsame Erklärung der Kultusministerkonferenz und der Lehrerverbände zu den „Aufgaben von Lehrerinnen und Lehrern heute – Fachleute für das Lernen" von 2000 Bezug genommen, die in den Standards der Lehrerbildung zu den Bildungswissenschaften fast wörtlich übernommen werden (ebd., S. 3):

- Lehrerinnen und Lehrer sind Fachleute für das Lehren und Lernen, ihre Kernaufgabe ist die gezielte und nach wissenschaftlichen Erkenntnissen gestaltete Planung, Organisation und Reflexion von Lehr- und Lernprozessen. Die Qualität einer guten Schule wird entscheidend durch die professionellen und menschlichen Fähigkeiten von Lehrerinnen und Lehrern geprägt. Schüler müssen spüren, dass ihre Lehrer 'ein Herz' für sie haben (der letzte Satz ist allerdings nicht in den Standardtext aufgenommen worden, Anm. des Verfassers).

- Lehrerinnen und Lehrer sind sich bewusst, dass Erziehung eine schwierige Aufgabe ist. Positive Wertorientierungen, Haltungen und Handlungen können nur überzeugend beeinflusst werden, wenn Lehrerinnen und Lehrer auch als Vorbilder wirken.

Dieser Satz wurde in dem Standardpapier erweitert (und von der Lehrerin oder dem Lehrer als Vorbild ist nicht mehr die Rede):

- „… die Erziehungsaufgabe in der Schule ist eng mit dem Unterricht und dem Schulleben verknüpft. Dies gelingt umso besser, je enger die Zusammenarbeit mit den Eltern gestaltet wird. Beide Seiten müssen sich verständigen und gemeinsam bereit sein, konstruktive Lösungen zu finden, wenn es zu Erziehungsproblemen kommt oder Lernprozesse misslingen.
- Lehrerinnen und Lehrer üben ihre Beurteilungsaufgabe im Unterricht und bei der Vergabe von Berechtigungen für Ausbildungs- und Berufswege kompetent, gerecht und verantwortungsbewusst aus. Junge Menschen müssen in der Schule erfahren, dass sie fair behandelt werden und dass sie ihre Bildungschancen voll ausschöpfen können" (KMK 2004, S. 4).

Außerdem werden Aufgaben für Lehrer und Lehrerinnen formuliert, die zur Fort- und Weiterentwicklung von Unterricht und Schule beitragen sollen:

- „… die Lehrerinnen und Lehrer nutzen geeignete Angebote der Fort- und Weiterbildung, um ihre Kompetenzen ständig weiter zu entwickeln. Dazu gehört auch, den ständigen Kontakt zur Arbeitswelt zu halten."
- „… die Lehrerinnen und Lehrer beteiligen sich an der Schulentwicklung, gestalten eine lernfördernde Schulkultur mit und übernehmen zusammen mit den Eltern und Schülern stärker Verantwortung in der eigenständigen Verwaltung der Schule."
- „… die Lehrerinnen und Lehrer unterstützen und fördern die interne und externe Evaluation der Lehr- und Lernprozesse und des ganzen schulischen Lebens. Faire und wissenschaftlich fundierte Leistungsvergleiche gehören dazu und dienen der Qualitätssicherung" (ebd.).

Schließlich wird die wichtige Verpflichtung und die Verantwortlichkeit der Bildungspolitik und Bildungsverwaltung für Lehrerinnen und Lehrer als den Fachleuten für das Lernen hervorgehoben, um die erforderlichen Rahmenbedingungen zu sichern und dabei ihrem Beruf auch die Anerkennung zu verschaffen, die er in der Öffentlichkeit verdient (vgl. ebd.). Die Standards wurden im Wintersemester 2005/2006 als „Grundlagen für die spezifischen Anforderungen an Lehramtsstudiengänge einschließlich der praktischen Ausbildungsteile und des Vorbereitungsdienstes in den Ländern übernommen" (ebd. S. 1). Konkret bedeutete dies, dass die Studien- und Prüfungsordnungen in den Lehramtsstudiengängen der Universitäten, der Pädagogischen Hochschulen, der Seminare, die für den Vorbereitungsdienst (zweite Ausbildungsphase) verantwortlich sind, und in der Fort- und Weiterbildung, umgesetzt und regelmäßig evaluiert werden sollten.

Den Bildungswissenschaften, zu denen alle wissenschaftlichen Disziplinen, die sich mit Bildungs- und Erziehungsprozessen, mit Bildungssystemen sowie mit deren Rahmenbedingungen auseinandersetzen, wird für die berufliche Ausbildung und den Berufsalltag der Lehrer eine zentrale Bedeutung zugemessen. Sie beschreiben „... die Anforderungen an das Handeln von Lehrkräften. Sie beziehen sich auf Kompetenzen und somit auf Fähigkeiten, Fertigkeiten und Einstellungen, über die eine Lehrkraft zur Bewältigung der beruflichen Anforderungen verfügt" (ebd., S. 4). Zu den inhaltlichen und curricularen Schwerpunkten der Ausbildung zählen im Einzelnen (ebd., S. 4f.):

Bildung und Erziehung	Begründung und Reflexion von Bildung und Erziehung in institutionellen Prozessen
Beruf und Rolle des Lehrers	Lehrerprofessionalisierung; Berufsfeld als Lernaufgabe; Umgang mit berufsbezogenen Konflikt- und Entscheidungssituationen
Didaktik und Methodik	Gestaltung von Unterricht und Lernumgebungen
Lernen, Entwicklung und Sozialisation	Lernprozesse von Kindern und Jugendlichen innerhalb und außerhalb von Schule
Leistungs- und Lernmotivation	Motivationale Grundlagen der Leistungs- und Kompetenzentwicklung
Differenzierung, Integration und Förderung	Heterogenität und Vielfalt als Bedingungen von Schule und Unterricht
Diagnostik, Beurteilung und Beratung	Diagnose und Förderung individueller Lernprozesse; Leistungsmessungen und Leistungsbeurteilungen
Kommunikation	Kommunikation, Interaktion und Konfliktbewältigung als grundlegende Elemente der Lehr- und Erziehungstätigkeit
Medienbildung	Umgang mit Medien unter konzeptionellen, didaktischen und praktischen Aspekten
Schulentwicklung	Struktur und Geschichte des Bildungssystems; Strukturen und Entwicklung des Bildungssystems und Entwicklung der einzelnen Schule
Bildungsforschung	Ziele und Methoden der Bildungsforschung; Interpretation und Anwendung ihrer Ergebnisse

Zu diesen inhaltlichen Schwerpunkten werden dann auf der Grundlage der Anforderungen beruflichen Handelns die Kompetenzen genannt und in Form von konkreten theoretischen und praktischen Standards näher beschrieben. Diese sind im Einzelnen (ebd. S. 8ff.):

Kompetenzbereich 1: Unterrichten	Beispielstandard: Lehrer kennen allgemeine und fachbezogene Didaktiken und wissen, was bei der Planung von Unterrichtseinheiten beachtet werden muss
Kompetenzbereich 2: Erziehen	Beispielstandard: Lehrer kennen pädagogische, soziologische und psychologische Theorien der Entwicklung und der Sozialisation von Kindern und Jugendlichen
Kompetenzbereich 3: Beurteilen	Beispielstandard: Lehrer wissen, wie unterschiedliche Lernvoraussetzungen Lehren und Lernen beeinflussen und wie sie im Unterricht berücksichtigt werden.
Kompetenzbereich 4: Innovieren	Beispielstandard: Lehrer kennen die Grundlagen und Strukturen des Bildungssystems und von Schule als Organisation.

3.3.2 Die Rolle der Lehrerinnen und Lehrer in den ländergemeinsamen inhaltlichen Anforderungen für die Fachwissenschaften und Fachdidaktiken in der Lehrerinnen- und Lehrerbildung (KMK, 2008)

Hier geht es in Ergänzung und Weiterentwicklung der „Standards für Lehrerbildung, Bildungswissenschaften" (KMK, 2004) um „die ländergemeinsamen inhaltlichen Anforderungen für die Fachwissenschaften und deren Didaktik" (KMK 2008, S. 2). Das übergreifende Ziel liegt darin, die Mobilität und Durchlässigkeit im deutschen Hochschulsystem insbesondere auch im Kontext der gegenseitigen Anerkennung von Bachelor- und Materstudiengängen auch im Lehramtsstudium zu erhöhen. Die Fachprofile sind auf die Fächer der allgemeinbildenden Lehrämter bezogen. Grundlegend ist hier wiederum wie im Standardtext für die Bildungswissenschaften (KMK 2004) die Definition von fachbezogenen Kompetenzen, die sich „aus den Anforderungen im Berufsfeld von Lehrkräften" (ebd.) ableiten. Sie ist in drei Bereiche eingeteilt:
- Grundlegende Kompetenzen hinsichtlich der Fachwissenschaften, ihrer Erkenntnis- und Arbeitsmethoden sowie der fachdidaktischen Anforderungen im Studium,
- Unterrichtspraktisch definierte Kompetenzen im Vorbereitungsdienst,
- Entwicklung in der beruflichen Rolle als Lehrerin oder Lehrer in der Fort- und Weiterbildung (ebd.).

Es sollen jedoch alle phasenbezogene Schwerpunktsetzungen „über den gesamten Qualifikationszeitraum hinweg" (ebd., S. 3) berücksichtigt werden. Im Einzelnen handelt es sich um folgende Kompetenzen:
- Über anschlussfähiges Fachwissen verfügen (Verfügungswissen, Orientierungswissen, Metawissen und fächerübergreifende Qualifikationen,
- über Erkenntnis- und Arbeitsmethoden der Fächer verfügen,
- über anschlussfähiges fachdidaktisches Wissen verfügen (ebd).

Letzteres schließt auch fachdidaktische und lernpsychologische Forschung in den Fächern, Wissen über Leistungsbeurteilung und fundierte Kenntnisse über Schülerinnen und Schülern ein. Diese Wissensbestände werden im Studium erwartet.
Im Vorbereitungsdienst geht es um folgende Kompetenzen:
- Komplexität unterrichtlicher Situationen bewältigen,
- Nachhaltigkeit von Lernen fördern,
- fachspezifische Leistungsbeurteilung beherrschen (ebd., S. 4).

Bezüglich der dritten Phase, der Fort- und Weiterentwicklung, wird ausdrücklich von der „fachlichen und persönlichen ... Weiterentwicklung ... in der Rolle als Lehrerin bzw. Lehrer" (ebd.) gesprochen. Schließlich geht es um 'Fachprofile', die „die Beschreibung der im Studium zu erreichenden Kompetenzen sowie die dazu notwendigen einzelnen inhaltlichen Schwerpunkte" (ebd.) umfassen:
- Einführungen in das Studienfach,
- Studieninhalte nach einzelnen Bereichen gegliedert,
- eigene lehramtsbezogene Lehrveranstaltungen,
- Vertiefungen von Inhalten für das gymnasiale Lehramt,
- Didaktik der einzelnen Fächer,
- konzeptionelle Grundlagen der einzelnen Fächer,
- fächerübergreifender Fachunterricht.

Die Fachprofile sind insgesamt für siebzehn Fächer, für die Grundschulbildung und für Sonderpädagogik angelegt (KMK 2008, S. 6–53). Mit den KMK-Lehrerbildungsstandards (2004 und 2008) zielten die Länder darauf ab, den Lehramtsstudiengängen eine gemeinsame, inhaltliche grundlegende und verbindliche Ausrichtung zu geben. Dies ist ein Reformfortschritt; er steigert aber vor allem die Attraktivität des Lehrerberufs. Nicht zuletzt tragen diese Standards zu einer gemeinsamen qualitativ hochwertigen Grundlegung der Lehrerbildung bei.

3.4 Die Rolle der Lehrerinnen und Lehrer aus ihrer eigenen Sicht

Nun kommen Lehrerinnen und Lehrer sowie Referendarinnen und Referendare selbst zu Wort, die zum aktuellen bildungspolitischen Diskurs im Juli und August 2009 vom Verfasser persönlich mit einem Fragebogen befragt wurden. Es haben sich an der Online-Befragung (mit Hilfe von BSCW) insgesamt 25 Kolleginnen und Kollegen beteiligt. Es handelt sich zwar nur um eine kleine Stichprobe und keine Anzahl, die auch nur annähernd Repräsentativität, z.B. für die Lehrerschaft aus allen Schularten, versprechen würde. Aber hier geht es um eine empirische Ergänzung des Bildes und Rollenverständnisses von Lehrerinnen und Lehrern im bildungspolitischen Diskurs. Beabsichtigt war, für die empirische Erhebung auch Vertreter der Lehrerverbände zu Wort kommen zu lassen. Darum wurden per E-Mail alle Lehrerverbände in Baden-Württemberg angeschrieben (GEW, Philologenverband, VBE und RLV). Zum Rücklauf der angeschriebenen Vertreterinnen und Vertretern aus den Verbänden lässt sich nichts Konkretes sagen, weil die Befragung anonym war und die Kolleginnen und Kollegen, die angegeben haben, dass sie in einem Verband tätig sind, auch an der Online-Befragung mit Hilfe von BSCW teilgenommen haben konnten. Den Fragebogenrückläufen kann man entnehmen, dass von allen Befragten fünf Personen ihre Mitgliedschaft im VBE, drei in der GEW genannt haben; drei weitere haben ihr Engagement im Personalrat offengelegt; eine Person hat angegeben, dass sie in einem Gemeinderat tätig ist. Im Zusammenhang mit den Stellungnahmen der Lehrerverbände zur Rolle der Lehrerinnen und Lehrer im bildungspolitischen Diskurs sei auch auf zwei Artikel in der Zeitschrift PÄD Forum, Heft 1/2009 mit dem Schwerpunktthema „Von Beruf: LEHRER" verwiesen und zwar von Ulrich Thöne (Vorsitzender der GEW, Geschäftsstelle Frankfurt/Main): „Professionalisierung der Lehrkräfte aus der Sicht der GEW" (S. 21/22) und Heinz-Peter Meidinger (Vorsitzender des Deutschen Philologenverbands, Bundesgeschäftsstelle Berlin): Professionalisierung der Lehrkräfte aus der Sicht des Deutschen Philologenverbands" (S. 27/28).

Fragenbogen (Interviewleitfaden) für Lehrer und Lehrerinnen/Lehramtsanwärterinnen und Lehramtsanwärter zum Thema „Die Rolle der Lehrerinnen und Lehrer im bildungspolitischen Diskurs"

Einige persönliche, anonyme Daten:

Geschlecht: Alter: Schulart, in der (in Zukunft) unterrichtet wird:

- Status im öffentlichen Dienst (Beamte(r), Angestellte(r) seit)
- Schulfächer, die studiert/unterrichtet wurden:
- Funktion(en) an der Schule:
- Schul-/Berufsbezogene Funktionen außerhalb der Schule:
- Im Schuldienst seit:
- Studium (Hochschule/Universität/Studienfächer/Studienschwerpunkte/Zeit/von – bis)

1. Frage/Aufgabe:
Charakterisieren Sie mit wenigen Sätzen das aktuelle Bildungssystem in Deutschland und speziell in Baden-Württemberg!

2. Frage/Aufgabe:
Charakterisieren Sie ebenso in wenigen Sätzen die aktuelle Bildungspolitik in Deutschland und speziell in Baden-Württemberg! Was sind Ihrer Meinung nach die derzeit wichtigsten Aufgaben?

3. Frage/Aufgabe:
Wer bestimmt hauptsächlich die Bildungspolitik in D und in B.-W.?

4. Frage/Aufgabe:
a) Welche Rolle spielen Sie konkret als Lehrer/als Lehrerin in der aktuellen Bildungspolitik?
b) Welche Mitwirkungsmöglichkeiten haben Sie?
c) (Wie) bestimmt die Bildungspolitik des Landes/des Bundes Ihre konkrete Arbeit in der Schule/im Seminar?
d) Welche Mitwirkungsmöglichkeiten würden Sie gerne in Anspruch nehmen?

5. Frage/Aufgabe:
Wenn Sie einer Lehrerorganisation oder Partei (siehe oben: GEW, Philologenverband etc.) angehören, welche konkreten aktuellen Aktivitäten dieser Organisation sehen Sie als höchst bedeutsam und wichtig für die Bildungspolitik an?

6. Frage/Aufgabe:
Wenn Sie an mehrere bildungspolitische Aktivitäten denken, wie würden Sie diese mit Zahlenwerten von 1 = sehr bedeutsam bis 5 = sehr unwichtig einstufen?

7. Frage:
Was verstehen Sie persönlich unter Bildung?

8. Frage:
Wie schätzen Sie die Bildung Ihrer Schüler und Schülerinnen ein?

Zusätzliche Anmerkungen/Fragen:

Für die Themenstellung dieses Beitrags ist vor allem die Frage 4 relevant, die inhaltsanalytisch ausgewertet wurde, was im Folgenden dargestellt wird.
Bei der Frage 4 ging es um folgende Detailfragen:
a) Welche Rolle spielen Sie konkret als Lehrer/als Lehrerin in der aktuellen Bildungspolitik?
b) Welche Mitwirkungsmöglichkeiten haben Sie?
c) (Wie) bestimmt die Bildungspolitik des Landes/des Bundes Ihre konkrete Arbeit in der Schule/im Seminar?
d) Welche Mitwirkungsmöglichkeiten würden Sie gerne in Anspruch nehmen?
Aus den Aussagen der Lehrerinnen und Lehrer konnten folgende Kategorien entwickelt werden (in Klammer stehen die jeweiligen vorhandenen Häufigkeiten):
- Machtlosigkeit (7)
- persönlich engagiert, Mitgestaltung (12)
- Umsetzung der bildungspolitischen Vorgaben (4)
- Oktroyierungen von oben (2)
- Forderung von mehr Beteiligung (7)
- Keine, geringe, eingeschränkte Rolle (12).

Insgesamt ließen sich von den 25 Kolleginnen und Kollegen, 44 Aussagen diesen Kategorien zuordnen. Davon waren nur 12 von 44 Aussagen der positiven Kategorie „persönlich engagiert, Möglichkeit zur Mitgestaltung" zuordenbar. Die meisten Kolleginnen und Kollegen sehen eine Möglichkeit zum Engagement und Mitgestaltung in einem Lehrerverband:
- Ich habe mich engagiert beim VBE, VDS und bei Lernen Fördern.
- Ich versuche zwar über eine Lehrergewerkschaft aktiv die Bildungslandschaft mit zu gestalten, ...
- Allerdings versuche ich als Personalrat und Vorsitzender einer Lehrergewerkschaft im Bereich eines BW-RP (= Baden-Württemberg-Regierungspräsidium) einen entsprechenden Einfluss geltend zu machen.

- Ich arbeite in der Gewerkschaft. Zusammenarbeit mit dem Personalrat und bin demnächst aktiv darin.
- Immer wieder gibt es neue Verordnungen wie z. B. neue Prüfungen, die man dann umsetzen muss und das meist ohne Hilfestellungen oder konkrete Anweisungen. Immer wieder muss man neu 'improvisieren'.
- Ich arbeite in Arbeitsgruppen mit und bringe Vorschläge ein.
- Die Arbeit am Seminar erlebe ich als sehr befriedigend, da ich alle Freiheiten habe.
- Ich engagiere mich in einem Verband und versuche so Einfluss zu nehmen. Ich arbeite als Personalrätin und versuche die berechtigten Anliegen der Kollegen zu vertreten.
- Mitwirkungsmöglichkeiten über GEW, Philologenverband, etc.
- Dennoch bin ich für meinen Unterricht und meine Schülerinnen und Schüler gerne verantwortlich und tue alles mir Mögliche, um sie voranzubringen und mit ihnen zusammen in der Schule einen Ort zu schaffen, an dem sie gerne arbeiten und gerne mit ihren Klassenkameraden/Innen zusammen sind.
- Ich habe direkten Einfluss auf die Entwicklung der Kinder, das ist eine große Verantwortung.
- Lehrergewerkschaften.

Die negativste Kategorie bei der Frage, wie die Lehrerinnen und Lehrer ihre Rolle im bildungspolitischen Diskurs sehen, ist die Kategorie der 'Machtlosigkeit'. Hier schrieben die Befragten:
- aber leider ist man gegen politische Entscheidung von Ministerpräsident oder Kultusminister machtlos.
- Die Schulleiter bekommen immer mehr Macht.
- Werden wir gefragt, ob die neue WRS (=Werkrealschule in Baden-Württemberg) sinnvoll ist? Nicht mal die Einwände der Lehrerverbände und Elternbeiräte wurden berücksichtigt.
- Wer ein mehrgliedriges Schulsystem aufrecht erhalten will und es gleichzeitig verwischt, ist nicht glaubwürdig und betreibt Augenwischerei!
- Als Lehrerin fühle und sehe ich mich oft machtlos gegenüber der derzeitigen Bildungspolitik.
- Ansonsten ist man als Lehrerin meiner Meinung nach dem Staat (d. h. seinen Entscheidungen) ziemlich ausgeliefert.
- So hart das jetzt klingen mag, manchmal fühle ich mich als Spielfigur auf einem Spielfeld, und die Würfel entscheiden darüber, wie es weitergeht.

Zu dieser Kategorie 'Machtlosigkeit' passt auch die Aussage eines Kollegen, der lapidar zur Rolle des Lehrers anmerkte:
- Leider wird viel zu viel von oben über uns gestülpt.

Bei der Kategorie 'Keine, geringe, eingeschränkte Rolle' gab es elf unterschiedliche Aussagen:
- Eine eher geringe, da kaum Einflussmöglichkeiten bei den zentralen Fragen.
- Als Lehrerin bleibt mir nur ein kleiner Spielraum, in dem ich meine pädagogische Freiheit habe.

- Als Lehrer ist meine Rolle derzeit eingeschränkt.
- Ich arbeite in Arbeitsgruppen mit und bringe Vorschläge ein, die allerdings häufig bei vielen Kollegen mit der Begründung nach Mehrarbeit abgetan werden.
- Insofern setze ich vieles lediglich in meiner Klasse um.
- Der einzelne Lehrer spielt in der Bildungspolitik nicht so die entscheidende Rolle.
- Ich spiele keine Rolle, habe auch keine Mitwirkungsmöglichkeiten.
- Keine, da kein oder stark verminderter Einfluss möglich ist.
- Die Handlungsmöglichkeiten eingeschränkt.
- Meine Rolle als Lehrer sehe ich durch meinen Beamtenstatus und die Rahmenbedingungen eingeschränkt. Ich mache das, was unter den Umständen im Klassenzimmer möglich ist.
- Ich könnte einem Interessenverband beitreten und mich dort engagieren – und selbst da sind einem die Hände gebunden.

Auch Wünsche und Forderungen (insgesamt sieben) wurden genannt:
- Politisch bedarf es einer größeren und engagierteren Beteiligung.
- Vom Kultusministerium hätte ich mir mehr 'Rezepte' zur konkreten Umsetzung vor allem der TOPe (=Themenorientierte Projekte/Lehrpläne Baden-Württemberg) gewünscht.
- In der Organisation würde ich gerne mehr mitwirken: Klassenzusammensetzung, Größe, Zeiten, Fächerauswahl, Stofffülle.
- Die Meinung der Elternbeiräte und Lehrerverbände sollte ernst genommen werden.
- Bei manchen Dingen würde ich gerne vorher gefragt werden. Einer Werkrealschule hätte ich nicht zugestimmt.
- Ich würde gerne als Vertreterin der Kinder und Jugendlichen in ihrem Sinne eine Schule entwickeln, die es ihnen erleichtert, die Schullaufbahn erfolgreich zu vollenden und sie bereit macht, ihr zukünftiges Leben selbständig zu meistern.
- Mitwirkungsmöglichkeiten, die ich gerne in Anspruch nehmen würde: Öffentlichkeitsarbeit: So ist es an der Schule, diese Probleme haben wir.

In fünf Aussagen kommt zum Ausdruck, dass Lehrerinnen und Lehrer vor allem die Vorgaben der Bildungspolitik(er) umsetzen:
- In der Schule setzen wir die nur Vorgaben der Bildungspolitiker um.
- In der Schule setzen wir die Vorgaben der Bildungspolitik um.
- Die Umsetzung geht von Vorgaben aus dem Bildungsplan und anderen Erlassen an der konkreten Schule aus.
- Wir haben es mit einer sehr hierarchisch denkenden Verwaltung zu tun, wo dem einzelnen Lehrer im Grunde nur die Aufgabe zukommt, diese Vorgaben dann umzusetzen und zu erfüllen.
- Als Lehrer werde ich leider nicht gefragt, sondern bekomme Vorgaben, die zu erfüllen sind. Dies sind z. B. die Prüfungsergebnisse, die Schüler am Ende erzielen sollten – oder die Klassengröße.

3.5 Zusammenfassung und Ausblick

Die Rolle von Lehrerinnen und Lehrern im bildungspolitischen Kontext ist geprägt von sehr unterschiedlichen Vorstellungen, Alltagstheorien, Fremd- und Selbstwahrnehmungen und von Erwartungen, die an Lehrpersonen gestellt werden. Befunde über die Motivation für den Lehrerberuf, über den schulischen Alltag und dessen Auswirkungen auf die Lehrkräfte sowie über den Gesundheitszustand von Lehrerinnen und Lehrern bekräftigen eine eher negativ zu bewertende Analyse des derzeitigen Zustands, die auch von internationalen Studien untermauert wird.
Empirische Studien belegen für die deutsche Bildungspolitik im internationalen Vergleich Defizite (vgl. OECD 2007), wo es zum Bildungsstand heißt: „In Deutschland liegt der Anteil der 25- bis 64Jährigen mit einem Abschluss im Tertiärbereich A (Abschluss an Fachhochschulen (ohne Verwaltungsfachhochschulen) und Universitäten) mit 15 % (immer noch, Anm. des Verfassers) unterhalb des OECD-Durchschnitts von 19 % (EU-Durchschnitt: 17 %). Diese Quote bleibt in Deutschland über die verschiedenen Altersgruppen fast konstant, hat sich also über die Jahre kaum verändert – im Gegensatz zur Entwicklung in den meisten anderen Industriestaaten (vgl. OECD 2007, S. 2). Die Frage ist nun, wie die Defizite, die der Bildungspolitik zugeschrieben werden, mit den Befunden der Studien zu den Lehrkräften zusammenhängen. Sind es die Lehrerinnen und Lehrer, die den schulischen Leistungserfolg ausmachen, oder gehört mehr dazu? Die Medien zumindest scheinen erkannt zu haben, dass man mittels Lehrerschelte keine besseren Bildungssysteme bekommt. Sie berichten inzwischen viel ausführlicher über die Politik als Verursacher des negativen Bildes von der deutschen Schule als von den Lehrkräften. Heute werden Lehrerinnen und Lehrer tendenziell eher als Opfer denn als (Übel-)Täter für das schlechte Abschneiden der Schüler bei Leistungstests gesehen. Aber auch diese Sicht der Dinge wäre für eine positive Entwicklung nicht hilfreich. Wer sich selbst als Opfer sieht oder so gesehen wird, wird nicht die notwendige positive Grundhaltung und das Selbstverständnis und Selbstbewusstsein mitbringen können, um diesen Beruf adäquat ausüben zu können. Außerdem sind Lehrerinnen und Lehrer eingebunden in jeweils wirksame Beziehungsgefüge und agieren in Kontexten von komplexen Faktorenbündeln, die je nach Ausprägung zu positiven oder negativen Ergebnissen führen können. Studien weisen nach, dass Lehrerinnen und Lehrer nicht die einzigen, auch nicht die allein entscheidenden Faktoren für erfolgreiche Schülerleistungen und Schul- und Unterrichtsqualität darstellen.
Erkenntnissen aus der Pädagogischen Psychologie zufolge hängt der schulische Erfolg (oder Misserfolg) von einem komplexen System von Einflussfaktoren ab. Es wäre nicht realistisch, einen Faktor zu isolieren, indem man etwa festlegte, dass die Leistungen hauptsächlich von den Eltern oder aber von der Lehrperson oder einzig vom Kind abhängen (vgl. Helmke/Weinert 1997).

Dies zeigte Weinert (Weinert 2001, S. 86) im folgenden Schema des Schulleistungsdeterminanten:

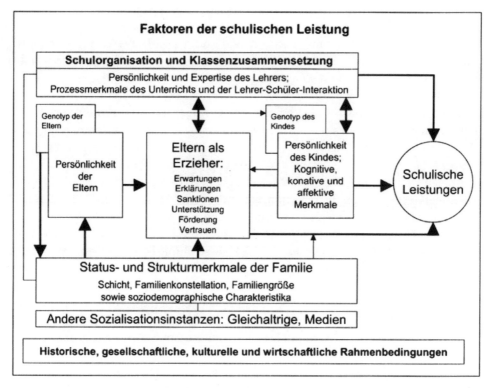

Abb. 1 Komplexes Schema der Schulleistungsdeterminanten (Quelle: Weinert, F.E. (2001): Vergleichende Leistungsmessung in Schulen – eine umstrittene Selbstverständlichkeit. In: Weinert, F.E. (Hrsg.): Leistungsmessungen in Schulen. Weinheim/Basel: Beltz, S. 96).

Hier zeigt sich deutlich, dass die Prozesse des Schulerfolgs systematisierbar sind. Im Feld, das mit der Fragestellung in diesem Text („Die Rolle des Lehrers/der Lehrerin ...") zu tun hat, nämlich der Persönlichkeit und Expertise des Lehrers/ Prozessmerkmale des Unterrichts und Lehrer-Schüler-Interaktion, geht es um folgende Fragen:
- Über welche fachlichen und didaktischen Kompetenzen verfügt die Lehrperson?
- Welche Persönlichkeitsmerkmale prägen die Lehrperson und somit den Prozess des Unterrichts und die Lehrer-Schüler-Interaktionen?

Neben diesem für den Erfolg und Misserfolg in schulischen Leistungen grundlegenden Faktor 'Lehrperson' stehen die mindestens ebenso wichtigen Faktoren der Persönlichkeiten der Eltern als Erzieher mit ihren Erwartungen, Motivationen, Einstellungen usw. und die Schüler mit ihren, kognitiven, konnotativen und affektiven Merkmalen.

Ebenso bedeutungsvoll sind die nicht unmittelbar messbaren, aber wichtigen Einflussgrößen:
- Andere Sozialisationsinstanzen (z. B. Peers, Medien),
- Schulorganisation und Klassenzusammensetzung,
- historische, gesellschaftliche, kulturelle, wirtschaftliche und politische Rahmenbedingungen.

Einen ähnlichen systemischen Zusammenhang der Einflussfaktoren für Lern- und Leistungsergebnisse in der Schule zeigt sich auch in der folgenden Grafik. Dieses Erklärungsmodell für schulische Lern- und Leistungsergebnisse findet sich in der ersten PISA-Studie als „allgemeines Erklärungsmodell für den Kompetenzerwerb in der Schule" (Deutsches PISA-Konsortium 2001, S. 33):

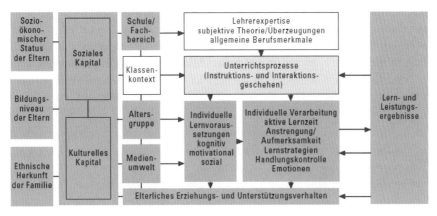

Nach Haertel, Walberg und Weinstein (1983), Wang, Haertel und Walberg (1993) und Helmke und Weinert (1997).

Abb. 2 Bedingungen schulischer Leistungen – Allgemeines Rahmenmodell
(Deutsches PISA-Konsortium 2001, S. 33)

In einer weiteren aktuellen Publikation über fachübergreifende Prozessvariablen des Unterrichts (Helmke 2007, S. 735) findet sich diese Mehrdimensionalität für Unterrichtsqualität, ein mehrfaktorielles Modell des Unterrichts wieder, in der die Lehrperson wiederum nur ein Faktor unter anderen ist:

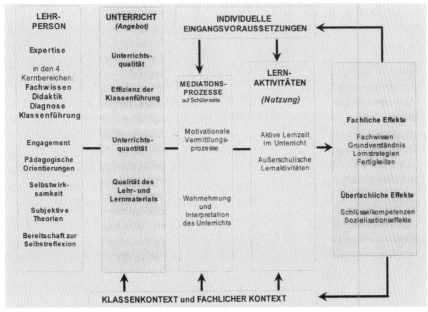

Abb. 3 Prozessmodell des Unterrichts zur Identifizierung von Gegenständen in der Unterrichtsforschung (Helmke 2007, S. 735)

Abschließend lässt sich sagen, dass die Ausbildung, die Qualifizierung, Auswahl und der Einsatz des pädagogischen Personals, also der Lehrerinnen und Lehrer, in der Schule wesentliche Voraussetzungen und eine wichtige Rahmenbedingung, obschon nicht die einzige, für die Entwicklung und Qualität von Schule und Unterricht, also auch von schulischen Lehr- und Lernprozessen darstellen. Dieses Bewusstsein und das Wissen um die Mehrdimensionalität und um die multifaktoriellen Kriterien der Voraussetzungen für Schul- und Unterrichtsqualität stellt eine zentrale, wenn nicht die wichtigste Grundlage für ein differenziertes Bild über die Rolle der Lehrerinnen und Lehrer im aktuellen bildungspolitischen Diskurs dar.

Wenn die Bildungspolitik über Vorgaben und Richtlinien über die Kultusministerkonferenz ihre Normen setzt, Standards und Kompetenzen für das Lehrerwissen und -können formuliert, reicht das zunächst nicht aus, um die Situation zu verbessern. Hand in Hand damit müssen die Rahmenbedingungen geschaffen werden dafür, dass die Vorgaben auch eine Chance auf Realisierung haben. Das ist nur möglich, wenn

- „die richtigen Persönlichkeiten sich für den Lehrerberuf entscheiden, wenn also ein entsprechendes Auswahlverfahren etabliert wird (Voraussetzung ist, dass kluge, junge Menschen den Lehrerberuf als attraktive berufliche Möglichkeit für sich realisieren können),
- die Lehrerausbildung so angelegt und weiterentwickelt wird, dass das Richtige auf die je richtige Weise gelehrt, gelernt und geprüft wird (derzeitige Lehrerabschlussprüfungen oder Staatsexamina sind so angelegt, dass nicht Kompetenzen, sondern in den meisten Fällen nur Wissen abgeprüft wird);
- während der Lehrerausbildung nicht nur Wissen generiert wird, sondern wenn die Arten der Interaktionen im Hochschulkontext auch die Persönlichkeitsentwicklung mit in den Fokus nimmt (die 'Testeritis' in Moduleinheiten führt eher zu Opportunismus als zu frei denkenden und sich frei entfaltenden Persönlichkeiten),
- während der Lehrerausbildung Praxis- und Theorieanteile wissenschaftlich fundiert miteinander verbunden werden (im Sinne der Entwicklung eines 'reflective practicioner') und nicht weiterhin auseinanderklaffen,
- die Orientierung an wissenschaftlichen Erkenntnissen stärker ausgebaut wird und wenn Bildungspolitik sich auch in der Lehreraus- und Weiterbildung daran orientiert;
- die Lehrerweiterbildung professionalisiert wird und wenn dabei die drei Phasen der Lehrerbildung – Universität/Pädagogische Hochschulen, Seminarphase und Berufsphase – miteinander verbunden werden, so dass eine professionelle Weiterentwicklung von der Kompetenzstufe des 'Novizen' zu derjenigen des 'Experten' über die Berufsjahre hinweg ermöglicht wird;
- die tendenziell obrigkeitsstaatliche Steuerung des Bildungssystems in Deutschland zugunsten von eigenverantwortlichen Schulen zurückgenommen wird, so dass Lehrerinnen und Lehrer ihrem akademischen Status entsprechend verantwortlich handeln, Einfluss nehmen und somit auch ein anderes Selbstverständnis für ihren Beruf entwickeln können" (Ruep 2009).

Erschreckend ist die empirisch ermittelte Selbsteinschätzung von Lehrerinnen und Lehrern, dass sie keine Einflussmöglichkeit hätten, dass ihnen alles vorgesetzt und vorgeschrieben würde und dass sie sozusagen nur Ausführende seien von etwas, was sie nicht selbst mit bestimmen könnten. Lehrerinnen und Lehrer brauchen auf jeden Fall – heute schon und unabhängig von bildungspolitisch noch zu erwartenden Maßnahmen – ein Selbstverständnis davon, dass sie die Hauptakteure im Bildungssystem sind und dass sie erheblichen Einfluss im unmittelbaren Interaktionsgeschehen auf ihre Schülerinnen und Schülern haben. Wichtig ist dabei die Fähigkeit zu systemischem Denken (vgl. Peter Senge 2006), nämlich stets vom Gesamtzusammenhang her zu denken und zu handeln und das Bewusstsein zu entwickeln, dass man handlungsfähig ist, unabhängig davon, an welcher Stelle in einem System man sich befindet. Es geht also gerade um ein Selbstverständnis der Möglichkeiten von Einflussnahme, ganz im Gegensatz zum noch vorherrschenden Gefühl der Ohnmacht. Grundvoraussetzung dafür ist fundiertes Wissen, eine weit gefasste, weitblickende Vision von dem, was Bildung anstreben soll, die Freude an dieser Aufgabe und die notwendige psychische Konstitution, die erst über das bloße Wissen hinaus zur erforderlichen Kompetenz führt. Eine wichtige Voraussetzung dafür ist das, was Philip Bigler, 'Teacher of the Year 1998' gesagt hat: „To be a teacher is to be forever an optimist" (zitiert In: Bauer 2007, S. 49). Diese Ziele anzustreben liegt neben der Bildungspolitik vor allem auch bei denen, die heute Lehrerinnen und Lehrer ausbilden und die über alle wissenschaftliche Erkenntnisse verfügen hinsichtlich dessen, was eine fundierte Lehrerbildung ausmacht.

Literatur

Arnhardt, Gerhard; Hoffmann, Franz; Reinert, Gerd-Bodo (2000): Der Lehrer. Bilder und Vorbilder. Donauwörth: Auer.
Autorengruppe Bildungsberichterstattung: Bildung in Deutschland 2008. Ein indikatorengestützter Bericht mit einer Analyse zu Übergängen im Anschluss an den Sekundarbereich I. Bielefeld: Bertelsmann.
Bauer, Joachim (2007): Lob der Schule. Hamburg: Hoffmann und Campe.
Baumert, Jürgen; Kunter, Mareike (2006): Stichwort: Professionelle Kompetenz von Lehrkräften. Zeitschrift für Erziehungswissenschaft, 9, S. 469–520.
Behr, Alfred; Horeni, Michael: Nerven wie Bandnudeln. In: FAZ vom 08. Juli 2004.
Bild (2008). So leiden Lehrer im Alter (28.8.2008). In: www.bild.de/BILD/berlin/aktuell/2008/08/28/schulanfang-in-berlin/hg-2/so-teuer-ist-er-fuer-die-eltern.html (2.9.2000).
Blömeke, Sigrid (Hrsg.) (2004): Handbuch Lehrerbildung. Bad Heilbrunn: Klinkhardt.
Blome, Nikolaus; Diekmann, Kai; und Quoos, Jörg (2008): Sind Lehrer faule Säcke, Frau Merkel? In BILD: 21.08.2008.
Bromme, Rainer (2004): Kompetenzen, Funktionen und unterrichtliches Handeln des Lehrers. In: Weinert, Franz-Emanuel (Hrsg.) (2004): Enzyklopädie der Psychologie. Psychologie des Unterrichts und der Schule (Bd. 3, S. 177–212). Göttingen: Hogrefe.
Deutsches PISA-Konsortium (2001): PISA 2000. Basiskompetenzen von Schülerinnen und Schülern im internationalen Vergleich. Opladen: Leske Budrich.
Helmke, Andreas; Weinert, Franz-Emanuel (1997): Bedingungsfaktoren schulischer Leistungen. In: Weinert, Franz-Emanuel. (Hrsg.) (1997): Enzyklopädie der Psychologie, Bd. 3: Psychologie des Unterrichts und der Schule. Göttingen: Hogrefe, S. 71–176.

Helmke, Andreas (2003): Unterrichtsqualität erfassen, bewerten, verbessern. Seelze: Kallmeyersche Verlagsbuchhandlung.

Helmke, Andreas (2007): Unterrichtsforschung international. In: Tenorth, Heinz-Elmar; Tippelt, Rudolf: Beltz Lexikon Pädagogik. Weinheim: Beltz, S. 734–737.

Helsper, Wolfgang. (2002): Professionalität. In: Otto, Hans Uwe; Rauschenbach, Thomas; Vogel, Peter (Hrsg.) (2002): Erziehungswissenschaft. Professionalität und Kompetenz. Opladen: Leske Budrich, S. 29–47.

Herrmann, Ulrich; Hertramph, Herbert (2002): Lehrer – eine Selbstdefinition. Ein Ansatz zur Analyse von „Lehrerpersönlichkeit" und Kompetenzgenese durch das sozial-kognitive Modell der Selbstwirksamkeitsüberzeugung. In: Ulrich Herrmann (Hrsg.): Wie lernen Lehrer ihren Beruf? Empirische Befunde und praktische Vorschläge. Weinheim: Beltz, S. 200–220.

König, Johannnes; Peek, Rainer; Blömeke, Sigrid (2008): Zum Erwerb von pädagogischem Wissen in der universitären Ausbildung. Unterscheiden sich Studierende verschiedener Lehrämter und Kohorten? In: Lehrerbildung auf dem Prüfstand, I (2), S. 664–682. Landau: Verlag Empirische Pädagogik.

Rauin, Udo (2007): Im Studium wenig engagiert – im Beruf schnell überfordert. Studierverhalten und Karrieren im Lehrerberuf. Frankfurt/Main: Forschung aktuell (Universitätsberichte).

Rohland, Martin (2009): Lehrerberuf und Lehrerrolle. In: Blömeke, Sigrid; Bohl, Thorsten; Haag, Ludwig; Lang–Wojtasik, Gregor; Sacher, Werner (Hrsg.) (2009): Handbuch Schule. Bad Heilbrunn: Klinkhardt, S. 494–502.

Ruep, Margret (2009): Lehrerin – Lehrer sein (Vortragsskript). Seminar für Didaktik und Lehrerbildung Realschule. Freiburg.

Schnaitmann, Gerhard W. (2002): Zur Bedeutung der empirisch-pädagogischen Forschung für die Lehrerbildung (Antrittsvorlesung an der Universität Heidelberg am 8. Mai 2002, Fakultät für Verhaltens- und Empirische Kulturwissenschaften).

Schnaitmann, Gerhard W. (2006a): Empirische Untersuchungen zum Vergleich des alten und neuen Vorbereitungsdienstes für das Lehramt an allgemein bildenden Gymnasien und beruflichen Schulen in Baden-Württemberg. In: Abel, Jürgen; Seifried, Jürgen (Hrsg.) (2006): Empirische Lehrerbildungsforschung. Münster: Waxmann.

Schnaitmann, Gerhard W. (2006b): Evaluation und Evaluationsforschung aus der Sicht der Lehrerbildung. In PÄD Forum: unterrichten/erziehen, Heft 2/2006. Hohengehren: Schneider.

Senge, Peter (2006): The Fifth Discipline. New York: Currency Doubleday.

Sekretariat der Ständigen Konferenz der Kultusminister der Länder in der Bundesrepublik Deutschland (2004): Vereinbarung über Bildungsstandards für den Primarbereich Jahrgangsstufe 4. Beschluss der Kultusministerkonferenz vom 15.10.2004.

Sekretariat der Ständigen Konferenz der Kultusminister der Länder in der Bundesrepublik Deutschland (2004): Bildungsstandards der Kultusministerkonferenz. Erläuterungen zur Konzeption und Entwicklung (am 16.12.2004 von der Kultusministerkonferenz zustimmend zur Kenntnis genommen).

Sekretariat der Ständigen Konferenz der Kultusminister der Länder in der Bundesrepublik Deutschland (2004): Standards für die Lehrerbildung: Bildungswissenschaften (Beschluss der Kultusministerkonferenz vom 16.12.2004).

Sekretariat der Ständigen Konferenz der Kultusminister der Länder in der Bundesrepublik Deutschland (2006): Vereinbarung über die Schularten und Bildungsgänge im Sekundarbereich I (Beschluss der Kultusministerkonferenz vom 03.12.1993 und vom 02.06.2006).

Sekretariat der Ständigen Konferenz der Kultusminister der Länder in der Bundesrepublik Deutschland (2008): Ländergemeinsame inhaltliche Anforderungen für die Fachwissenschaften und Fachdidaktiken in der Lehrerinnen- und Lehrerbildung (Beschluss der Kultusministerkonferenz vom 16. Oktober 2008).

Tulodziecki, Gerhard; Herzig, Bardo; Blömeke, Sigrid (2004): Gestaltung von Unterricht. Eine Einführung in die Didaktik. Bad Heilbrunn: Klinkhardt.

Weinert, Franz-Emanuel (2001a): Concept of competence: A conceptual clarification. In: Rychenj Dominique S.; Salganik, Laura H. (2001): Defining and selecting key competencies. Göttingen: Hogrefe, S. 45–66.

Weinert, Franz-Emanuel (2001b): Vergleichende Leistungsmessung in Schulen – eine umstrittene Selbstverständlichkeit. In: Weinert, Franz-Emanuel (Hrsg.): Leistungsmessungen in Schulen. Weinheim/Basel: Beltz, S. 86).

Internetquellen

Bayerisches Staatsministerium für Unterricht und Kultus (Hrsg.) (2001): Berufsbild Lehrer. Veränderte Perspektiven. In www.km.bayern.de/imperia/md/content/pdf/els/16.pdf (Recherche vom 18.11.2009).

Deutscher Beamtenbund (dbb) (Hrsg.) (2007): Bürgerbefragung öffentlicher Dienst. In: www.dbb.de/dbb-beamtenbund-2006/dbb-pdf/111007_forsa_buergerbefragung.pdf (Recherche vom 18.11.2009).

„jaik" (2005): Dass Lehrer faule Säcke sind, das weiss [sic] doch jeder. In www.jaik.de/jaik/lehrer/lehrer.htm (Recherche vom 18.11.2009).

www.kmk.org/fileadmin/veroeffentlichungen_beschluesse/2004/2004_10_15-Bildungsstandards-Primar.pdf vom 2.9.2009

www.kmk.org/fileadmin/veroeffentlichungen_beschluesse/1993/1993_12_03-VB-SekI.pdf vom 2.9.2009).

www.kmk.org/fileadmin/veroeffentlichungen_beschluesse/2004/2004_12_16-Bildungsstandards-Konzeption-Entwicklung.pdf vom 2.9.2009).

www.kmk.org/fileadmin/veroeffentlichungen_beschluesse/2004/2004_12_16-Standards-Lehrerbildung-Bildungswissenschaften.pdf, vom 2.9.2009)

www.kmk.org/fileadmin/veroeffentlichungen_beschluesse/2008/2008_10_16-Fachprofile.pdf vom 2.9.2009).

Kultusministerkonferenz (2000). 291. Plenarsitzung der ständigen Konferenz der Kultusminister und Senatoren. In: www.kmk.org/presse-und-aktuelles/pm2000/291plenarsitzung.html (Recherche vom 18.11.2009).

Kultusministerkonferenz (2009): Aufgaben der KMK. In: www.kmk.org/wir-ueber-uns/aufgaben-der-kmk.html (Recherche vom 18.11.2009).

OECD (2007): Bildung auf einen Blick. In: www.bmbf.de/pub/bildung_auf_einen_blick_07_wesentliche_aussagen.pdf (2.9.2009).

Schaarschmidt, Uwe (2005): Beneidenswerte Halbtagsjobber? Aus den Ergebnissen der Potsdamer Lehrerstudie. In: www.tu-dresden.de/medlefo/dateien/vortrag_schaarschmidt_20050504.pdf (2.9.09).

Schaarschmidt, Uwe (2008): Nirgendwo scheint die Lehrerarbeit wirklich gesund zu sein. In: www.lernenheute.wordpress.com/2008/02/25/nirgendwo-scheint-die-lehrerarbeit-wirklich-gesund-zu-sein (2.9.2009).

Sekretariat der Ständigen Konferenz der Kultusminister der Länder in der Bundesrepublik Deutschland (2000): Gemeinsame Erklärung der KMK mit den Bildungs- und Lehrergewerkschaften bei der 291.Plenarsitzung am 05. Oktober 2000 in Bremen. In: www.kmk.org/presse-und-aktuelles/pm2000/291plenarsitzung.html vom 2.9.2009.

ZEIT ONLINE (2008): ZEIT – Umfrage. Deutsche stellen Lehrern ein gutes Zeugnis aus. In: www.zeit.de/online/2008/39/umfrage-lehrer (Recherche vom 18.11.2009).

www.vep-landau.de

www.zeit.de/2006/51/B-Lehrer

www.zeit.de/1995/26/Faule_Saecke_?page=1 (Recherche vom 18.11.2009).

Weiterlesen

Handke, Ulrike (2009, 4. erweiterte Neuausgabe): Der Mutmacher. Ratgeber für den pädagogischen Berufseinstieg. Cornelson Sriptor.
Wirksame Hilfe gegen den Praxisschock für angehende Lehrer/innen: Humorvoll und dennoch sehr präzise hält die Autorin fest, wie man Fettnäpfchen umgeht und Schäden vermeidet.

Maurer, Myron (2003): Die Rolle des Lehrers in der Montessori-Pädagogik. GRIN-Verlag.
Maria Montessori stellte die Bedürfnisse des Kindes in den Mittelpunkt ihrer Theorien. Sie fordert eine Lehrperson, die von dieser Perspektive aus handelt. Es geht in der Publikation um die Fragen: Was muss der Erzieher oder der Lehrer verändern, um Montessoris Ansprüchen zu genügen? Welche Rolle nimmt der Lehrer überhaupt in dieser Erziehungstheorie ein? Die Reflexion darüber ist nicht nur für die Montessori-Pädagogik von Interesse.

Prinz, Nils (2004). Bildungsdiskurs im Wandel der Zeit. Hamburg: Universitätsschriften.
Der Begriff der Bildung ist im Prozess der Geschichte einem ständigen Wandel unterworfen. Die Bedeutung dieses Begriffes und die Handlungsweisung, die ihm innewohnt, spiegelt immer auch die besonderen Konflikte und Arbeitswelten wieder, die bestimmend auf jedes Zeitalter wirken. Dieser Zusammenhang wird im Rahmen einer Präsentation der europäischen Bildungsgeschichte dargestellt.

Weitersurfen

www.uni-mainz.de/FB/Philosophie_Paedagogik/agas/content3/Html/3.html:
Sehr interessante Filmdokumente, aus denen eine veränderte Lehrerrolle deutlich wird. Die Lehrperson wird als Aktionsforscher betrachtet, der die eigene Situation aus je unterschiedlichen Situationen heraus reflektiert.

www.lutzlandblog.de/2009/01/241/:
Christian Spannagel, Jean-Pol Martin haben im Mai 2009 einen LdL-Tag für Lehrerinnen und Lehrer durchgeführt. Martin hat über Jahrzehnte hinweg mit seinem Konzept LdL (Lernen durch Lehren) für eine veränderte Lehrerrolle plädiert. Interessant für (angehende) Lehrerinnen und Lehrer ist dieser Kontakt, weil sie sich dadurch mit einer Community vernetzen können, die nachweislich große Leistungserfolge – Schule und Hochschule betreffend – zeigen kann.

Brennpunkte

Margret Ruep

4. Leistung und Chancengleichheit: Grundlegende Ziele der Bildungspolitik unter besonderer Berücksichtigung der Diskussion um integrative bzw. selektive Schulstrukturen

4.1 Politikfeld Bildung – Politikfeld Schule

Bildung und Politik sind eng miteinander verbunden. Bildungssysteme sind Teil der Politik im Sinn einer *Public Policy*. In den Verfassungen demokratischer Staaten finden sich prinzipielle Aussagen zu Bildungsfragen bzw. Aussagen, die sich mittelbar auf Bildungsfragen beziehen. Vergleichen wir die Verfassungen von Finnland, der Schweiz und Deutschland, so finden wir ähnlich formulierte Sätze zur Menschenwürde, zum Recht auf freie Entfaltung der Persönlichkeit, zum Recht auf Erziehung und Bildung, zur Abwehr von Benachteiligungen oder zur Chancengleichheit, die etwa in der finnischen Verfassung besonders betont wird (vgl. Grundgesetz der Bundesrepublik Deutschland/Landesverfassung von Baden-Württemberg/Grundgesetz Finnlands/Bundesverfassung der Schweizerischen Eidgenossenschaft). In den hier festgelegten Prinzipien wird deutlich, von welcher Grundlage alle weiterführenden Gesetze auszugehen haben. Bildungssysteme sollen und müssen so organisiert und mit Leben gefüllt werden, dass sie diesen Prinzipien nicht widersprechen. Da Bildung auf Freiheit hin angelegt ist, müssen Bildungssysteme ebenso auf die freie Entfaltung von Persönlichkeiten hin abzielen. Ihre Organisation darf diesem Anspruch nicht entgegenstehen. Bei aller Ähnlichkeit der normativen Aussagen in den herangezogenen Verfassungen, die sich auch in allen UNO-Vereinbarungen wiederfinden, sind doch auch je unterschiedliche Ausprägungen und Nuancen zu verzeichnen. Die Differenzen zeigen sich dann noch deutlicher in der Umsetzung dieser Normen. Wie sich eine Politik der Menschenwürde, der 'freien Entfaltung der Persönlichkeit', der Chancengleichheit operationalisieren lässt, hängt von politischer Struktur und Kultur, von Geschichte und Traditionen ab. Auffallend ist etwa in der finnischen Verfassung, dass Kindern ein ihrer Entwicklung entsprechender Einfluss im Sinn einer Mitwirkung bei sie betreffenden Angelegenheiten gewährleistet wird. Das Recht des Kindes erscheint hier deutlicher ausgeprägt als in Deutschland, woraus man eine andere Grundhaltung gegenüber Kindern ableiten könnte. Klar ist, dass Bildung überall als gesamtgesellschaftliche öffentliche Aufgabe betrachtet wird und dass somit alle Teilbereiche von Bildung – Bildungsstrukturen, Bildungseinrichtungen, Bildungsorganisation, Bildungsfinanzierung, Bildungsinhalte – von je spezifischen politischen Gegebenheiten bestimmt werden. Auf die Schule bezogen versteht man darunter „die Gesamtheit aller politischen, finanziellen und organisatorischen Maßnahmen, Aktivitäten und Einflüsse staatlicher Institutionen und gesellschaftlicher Gruppierungen, die sich auf die Einrichtung, Bewahrung, Gestaltung und Veränderung" des Schulwesens beziehen (Massing 2002, S. 8). Positiv betrachtet heißt das, dass jede Gesellschaft sich in jeder Generation neu mit der Frage befasst, was die junge Generation lernen soll, damit sie ihre Existenz – nicht zuletzt die Existenz der Gesellschaft und des Staats – sichern und mit einer ungewissen Zukunft umgehen kann. Kritisch gesehen wird Bildung aber auch immer wieder neu zum Spielball der politischen Kräfte, deren Auseinandersetzungen und deren Konsensfähigkeit letztlich erheblichen Einfluss darauf haben, wie mit Kindern und Jugendlichen in einer Gesellschaft umgegangen wird. Bildung und ihre Organisation bestehen aus einem Bündel von Wirkfaktoren. Somit wird Bildung zu einem komplexen, rational nur schwer fassbaren Phänomen, dies umso mehr, als sie heute eine international-globale Ausrichtung hat.

Politische Entscheidungsprozesse sind von folgenden Faktoren bestimmt (vgl. Overesch 2007, S. 36 ff.):

- Problemwahrnehmung: Ein Sachverhalt muss zunächst als Problem wahrgenommen werden, soll er in ein politisches Entscheidungsverfahren Eingang finden. Wer zum Beispiel das dreigliedrige Schulsystem als sachgerecht ansieht und das Problem der sozialen Selektion nicht erkennt, wird nicht auf die Idee kommen, hieran etwas zu ändern. In den letzten Jahren lässt sich in Deutschland beobachten, dass erst aufgrund der empirisch fundierten Analysen der PISA-Studien dieses Problem verstärkt und ernsthaft wahrgenommen und diskutiert wird.
- Akteure: Darunter sind „Handlungseinheiten, die in die Formulierung und Umsetzung einer öffentlichen Politik involviert sind" (Schneider 2003, S. 109) zu verstehen, also Regierungen, Ministerien, Parlamente, Parteien, Kommunen, Unternehmen, Verbände oder Bürgerinitiativen. Erst die Akteure und deren Handeln im Rahmen von möglichen Handlungsspielräumen (Ressourcen, Machtpositionen, Verknüpfung mit anderen Politikfeldern) führen zu politischen Entscheidungen und Maßnahmen. Dabei ist stets auch von Handlungsorientierungen wie Ideologien, Interessen, Informationen, Institutionen, Regelsystemen auszugehen, von denen sowohl Wahrnehmung wie Problemformulierung und Umsetzung geprägt sind.
- Politikformulierung im Rahmen von Politikarenen: Bei der Formulierung und Transformation wahrgenommener Problemfelder in Programme und Maßnahmen sind im Rahmen sog. Politikarenen Macht- und Interessenkämpfe möglich (je nach Ausgangslage und demokratischem Reifegrad der Akteure). Diese prägen die Art der Debatten und führen zu mehr oder weniger konfliktreichen Aus-

einandersetzungen und Verfahrensweisen. Entscheidungsprozesse werden davon maßgeblich beeinflusst und in ihrem Erfolg oder Misserfolg bestimmt.
- Entscheidung: Es ist eine besonders wichtige Frage, wie eine politische Entscheidung zustande kommt. Hier spielt es eine Rolle, inwieweit Betroffene von Anfang an in den politischen Diskurs eingebunden sind, ob es etwa Bürgerentscheide gibt wie in der Schweiz, ob ein grundlegender parteienübergreifender, konsensorientierter Diskurs stattfindet oder ob Entscheidungen ausschließlich in der Politikarena unter Ausschluss der Betroffenen getroffen werden, die dann mit einem ihnen unbekannten oder nicht hinreichend reflektierten Ergebnis konfrontiert sind. Der Grad der Problemlösefähigkeit und der Problemlösung selbst spielen dabei eine herausragende Rolle. Dazu gehören
  - die Zielklarheit von Anfang an,
  - die Vorgabenqualität und
  - das Konsensniveau sowie
  - im Verlauf einer Programmumsetzung auch der Umgang mit auftretenden Fehlentwicklungen und mit nicht erwünschten Ergebnissen.

So wie die ähnlich lautenden normativen Verfassungsgrundsätze je unterschiedliche Deutungsmuster zulassen und zu unterschiedlichen Handlungen führen, hängen auch „die politischen Entscheidungen ... maßgeblich davon ab, welche historischen und strukturellen Bedingungen das politische System als Ganzes prägen" (ebd., S. 44).

Aktuell ist außerdem zu berücksichtigen, dass die Globalisierung eine grundlegend veränderte Situation geschaffen hat. Nationale Politik wird zunehmend von internationalen Vernetzungen mitbestimmt. Vereinbarungen auf der Ebene der Vereinten Nationen (UNO/UNESCO) oder auf der Ebene der OECD-Staaten beeinflussen die nationalen Politikfelder nicht nur, sondern verpflichten die politischen Akteure zu spezifischen Programmen, die sie in ihren politischen Arenen formulieren, vertreten und einem Entscheidungsprozess zuführen müssen. Nationale Politikstile treffen dabei in einer globalen Wissens-, Bildungs- oder Lerngesellschaft mit dem Ziel einer Weltgesellschaft aufeinander und müssen sich mit je anders geprägten Maßstäben, Vorstellungen, Kulturen und politischen Entscheidungen auseinandersetzen. Internationale Vereinbarungen auf UN- oder OECD-Ebene führen nicht zwangsläufig zu vergleichbaren nationalen Entscheidungen, Politikformulieren oder konkreten Umsetzungen. Beispiele sind die Vision der Nachhaltigkeit (Brundtland Report 1987) und die in der UN-Dekade *Bildung für Nachhaltige Entwicklung* (vgl. www.bne-portal.de) dargelegten Ziele und Programme (vgl. Schratz, Ruep und Lang-Wojtasik in diesem Band). Als Problem kommt hinzu, dass politische Aktivitäten im internationalen Raum hauptsächlich ökonomische Interessen prägen – die Globalisierung hat als Globalisierung der Finanzmärkte begonnen –, was eine verstärkte Ökonomisierung aller Lebensbereiche mit sich gebracht hat. Hinsichtlich des Phänomens Bildung heißt dies, dass Bildung in ihren Ergebnissen zu einem Standort- und Wachstumsfaktor wird. Bildungssysteme werden an ihrer Leistungsfähigkeit im Sinne einer Effizienzrendite gemessen. Der Mensch als Humanressource wird bedeutsam für den ökonomischen Erfolg einer Gesellschaft. Das war noch nie anders. Lediglich führt die Dynamik der Globalisierung zu einem weltweiten Wettbewerb, der auch die Bildungssysteme Marktgesetzen unterwirft. Umso wichtiger ist das Ziel einer Balance zwischen Ökonomie, Ökologie und sozialer Gerechtigkeit, wie das 'Dreieck der Nachhaltigkeit' dies betont (vgl. Brundtland-Report 1987). Bildung reicht in alle drei Bereiche hinein: der wirtschaftliche Erfolg einer Gesellschaft hängt von den Fähigkeiten der Menschen ab, die ökologische Verträglichkeit darüberhinaus auch vom Bewusstsein der Menschen und von ihrer ethischen Haltung. Dass dabei auch soziale Gerechtigkeit angestrebt werden soll, impliziert nicht zuletzt die Bereitschaft einer Gesellschaft, das private und öffentliche Eigentum als Verpflichtung zu betrachten und auch den Schwächeren eine menschenwürdige Existenz zuzugestehen, wie John Rawls dies vertritt. Rawls zufolge hängt Gerechtigkeit wesentlich von der Grundstruktur einer Gesellschaft ab und davon, wie Grundrechte und Grundpflichten, die wirtschaftlichen Möglichkeiten und sozialen Verhältnisse in den gesellschaftlichen Bereichen bestimmt werden (vgl. Rawls 1971). Ein wesentliches Prinzip lautet dabei: Jedermann hat das gleiche Recht auf das umfangreichste Gesamtsystem gleicher Grundfreiheiten, das für alle möglich ist (vgl. www.de.wikipedia.org/wiki/A_Theory_of_Justice). Für Bildung muss dies ganz besonders gelten, weil sie gleichsam der Transmissionsriemen für die Weitergabe all dessen ist, was in einer Gesellschaft Kultur mit allen Teilaspekten ausmacht. Nicht zuletzt wird die Politik ihrerseits auch vom Selbstverständnis der Bildung und ihrer Organisation bestimmt und geprägt.

Die Ökonomisierung von Bildung zeigt sich daran, dass Akteure aus dem Wirtschaftsbereich die politische Arena betreten und das Politikfeld Bildung besetzen. Wirtschaftsvertreter verweisen auf Defizite, die die OECD-Bildungsstudien untermauern. Wirtschaftsinstitute überprüfen mittels empirischer Studien die Qualität von Bildungssystemen und üben somit als Akteure im Politikfeld machtvollen interessegeleiteten Druck aus. So präsentiert die Deutsche Telekomstiftung mit dem Bundesverband der Deutschen Industrie (BDI) die Leistungsfähigkeit des Landes hinsichtlich verschiedener Handlungsfelder (vgl. BDI/Deutsche Telekomstiftung – Innovationsindikator 2009).

Das Bildungssystem wird darin als einer der Schwachpunkte Deutschlands präsentiert, was sich besonders nachteilig auf dessen Innovationsfähigkeit auswirkt. Deutschland nimmt unter den untersuchten 17 Ländern Rang 9 ein. Rang 1 bis 4 haben die USA, die Schweiz, Schweden und Finnland (vgl. Deutsches Institut für Wirtschaftsforschung/DIW 2009, S. 12). Das deutsche Bildungssystem wird als „Zukunftsfundament mit Rissen" (ebd., S. 48) bewertet. Bezogen auf die Leistungsfähigkeit des Bildungssystems insgesamt liegen in Deutschland die Bundesländer Sachsen auf Rang 7, Baden-Württemberg auf Rang 12, Bayern auf Rang 17 und Nordrhein-Westfalen auf Rang 18 (vgl. ebd., S. 57). Hier wird deutlich, dass die höchsten Bildungsausgaben nicht zwangsläufig die beste Leistungsfähigkeit mit sich bringen. Am besten korrelieren die Ausgaben mit der Leistungsfähigkeit des Gesamtsystems, der Bildungsqualität und der Weiterbildung in der Schweiz, die aber dennoch nicht die höchsten Ausgaben hat. Finnland liegt bei den Ausgaben

Tab. 1

Land	Leistungsfähigkeit insgesamt / Rang / Punktwert	Bildungsausgaben Rang / Punktwert	Qualität von Schul- und Hochschulbildung / Rang / Punktwert	Weiterbildung von Arbeitnehmern / Rang / Punktwert
Schweiz	1 (7.00)	3 (5.61)	2 (6.42)	3 (6.34)
Dänemark	2 (6.98)	2 (6.29)	8 (4.83)	1 (7.00)
USA	3 (6.53)	1 (7.00)	11 (3.99)	5 (6.17)
Kanada	4 (6.36)	6 (4.35)	3 (6.15)	7 (5.27)
Schweden	5 (6.32)	4 (4.53)	14 (3.95)	2 (6.64)
Finnland	6 (6.14)	11 (3.34)	1 (7.00)	4 (6.19)
Großbritannien	7 (4.84)	7 (3.70)	10 (4.58)	8 (4.72)
Frankreich	8 (4.75)	8 (3.56)	9 (4.82)	9 (4.34)
Belgien	9 (4.69)	10 (3.43)	5 (5.76)	12 (3.84)
Niederlande	10 (4.23)	13 (2.07)	7 (5.42)	11 (4.13)
Japan	11 (3.64)	14 (1.89)	4 (6.00)	6 (5.69)
Deutschland	12 (3.54)	12 (2.07)	13 (3.95)	13 (3.19)
Österreich	13 (3.46)	9 (3.54)	15 (3.65)	10 (4.14)
Korea	14 (3.44)	5 (4.51)	6 (5.76)	16 (1.69)
Irland	15 (2.71)	16 (1.06)	12 (3.96)	14 (2.55)
Spanien	16 (1.06)	17 (1.00)	16 (1.22)	15 (1.70)
Italien	17 (1.00)	15 (1.15)	17 (1.00)	17 (1.00)

Quelle: Berechnungen des DIW Berlin 2009 (eigene Darstellung).

auf Rang 11, bei der Qualität aber auf dem ersten Platz. In Deutschland werden über alle gemessenen Felder hinweg Defizite sichtbar.

Zu beachten sind in diesem Zusammenhang Studien, die unterschiedliche Politikstile vergleichend herausarbeiten. Betrachten wir Finnland, die Schweiz und Deutschland, so werden die ersten beiden als Konsensdemokratien bezeichnet (vgl. Lijphart 1999, S. 312), während in Deutschland ein konfliktintensiver Politikstil vorherrscht (vgl. Overesch 2007, S. 218). Konsensdemokratien zeichnen sich aus durch Vielparteiensysteme, starke Legislativen (gegenüber der eher schwächeren Exekutive) und durch die Notwendigkeit großer Mehrheiten für Gesetzesbeschlüsse (vgl. Ismayr 2008). Ein Vergleich der Politikstile zwischen Finnland (unter Einbezug der Schweiz) und Deutschland in Bezug auf das Politikfeld Bildung zeitigt zwei Ergebnisse (vgl. Overesch 2007; Horx 2009):

- Finnland/Schweiz: Konsensdemokratie mit klar definierten und von allen politischen Akteuren getragenen Bildungsvorstellungen und Zielen sowie langfristiger Planung von Reformprozessen, die dann sehr konsequent und professionell umgesetzt werden.
- Deutschland: Konfliktintensiver Stil, bei dem grundsätzliche Fragen zu Funktionen und Aufgaben der Schule umstritten sind. Viele Akteure haben hier bereits in Grundsatzfragen viele Streitpunkte (Kultusministerkonferenz, Länder, Parteien auf Bundes- und Länderebene, Kommunen).

Der fehlende Konsens führt in Deutschland seit Jahren zur Schulstrukturdebatte, die andere Problemfelder überlagert. Reformen beziehen sich oft nur auf Einzelfragen. Planungen sind kurzfristig auf Wahlperioden bezogen. Die oft fehlende Zielklarheit macht Qualitätsforderungen sinnlos, denn Qualitätsdiskurse müssen sich an klar definierten Zielen orientieren können. Derzeit gibt es in den Bundesländern höchst differierende Schul- und Hochschulsysteme, die die Bildungspolitik in

Deutschland diffus und chaotisch erscheinen lassen. Da prinzipielle Streitpunkte nicht geklärt werden, fangen politische Programme und Maßnahmen auf einer über den Grundfragen ansetzenden Ebene an. Es ist, als ob man ein Haus in der Mitte zu bauen beginnt, ohne dass das Fundament errichtet ist oder dass gar ein gut reflektierter Plan vorhanden wäre. Das Bild assoziiert gewissermaßen die fehlenden Architekten, die gleichzusetzen wären mit Akteuren zu Beginn eines Prozesses, in dem ein erkanntes Problem in seiner Komplexität formuliert wird mit dem Ziel eines zeitgemäßen und professionell zu gestaltenden Bildungssystems. Die Folge ist eine äußerst komplizierte und – von außen betrachtet, nur schwer zu verstehende – Unübersichtlichkeit (vgl. DIE ZEIT N. 4/2010, S. 63): sechzehn Bundesländer mit Kulturhoheit verfügen über sechzehn Bildungssysteme mit je unterschiedlichen Vorstellungen von Schule. Innerhalb des Bundes wird die Bildungspolitik über die Kultusministerkonferenz (KMK) vertreten. In den Bundesländern werden die grundlegenden bildungspolitischen Normen und Ziele von den Parteien nicht selten unterschiedlich interpretiert und ideologisch besetzt. Bei neuen Parteienkonstellationen werden Entscheidungen wieder rückgängig gemacht, deren Wirksamkeit noch nicht überprüft werden konnte. Die KMK versucht, zu einem kooperativen Kulturföderalismus hinzuführen, um den Auftrag des Grundgesetzes nach der Einheitlichkeit der Lebensverhältnisse zu gewährleisten (vgl. Artikel 72, Grundgesetz). Ein Meilenstein auf diesem Weg waren die Konstanzer Beschlüsse von 1997. Die Bildungspolitiker verpflichteten sich damals, die Bildungsprozesse bundesweit transparent und vergleichbar zu machen. Damit wurden Programme der Qualitätssicherung eingeleitet, die mit dem Aufbau entsprechender Landesinstitute einhergingen, so zum Beispiel das Landesinstitut für Schulentwicklung in Stuttgart (www.ls-bw.de) oder auf Bundesebene das Institut zur Qualitätsentwicklung im Bildungswesen in Berlin (www.iqb.hu-berlin.de).

Trotz erheblicher Reformbemühungen der politischen Akteure seit Bekanntwerden der ersten PISA-Ergebnisse ist in Deutschland die Kritik an der Bildungspolitik nicht abgeebbt. Im Gegenteil wurde das Thema Bildung in mehreren Wahlkämpfen wie etwa in Hessen, Hamburg oder im Saarland zum entscheidenden Thema. Gerade dabei wird deutlich, dass es auch innerhalb der Gesellschaft und ihrer Gruppierungen keinen Grundkonsens hinsichtlich der Bildungspolitik, der Funktion von Schule und anderer Bildungseinrichtungen gibt. Hinzu kommt, dass im Gegensatz zur Schweiz oder zu skandinavischen Ländern das Vertrauen in politische Akteure mehr und mehr schwindet. Das zeigt sich unter anderem an der schlechten Wahlbeteiligung beim letzten deutschen Bundestagswahlkampf im September 2009 mit ca. 30 % so genannten Nichtwählern. Eine aktuelle Studie fragt nach dem Vertrauen der Bürger in spezifische Berufsgruppen. Dabei liegen Politiker bei 7 %, Feuerwehrleute, Piloten, Krankenschwestern, Apotheker, Ärzte, Landwirte und Lehrer liegen bei zwischen 93 % und 59 % (vgl. Bertelsmann 2009, S. 19). Unter den Politikern gelten die Bürgermeister mit einer Zustimmung von 78 % als signifikant vertrauenswürdiger als andere politische Akteure (vgl. ebd., S. 25 und www.bertelsmann-stiftung.de/buergermeister). Ich vermute, dies liegt daran, dass hier der unmittelbare Kontakt zu den Menschen gegeben ist und dass die Bürgermeister die Anliegen der Menschen in der Regel vertreten oder dass sie auch schmerzhafte Entscheidungen in der direkten Interaktion nachvollziehbar machen können. Da gerade im Bildungssystem nach wie vor eine tendenziell zentral-bürokratische Steuerung die Regel ist, drängt sich die Frage auf, ob eine echte Orientierung am Subsidiaritätsprinzip wie in Finnland und in der Schweiz nicht einen gangbaren und erfolgversprechenderen Weg darstellt. Die Bildungspolitiker verweisen zwar auf das Subsidiaritätsprinzip und legen entsprechende Programme auf wie etwa dasjenige der 'Operativ Eigenständigen Schule' in Baden-Württemberg. Zugleich wird aber auch das im Rahmen bürokratischer Topdown-Verfahren durchgeführt. Selbst das an den Schulen verortete Qualitätsmanagement wird durch zentrale Steuerungsverfahren und vor allem durch Prüfungen und Tests wieder bürokratisch so unterlaufen, dass Schulen dies nicht selten als eine verordnete Freiheit mit fortwährender Kontrolle und als 'Testeritis' erleben (vgl. Ruep in diesem Band).

4.2 Leistung und Chancengleichheit – Eine bildungspolitische Herausforderung?

Leistung einerseits und Chancengleichheit andererseits stellen zwei herausragende bildungspolitische Prinzipien und zugleich Aufgaben dar, auf die Bildungsforscher seit Jahren hinweisen. Die PISA-Studie aus dem Jahr 2000 hat für Deutschland zwei wesentliche Problemfelder aufgedeckt, die gerade diese beiden Phänomene betreffen: Erstens lag das durchschnittliche Leistungsniveau deutscher Schülerinnen und Schüler unter dem OECD-Durchschnitt, zweitens bestand in Deutschland ein auffallender Zusammenhang zwischen sozioökonomischer Herkunft der Schülerinnen und Schüler und ihrem Bildungserfolg. Das erste Problem hat etwas mit individueller Leistung und zugleich mit der Leistungsfähigkeit des Bildungssystems zu tun. Das zweite Problem betrifft das Prinzip der Chancengleichheit. Der sozioökonomische Status der Schülerinnen und Schüler ergibt sich – auch hier ist eine deutliche Ökonomisierung zu verzeichnen – aus dem kulturellen, sozialen und ökonomischen Kapital (kulturell: Bildung der Eltern; sozial: Eltern-Kinder-Aktivitäten; ökonomisch: Besitz). In der Bildungsforschung werden beide Prinzipien, Leistung und Chancengleichheit, als gleichermaßen wichtig erachtet. Zugleich gilt das Zusammenspiel beider Prinzipien als „unsolved dialectic" (Gruson, Kogan 1992, S. 671).

Gerade mit Blick auf diese beiden Prinzipien lohnt sich ein Vergleich zwischen Finnland und Deutschland. In allen finnischen Regierungsprogrammen seit den 80er Jahren werden beide Prinzipien nicht gegeneinander gestellt, sondern als die beiden Seiten einer Medaille betrachtet. Die Finnen wollten beides und waren sich darin innerhalb der politischen Arena auch einig: Hohe Leistungsqualität und Chancengleichheit.

Leistung und Chancengleichheit

Der Entwicklungsplan von 1995 bis 2000 „Hin zu einer wissensbasierten Gesellschaft" (www.minedu.fi/minedu/education/dev) enthält als übergeordnete Prinzipien
- ein hohes Qualitätsniveau,
- gleiche Chancen und
- lebenslanges Lernen (ebd.).

Bei der Umsetzung dieser Zielsetzung wurde auf Dezentralisierung, Flexibilisierung und Individualisierung geachtet. Chancengleichheit gilt als zentraler Begriff und zentrale Zielsetzung der finnischen Bildungspolitik. Entsprechend wurden die Lehrerausbildung und die Weiterbildung verändert oder weiterentwickelt. Die Studie von Overesch macht deutlich, dass
- der kooperative Politikstil,
- die konsensuale Entscheidungsfindung,
- die Leitideen von Leistung und Chancengleichheit sowie
- die entsprechenden an klaren Zielen orientierten Maßnahmen in Finnland zum Erfolg in beiden Bereichen geführt haben (vgl. Overesch 2007).

Im Gegensatz dazu erschwert der konfliktintensive Politikstil (vgl. ebd., S. 41) in Deutschland bereits den Konsens hinsichtlich der Bildungsziele und der Funktion von Schule und Bildungssystem. Haben die Finnen eine klare Handlungsorientierung (Leistung *und* Chancengleichheit), gibt es in Deutschland darüber ideologische und parteipolitisch ausgetragene Differenzen. Verfolgt die SPD Chancengleichheit, geht die CDU von einer „natürlichen Ungleichheit" aus (ebd., S. 221). CDU und FDP betonen gleichermaßen den Leistungsgedanken, den sie in einen Gegensatz zur Chancengleichheit bringen. Während Ralf Dahrendorf noch 1965 Bildung als „fundamentales Bürgerrecht" anerkannt hatte (Dahrendorf 1965, S. 17), wurde lange von natürlicher Ungleichheit gesprochen bzw. der Begriff Chancengleichheit durch 'Chancengerechtigkeit' ersetzt. Aktuell richtet die FDP den Fokus auf die „Chancengleichheit" und plädiert für eine „neue Bildungspolitik" (vgl. Goll 2010), die soziale Benachteiligung verhindern soll. Bisher fehlte „ein Grundkonsens über die Funktionen der Schulpolitik, weil die Parteien…die zentralen Prinzipien von Leistung und Gleichheit besetzten und gegeneinander ausspielten" (Overesch 2007, S. 242) und weil in Deutschland kaum Bezüge zwischen „(Aus-)Bildung und Sozialpolitik" hergestellt werden (vgl. Allmendinger 2004). Erst dort, wo aufgrund einer politischen Parteienkonstellation pragmatisch und sachorientiert verfahren werden kann, lösen sich ideologische Streitigkeiten auf (zum Beispiel aktuell im Saarland und in Brandenburg). Dann sind auch Veränderungen aufgrund bildungspolitischer Entscheidungsprozesse möglich.

Leistung und Chancengleichheit sind Phänomene, die auch im Wissenschaftskontext begrifflich nicht ohne Weiteres klar bestimmt sind. Wolfgang Klafki hat schulische Leistung definiert als „Ergebnis und Vollzug einer zielgerichteten Tätigkeit, die mit Anstrengung verbunden ist und für die Gütemaßstäbe anerkannt werden" und die auf dieser Grundlage beurteilt wird. Zur Leistung gehört „ein hohes Maß an Anstrengung und spezifischem Können". Schulische Leistung gilt als ein „von der Schule gefordertes und vom Schüler zu erbringendes Ergebnis seiner Lerntätigkeit (vgl. www.woerterbuch.babylon.com/Klafki). Schrader und Helmke verdeutlichen, in welch komplexem Interaktionsgeschehen schulische Leistungen erbracht werden und welche Wirkfaktoren unter welchen Bedingungen zu guten oder besseren Leistungen führen (vgl. Schrader, Helmke 2008). Das bedeutet, dass Leistung immer wieder unter vielerlei Aspekten und Fragestellungen zu betrachten ist: Etwa die je individuellen Vorbedingungen der Lernenden, die konkreten Interaktionssituationen, physisch-psychische Voraussetzungen, kulturelle oder sozioökonomische Aspekte und ihre Wirkfaktoren. Wenn Leistungsstandards als Ziele gesetzt werden, müssen je individuell auf die Lernenden bezogen deren Voraussetzungen auf dem Weg der Zielerreichung berücksichtigt werden. Gleichermaßen ist zu beachten, welche von außen kommenden Faktoren die je individuelle Leistungsfähigkeit beeinflussen oder auch beeinträchtigen. Die PISA-Ergebnisse der letzten Jahre lassen in Deutschland nach wie vor einen engen Zusammenhang zwischen sozialer Herkunft und Schulerfolg, also der je individuellen Leistungsfähigkeit in der Schule, vermuten. Diese Leistungsfähigkeit ist nicht etwa gleichzusetzen mit dem individuellen Potential von Schülerinnen und Schülern. Vielmehr besuchen Schülerinnen und Schüler bei gleichem Potential unterschiedliche Schularten in der Annahme, dass ihre vorhandene Begabung der jeweiligen Schulart entspreche. Somit lässt die Überprüfung von Leistungsergebnissen mittels empirischer Studien wie PISA erkennen, dass das Schulsystem in Deutschland wegen der offenkundigen sozialen Benachteiligung von Schülerinnen und Schülern diese auch der grundgesetzlich garantierten Chancen beraubt. Damit hängen Leistung und Chancengleichheit als Prinzipien von Schulen und Bildungssystemen eng zusammen. Es liegt auf der Hand, dass bei einem konfliktintensiven Politikstil ohne grundsätzliche Zielklarheit und bei den zutage tretenden empirischen Leistungsergebnissen hinsichtlich der beiden Phänomene in Deutschland die Strukturdebatte angesichts eines gegliederten Schulwesens immer wieder neu geführt wird.

4.3 Die Strukturdebatte in Deutschland

Kaum ein anderes Land hat wie Finnland sowohl ein hohes Leistungsniveau als auch die Chancengleichheit als gleichwertig nebeneinander gestellt und sein Bildungssystem danach ausgerichtet. Deshalb lohnt sich ein Vergleich hinsichtlich der Input-, Prozess- und Outputqualität der finnischen Bildungspolitik (vgl. auch Overesch 2007, S. 247 f.):
- Inputebene/Ziele: Während es in Finnland klar definierte und von allen gesellschaftlichen Gruppierungen getragene Bildungsvorstellungen und Handlungsabsichten gibt, fehlen diese in Deutschland. Gerade die Konflikte um Leistung und Chancengleichheit zeigen, dass beide Phänomene als unvereinbare Gegensätze gelten. Kurzfristige Reformprogramme ersetzen ein Gesamtprogramm. Während in Finnland das Ziel der Chancengleichheit bei gleichzeitiger Leistungsorientierung dominiert und Reformprozesse langfristig geplant werden, ersetzt in Deutschland eine nicht angemessen fundierte Qualitätsdebatte den grundlegenden Bildungsdiskurs.

- Inputebene/Strukturen: Abgeleitet aus den klaren Zielen ist die Gemeinschaftsschule in Finnland politisch gewollt und etabliert. In Deutschland dominiert der Streit um integrierte oder differenzierte Schulformen die politischen Auseinandersetzungen.
- Prozessebene/Schulqualität: In Finnland wurden die Reformen langfristig angelegt. Dabei wurde das Subsidiaritätsprinzip mit einem entsprechenden neuen staatlichen Steuerungsmodell konsequent umgesetzt. In Deutschland gibt es diese Entwicklung an etlichen Stellen mit unterschiedlichem Reifegrad zwar auch. Die zentrale staatlich-bürokratische Steuerung hat sich allerdings nicht wirklich konsequent aus der Bildungspolitik zurückgezogen und sich auf ihre wesentlichen Aufgaben beschränkt. Die Schulen haben nicht annähernd den entsprechenden und ausreichenden Support für ihre Eigenverantwortung erhalten wie in Finnland (oder auch in der Schweiz).
- Prozessebene/Unterrichtsqualität: Während in Finnland das individuelle Lernen über die Verpflichtung der Schulen zu individuellen Programmen bei entsprechender konsequenter Unterstützung umgesetzt wird, erleben wir in Deutschland Einzelmaßnahmen und Einzelinitiativen, welche die Vergleichbarkeit erschweren.
- Outputebene/Evaluation: Finnland hat ein mehrstufiges Evaluationsverfahren aufgebaut, das an eine zentrale Steuerung durch Information einerseits und Ergebniskontrolle andererseits rückgekoppelt wird. Auf der zentralen Ebene überprüft der Staat konsequent, ob das gesellschaftliche Leitziel der Chancengleichheit erreicht wurde. In Deutschland fehlt ein Konsens hinsichtlich eines denkbaren gesellschaftlichen Leitziels wie Chancengleichheit, weil der Begriff im Grundsätzlichen nach wie vor zu ideologischen Streitigkeiten und Machtkämpfen führt.

In vielen Gesprächen, Diskussionen oder öffentlichen Debatten habe ich in den letzten zehn Jahren immer wieder die zum Streit führenden Argumente wahrgenommen. Der Begriff Chancengleichheit löst in Deutschland bei den Kontrahenten Assoziationen wie 'Sozialromantik', 'wissenschaftlicher Unsinn', 'Gleichmacherei' oder Ähnliches aus. Zumindest wird damit gedroht, dass, wer Chancengleichheit fordere, zugleich einen Qualitätsverlust mit hervorrufe. Stattdessen wird der Begriff 'Chancengerechtigkeit' verwendet und damit assoziiert, dass Menschen auf natürliche Weise unterschiedlich seien. Diese 'Differenz' wird stets mit 'unterschiedlich leistungsfähig' bzw. 'unterschiedlich begabt' gleichgesetzt. Der unterlegte Begabungsbegriff ist nicht selten statisch und erinnert an das Bild einer Stände- oder Standesgesellschaft und der Vorstellung homogener Gruppen. Bei einer Podiumsdiskussion in Ravensburg im Februar 2009 vertrat der Vertreter des baden-württembergischen Philologenverbands die Auffassung, dass es unterschiedliche Begabungen gebe und dass es für jede Begabung unterschiedliche Schularten gebe, wo man die Schülerinnen und Schüler dann in homogenen Gruppen gut unterrichten könne. Er verneinte auf meinen Einwand hin die in der PISA-Studie festgestellte Tatsache sozialer Benachteiligung mit dem Hinweis, das Schulsystem sei durchlässig und jeder, wenn er wolle, könne schulisch alles erreichen.

Die Einwände der Neurowissenschaften gegen eine zu frühe Selektion wurden ebenso wenig zur Kenntnis genommen wie der Hinweis auf andere Länder, die mit anders strukturierten Systemen größere Erfolge erzielen als Deutschland (vgl. Hüther 1997; Spitzer 2006).

Im April 2007 haben hundert Hauptschulrektoren aus der Region Oberschwaben im Regierungsbezirk Tübingen einen offenen Brief an den baden-württembergischen Kultusminister Rau geschrieben (vgl. Lehren und Lernen 7/2007, S. 30 ff.), der zu einem heftigen Streit und zu politischen Debatten geführt hat. Die Rektoren beziehen sich auf neue Reformpläne des Kultusressorts, die sie für verfehlt halten. Sie verweisen auf die Ergebnisse empirischer Bildungsstudien und belegen mit Fakten, wie die Hauptschule als Schulart nicht nur zu einer 'Restschule' werden, sondern wie mit der Fortführung der frühen Selektion und der Beibehaltung des gegliederten Schulsystems ein Teil der Schülerinnen und Schüler sozial ausgegrenzt werde. Mit Recht weisen die Autoren darauf hin, dass es sich dabei um ein soziologisches Phänomen handle. Sie stellen eine Reihe von Fragen – unter anderem: „Warum orientieren Sie sich im Zeitalter der Globalisierung nicht an internationalen Maßstäben und Erfahrungen, sondern halten an einem Schulsystem fest, das in punkto Gerechtigkeit, Integration und Leistung keinem internationalen Vergleich standhält?" (Ebd., S. 31), und: „Warum beschränken Sie sich bei der Rechtfertigung des dreigliedrigen Schulsystems stets nur auf nationale Vergleiche?" (Ebd.). Zenke verweist auf eine Konzentration von Defiziten in den Hauptschulen, die infolge der Konzentration diese Mängel festigen, anstatt den Schülerinnen und Schülern auch andere Handlungsmuster in anderen sozialen Kontexten zu ermöglichen (ebd., S. 25). Beispielhafte Einzelschulen wie etwa die Helene-Lange-Schule in Wiesbaden mit ihrer ehemaligen Schulleiterin Enja Riegel, die Integrierte Gesamtschule Franzsches Feld Braunschweig oder die Häuser des Lernens, die der Schweizer Schulreformer Peter Fratton ins Leben gerufen hat, zeigen, dass gemeinsames Lernen bei gleichzeitig hoher Leistungsfähigkeit möglich ist. Die Helene-Lange-Schule Wiesbaden hat beim PISA-Test hervorragend abgeschnitten. Die Braunschweiger Schule ist 2006 mit dem Deutschen Schulpreis ausgezeichnet worden. Sie setzt auf gemeinsames Lernen in heterogenen Lerngruppen, was laut Philologenverbandsvertreter in Baden-Württemberg nicht möglich sein soll. Die Anmeldezahlen steigen seit Jahren (vgl. Lehren und Lernen 10/2008, S. 28 ff.). Die Lernhäuser sind nachweislich sehr erfolgreich. Derzeit wird die Freie Schule Anne Sophie in Künzelsau (vgl. Fratton, Würth in diesem Band) in ein Lernhaus umgestaltet.

Was den erfolgreichen Schulen, die gleichermaßen auf Chancengleichheit und Leistung setzen, gemeinsam ist: Sie gehen von den Menschen, von den Schülerinnen und Schülern und ihren Potentialen aus. Sie glauben daran, dass jeder Mensch wertvoll sei und vielfältige Fähigkeiten besitze. Sie sind nicht auf Fehlerfahndung aus, sondern auf das Heben der Schätze, der Talente und Potentiale. Chancengleichheit heißt dann keinesfalls – und es ist auch keine Sozialromantik damit verbunden –, dass alle gleich wären. Vielmehr heißt es, dass bei aller Unterschiedlichkeit die Lern- und Lebenssituation in der Schule gleich sein soll, dass die angebotenen Themen und Interaktionssituationen für alle gleichermaßen ermöglicht werden. Dann wird dennoch jeder Einzelne individuell sehr unterschiedlich lernen und sich dabei entfalten können. Das Lerntempo ist je unterschiedlich. Schülerinnen und Schüler in heterogenen Gruppen lernen indessen nicht nur miteinander, sondern auch voneinander. Lehrerinnen und Lehrer verstehen sich eher als Lernbegleiter denn als Wissensvermittler. Ein Klima der Wertschätzung vor allem ist die Basis solcher erfolgreicher Schulen. Auch hier geht es wie in der politischen Arena um einen Grundkonsens hinsichtlich der Aufgabe, die die Schule für ihre Schülerinnen und Schüler hat.

Am 29. Mai 2007 erklärte Barbara Balbach, Landesvorsitzende der Katholischen Elternschaft Deutschlands (KED): „Es ist mit dem christlichen Menschenbild nicht vereinbar, Kinder in einem Alter von 9 Jahren auf einen Bildungsgang festzulegen … Meines Wissens ist es Pädagogen nicht möglich, im Alter von 9 Jahren Begabungen und Entwicklungen zuverlässig zu prognostizieren. Gar mit Blick auf unser Schulsystem von begabungsgerechten Schulformen zu sprechen, halte ich für unseriös. Es wird dem jungen Menschen als eigenständiger Person mit dem zu ihm gehörenden Entwicklungspotenzial nicht gerecht." (vgl. Balbach 2007)

In Baden-Württemberg heißt die Lösung dieser Problematik nicht 'Länger gemeinsam Lernen' (eine Initiative, die aus dem Offenen Brief an den Kultusminister 2007 hervorgegangen ist), sondern die Fortführung und Weiterentwicklung des gegliederten Schulsystems. Im Rahmen der sehr emotional geführten Debatte hat sich ein 'Aktionsbündnis gegliedertes Schulwesen' gegründet (vgl. Pressemeldung/Philologenverband, 10.3.2009), in dem sich das Elternforum Bildung, der Philologenverband (PhV BW), der Berufsschullehrerverband (BLV), der Realschullehrerverband (RLV) zusammenschließen. Als Ziele werden genannt:

○ „Erhalt des differenzierten und begabungsgerechten gegliederten Schulwesens mit einer vierjährigen gemeinsamen Grundschulzeit. Gegliedertes Schulwesen: Ja? – Einheitsschule: Nein!
○ Hohes Maß an Chancengerechtigkeit durch früh einsetzende vorschulische sprachliche Förderung und Integration.
○ Breite Grundbildung und Weiterentwicklung eines differenzierten und begabungsgerechten Bildungswesens, das der Vielfalt des Begabungs- und Leistungspotenzials bestmöglich gerecht wird.
○ Beibehaltung der Grundschulempfehlung und hohe Durchlässigkeit zwischen den weiterführenden Schularten durch miteinander gut verzahnte Bildungspläne und besondere Fördermaßnahmen.
○ Ein Schulsystem, das in allen Schularten Anstrengungs- und Leistungsbereitschaft fördert, bewertet und besonders herausragende Einzel- und Gruppenleistungen würdigt.
○ Erziehung und Ausbildung von Kindern und Heranwachsenden in gesellschaftspolitischer Verantwortung zu mündigen Bürgern, damit sie – darauf aufbauend – für die Herausforderungen ihres Lebens und für die spätere Bewältigung ihrer vielfältigen Aufgaben in Beruf, Staat und Gesellschaft bestmöglich vorbereitet sind.

○ Erziehung und Bildung durch Elternhaus, vorschulische Einrichtungen und Schule in enger Kooperation.
○ Vermittlung und Stärkung von Werten und Tugenden auf der Basis des freiheitlich-demokratischen Wertesystems unserer Gesellschaft in Kooperation mit allen an Erziehung und Bildung Beteiligten." (www.bildungsklick.de/pm/66734/aktionsbuendnis-gegliedertes-schulwesen-nun-auch-in-baden-wuerttemberg-gegruendet).

Der kritischen Leserin mögen sich hier einige Fragen aufdrängen, wenn sie sich die Ergebnisse der empirischen Studien vor Augen führt, wenn sie zudem die Verfassungsprinzipien und die Prämissen der UNO zu Rate zieht und diese ernst nimmt:

○ Wie kann man angesichts der bekannten empirischen Studien heute noch von einem 'begabungsgerechten gegliederten Schulwesen' sprechen? – Alles, was an Fakten zur Verfügung steht, spricht dagegen. Der hier verwendete Begabungsbegriff ist veraltet und lässt fragen, über welchen Wissensstand die Autoren verfügen.
○ Wie kann man angesichts der vorliegenden neurowissenschaftlichen Erkenntnisse eine Selektion bei Zehnjährigen heute noch befürworten, abgesehen davon, dass man vor allem eine soziale Selektion vornimmt, in deren Verlauf persönliche Abwertungen in einem Lebensalter erfolgen, die kaum ausgeglichen werden können?
○ Wenn man die Weiterentwicklung des differenzierten und begabungsgerechten Bildungssystems verlangt, fordert man dann nicht zugleich ein weiter ausgebautes noch differenzierteres Selektionssystem? Wie weit soll die Selektion noch gehen? Wäre es nicht sinnvoller, damit zu beginnen, bei schulischen Lehr-Lern-Prozessen mit Differenz umgehen zu lernen?
○ Kann die Grundschulempfehlung so überzeugend sein, wenn die PISA-Ergebnisse zu ganz anderen Erkenntnissen führen? Sagen sie nicht vielmehr etwas über den jeweiligen Sozialstatus der Kinder aus, da dieser ja am Ende den Schulartenbesuch vor allem bestimmt? Die Empfehlung ist immer nur im Rahmen eines nicht problematisierten Systems (vermeintlich) stimmig.
○ Ist die Durchlässigkeit zwischen den Schularten bei immer größerer Differenzierung real gewährleistet? Derzeit handelt es sich (nachweislich) in Deutschland um eine Durchlässigkeit 'nach unten'.
○ Wenn die Leistungsbereitschaft mit Recht betont wird, warum dann nicht eine Leistungsbereitschaft in individuellen und kooperativen Lernprozessen in heterogenen Gruppen, in denen Schülerinnen und Schüler auch voneinander lernen können?
○ Wer schließlich auf die Demokratie abhebt und auf ein freiheitlich-demokratisches Wertesystem, könnte sich immerhin auch fragen, wie Demokratie in Finnland (oder in der Schweiz) gelebt und vorbereitet wird. Das zu erreichen hängt jedenfalls nicht von einer gegliederten Schulstruktur ab. Vielmehr liegt auf der Hand, dass eine Schulstruktur, in der Menschen aus vielerlei sozialen Milieus (vgl. SINUS-Milieu-Studie 2009) miteinander leben und lernen, sehr viel mehr zu demokratischem Verhalten anregen kann als die frühe Selektion. Angesichts

der Verfassungsprinzipien und angesichts der gesellschaftlichen Realität einer zunehmenden sozialen Spaltung zwischen Milieus sind es gerade die Schule und das Bildungssystem insgesamt, die zum Gegensteuern verpflichtet wären.

Das Land Baden-Württemberg bereitet aktuell mit der Neuausrichtung der Hauptschule als Werkrealschule die Weiterentwicklung des gegliederten Schulsystems vor. Bei Bekanntwerden dieser Maßnahme haben die Teilnehmerinnen und Teilnehmer eines Weiterbildungslehrgangs zum Thema 'Wohnortnahe Schule – Zukunftschance oder chancenloses Relikt' ein Zehn-Punkte-Papier erstellt, in dem diese Entwicklung kritisch beleuchtet wird. Vor allem wird auf eine „Schule ohne Beschämung", auf „kommunale Mitverantwortung" und auf „Schule als Standortfaktor" gesetzt (internes Manuskript vom 3. April 2009). Die Bildungspolitik setzt darauf, für die Schülerinnen und Schüler der Hauptschulen mit dem neuen Konzept einer Werkrealschule Leistung und Chancengleichheit gleichermaßen zu stützen. Als Ziel gilt ein mittlerer Bildungsabschluss für alle Schülerinnen und Schüler. Im letzten Schuljahr soll eine enge Verzahnung mit den berufsbildenden Schulen den Weg in den Beruf vorbereiten und erleichtern. Das gesamte 'Maßnahmenpaket Hauptschule' umfasst eine gezielte Lernbegleitung dank regelmäßiger Lernstandserhebungen bzw. Kompetenzanalysen verbunden mit gezielten Förderangeboten, insbesondere in Deutsch und Mathematik. Am Ende steht eine gezielte Berufswegeplanung aufgrund praktischer Erfahrungen in den Betrieben nach dem 'Schub-Konzept' (Schule und Betrieb). Mit diesem Konzept, das zweifellos für die betroffene Schülergruppe gut gemeint ist, sind allerdings die soziale Benachteiligung und die soziale Spaltung und deren Festigung als Problembereiche und Defizite des deutschen Bildungssystems nicht gelöst.

4.4 Fazit und Perspektiven

Leistung und Chancengleichheit sind die bildungspolitischen Herausforderungen schlechthin. Wie eine Gesellschaft damit umgeht, sagt sehr viel aus über ihre Verfassung, nicht zuletzt über ihr Verständnis von Demokratie und deren Reifegrad. Wie mit Bildung umgegangen wird, zeigt auch die Kultur einer Gesellschaft. Bildung wurzelt in Traditionen und kulturellen, über Jahrhunderte gewachsenen Entwicklungen. Zugleich ist sie in ihrem Anspruch als Prozess auf mehreren Ebenen Kultur generierend und entwickelnd. Die Kultur einer Gesellschaft zeigt sich in ihren Bildungssystemen, wie umgekehrt die Bildungssysteme alle gesellschaftlichen Bereiche maßgeblich beeinflussen und bestimmen. Wenn die Finnen als gesellschaftliches Leitbild die Chancengleichheit neben die Leistung als zentrale Zielsetzung stellen, so wird deutlich, dass sie eine Gesellschaft wollen, die der demokratischen Verfassung und ihren Prinzipien entspricht. Das gilt gleichermaßen für die Schweiz. In Deutschland werden Leistung und Chancengleichheit in einer Weise diskutiert, dass der Eindruck entsteht, man habe es mit sich entgegenstehenden Begriffen zu tun. Hier wird unter Hintanstellung aller wissenschaftlichen Erkenntnisse immer noch mit einem statischen Begabungsbegriff argumentiert, der suggeriert, Kinder seien von Anfang an mehr oder weniger begabt. Demgegenüber steht ein dynamischer Begabungsbegriff, der die ganze Person umfasst und davon ausgeht, dass Begabungen gefördert und entwickelt werden können. Nicola Baumann von der Universität Trier hat mittels einer entwicklungsorientierten Systemdiagnostik (EOS) ein Begabungsförderprogramm entwickelt und erprobt. Ausgehend von der ganzen Person und dem Zutrauen in grundsätzlich vorhandene vielfältige Begabungen (bei physischer und psychischer Gesundheit) werden über spezifische, individuell ausgerichtete Maßnahmen im Rahmen eines konsequenten Feedbacksystems alle zu fördernden Potentiale erfasst und bearbeitet. Innerhalb kurzer Zeit und mit zeitlich geringem Förderaufwand verbessern sich nicht nur die Leistungen (auch die Schulnoten), sondern entwickelt sich auch die jeweilige Persönlichkeit hinsichtlich ihres Selbstkonzepts, ihrer Begabungsüberzeugung und ihrer sozialen Kompetenz. 'Begabungsschöpfung' und 'Kompetenzförderung anstatt Kognitionsförderung' heißen die Leitgedanken. Einseitige Kognitionsförderung löst keinen Bildungsprozess aus und stärkt die Person nicht (vgl. Baumann, Nicola und Renger, Sebastian: Vortrag und Vorstellung der Ergebnisse eines Forschungsprojekts am 27. November 2009 in Bad Wurzach/Salvatorkolleg: Wie aus Begabung Leistung wird).

Demokratische Staaten mit ihren vergleichbaren Verfassungsgrundsätzen sind verpflichtet, allen Menschen Bildung in diesem Sinn zu ermöglichen. Bildungssysteme sind so zu organisieren, dass

- Verfassungsprinzipien und Bildungssysteme sich nicht widersprechen,
- ihnen ein heutigen wissenschaftlichen Erkenntnissen entsprechender und dynamischer Begabungsbegriff zugrunde liegt,
- Leistung und Chancengleichheit gleichermaßen und gleichberechtigt politisch wahrgenommen und in langfristigen Programmen realisiert werden.

In Deutschland ist dies deutlich schlechter realisiert als in vergleichbaren Industrieländern. Ein grundlegender bildungspolitischer Diskurs steht hier noch aus; er wäre dringend erforderlich. Dabei ist durchaus festzustellen, dass eine Umsteuerung des Schulsystems in Deutschland für Politiker nicht einfach sein dürfte (und ist, wenn sie versucht wird), weil mit jedem Versuch, von der Dreigliedrigkeit wegzukommen, emotional und ideologisch geführte (aus meiner Erfahrung auch von Unwissenheit geprägte) Debatten einhergehen. Handlungsleitend sind dabei selten Fakten, sondern Eigen- und Lobbyinteressen. Solange auch die Lehrerausbildung nach Schularten gegliedert bleibt und infolgedessen auch hier unterschiedliche Kulturen herausgebildet und fortlaufend gefestigt werden, bleiben wir in einer ständischen Gesellschaft mit entsprechendem Status- und Standesdenken verhaftet. Es ist eine Frage des politischen Willens, diesen Zustand angesichts der Herausforderungen des 21. Jahrhunderts zu ändern (oder nicht).

Literatur

Allmendinger, Jutta (2004): Chancen. Handlungsspielräume für die Bildungspolitik. In: Internationale Politik. Nr. 5, S. 58–66.
Balbach, Barbara (2007): Auf dem Weg zu einer Schule für alle? Podiumsdiskussion. Düsseldorf. In: www.aba-fachverband/2007/Schule/dgb/Barbara_Balbach_Presse.pdf
Baumann, Nicola; Renger, Sebastian (27. November 2009): Wie aus Begabung Leistung wird. Vortrag am Salvatorkolleg. Bad Wurzach.
Bundesverfassung der Schweizerischen Eidgenossenschaft.
In: www.admin.ch/ch/d/sr/101/index.html
Dahrendorf, Ralf (1965): Gesellschaft und Demokratie in Deutschland. München: Piper.
DIE ZEIT Nr. 4 (2010): Die Reformen der Länder, S. 63).
Goll, Ulrich (2010): Rede beim Dreikönigstreffen der FDP am 06.01.2010 in Stuttgart (direkt übertragen bei Phönix).
Grundgesetz der Bundesrepublik Deutschland. In: www.bundestag.de/dokumente/rechtsgrundlagen/grundgesetz/gg.html
Grundgesetz Finnlands. In: www.finlex.fi/pdf/saadkaan/S9990731.PDF.
Horx, Matthias (2009): Das Buch des Wandels – Wie Menschen Zukunft gestalten. München: Deutsche Verlagsanstalt.
Hüther, Gerald (1997): Biologie der Angst. Göttingen: Vandenhoeck und Ruprecht.
Ismayr, Wolfgang (2008): Die politischen Systeme Westeuropas. Wiesbaden: Verlag für Sozialwissenschaften.
Gruson, Pascal/Kogan, Maurice (1992): Education Policy. In: Hawkesworth, Mary/Kogan, Maurice (Hrsg.): Encyclopedia of Government and Politics. Band 2, S. 670–681. London: Routledge.
Lehren und Lernen. Heft 7/2007. Villingen-Schwenningen: Neckarverlag.
Lehren und Lernen. Heft 10/2008. Villingen-Schwenningen: Neckarverlag.
Lijjphart, Arend (1999): Patterns of Democracy. Government Forms and Performance in Thirty-Six Countries. New Haven/London: Yale University Press.
Massing, Peter (2002): Konjunkturen und Institutionen der Bildungspolitik. In: Bildungspolitik in der BRD: Entwicklung – Kontroversen – Perspektiven. Die politische Meinung. Heft 3. S. 8–30.
Overesch, Anne (2007): Wie die Schulpolitik ihre Probleme (nicht) löst. Münster: Waxmann.
Rawls, John (1971): A Theory of Justice. New York: Clarendon Press.
Schneider, Volker (2003): Akteurskonstellationen und Netzwerk in der Politikentwicklung. In: Schubert, Klaus; Bandelow, Nils (Hrsg.) (2003): Lehrbuch der Politikfeldanalyse. München: Oldenbourg.
Schrader, Friedrich-Wilhelm; Helmke, Andreas (2008): Lehrer-Schüler-Interaktion – Determinanten der Schulleistung. 2. Auflage. Wiesbaden: Verlag für Sozialwissenschaften.
Sinus Sociovision GmbH, Heidelberg (2009): Sinus-Milieus 2009.
Spitzer, Manfred (2006): Lernen. Hamburg: Spektrum Akademischer Verlag.
UN-Brundtland Report (1987): Leitbild für eine nachhaltige Entwicklung. UN-Dokument Genf.
www.bne-portal.de
www.de.wikipedia.org/wiki/A_Theory_of_Justice
www.iqb.hu-berlin.de
www.ls-bw.de
www.woerterbuch.babylon.com/Klafki

Weiterlesen

Margalit, Avishai (1999): Politik der Würde – Über Achtung und Verachtung. Frankfurt: Fischer.
Ein grundlegendes Werk über politisches Handeln und politische Systeme. Margalith präsentiert eine Analyse politischer Systeme und ihrer Wirkungen für die Menschen und schlägt ein visionäres Modell vor. Dabei stellt er die realen Formen der Demütigung durch Systeme den notwendigen Formen der Achtung und des Anstands gegenüber. Hier handelt es sich um ein Plädoyer für eine gelebte demokratische und menschenwürdige Gesellschaft und kann somit als Grundlage für eine adäquate Bildungspolitik gelten.

Bauer, Joachim (2007): Ein Lob der Schule. Hamburg: Hoffmann und Campe.
Bauer schlägt in diesem Band sieben Perspektiven für Schüler, Lehrer und Eltern vor und spricht von einer „Neurobiologie der Schule". Er zeigt, wie Schulen von 'Orten des Grauens' zu 'Treibhäusern der Zukunft' werden können und welche bildungspolitischen Konsequenzen dies zeitigt.

Dörner, Dietrich (2001): Die Logik des Misslingens – Strategisches Denken in komplexen Situationen. Hamburg: Rowohlt.
Dörner beschreibt die Komplexität der Welt und erklärt, warum es uns als Menschen so schwer fällt, mit Komplexität umzugehen. Da es sich bei der Arbeit in Bildungssystemen um Aufgaben in komplexen politischen Gesamtsystemen handelt, eignet sich dieser Band für die Reflexion des eigenen Handelns vor dem Hintergrund zunehmender Unsicherheit und Ungewissheit.

Weitersurfen

www.dzbf.de
Das Deutsche Zentrum für Begabungsforschung ist ein wissenschaftliches Forschungsinstitut im Bereich Begabungsforschung und Begabungsförderung. Es präsentiert grundlegende wissenschaftliche Erkenntnisse und bietet Weiterbildungsmöglichkeiten für Lehrkräfte an, die sie qualifizieren für individualisierten, kompetenzorientierten Unterricht. Dabei geht es um die Ausschöpfung des Potentials aller Kinder und um die Befähigung der Lehrerinnen und Lehrer, Kinder und Jugendliche bei der Ausschöpfung ihrer Begabung zu unterstützen.

www.bmbf.de
Das Bundesministerium für Bildung und Forschung präsentiert umfassende Informationen zur nationalen und internationalen Bildungspolitik. Dabei wird auch über internationale Kooperationen und Programme sowie über Unterstützungsmöglichkeiten informiert.

Margret Ruep

5. Die Einzelschule im Spannungsfeld zwischen zentralen Vorgaben und kontextgebundener Profilbildung

5.1 Problemstellung: Steuerung von Bildungsprozessen

Bildungs- und Erziehungsprozesse lassen sich in allen historischen Zeiten als Hinführung jeder nachfolgenden Generation in die Welt der Erwachsenen betrachten. Häufig erfolgt der Übergang von Kindheit und Jugend in die Erwachsenenwelt aufgrund von Initiationsriten. Insoweit zielen Bildungsprozesse stets darauf ab, dass Kinder und Jugendliche das lernen, was für die je aktuelle und in eine ungewisse Zukunft gerichtete Welt bedeutsam ist und was ihnen ihre Existenz ermöglicht. Was und wie gelernt wird, bestimmen die Erwachsenen, bestimmt eine Gesellschaft mit je spezifischer Ausprägung. Ausgangsbedingungen waren in allen Gesellschaften hinsichtlich dieses Faktums Sitten, Gebräuche, Traditionen, Denkmuster, Bildungsideale und die aufgrund von veränderten Gegebenheiten auftretenden Notwendigkeiten. Waren es im Ursprung Familien und Sippen mit Selbstversorgungscharakter, in denen Kinder sehr konkret mit den Erwachsenen im unmittelbaren Miteinander in ihre Lebenswelten hineinwuchsen, entwickelten sich in komplexeren Gesellschaften Stände als sozial und vom Status her voneinander abgegrenzte Gruppen mit eigenen Bildungsidealen. In der Moderne sprechen wir von sozialen Milieus, die Gemeinsamkeiten in ihren Werthaltungen und Mentalitäten aufweisen. Zugleich zeigen sich auch in einem demokratischen Staat wie Deutschland in den unterschiedlichen Milieus signifikante Differenzen bei Wertvorstellungen, Interessen und Verhaltensmustern (vgl. Schulze 1992, S. 174ff.). So spricht die stark ökonomisch ausgerichtete Sinus-Milieu-Studie 2009 von einem deutlichen Auseinanderdriften der Lebens- und Wertewelten und von sozialen Deklassierungsprozessen (vgl. www.sociovision.de). Davon ist auch die jeweilige Haltung zu Bildung und Ausbildung betroffen. Je nach Gesellschaftsmodell verändern sich Bildungsinhalte oder Lehr-Lernverfahren. Wer in eine mittelalterliche Handwerkerzunft hineinwuchs, lernte *by doing* und unmittelbar von den Eltern oder vom Meister, was er brauchte, um ein Handwerk fortzuführen. Das Ideal adeliger Bildung war im Rahmen einer Ständegesellschaft ein anderes als dasjenige, das durch das Aufkommen städtischer merkantiler Kultur als erforderlich angesehen wurde. So bestanden über einen langen Zeitraum hinweg klerikale, höfische und bürgerliche Bildungsideale nebeneinander. Mit dem Aufkommen von Nationalstaaten in Verbindung mit den Ideen der Aufklärung entstand eine auf alle Menschen gleichermaßen abzielende Bildungsidee, die erstmals eine Bildung für alle propagierte, ohne dass die gesellschaftliche Wirklichkeit diesem Ideal bereits entsprochen hätte. Die politischen Machthaber haben allerdings immer die Relevanz von Bildung und Ausbildung erkannt, haben Schulen und Hochschulen errichtet, nicht etwa, weil sie immer besonders menschenfreundlich gewesen wären, sondern weil sie die Ausbildung ihrer Untertanen oder Bürger als ökonomischen Vorteil erkannten. Bildung, Ausbildung und Qualifizierung hängen also schon immer sehr stark von den kulturellen, sozialen, wirtschaftlichen und politischen Verhältnissen und Entwicklungen ab. Privates und öffentliches Interesse sowie private und öffentliche Bildungssteuerung gehen dabei Hand in Hand oder bestehen nebeneinander. Bildungsorganisation ist stets bezogen auf den politischen Kontext, so wie dieser umgekehrt Bildungsprozesse erheblich prägt und beeinflusst. Private Interessen werden dabei nicht selten von öffentlich verbindlichen Vorgaben eingeschränkt, etwa von der Schulpflicht oder curricularen Richtlinien. In Deutschland etwa hat die Diktatur des Nationalsozialismus mit der Einführung eines der Nazi-Ideologie entsprechenden Systems reformpädagogische und demokratische Ansätze und Entwicklungen (oft mit einem Federstrich) abgeschnitten. In den beiden deutschen Nachfolgestaaten war es dann außerordentlich schwierig, einerseits ein Bildungssystem westlicher Prägung, andererseits ein kommunistisch ausgerichtetes Bildungssystem aufzubauen. Die Akteure waren weitgehend jene, die auch zwischen 1933 und 1945 tätig gewesen waren. Insoweit, so meine These und die Erfahrung einer eigenen erlebten und reflektierten Schulzeit in den 60er Jahren in der Bundesrepublik Deutschland, haben hier nichtdemokratische Ideologien weitergelebt, was bis heute bestimmte Einstellungen, Haltungen und politische Entscheidungen mitprägt. In der Schweiz existiert im Gegensatz dazu eine sehr alte demokratische Tradition, die in allen Bereichen deutlich spürbar ist. Dieser Sachverhalt ist besonders relevant bei Entscheidungs- und Steuerungsprozessen, also wenn Veränderungen vorgenommen werden müssen. Gerade im Bildungsbereich mit seinen normativen kulturellen Wurzeln ist ein deutlicher Unterschied zu Deutschland erkennbar, wo Veränderungsverfahren nicht selten immer noch tendenziell zu zentralistisch und bürokratisch mit obrigkeitsstaatlicher Attitüde durchgeführt werden. Bildung ist stets eingebettet in die umgebende sie prägende Kultur und sie wird von normativen Setzungen als Voraus-Setzungen bestimmt. Dies hat zur Folge, dass auch bei Reformen und bei als notwendig erkannten Veränderungen das Herkömmliche und Gewohnte eine starke Wirkung zeitigt, so dass Neuerungen nie genau dasjenige Ergebnis hervorbringen, das idealtypisch gedacht und geplant war. Am Beispiel der in Deutschland eingeführten Gesamtschulen in den 60er Jahren lässt sich dies sehr gut nachvollziehen: Sie hatten in der Umgebung eines gegliederten Schulwesens kaum eine Chance, sich als flächendeckendes Erfolgsmodell durchzusetzen und im Sinn der dahinter stehenden Theorie und des zugrunde liegenden Menschenbildes zu gelingen. Sie gelten bis heute als einer spezifischen politischen Partei zugeordnet und müssen deshalb wegen der im öffentlichen Raum vorherrschenden Spielregeln von anderen Parteien auch dann als negativ und unsinnig dargestellt werden, wenn neuere empirische Studien für diese Schulform sprechen. Wenn es um aktuelle Bildungspolitik geht, müssen wir uns also immer die Frage stellen: In welcher Welt leben wir? Welche Einflüsse aus der Vergangenheit bestehen fort, vielleicht sogar als Erblast? Welche aktuellen politischen Einflüsse dominieren – und stehen sie wissenschaftlichen Erkenntnissen entgegen? Wie wollen wir unsere heutige Generation angesichts der zu erwartenden Zukunft bilden, ausbilden und qualifizieren? Was soll auf welche Weise in welchem Schul- und Hochschulsystem gelernt werden? Diese Fragen sind deshalb immer wieder zu stellen, weil wir es hier nicht einfach mit objektiv zu ermittelnden Zahlen, Daten und Fakten zu tun haben, sondern immer auch mit Normen, Werten, Einstellungen, mit nicht reflektierten, implizit sich entwickelnden mentalen Modellen oder Vorurteilen. Davon ist niemand frei, nicht die parteipolitisch ausgerichteten Politiker, nicht die Lehrerinnen und Lehrer, nicht diejenigen, von denen letztere ausgebildet werden, keine gesellschaftliche Gruppe mit ihren jeweiligen Eigeninteressen. Hier sind Entscheidungen unterlegt von Meinungen oder subjektiven Theorien, nicht zuvörderst von wissenschaftlichen Erkenntnissen, in die ihrerseits neben objektiven Tatbeständen gleichermaßen Vorannahmen einfließen wie in andere Bereiche auch. Wenn eine Gesellschaft ihre Bildungsprozesse also organisiert, muss dieses Dilemma gewissermaßen immer mitgedacht werden. Und diejenigen, die innerhalb von Bildungssystemen arbeiten, sollten sich zumindest dieser stets wieder auftretenden Widersprüche bewusst sein.

Auf der Basis dieser Überlegungen stellt sich heute nun zunehmend die Frage, wie viel zentrale staatliche Steuerung Bildungssysteme, Schulen und Hochschulen benötigen bzw. wie viel Autonomie sie brauchen, um im Kontext demokratischer Verfassungen und im Sinn des dort verankerten Subsidiaritätsgedankens verantwortlich zu handeln und der Gesellschaft Rechenschaft darüber abzulegen.

Bei der Steuerung und Organisation von Bildungsprozessen stoßen wir auf Widersprüche, die sich in jeder Generation als Herausforderungen neu stellen und für die jeweils Lösungen gefunden werden müssen. Solche Antinomien sind:

Bildung zielt auf individuelle Freiheit und Mündigkeit ab.	Zentrale Steuerung zielt auf Begrenzung und Standardisierung ab.
Menschliche Bedürfnisse sind bei Bildungsprozessen grundlegende Antreiber. Lernen gilt es Grundbedürfnis und Existenzform.	Zentrale Steuerungsansätze sind in der Regel rational-technokratisch angelegt und lassen individuelle in Emotionen wurzelnde Bedürfnislagen außer Acht.
Bildungseinrichtungen sind lebendige Systeme, die nicht allein legalistisch ausgerichtet sein können (mit sehr genauem Ansehen der Person).	Zentrale Steuerung geschieht durch Rechtsverordnungen in bürokratischen Kommunikationsstrukturen ('ohne Ansehen der Person').

Bildung impliziert kulturelles Lernen in sozialen Interaktionen. Die modernen europäischen Gesellschaften sind geprägt von Multikulturalität. Im ungünstigen Fall bilden sich Parallelgesellschaften. Dieser Sachverhalt hat erhebliche Auswirkungen auf die Bildungssysteme.	Eine zentral-lineare Steuerung nach ökonomischen Effektivitäts- und Effizienzprinzipien ist für solche Prozesse nicht oder nur mittelbar geeignet. Zumindest müssen unvorgesehene Ereignisse als Wirkungsfaktoren mit gedacht werden ('Plan B' und 'C' usw.).
Bildungsinhalte und Bildungssysteme brauchen in allen Teilbereichen wissenschaftlich fundierte hinreichende Begründungen und Verankerungen.	Bildungssteuerung wird in demokratischen Kontexten nach Mehrheiten (partei)politisch entschieden; diese Entscheidungen werden nicht zuvörderst von wissenschaftlichen Erkenntnissen bestimmt.
Bildung zielt nicht zuletzt auch auf ethisch-moralische Haltungen ab.	Diese lassen sich nicht steuern, über das Wahre und Falsche oder über Gut und Böse lässt sich nicht abstimmen, es lässt sich auch keine Richtlinie als Vorgabe für moralisch-ethische Ziele erstellen.
Auf Bildung ausgerichtete Lernprozesse sind äußerst komplex.	Zentrale Steuerung verfolgt linear-rationale Prozessabläufe, verbunden mit dem Versuch, Komplexität zu reduzieren.
Bildungssysteme benötigen Offenheit und Flexibilität. Das dazu angemessene Denkmodell ist das Konstrukt der *Lernenden Organisation*.	Zentrale Steuerungsprozesse sind traditionell bürokratisch organisiert und begrenzen durch Festlegungen. Dadurch werden sie schwerfällig, tendenziell starr und reagieren auf notwendige Veränderungen zu langsam. Sie sind tendenziell von Machtausübung, weniger von Lernen geprägt.

Hieraus wird deutlich, dass wir es mit einer Problemlage zu tun haben, deren Widersprüche letztlich nicht oder nur unter spezifischen Bedingungen auflösbar sind. Es geht allerdings darum, sie immer wieder neu zu reflektieren und damit professionell umzugehen. Dies gilt ganz besonders für Lehrerinnen und Lehrer, die innerhalb der Bildungssysteme die wichtigsten Aufgaben in konkreten Handlungssituationen haben. Es gilt aber auch für diejenigen, die Vorgaben von zentraler Stelle aus entwickeln. Beide Teilbereiche von Bildungssystemen müssen wir so aufeinander abstimmen, dass die Spannungen und Widersprüche so weit wie möglich minimiert werden.

5.2 Schule im Spannungsfeld zwischen staatlicher Steuerung und Eigenverantwortung

5.2.1 Schule im *globalen Dorf*

Die Komplexität und Unübersichtlichkeit aller Lebensbereiche hat in einer für Menschen nahezu beängstigenden Weise zugenommen. Peter Vaill spricht von einer 'Wildwassersituation', mit der umzugehen wir lernen müssen, ohne Angst vor ihr zu haben. Vielmehr gilt es, die nötigen Kompetenzen zu erwerben. Um im Bild zu bleiben, müssen wir lernen, professionelle Kajakfahrer zu werden und zur Not mit einer Eskimorolle wieder hochzukommen, wenn wir kentern (vgl. Vaill 1998). In der heutigen Welt, die sich als Informations-, Wissens- oder Bildungsgesellschaft im globalen Kontext definiert, sind Schulen und Bildungssysteme von herausragender politischer und gesellschaftlicher Relevanz. Eine hohe Qualität von Bildung wird – durchaus in einem ökonomischen Sinn – als Investition und Kapital verstanden, um Wirtschaftsstandorte zu sichern und weiterzuentwickeln. Ganz besonders gilt dies für rohstoffarme Länder wie etwa die Bundesrepublik Deutschland. Die Globalisierung, die im Ursprung als Vernetzung der Finanzmärkte mit hoher Dynamik begonnen und in krisenartige Situationen geführt hat, ist heute auch im Bildungsbereich angekommen. Empirische Studien wie etwa die PISA-Untersuchungen werden innerhalb der OECD-Staaten als Vergleichsstudien durchgeführt. Sie stellen zum Beispiel eine kleine ländliche Schule am Bodensee (in Deutschland, Österreich oder der Schweiz) der Großstadtschule in Seoul gegenüber. Die Ergebnisse illustrieren, welche Leistungen die Schulen im Ranking der teilnehmenden Staaten erzielen, meist ohne den unterschiedlichen kulturellen Hintergrund hinreichend zu berücksichtigen. Insoweit ist alles, was mit Bildung zusammenhängt, heute in einem globalen politischen und ökonomischen Kontext zu sehen. Wer als Lehrerin oder Lehrer an einer Einzelschule arbeitet, sollte deshalb jeweils den internationalen, nationalen, regionalen und lokalen Bildungsdiskurs kennen und die weltweiten Reflexionen und Vereinbarungen als Grundlagenwissen neben vielem anderen Wissen und den dazu notwendigen Handlungskompetenzen abrufen können, zumindest aber eine hohe Lernbereitschaft und Weltoffenheit mitbringen. Notwendig ist ein weit gefasstes Denken, ein Bewusstsein von zunehmender Komplexität und der Bedeutung, den Schulen als Orte systematischen Lernens für die Bewältigung einer für die Schülerinnen und Schüler ungewissen Zukunft haben. Schulen stehen als Lernorte heute in Konkurrenz zu nahezu grenzenlosen Möglichkeiten formellen und informellen Lernens. Gerade weil dies so ist, bedarf es einer Verständigung darüber, was und wie in den Schulen gelernt und gearbeitet werden soll, darüber, was eine Gesellschaft als schulische Bildung definiert und dann eben auch vorgibt. Zentrale – und das heißt heute auch: globale – Vorgaben sind als politische Entscheidungen gleichermaßen notwendige Zumutungen an die jeweilige Einzelschule als auch Chancen der Orientierung an einem größeren Ganzen. Voraussetzung dafür ist die Fähigkeit des Einzelnen, systemisch, d.h. in großen Zusammenhängen, zu denken und zu handeln.

5.2.2 Der globale Bildungsdiskurs und seine Konsequenzen für nationale Bildungssysteme

Wenn wir uns optimistisch auf das *global village* mit allen Vor- und Nachteilen einlassen, müssen wir konstatieren, dass in ihm von politischer Seite Entscheidungen auf internationaler Ebene fallen, die nationale, regionale und lokale Gegebenheiten zum Teil erheblich beeinflussen, ohne dass die Menschen in den immer komplexer werdenden Systemen alle Informationen in der nötigen Differenzierung und Verstehenstiefe aufnehmen können. Im Rahmen der Europäischen Union erleben wir häufig, dass EU-Richtlinien in den betroffenen Staaten aus Unkenntnis Widerstände und Unzufriedenheit erst dann hervorrufen, wenn die Entscheidungen bereits nicht mehr zu revidieren sind. Im Bildungsbereich etwa stehen der Freizügigkeit innerhalb der EU in Deutschland beamtenrechtliche Bestimmungen entgegen, die im Einzelfall erhebliche Hürden aufbauen. Das bedeutet, dass es in Baden-Württemberg nur unter erschwerten Bedingungen möglich ist, als Lehrerin oder Lehrer aus einem anderen EU-Land oder gar aus einem außereuropäischen Land zu arbeiten. Der von der EU beschlossene Bolognaprozess hat Entwicklungen an den bundesdeutschen Universitäten mit Bachelor- und Masterstudiengängen zur Folge, die ihrerseits zur deutschen Tradition gerade bei den Lehramtsstudiengängen mit ihren Staatsexamina nur schwerlich passen. Die positive Seite dieser Entwicklung ist eine weltweit einsetzende Verständigung über Bildung mit dem Ziel, dank der Vergleichbarkeit von Bildungssystemen, von Curricula in Schule und Hochschule, von Prüfungen und Zertifizierungen die Mobilität zu erhöhen. Nach meiner Einschätzung bietet die Globalisierung im Bildungsbereich außerordentliche Chancen. Das gilt besonders für interkulturelles und globales Lernen als Voraussetzungen dafür, andere Kulturen zu verstehen und friedlich mit anderen zusammenzuleben. Es ist festzustellen, dass zentrale Vorgaben für die einzelne Schule bereits aufgrund internationaler Vereinbarungen existieren, obschon dies vielen Lehrerinnen und Lehrern kaum oder nicht ausreichend bewusst ist (vgl. Rieß 2008). So hat die UN das *Prinzip der Nachhaltigkeit* als Vision entwickelt, auf die sich die hier organisierten Staaten (immerhin sind das 192 von 200 Staaten weltweit) verständigt haben und die alle gesellschaftlich relevanten Lebensbereiche betrifft. Dies ist gerade für die Bildungssysteme von größter Bedeutung. Als nachhaltig gilt eine Entwicklung, die den Bedürfnissen der heutigen Generation entspricht, ohne die Möglichkeiten künftiger Generationen zu gefährden, ihre eigenen Bedürfnisse zu befriedigen und ihren Lebensstil zu wählen (vgl. UN-Brundtland-Report 1987). Bei diesem Prinzip geht es um die Ausgewogenheit zwischen ökonomischer Leistungsfähigkeit, ökologischer Verträglichkeit und sozialer Gerechtigkeit. 1996 wurden von der 'UNESCO Task Force on Education for the Twenty-first Century" die von Jacques Delors so bezeichneten vier Pfeiler für lebenslanges Lernen verabschiedet ('Delors Four Pillars for education throughout life' – www.unesco.org):

- Learning to know.
- Learning to do.
- Learning to live together.
- Learning to be.

Im Jahr 2000 trafen sich Bildungspolitiker aus vielen Ländern in Dakar mit dem Ziel einer Verständigung über Normen und Ziele von Bildung und Bildungssystemen weltweit. Auf dem *Weltgipfel zur Nachhaltigen Entwicklung* in Johannesburg 2002 wurde Bildung als Schlüssel für die Gestaltung einer nachhaltigen Entwicklung

definiert. Die Vereinten Nationen haben für die Jahre 2005 bis 2014 die *Weltdekade Bildung für Nachhaltige Entwicklung* ausgerufen. Damit verbunden ist die Verpflichtung aller beteiligten Länder, in diesem Zeitraum besonders intensive Anstrengungen zu unternehmen, um den Gedanken der nachhaltigen Entwicklung weltweit in den Bildungssystemen zu verankern. Der Fokus liegt dabei auf dem übergeordneten Ziel der *Gestaltungskompetenz*, die sich zusammenfügt aus folgenden Teilzielen:
- Weltoffen und neue Perspektiven integrierend Wissen aufbauen.
- Vorausschauend denken und handeln.
- Interdisziplinär Erkenntnisse gewinnen und handeln.
- Gemeinsam mit anderen planen und handeln können.
- An Entscheidungsprozessen partizipieren können.
- Andere motivieren können, aktiv zu werden.
- Die eigenen Leitbilder und die anderer reflektieren können.
- Selbstständig planen und handeln können.
- Empathie und Solidarität für Benachteiligte zeigen können.
- Sich motivieren können, aktiv zu werden (vgl. www.bne-portal.de).

Für alle in der UN organisierten 192 Länder bedeuteten diese Vereinbarungen eine Orientierung und die Verpflichtung, sie jeweils in die länderspezifischen Bildungssysteme einzupassen. Dass dies je kulturelle, inter- und intrakulturelle Herausforderungen sind, kann jeder nachvollziehen, der sich mit (inter)kulturellem und globalem Lernen befasst (vgl. Lang-Wojtasik in diesem Band). Diese Art des Lernens erfolgt im Rahmen sozialer Interaktionen, und zwar gewissermaßen mitlaufend, implizit und zunächst unreflektiert, oft auf der Grundlage religiöser Orientierungen und Glaubenssätze oder auch anderer Ideologien, Normen und Wertvorstellungen. Ein kultureller Konsens zeigt sich als Muster gemeinsamer Prämissen, an die sich alle gebunden sehen (vgl. Schein 1995). Wenn allerdings die von den UN vereinbarten Ziele mit Glaubens- oder Rechtsfragen in Widerspruch geraten, werden ungewollt Probleme erzeugt, die eine nationale Umsetzung eines global gefassten Ziels verhindern. Zu denken ist an westeuropäische Rechtssysteme und die auf der islamischen *Scharia* beruhenden Rechtsauffassungen, die aber heutzutage in westeuropäischen Bildungssystemen zusammentreffen und, wie wir wissen, auch Probleme bereiten (vgl. Weiss 1998 und Ates 2008).

Am Beispiel der Bundesrepublik Deutschland lässt sich zeigen, wie internationale visionäre Vereinbarungen umgesetzt werden bzw. wie der Versuch einer Implementierung erfolgt. Die Bundesregierung beschloss im Jahr 2004, die UN-Dekade mit dem Aufruf zur *Allianz Nachhaltigkeit Lernen* zu unterstützen. Dazu hat eine Bund-Länder-Kommission auf der Grundlage der internationalen Vereinbarungen einen Orientierungsrahmen entwickelt, der sechs didaktische Prinzipien enthält und ihnen jeweils Schlüsselqualifikationen zuordnet (vgl. de Haan, Harenberg 1998, S. 10f.), die in die länderspezifischen Bildungspläne eingearbeitet werden sollten:

- System- und Problemlöseorientierung: Intelligentes, problembezogenes Wissen, Systemisches (vernetztes) Denken, Antizipatorisches (zukunftsgerichtetes) Denken, Phantasie und Kreativität, Forschungskompetenz, Methodenkompetenz.
- Verständigungs- und Werteorientierung: Dialogfähigkeit, Selbstreflexionsfähigkeit, Werteorientierung, Konfliktlösefähigkeit.
- Kooperationsorientierung: Teamfähigkeit, Gemeinsinnorientierung, Lernen in Netzwerken.
- Situations-, Handlungs- und Partzipationsorientierung: Entscheidungsfähigkeit, Handlungskompetenzen, Partizipationsfähigkeit.
- Selbstorganisation: Selbstorganisation von Lernprozessen, Evaluationskompetenz, Bereitschaft und Fähigkeit zu lebenslangem Lernen.
- Ganzheitlichkeit: Vielfältige Wahrnehmungs- und Erfahrungsfähigkeit, konstruktiver Umgang mit Vielfalt, globale Perspektive.

Das Beispiel zeigt, dass wir im Bildungsbereich in einer globalen Komplexität angekommen sind und dass somit der einzelne Lehrer, die Lehrerin in ungewohnter Weise von einem für sie möglicherweise beängstigenden Überbau von Ideen, Vorgaben, Rahmenplänen, Gesetzen und Richtlinien nahezu erdrückt zu werden scheinen. Im besten Fall könnte man sich optimistisch und zukunftsorientiert als 'global teacher' begreifen. Ob man diese Art der Globalisierung im Schulalltag als Gewinn sehen kann, hängt von der je eigenen Haltung und dem Selbstverständnis ab, nicht zuletzt vom Verständnis der eigenen Kultur und des kulturellen Lernens im internationalen Kontext, als 'global-glocal learning'. Es ist unabdingbar, in dieser Welt den Umgang mit Unsicherheit als wichtige Voraussetzung zu entwickeln. Gerade Lehrerinnen und Lehrer müssen humorvolle Optimisten sein und dürfen sich nicht fürchten. Sie sollten ihren Schülerinnen und Schülern stets Chancen eröffnen können und ihnen zeigen, wie man Probleme zu lösen vemag. Meines Erachtens müssen Lehrerinnen und Lehrer auch einen fundierten Wissensbestand besitzen und diesen stetig aktuell halten. Hinsichtlich der globalen politischen Vereinbarungen im Bildungsbereich ist das Lehrerwissen zum Beispiel in Baden-Württemberg ernüchternd: Obwohl die Weltstaatengemeinschaft sich über Bildung und Bildungssysteme, über Normen und Ziele für eine Weltgesellschaft verständigt hat, obwohl dies in Deutschland wie in vielen anderen Ländern von der Regierung aufgegriffen und in Schriften und Projekten umgesetzt wurde, ist festzustellen, dass in Baden-Württemberg zwischen 1999 und 2004 mehr als 70 % der Lehrkräfte weder von *Bildung für Nachhaltige Entwicklung* noch von der *UN-Dekade Bildung für Nachhaltige Entwicklung* etwas wussten. Nur 2,2 % kannten die Dekade. Die ausgearbeiteten und den Schulen bereitgestellten Materialien kannten nur 1,8 % (Rieß 2008, Seybold 2008a, S. 21). Dass dies so ist, zeigt, dass die zentrale Steuerung einen Mangel an transparenter und offener Kommunikation offenbart bzw. dass die Art der Kommunikation nicht angemessen sein kann, weil Informationen nicht dort ankommen, wo sie in konkretes Handeln münden sollen. Offenbar erkennen die Lehrerinnen und Lehrer auch keine Verpflichtung, sich zu informieren. Das Dilemma liegt darin, dass zentral etwas ausgehandelt und vorgegeben wird, was jene umzusetzen haben, die am anfänglichen Denk- und Entscheidungsprozess

nicht teilnehmen und die sich darum wohl auch nicht dafür interessieren. Gerade für Lehrerinnen und Lehrer könnte aber eine globale Orientierung, bei der eine Vision immer weiter konkretisiert und in Einzelziele heruntergedekliniert wird, sehr viel Sicherheit bieten – sie kann als Leitidee und Richtwert dienen. Gerade in einer zunehmend individualisierten Welt sollte man dies nicht als Zumutung, sondern als Unterstützung und als Chance aufnehmen. Jean-Pol Martin arbeitet mit seinem Konzept 'Lernen durch Lehren' (LdL) seit vielen Jahren am Aufbau einer 'Netzkompetenz', die es ermöglicht, mit modernen Medien weltweit zu kommunizieren und sich so in einer Weltlerngemeinschaft zu verständigen (vgl. www.ldl.de).
International werden nicht nur Visionen, Prinzipien und Bildungsnormen ausgehandelt; zugleich haben die Staaten der OECD sich verpflichtet, die Qualität ihrer Bildungssysteme regelmäßig zu überprüfen. Die OECD nimmt als Organisation für ökonomische Zusammenarbeit und Entwicklung (**O**rganisation for **E**conomic **C**ooperation and **D**evelopment) die Bildungssysteme und deren Leistungsergebnisse in den Fokus. Hier geht es offensichtlich um Bildung als Wirtschaftsfaktor. Die PISA-Studien sind in diesem Kontext die bekanntesten. Erstmals in Deutschland wurden im Jahr 2000 Zahlen, Daten und Fakten vorgelegt, was einer Stärken- und Schwächenanalyse des deutschen Bildungssystems gleichkam. Wesentliche Defizite wurden zwischen 2001 und 2004 vom deutschen PISA-Konsortium offengelegt:

- Tendenziell schwache Leistungsergebnisse im Vergleich mit denjenigen OECD-Staaten, die über ähnliche politische, wirtschaftliche und soziale Bedingungen verfügen wie Deutschland.
- Schwächere wie besonders leistungsstarke Schülerinnen und Schüler werden nicht hinreichend gefördert.
- Große Leistungsunterschiede zwischen den Bundesländern.
- Offensichtlich bildet das gegliederte Schulsystem in vielen Bundesländern nicht die tatsächlichen Schülerkompetenzen ab, sondern lediglich den sozialen Hintergrund der Schülerinnen und Schüler. Dadurch entsteht eine signifikante soziale Benachteiligung.
- Zu verzeichnen ist ein tendenziell instruierender, lehrerorientierter, fragend entwickelnder Unterrichtsstil mit der Vorstellung, man habe es mit homogenen Gruppen zu tun, die im Gleichschritt zur gleichen Zeit den gleichen Stoff lernen.
- Keine Tradition hinsichtlich empirischer Studien und Rechenschaftslegung der Schulen in Deutschland.
- Eine traditionell hierarchische, von den Akteuren an den Schulen nicht selten als obrigkeitsstaatlich empfundene Gesamtsteuerung des Schulsystems mit vielen Verwaltungsebenen, wobei die Einzelschule am Ende einer langen Kette von Akteuren steht, ohne ausreichenden Entscheidungsspielraum und ohne die Verpflichtung zur Qualitätssicherung und somit zur Eigenverantwortung.
- Die Schulen fühlen sich nicht verantwortlich für die Leistungsergebnisse ihrer Schülerinnen und Schüler, sondern verweisen auf schlechte Bedingungen oder falsche politische Entscheidungen (vgl. PISA-Konsortium 2001 und 2004).

Bemerkenswert waren damals für mich im unmittelbaren Erleben die Reaktionen auf diese neue und für die Beteiligten und Betroffenen ungewohnte Art, ein Bildungssystem zu reflektieren. Nicht zuletzt haben viele Akteure, insbesondere auch Lehrerinnen und Lehrern, die Studie und das zugrunde liegende Forschungsdesign in Frage gestellt. Das Bild vom eigenen Bildungssystem war ein ganz anderes als die Ergebnisse, mit denen man sich nun auseinandersetzen musste. Insbesondere wurde angezweifelt, dass die an die angelsächsische Lernkultur angelehnte Vorgehensweise, insbesondere hinsichtlich der Aufgabenstellung und Kompetenzorientierung, zur deutschen Tradition passe. Besonders emotional hat man die Debatte um das gegliederte Schulsystem geführt. Die Bundesländer im föderal organisierten deutschen Bildungssystem überboten sich darin, sich als jeweils besser als das je andere Land darzustellen. In Baden-Württemberg wurden zum Ausgleich erkannter Defizite einerseits bereits geplante Reformen dynamisch vorangetrieben. Andererseits stellten einzelne Bildungspolitiker das eigene Bundesland immer als besonders erfolgreich dar, obwohl es, wie Baden-Württemberg, gerade einmal gleichauf mit der am schlechtesten bewerteten kanadischen Provinz abgeschnitten hatte. Die fatale Tatsache, dass zum Beispiel das Bildungssystem in Baden-Württemberg extreme soziale Benachteiligungen mit sich brachte, wurde nicht in einem Ziel führenden Diskurs, sondern in Debatten mit obrigkeitsstaatlichem Charakter abgehandelt. Deutlich wurde dies in einer Auseinandersetzung zwischen 100 oberschwäbischen Hauptschulrektoren, die es wagten – in einem demokratischen Kontext, versteht sich! –, einen offenen Brief an ihren Kultusminister zu schreiben und darin auf die von den wissenschaftlichen Studien aufgedeckten Widersprüche aufmerksam zu machen. Betroffene wurden auf ihre Beamtenpflichten verwiesen. In der Folge bildete sich die Initiative *Länger Gemeinsam Lernen (vgl: www.laenger-gemeinsam-lernen-bw.de)*, im Gegenzug in Baden-Württemberg das *Aktionsbündnis Gegliedertes Schulwesen,* initiiert vom Philologenverband (vgl. www.aktionsbündnis-gegliedertes-schulwesen). Während die Initiative für das längere gemeinsame Lernen sich auf wissenschaftlich abgesicherte Erkenntnisse beruft, sind im Aktionsbündnis für das gegliederte Schulwesen ein veralteter Begabungsbegriff zu finden, verbunden mit der These, das gegliederte Schulsystem weise eine besonders hohe Durchlässigkeit auf, was gerade in diesem Bundesland nach der Einführung des achtjährigen Gymnasiums bestenfalls eine 'Durchlässigkeit nach unten' ist. Allerdings sei hervorgehoben, dass diese Nachteile ein sehr gut ausgebautes berufliches Schulwesen auffängt. Im Gegensatz zu anderen OECD-Staaten, bedingt durch eine auch vom PISA-Konsortium als besonders gut bewertete berufliche Bildung, sind die Defizite der 15-jährigen offenbar bei den 25-jährigen ausgeglichen. In dieser Altersgruppe ist der Stand der Berufstätigkeit wesentlich höher bzw. die Arbeitslosigkeit wesentlich geringer als zum Beispiel in Finnland oder Frankreich.

5.2.3 Bildungssteuerung am Beispiel Baden-Württembergs

Unabhängig von globalen Vereinbarungen mit dem Ziel einer Gesellschaft von Weltbürgern in einer lernenden Weltgesellschaft haben wir es mit konkreten Orten und Regionen zu tun, in denen die Akteure nicht ständig bewusst global denken und handeln. In Deutschland gibt es 16 Bundesländer und somit entsprechend unterschiedlich ausgeprägte Bildungssysteme. Die Kultusministerkonferenz versucht, den föderalen Tendenzen mit Vereinbarungen, Bildungsstandards und Rahmenrichtlinien entgegenzuwirken. Dennoch: Schularten, Curricula und Bildungspläne werden allerorten neu und anders entwickelt und gestaltet (vgl. DIE ZEIT vom 21.01.2010, S. 63). Als ein Ergebnis hat die PISA-Studie aus dem Jahr 2000 gezeigt, dass gerade in Deutschland ein traditionell bürokratisches staatliches Steuerungssystem praktiziert wird, das von Betroffenen nicht selten immer noch als obrigkeitsstaatlich erlebt wird, als „strukturell gestörtes Verhältnis" in Verbindung mit einem „private cold war" zwischen den Akteuren der Einzelschulen und der staatlichen Schulaufsicht (vgl. Ruep, Keller 2005, S. 6). Das entspricht den Ergebnissen von OECD-Studien im Verwaltungsbereich (vgl. Naschold 1995, 1996, 1998). Hier zeigt sich die Bundesrepublik Deutschland als schwerfällig bei Reformen im gesamten öffentlichen Sektor. Als besonders defizitär gilt die deutsche Verwaltung hinsichtlich des Einbezugs des Bürgers als Kunden, der Kostenstrukturen und der Innovationsdynamik. Außerdem ist die Bürokratie gekennzeichnet „durch ein hohes Maß horizontaler Abschottung und vertikaler Hierarchie…, die der Nutzung von Qualifizierung und dem Lernen … deutliche Grenzen setzt" (Naschold 1997, S. 35). Dies ist auch für den Bildungsbereich bedeutsam, wenn man feststellen muss, dass seine Organisation einen mehrstufigen bürokratischen Überbau kennzeichnet. Bildungssysteme, die stets auf Freiheit und Mündigkeit abzielen, sind von einer Struktur geprägt, die gerade Freiheit und Mündigkeit in erheblichem Maß einschränken. Lehrerinnen und Lehrer sehen sich am unteren Ende einer Kette von Hierarchiestufen und müssen den Eindruck gewinnen, keinen Spielraum für eigene Entscheidungen zu haben. Schulen gelten als untere Sonderbehörden, die bis vor Kurzem weder ihr Personal noch ihr Budget beeinflussen konnten. Nach dem klassischen bürokratischen Steuerungskonzept ging man davon aus, dass, wenn alles detailliert in Gesetzen, Erlassen und Ausführungsbestimmungen niedergeschrieben und in ein umfangreiches Schulgesetz gefasst ist, alle sich daran halten und dass jede übergeordnete Stufe im System die jeweils darunter stehende zu kontrollieren vermöge. Nun sah man sich der bitteren Erkenntnis gegenüber, dass eine derartige zentrale Steuerung die Einzelschule nicht stärkt, sondern sie stets in der Situation belässt, keine Verantwortung übernehmen zu müssen. Im Effekt bedeutet dies eine Schwächung und eine organisierte Verantwortungslosigkeit, denn die Verantwortung lässt sich jeweils auf die übergeordnete Hierarchiestufe abwälzen. Hinzu kam, dass Deutschland bis dahin das einzige Land innerhalb der OECD-Staaten war, in dem Schulen keine Rechenschaft über ihr Handeln und über ihre erzielten Ergebnisse ablegen mussten – eine selbstverständliche Folge aus der Annahme, dass das hierarchische Kontroll- und Aufsichtssystem erfolgreich sei. Nun ist es besonders problematisch, wenn ein Bildungssystem mit den gleichen bürokratischen Verfahren gesteuert und organisiert wird wie andere Verwaltungen (z. B. die Polizei oder der Straßenbau). Hier zeigen sich die Widersprüche in besonderer Weise, da die Passung zwischen der Zielsetzung von Bildung und der verwendeten Verfahren nicht stimmt. In allen Bundesländern, so auch in Baden-Württemberg, startete man Reformen, deren weitreichendste diejenige war, die man als Wechsel von der Input- zur Output- bzw. Outcome-Steuerung bezeichnete. Dies war verbunden mit der Einführung der 'Neuen Steuerungsinstrumente' (NSI) in der gesamten Landesverwaltung. Das Ziel bestand darin, insgesamt dem Prinzip der Subsidiarität Rechnung zu tragen und die Verantwortung jeweils im konkreten Handlungsfeld anzusiedeln. Im Schulsystem ist das die Einzelschule. Das bedeutete einen Paradigmenwechsel, insoweit die Steuerung vom Kopf auf die Beine gestellt werden musste. Vor allem bedeutete es eine veränderte Führungskultur, eine Abgabe von Machtpositionen, die erhebliche Widerstände hervorrief. Die Unterschiede des Bildungssystems einschließlich der Schulen und anderer Verwaltungskulturen ergaben sich hinsichtlich des Qualitätsbegriffs und der Kommunikationsweise:

Qualität hat eine betriebswirtschaftliche Ausrichtung im Kontext der Neuen Steuerungsinstrumente. Es geht um Produkt- und Kundenorientierung, Effektivität und Effizienz der eingesetzten Ressourcen unter Einsatz betriebswirtschaftlicher Methoden wie 'Balanced Score Card', 'Kostenleistungsrechnung (KLR)', 'kontinuierlicher Verbesserungsprozesse (KVP)' oder 'Benchmarking'. Der Eindruck von Objektivität aufgrund einer reinen Quantifizierung wird vermittelt. Die Schule dagegen vertritt einen Qualitätsbegriff, der nicht allein in Kennzahlen, Indikatoren und quantitativ fassbaren Ergebnissen zu greifen ist. Qualität orientiert sich am individuellen Lernen. Schülerinnen und Schüler sind dabei keine Kunden im betriebswirtschaftlichen Sinn, sondern Mitverantwortliche ihres je individuellen Lernprozesses. Objektivität ist nur bei den messbaren Ergebnissen herstellbar, die aber höchst subjektiv zustande kommen. Die subjektiven Prozesse lassen sich kaum quantifizieren. Was dabei auf welche Weise wirkt, ist nicht ohne weiteres auszumachen. Wenn man nur mit Kennzahlen arbeitet, verliert man andere Qualitäten, die aber im pädagogischen Feld erheblichen Einfluss haben. Ein Unterschied zeigt sich auch in der Kommunikationsweise. Während Verwaltungen beanspruchen, rational-technologisch und zweckgerichtet zu kommunizieren – häufig geschieht dies indirekt über Akten, Richtlinien und Erlasse, also eher unpersönlich im Rahmen von Stab-Linien-Hierarchien –, wird in der Schule in großer persönlicher Nähe kommuniziert, die Hierarchie ist flach. Insbesondere im Klassenzimmer ist sie diskursiv, interaktiv, emotional und stets direkt und sehr persönlich. Die Abhängigkeit in der Lehrer-Schüler-Beziehung ist zudem eine spezifisch andere als diejenige von Vorgesetzten und Mitarbeitenden. Hier gilt ein anderes Selbstkonzept als in der allgemeinen Verwaltung (vgl. auch Augst, Ruep 2007, S. 2). Trotz dieser erkennbaren Problematik wurde in Baden-Württemberg das Bildungssystem analog zur restlichen Landesverwaltung behandelt, was bis heute immer wieder zu Problemen führt, eigentlich zu vermeiden gewesen wären, hätte man die Besonderheit von Bildung im Kontext der Reformen reflektiert. Immerhin gab es auch erfolgreiche, wissenschaftlich abgesicherte Entwicklungen, wie etwa das Konzept der 'Operativ Eigenständigen Schule' (vgl. www.schule-bw.de/schularten/berufliche_schulen/oes). Zunächst wurde dieses Modell im beruflichen Bereich erfolgreich implementiert. Die Einführung in den allgemeinbildenden Schulen ist noch nicht abgeschlossen. Das Kultusministerium in Baden-Württemberg war das einzige Ressort, das sich die Mühe machte, mit professioneller Unterstützung eine Vision zu formulieren und daraus ein Zielsystem (Balanced Score Card/BSC) abzuleiten:

VISION des KULTUSRESSORTS

- Wir stehen für **umfassende Bildung und Erziehung** von Kindern, Jugendlichen und erwachsenen Lernenden.

- Das bedeutet die **Entfaltung der Persönlichkeit** durch Entwicklung der personalen, fachlichen, methodischen, und sozialen Kompetenzen.

- Hierfür sind Dialog, Vernetzung und Kooperation von schulischen und **außerschulischen Partnern** unverzichtbar.

- Wir stehen für **Qualitätsentwicklung, Qualitätssicherung und Zukunftsfähigkeit** unseres Bildungsangebots.

- Wir stärken das Bewusstsein, dass Bildung eine **zentrale Investition** in die Zukunft darstellt.

- Im Sinne einer effizienten und effektiven Organisation **(Subsidiaritätsprinzip)** der Bildungseinrichtungen verfolgen wir das Ziel der **Stärkung der Eigenständigkeit.** (Vgl. Ruep, August 2007)

Auffallend ist, dass die globalen oder interkulturellen Aspekte fehlen, obwohl die o. g. Vereinbarungen auf UN-Ebene getroffen und von Bund und Ländern in Deutschland als verpflichtend angesehen worden waren. Führen wir uns vor Augen, dass zum Beispiel in der Stadt Stuttgart bereits ca. 50 % der Schülerinnen und Schüler Kinder und Jugendliche mit Migrationshintergrund sind, müsste dieser Aspekt heute dringend aufgenommen werden.

Aus der Vision abgeleitete Ressortziele, die 14. Legislaturperiode betreffend:

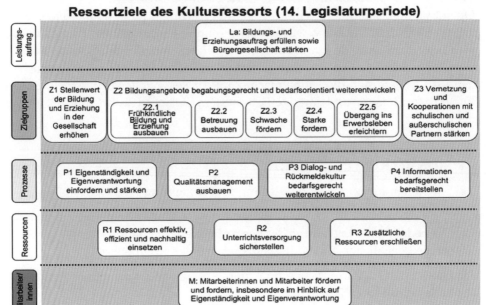

Betrachten wir die formulierte Vision und die daraus abgeleiteten Ziele, wird deutlich, dass der Weg von einer engen Vorgabensteuerung hin zu mehr Eigenständigkeit und Eigenverantwortung der Einzelschule als notwendig erkannt worden ist: Die Bildungsziele sind in Verbindung mit Qualitätssicherung auf der Grundlage des Subsidiaritätsprinzips genannt. Dies findet sich auch bei der Konkretisierung der Ziele im Rahmen einer Balanced Score Card wieder, wo ebenfalls auf den Ausbau eines Qualitätsmanagements und auf die Eigenverantwortung der Mitarbeitenden abgezielt wird. Die Vision einschließlich der Zielformulierung dient als Grundlage für Zielvereinbarungen zwischen allen Ebenen des Schulsystems in Baden-Württemberg. So wurde darauf basierend im Regierungsbezirk Stuttgart zwischen 2005 und 2008 ein Zielvereinbarungssystem implementiert (vgl. Augst, Ruep 2007, S. 4–19). Diese Umsteuerung ist als Prozess bis heute noch nicht abgeschlossen und immer wieder gefährdet. Dies gilt vor allem dann, wenn politische Veränderungen anstehen oder wenn Probleme auftauchen und der Rückfall in zentralistische Muster als effizienter erachtet wird als der Verbleib auf dem eingeschlagenen Weg. Parallel zu dieser Vorgehensweise wurde – übrigens vergleichbar in allen Bundesländern in Deutschland – das Landesinstitut für Schulentwicklung als eigenständiges Institut aufgebaut. Das Ziel besteht darin, die Schulen unabhängig von der Schulverwaltung bzw. Schulaufsicht in ihren Qualitätsprozessen zu begleiten. Ein für alle verbindlicher Orientierungsrahmen mit definierten Qualitätsbereichen wurde erstellt.

Die Qualitätsbereiche
- Unterricht als Lehr-Lernprozesse,
- Professionalität der Lehrkräfte,
- Schulführung und Schulmanagement,
- Schul- und Klassenklima sowie
- Inner- und außerschulische Partnerschaften

sollen in eigenverantwortlichen Qualitätsüberprüfungen in Form von Selbstevaluationsprozessen bewertet werden. Die Schulen erstellen Leitbilder, entwickeln Schulprofile und Schulprogramme und werden in regelmäßigen Abständen auf der Basis ihrer Selbstevaluationsergebnisse von Expertenteams des Landesinstituts für Schulentwicklung im Rahmen von Fremdevaluationen begutachtet. Dies soll als stetiger Verbesserungsprozess in einen immer wiederkehrenden Qualitätskreislauf einmünden, so dass es für die Einzelschule selbstverständlich wird, sich an übergeordneten Zielsetzungen zu orientieren, ihre Wege allerdings eigenständig je nach Ort und Kontext bzw. Schulprofil und Schulprogramm auszugestalten (vgl. www.ls-bw.de). Die Schulaufsicht überwacht die Einhaltung vorgegebener Standards mittels Vergleichsarbeiten und zentralen Abschlussprüfungen. Damit wird der gesellschaftliche Konsens hinsichtlich dessen, was das Bildungssystem im Ergebnis leisten soll, gewährleistet. Die Gefahr besteht – und erste Tendenzen bestätigen dies –, dass somit durch die Hintertür erneut eine zentralistische Steuerung zurückkehrt und die Einzelschulen sich stärker an den zu erwartenden Tests als an den curricularen oder gar übergeordneten visionären Bildungszielen orientieren. Es fällt außerdem auf, dass bei ersten Selbstevaluationsprozessen der Qualitätsbereich *Unterricht als Lehr-Lern-Prozese* tendenziell eher ausgelassen wurde. Offenbar ist es für Lehrpersonen problematisch – zumindest in Deutschland, spezifisch in Baden-Württemberg –, sich auf der Mikroebene in aller Offenheit in die Karten schauen zu lassen. Hier greift immer noch das traditionelle Bild der kontrollierenden Aufsicht im Gegensatz zur gewünschten Vorstellung der Selbstvergewisserung dank Qualitätsmanagement (vgl. Ruep, Keller 2007). Das Misstrauen von Lehrkräften in eine verordnete Freiheit ist in Deutschland angesichts der traditionellen Strukturen und Verfahren besonders groß.

5.3 Gelingensbedingungen: Wie kultiviere ich Freiheit bei dem Zwange?

5.3.1 Exkurs: Bildungssysteme und Bildungsprozesse im Kontext verschiedener Ordnungssysteme

Der französische Philosoph André Comte-Sponville unterscheidet in seinen Ausführungen über Moral und Ethik vier von ihm als universell bezeichnete Ordnungen bzw. Analyseraster:
- Die technowissenschaftliche Ordnung
- Die rechtlich-politische Ordnung

- Die Ordnung der Moral
- Die ethische Ordnung (vgl. Comte-Sponville 2009, S. 53 ff.).

Auch bei Max Weber finden sich entsprechende „ethische, religiöse, rechtliche, politische Ordnungen" (Weber, in: Fitzi 2008, S. 69), die wie bei Comte-Sponville als widersprüchlich definiert werden, was bei Nichtbeachtung zu Konflikten zwischen den Ordnungen führen kann. Im Spannungsfeld zwischen zentraler Vorgabe und konkreter Handlungssituation sind solche Konflikte geradezu vorprogrammiert. Das gilt insbesondere in individualisierten Gesellschaften mit unterschiedlichen Milieus oder unterschiedlichen Ethnien.

Die technowissenschaftliche Ordnung unterscheidet zwischen dem Möglichen und dem Unmöglichen. Technisch und wissenschaftlich gefragt geht es darum, was machbar oder nicht machbar, was wahr oder zweifelsfrei falsch ist. Diese Ordnung ist nicht aus sich heraus zu begrenzen (Freiheit der Wissenschaften), sondern benötigt ggf. eine zweite Ordnung, die rechtlich-politische, welche die erstere durch Gesetze einzuschränken vermag. Hier ist zu unterscheiden zwischen Legalität und Illegalität. Legal ist, was gesetzlich erlaubt, illegal, was gesetzlich verboten ist. Im Rahmen dieser Ordnung ist es allerdings durchaus möglich, egoistisch, verächtlich, hasserfüllt und bösartig zu handeln, denn gegenteilige Haltungen können per Gesetz nicht verordnet werden. Comte-Sponville spricht diesbezüglich in der ersten und zweiten Ordnung von potentiellen 'technowissenschaftlichen' oder 'legalistischen Lumpen'. Deswegen sind zur weiteren Begrenzung unerwünschter Verhaltensweisen zwei weitere Ordnungen notwendig, diejenigen der Moral und der Ethik. Was technowissenschaftlich oder legalistisch zwar erlaubt, aber nicht sinnvoll und billig (im ethischen Sinn von Billigkeit) ist, muss eine moralische Ordnung begrenzen. Darunter versteht Comte-Sponville, sich um seine eigene Pflicht zu kümmern im Rahmen „der Gesamtheit der Normen, die sich die Menschheit gegeben hat. ... Moralisch gibt es das, was ich tun muss (die Pflicht), und das, was ich nicht tun darf (das Verbot...) (ebd., S. 72)... Diese Begrenzung ergibt sich daraus, dass aus den beiden ersten Ordnungen ... das Schlimmste zu befürchten" (ebd., S. 73) sei. Dabei ist zwischen Moral und Moralisieren zu unterscheiden. Wer mit dem Zeigefinger der Moral auf andere zeigt, gilt als Moralisierer. Moral deutet nur auf die eigene Person und deren Pflichten. Ein „moralisierender Lump" (ebd., S. 74) wäre ein Pharisäer, zudem einer, dem etwas fehlt, was erst mit der ethischen Ordnung ins Spiel kommt: Die Liebe. Damit soll alles bezeichnet werden, was wir nicht nur im Sinn der Moral aus Pflichtgefühl, sondern was wir aus Liebe tun. Insoweit ist die ethische Ordnung mit einer Ordnung der Liebe gleichzusetzen. Die Gegensätze hier sind Freude und Trauer. Die Besonderheit dieser Ordnung ist ihre Grenzenlosigkeit, sie muss deshalb auch nicht durch eine weitere Ordnung begrenzt werden. In ihr finden sich die Wahrheitsliebe, die Freiheitsliebe und die Menschen- oder Nächstenliebe (vgl. ebd., S. 78).

Die Reflexion dieses Konzepts erscheint mir überaus hilfreich beim Thema Bildung und Bildungssteuerung bzw. Bildungsmanagement. Wenn wir es mit Bildung tun haben, können wir sie auf alle vier Ordnungen beziehen: Alle Bereiche der technowissenschaftlichen Ordnung können gleichermaßen Bildungsinhalte sein, wie sie die Bildungssteuerung bestimmen durch Wissensgenerierung oder Modellbildung. Somit wirkt diese Ordnung intensiv auf den je individuellen Bildungsprozess wie auch auf die Bildungssysteme und deren Steuerung ein. Das gilt gleichermaßen für die rechtlich-politische Ordnung, die staatliche Verfassungen, den Staatsaufbau, die Gesetzesverfahren und die Bildungspolitik als Teilsystem über bürokratische Abläufe und Kommunikationsweisen prägt. Ganz anders ist es mit den Ordnungen der Moral und der Ethik. Beide lassen sich nicht anordnen und als objektive Wissensbestände oder Techniken fassen. Hier geht es um Pflichten, um Werte und Normen, die aber gerade im Bildungsbereich unabdingbar sind. Individuelle Bildungsprozesse gelingen besonders gut, wenn sie in diesen Ordnungsbereich eingebettet sind. Was mit positiven Gefühlen und in einem liebevollen Umfeld gelernt wird, setzt sich in anderen Gehirnarealen fest als das, was mit negativen Erlebnissen verbunden ist (das ist mittels neurowissenschaftlichen Verfahren empirisch nachgewiesen, vgl. Hüther 1999, 2008 und www.win-future.de). Über die moralische Ordnung hinausreichend geht es hier um das „Handeln aus einem guten Willen heraus" (Ruep 1991, S. 53 f.). Diese Ordnung ist auf ein positives soziales Umfeld angewiesen. Da geht es insbesondere auch um die Gestaltung positiver sozialer Umgebungen, in denen die Bedürfnisse der Menschen beachtet und geachtet werden. Bildungsmanagement darf in demokratischen Kontexten mit adäquaten Verfassungsprinzipien den beiden letzten Ordnungen nicht entgegenstehen. Es liegt auf der Hand, dass Bildung im Ergebnis etwas anderes ist und sein muss als ein materielles Produkt, das in einer klar zu definierenden Prozesskette hergestellt wird. Bildung impliziert zum einen stets eine normative Voraus-Setzung, sie ist in einer Kultur und somit in Wertvorstellungen und Emotionen, Sitten und Gebräuchen verwurzelt. Bildung zielt auf individuelle Entwicklung und ist somit immer (auch) zweckfrei. Sie zielt vor allem immer auch auf Moralität und ethisches Handeln ab. Zugleich ist Bildung aus politischer Sicht auch ein Wirtschafts- und Standortfaktor, der Mensch als *Humankapital* gilt als Grundlage für die Prosperität von Staaten. Dort, wo es bei individuellen Bildungsprozessen auch auf Wissen, Fähigkeiten, Fertigkeiten und Qualifikationen ankommt, wird sie von Bildungspolitikern nicht nur als zweckfrei und Individualvergnügen betrachtet. Auf bildungsferne soziale Milieus übt die staatlich-politische Seite Druck und Macht aus, weil es eben auch kein Privatvergnügen sein kann, einfach keinen Bildungsprozess zu durchlaufen. Es wird deutlich, dass sich individuelle Bildungsprozesse, die Bildungseinrichtungen und nationale Bildungssysteme und deren Steuerung in allen vier genannten Ordnungen wiederfinden. Bildungsprogramme werden stark von technowissenschaftlichen Sachständen und Wissensbeständen bestimmt. Hier findet sich das Was der Bildung wieder. Wer international oder national Bildungssysteme steuert, bewegt sich in der rechtlich-politischen Ordnung. Hier werden Vereinbarungen, Vorgaben, Gesetze und Richtlinien ausgehandelt, die konkret in die je einzelne Bildungseinrichtung Eingang finden. In einer globalisierten Welt ist bereits dies eine große Herausforderung, weil die Vereinbarungen oder auch die Forschungsansätze zum einen stark kulturell geprägt sind, aber auch auf je unterschiedlich kulturell geprägte lokale, regionale, nationale Gegebenheiten treffen.

Die Ebenen von Moral und Ethik sind bei Bildungsprozessen, die individuell auf einzelne Personen abzielen, stets zentrale Ordnungen. Problematisch wird es, wenn die Aktionen auf mehreren Ordnungsebenen nicht gleichgerichtet sind, wenn also etwa das Handeln im technowissenschaftlichen oder im rechtlich-politischen Bereich den beiden anderen Ordnungen widerspricht. Die ersten beiden Ordnungen definiert Comte-Sponville insoweit als amoralisch, als Systeme nicht moralisch handeln können. Erst die einzelnen Menschen sind imstande, innerhalb der Ordnungssysteme moralisch und ethisch zu agieren. Wenn also die zentrale Steuerinstanz vor allem den ökonomischen Aspekt im Blick hat, kann die daraus folgende Entscheidung für einen konkreten Bildungsprozess an einer Schule zu Konflikten führen. Ziel ist zudem, sich in einer Gesellschaft als Bürger zu entfalten, teilzuhaben und die *res publica* mit zu gestalten. Gesellschaften, die diese Voraussetzung in ihren Verfassungen zugrunde gelegt haben, was in Europa der Fall ist, müssten deshalb darauf setzen, ihre Erziehungs- und Bildungssysteme adäquat zu organisieren. Gehen wir von eigenständigen oder gar (teil)autonomen Schulen aus, bedarf es eines Instruments, mittels dem die Vorgaben und ihre Konkretisierung im Rahmen von Zielvereinbarungsprozessen ausgehandelt werden.

5.3.2 Bildungssysteme als Lernende Organisationen

Organisations- und Steuerungssysteme haben Festlegungen zur Folge, die dazu führen, dass Offenheit und Flexibilität immer mehr eingeschränkt werden. Insbesondere bürokratische Systeme zeigen trotz ihrer Rationalität und Verlässlichkeit die Tendenz, zu erstarren und Formalismen zu erzeugen (Weber, in: Fitzi 2008, S. 79). Bürokratien fehlt es an „leitendem Geist" (ebd., S. 134), da lediglich die formale Ausführung vorgegebener Richtlinien geleistet werden darf. Damit tritt Eigenverantwortung vollständig hinter einem hierarchischen System zurück. Ein 'leitender Geist' würde womöglich aus moralisch-ethischen Gründen eine Richtlinie in ihrer Richtigkeit oder ihren moral-ethischen Grundbedingungen anzweifeln, was im Paradigma der Bürokratie gegen die Gehorsamspflicht verstiesse. Gerhard Schwarz unterstreicht diese Problematik mit dem Hinweis, dass Hierarchien von unangetasteten Axiomen ausgehen (vgl. Schwarz 2007, S. 161 ff.):

- Entscheidungsaxiom: Die Entscheidungen können nur von der zentralen Stelle aus getroffen werden.
- Wahrheitsaxiom: Die zentrale Stelle verfügt immer über mehr und wichtigere Informationen als die Peripherie.
- Weisheitsaxiom: Die Ausbildung erfolgt gemäß den Aufgaben (effizient und professionell).
- Dependenzaxiom: Die Zentralfunktionäre werden zu Herrschern, die Peripherie zu Untertanen, die von den Obertanen abhängig sind.

Es liegt auf der Hand, dass Bildungsprozesse in einem aufgeklärten Staatswesen mit in demokratischen Verfassungen festgelegten an den Menschen orientierten Grundwerten eine solche Form bürokratischer, hierarchischer Steuerung verbietet.

Sie macht Menschen zu Untertanen, anstatt sie als partizipierende Bürger mit Gestaltungskompetenz zu sehen. Verantwortungsübernahme würde dabei nicht erzeugt, sondern verhindert. Darum ist zu überlegen, welches Organisationsmodell Bildungsorganisationen gerecht zu werden vermag.

Das folgende Modell habe ich in Baden-Württemberg in mehreren Leitungsfunktionen meiner Arbeit zugrunde gelegt und mit Methoden der Aktionsforschung weiterentwickelt (zum Beispiel als Schulleiterin in der Kraichgau Realschule Sinsheim und als Oberschulamtspräsidentin im Oberschulamt Tübingen: vgl. Ruep 1999 und 2004). Es handelt sich um die Verbindung des Konstrukts „Lernende Organisation" (Senge 1996a, b, 2000, 2006) mit einer zielbasierten Ergebnis- und Wirksamkeitssteuerung unter Einbezug des 'Santiagoprinzips' als Personalentwicklungskonstrukt (vgl. Arnold 2000). Das Zusammenspiel der von Peter Senge entwickelten fünf Disziplinen der Lernenden Organisation und einem zielorientierten Steuerungsmodell stellt sich so dar:

1. *Individuelles Lernen (Personal Mastery)*: Darunter versteht Senge die Fähigkeit zum (Weiter)Lernen – ein Leben lang. Die hier implizite dauerhafte Neugier, das stetige explorative Verhalten mit Eigenverantwortung setzt je persönliche Kompetenz auf je aktuellem Stand voraus, womit auch die größtmögliche Beteiligung am Handeln im Rahmen des Gesamtsystems gewährleistet ist. Nur eine solche Grundlage führt zu einer demokratischen Bürgergesellschaft in einer zugleich globalisierten Wissens- und Bildungsgesellschaft. Wer in seinem Handlungsfeld kein ausreichendes und umfassendes Expertenwissen und -können besitzt, kann letztlich professionell weder an Entscheidungsprozessen teilnehmen noch eigenverantwortlich handeln. So muss zum Beispiel die Arbeitszeit von Lehrerinnen und Lehrern die eigene Weiterbildung als Lernzeit enthalten. Individuelles Lernen ist die Grundlage für professionelle Zielklarheit.

2. *Gemeinsame Vision*: Die Vision gilt als die an ethischen Grundsätzen ausgerichtete Zielorientierung, die erst eine Prioritätensetzung sowie den effektiven und effizienten Ressourceneinsatz mit Überprüfung nachhaltiger Qualität ermöglicht. Eine Vision als Grundlage für zielgerichtetes Vorgehen und Qualitätsmanagement gehören zusammen wie die beiden Seiten einer Medaille. Nun wird deutlich, wie wichtig die oben genannten Ordnungen als Analyseraster sind, weil hier die ethische Ordnung auf die anderen drei Ordnungen zurückwirkt.

3. *Teamlernen*: Beim Steuern mit Zielen kommt der gemeinsamen Reflexion und dem Dialog zur Zielfindung eine große Bedeutung zu, insbesondere zunächst zwischen den beteiligten Ebenen (Schule oder Schulverwaltung), bevor individuelle Zielvereinbarungsgespräche stattfinden. Dazu ist Teamlernen unerlässlich, zumal in einer Welt, in der Einzelne in Bezug auf das vorhandene Gesamtwissen immer weniger wissen. Das Wissen und die Perspektiven möglichst Vieler sind notwendig für professionelles Wissensmanagement und für daraus folgendes zielgerichtetes Handeln.

4. *Mentale Modelle*: Mentale Modelle als sehr früh und nachhaltig ausgeprägte Denk-, Deutungs- und Handlungsmuster beeinträchtigen Lernen, wenn sie nicht explizit gemacht werden. Dies gilt besonders für Ziele, deren Sinn aufgrund bestehender Muster und defizitärem Vorwissen nicht einsehbar ist. Deshalb ist für jegliche Veränderung, so auch für eine gelingende Zielvereinbarungskultur, der Dialog über ggf. hinderliche, subjektive mentale Modelle zwingend notwendig. Über dieses Phänomen wird in den meisten Organisationen nicht geredet, obwohl es implizit große Wirkkraft besitzt. Widerstände gründen häufig auf nicht reflektierten mentalen Modellen. Dadurch werden Innovationen und Implementierungsprozesse in Organisationen zu über 60 % verhindert (vgl. Ruep, Keller 2004). Dies gilt umso mehr in Organisationen mit großen kulturellen oder interkulturellen Unterschieden, aber auch für Bildungseinrichtungen, die wissenschaftlich geprägte Paradigmen bestimmen. Gerade wissenschaftliche Theorien und Modelle haben als mentale Modelle eine Wirkkraft und sie sind nicht selten veränderungsresistent.
5. *Systemisches Denken*: Für ein Steuern mit Zielen ist systemisches Denken und Handeln, der Blick für das große Ganze, außerordentlich wichtig. Denn hier geht es immer um eine Kooperation zwischen Systemen, die von unterschiedlichen Kommunikationsmustern geprägt sind. Eine Zielvereinbarungskultur einzuführen und dabei zwei Kommunikationsweisen zu verbinden, erfordern das systemische Denken und Handeln wie keine andere der genannten Disziplinen. Sowohl die Akteure der Zentrale (zum Beispiel ein Bildungspolitiker) wie diejenigen an einer einzelnen Schule (Lehrerin/Lehrer) benötigen systemisches Denken, wollen sie mit den auftretenden Widersprüchen umgehen können.

Wesentliche Grundsätze des Konzepts der Lernenden Organisation sind Partizipation und Dialog. Beide Prinzipien stehen dem Konstrukt der Weber'schen Bürokratie oder demjenigen der Schwarz'schen Hierarchie diametral entgegen. Da letztere sehr effizient sind, stellt ein Wandel des Steuerungsparadigmas eine große Herausforderung dar. In Skandinavien, in der Schweiz und in Kanada kann man lernen, wie dies gerade in Bildungssystemen besser gelingt als etwa in der Bundesrepublik Deutschland.

Wer ein Bildungssystem so umsteuert, dass das Subsidiaritätsprinzip eingehalten wird, muss Freiheit und Verantwortung zusammen denken (vgl. Liket 1995). Meine langjährige Erfahrung in Führungsfunktionen im Bildungssystem Baden-Württemberg sowie die Ergebnisse der als Forschungsprojekte angelegten Veränderungsprozesse bestärken mich zunehmend in der Überzeugung, dass bei solchen Verfahren vor allem der Mensch in den Mittelpunkt aller Überlegungen zu stellen sei (vgl. Ruep 2009). Wir sprechen nicht selten auch von den *weichen Faktoren*, die meines Erachtens die härtesten überhaupt sind. Wer als Lehrerin, Lehrer oder als Führungsperson den Menschen nicht beachtet, um den es jeweils geht, wird immer wieder scheitern. Rolf Arnold hat für das 'Lernende Unternehmen' das Modell 'Santiagoprinzip' entwickelt, das ich als ideales Personalentwicklungskonzept der Lernenden Organisation beurteile. Die Symbolik des Pilgerpfads zeigt die Beweglichkeit der Organisation, ihre Offenheit, ihr stetiges Auf-dem-Weg-Sein. „Die Gestaltung von lernenden Unternehmen erfordert eine neue Grundhaltung, die der des Pilgerns durchaus verwandt ist." (Arnold 2000, S. 11) Dabei sind die folgenden Einzelelemente zu beachten:

- **S**tellvertretende Führung: D.h., jeder führt sich selbst und handelt eigenverantwortlich in einem Kontext der Offenheit und der Interaktion mit den anderen.
- **A**utopoiesis: Der Begriff bedeutet 'Selbstherstellen', 'Selbstorganisation'. Auch hier wird die Eigenverantwortlichkeit jedes Einzelnen angesprochen, die in jeder Organisation gezielt gefördert und angestrebt werden soll.
- **N**achhaltigkeit: Hier können wir den Bezug zur UN-Dekade *Bildung für Nachhaltige Entwicklung* herstellen. Jede Entscheidung und jede Handlung muss auf ihre nachhaltige Wirksamkeit hin überprüft werden. Gerade für individuelle Bildungsprozesse gewinnt dieses Phänomen eine große Bedeutung. Lernen gelingt nur, wenn nachhaltige Veränderungen und Persönlichkeitsentwicklung damit einhergehen.
- **T**ransformation von Deutungsmustern: Diese Kategorie ist vergleichbar mit der Disziplin der Mentalen Modelle in der Lernenden Organisation. Es geht hier darum, ein Tiefenverständnis zu entwickeln und im Sinn der 'Metanoia' (= Umdenken) Denkmuster, Vorurteile, festgefahrene Überzeugungen oder vermeintliche Wahrheiten immer wieder zu überprüfen. Dies kann nur mit dem Dialog als Gesprächsform im Gegensatz zur Debatte oder der Diskussion gelingen; letztere verleiten dazu, dass einer Recht behalten will. Beim Dialog geht es um das gemeinsame Denken und somit ein gemeinsames Entwickeln von Deutungsmustern.
- **I**nterpretation: Hier geht es darum, die Deutungsmuster auf ihren Sinn hin zu überprüfen. Das kann nur in gemeinsamem Reflektieren und Lernen geschehen. Der wichtigste Appell ist dabei 'Gib den Kampf um das Rechthaben auf!' Und es funktioniert nur, wenn die Axiome der Hierarchie nicht greifen und wenn auf Augenhöhe gelernt und gearbeitet wird.
- **A**rrangement: Arnold plädiert für eine „ermöglichungsdidaktische Wende" (ebd., S. 97). Lernarrangements sollen so gestaltet sein, dass sie Selbstorganisation und Eigenverantwortung provozieren. Planung gilt es reflexiver Vorgang und ist nicht so streng reglementiert, dass man auf dem Weg nicht von ihr abweichen könnte. Das gilt vom Prinzip her gleichermaßen für das Bildungsmanagement auf staatlicher Ebene wie für Lehr-Lern-Situationen im Klassenraum oder für die Leitung einer Hochschule.
- **G**elassenheit: So etwas wie heitere Gelassenheit zu entwickeln halte ich gerade für Interaktionen im Bildungsbereich für ein besonders wichtiges Ziel. daran müssen alle selbst arbeiten. Sie lässt sich nicht verordnen, man kann sie auch nicht lehren. Aber man kann sich Gelassenheit als Lebenshaltung zum Ziel setzen und daran arbeiten, es immer besser zu erreichen. Wer Schülerinnen und Schüler unterrichtet, braucht sie als Haltung ebenso wie jede Führungsperson in ihrem Handlungsfeld. Sloterdijk zufolge ist Gelassenheit „eine seelische Errungenschaft, zu der man sich durchgearbeitet hat". Knyphausen verwendet den

Begriff der 'evolutionären Gelassenheit', die dazu führt, dass man die Welt nimmt, wie sie ist, ohne sich unter Einhaltung des rechten Maßes als schöpferischer Akteur aufzugeben, verbunden mit der Fähigkeit, mit Unsicherheit umzugehen (ebd., S. 109).

- **Organisationslernen:** Hier geht es um den Weg vom Wissensegoismus zum geteilten Wissen. Neben individuellem Lernen im Sinn der 'Personal Mastery' geht es um geteiltes Wissen und geteilte Erfahrung. Dabei sind vielerlei Lernformen integriert: Argyris (vgl. Argyris 2002) unterscheidet *Single-Loop-Learning*, *Double-Loop-Learning* und *Deutero-Learning*. Beim ersten handelt sich um die Aneignung von Neuem, das zweite beinhaltet eine Ziel- und Wertereflexion, *Deutero-Learning* befasst sich mit dem Lernprozess auf einer Metaebene, um sich selbst und die Organisation in der Lern- und Reflexionskompetenz weiterzuentwickeln. Dieser Ansatz verdeutlicht, dass auf Lernen und Selbstorganisation, auf Offenheit, Freiheit und Verantwortung gesetzt wird. Um dorthin zu kommen, müssen sich zentrale Steuerungsinstanzen neue Konzepte überlegen, damit keine Paradoxien tradiert werden, die zu Dauerkonflikten führen. Eine verordnete Freiheit, die Rechenschaft ablegen soll, bevor sie sich entfalten konnte, entspricht dem Verhalten eines Gärtners, der jeden Tag sein Pflänzchen wieder ausreißt, um nachzuprüfen, wie weit es schon gewachsen ist.

5.4 Fazit: Acht Thesen

> *„Jeder ist ein Mittelpunkt der Welt, aber eben jeder, und nur weil die Welt von solchen Mittelpunkten voll ist, ist sie kostbar. Das ist der Sinn des Wortes Mensch: Jeder ein Mittelpunkt neben unzähligen anderen, die es ebenso sehr sind wie er."*
> Elias Canetti

1. Einzelschule und Zentralsteuerung stehen in einem Spannungsverhältnis und unterliegen vielfältigen Interessen. Daraus entsteht eine oft feindselige Haltung *(private cold war)* zwischen den Akteuren, die für Entwicklungsprozesse in Bildungssystemen wenig hilfreich ist. Vielmehr ist systemisches Denken durch Interaktionen über die Systemteile hinweg und aufgrund umfassender, heute auch globaler Systemkenntnis notwendig. Dazu haben Wilfried Schley und Michael Schratz in den letzten Jahren in Österreich das Modell *Leadership Academy* als Weiterbildungskonzept sehr erfolgreich eingesetzt (vgl. www.leadershipacademy.at/team-schley.php). *Systemisches Denken und Lernen in Netzwerken ist unabdingbar.*

2. Kommunikationsprozesse innerhalb einzelner Schulen und zwischen den hierarchischen Ebenen von Bildungssystemen sind prinzipiell unterschiedlich: Hier die direkte Kommunikation in einer Schule, dort die oft nur mittelbare, gefilterte Kommunikation zwischen den Hierarchieebenen. Daraus entstehen nicht selten unbeabsichtigte, aber real wirkkräftige Konflikte. Hinzu kommt die Abhängigkeit von (partei)politischen Vorannahmen. Die Gefahr besteht, dass Lehrkräfte häufig asymmetrisch kommunizieren: Als Erwachsene *(Obertanen)* gegenüber den Schülerinnen und Schülern, als *Untertanen* im hierarchischen

Schulsystem. Das verstärkt gegenüber einem zentral-bürokratischen System dessen hierarchische Ausrichtung und bringt auch in Demokratien obrigkeitsstaatliche Tendenzen mit sich. *Die Akteure in Bildungssystemen müssen ein besonderes Augenmerk auf eine symmetrische, d. h. dialogische, Kommunikation richten und diese stetig optimieren; dies ist eine grundlegende (Dauer)Aufgabe für die Führungskräfte in Bildungseinrichtungen.*

3. Alle Beteiligten befinden sich zum Teil zeitgleich in unterschiedlichen Ordnungssystemen (technowissenschaftlich, rechtlich-politisch, moralisch, ethisch). Individuelle Bildungsprozesse haben stets (auch) eine moralisch-ethische Dimension. Nur Individuen vermögen in sozialen Zusammenhängen ethisch zu handeln. Für Lehrerinnen und Lehrer ist es wichtig, diesen Sachverhalt immer wieder zu reflektieren. Nach meiner Überzeugung sollte sich der Interaktionsprozess zwischen Lehrenden und Lernenden stets im Rahmen der ethischen Ordnung vollziehen. Dabei können leicht Konflikte mit der rechtlich-politischen Ordnung auftreten, zum Beispiel wenn rechtliche Vorgaben die Selektion von Schülerinnen und Schülern in ein gegliedertes Schulsystem hinein erzwingen. Wenn eine Lehrerin oder ein Lehrer dann die Pflicht gegenüber der Vorgabe erfüllt, können aus ethischen Erwägungen heraus tiefgreifende persönliche Konflikte entstehen. *In Bildungssystemen muss die 'ethische Ordnung' Grundlage allen Handelns sein.*

4. Bei zentralen Vorgaben stellt sich die Frage, ob Gesetze und Richtlinien den demokratischen Verfassungsgrundsätzen entsprechen. Wenn „niemand wegen seines Geschlechtes, seiner Abstammung, seiner Rasse, seiner Sprache, seiner Heimat und Herkunft, seines Glaubens, seiner religiösen oder politischen Anschauungen benachteiligt oder bevorzugt werden" darf (Artikel 3, 3 Grundgesetz) bzw. wenn „jeder junge Mensch ohne Rücksicht auf Herkunft oder wirtschaftliche Lage das Recht auf eine seiner Begabung entsprechende Erziehung und Ausbildung" hat und wenn „das öffentliche Schulwesen nach diesem Grundsatz zu gestalten" ist (Landesverfassung Baden-Württemberg, Artikel 11, Abs. 1 u. 2), ist zu überprüfen, ob die diesen Grundsätzen nach geordneten Gesetze dazu nicht im Widerspruch stehen. Wenn wie in Baden-Württemberg das gegliederte Schulsystem eine signifikant hohe soziale Benachteiligung mit sich bringt, ist zu fragen, ob das Schulsystem verfassungsgemäß gestaltet sei. *Der Abgleich zwischen übergeordneten Rechtsprinzipien und daraus abgeleiteten Gesetzen ist als fortlaufender Prozess zu gestalten; d. h. die Realität der Bildungssysteme dürfen den Verfassungsprinzipien nicht entgegen stehen.*

5. In demokratischen Staaten ist die angemessene Organisationsform von Bildungssystemen die Lernende Organisation. Diese Anforderung gilt gleichermaßen für die Akteure der Zentrale, die Vorgaben entwickeln, wie für die einzelnen Lehrerinnen und Lehrer, die mit ihren Schülerinnen und Schülern konkrete Interaktionsprozesse gestalten. Wird dieses Modell sowohl der zentralen Steuerung als auch der jeweiligen Einzelschule zugrunde gelegt, lässt sich das Spannungsverhältnis zwischen beiden über eine Zielvereinbarungskultur minimiert oder sogar auflösen. Dazu ist es notwendig, bereits beim Zustandekommen von

Vorgaben (Vision, Zielsystem) einen gesellschaftlichen Konsens herzustellen über die Frage nach dem Bildungssystem, nach den Bildungsinhalten und nach angemessenen Steuerungsverfahren. Das geschieht zum Beispiel in Skandinavien, in Kanada oder in der Schweiz dank überzeugenderen demokratischen Verfahren als in der Bundesrepublik Deutschland. *Bildungssysteme müssen als Lernende Organisationen aufgebaut werden, wenn sie den Ansprüchen demokratischer Kontexte und den Anforderung der Staatengemeinschaft (UN) entsprechen sollen.*

6. Verstehen sich Schulen als Lernende Organisationen, werden sie ihre Eigenständigkeit notwendigerweise entwickeln, ohne den international, national und regional vorgegebenen Rahmen als Zwang zu erleben. Vielmehr gebietet es die Disziplin des systemischen Denkens, das Ganze in den Blick zu nehmen und dennoch die Freiräume am Ort vollständig auszunutzen. Dies wiederum kann nur gut gelingen, wenn die Zentrale Macht abgibt und Schulen große Entscheidungsspielräume haben. *Gemäß dem Prinzip der Subsidiarität benötigen Einzelschulen ein hohes Maß an Entscheidungsfreiheit in Verbindung mit Zielvereinbarungen und Rechenschaftslegung, die der Verantwortung gegenüber der Gesellschaft geschuldet sind. Lehrerinnen und Lehrer sehen sich dann auch nicht mehr als machtlos, sondern als Hauptakteure im Bildungsgeschehen.*

7. Von zentraler Stelle aus muss das vorrangige Ziel eine 'Politik der Würde' sein, die sich dadurch auszeichnet, dass die Institutionen einer Gesellschaft die Menschen nicht demütigen (vgl. Margalit 1999). Dies kann nur auf der Grundlage einer ethischen Ordnung erfolgen, von der individuelle Entscheidungen innerhalb der anderen Ordnungen geprägt sein müssen. *Mit Blick auf die Ziele von Bildungspolitik muss von ihren Akteuren eine 'Politik der Würde' angestrebt und realisiert werden.*

8. Jede verantwortliche Einzelperson besitzt die Freiheit, sofern sie um diese Dinge weiß, ethisch zu handeln. Gerade Bildungssysteme brauchen an jeder Stelle im System, besonders an den Kommunikationsschnittstellen, in diesem Sinn verantwortlich handelnde Menschen. Bloße Machtausübung oder das Anordnen von Freiheit ist nicht adäquat. Das gilt gerade für Bildungssysteme, die auf Freiheit und Mündigkeit abzielen. Lehrerinnen und Lehrer benötigen deshalb eine weit gefasste Kompetenz, die Wissen und Qualifikation impliziert, die aber darüber hinaus geht. Lehrerinnen und Lehrer sollten sich in ihrem schulischen Handlungsfeld als systemisch denkende Aktionsforscher verstehen, die ihre Aufgaben professionell wahrnehmen und sie zugleich in einer heute internationalen Community weiterentwickeln können. *Lehrerinnen und Lehrer brauchen ein Bewusstsein ihrer wichtigen Bedeutung für die je individuellen Bildungsprozesse ihrer Schülerinnen und Schüler sowie für das gesamte Bildungssystem – im Sinne eines 'global denken – lokal handeln'.*

Literatur

Argyris, Chris (2002): Die Lernende Organisation. Stuttgart: Klett Cotta.
Arnold, Rolf (2000): Das Santiagoprinzip. Führung und Personalentwicklung im lernenden Unternehmen. Köln: Deutscher Wirtschaftsdienst.
Ates, Seyran (2007): Der Multikulti-Irrtum: Wie wir in Deutschland besser zusammen leben können. Berlin: Ullstein.
Comte-Sponville, André (2009): Kann Kapitalismus moralisch sein? Zürich: Diogenes.
Der Nachhaltigkeitsbeirat der Landesregierung Baden-Württemberg (NBBW) (2008). Zukunft gestalten – Nachhaltigkeit lernen. Bildung für Nachhaltige Entwicklung als Aufgabe für das Land Baden-Württemberg.
Deutsches PISA-Konsortium (Hrsg.) (2001): PISA 2000 – Basiskompetenzen von Schülerinnen und Schülern im internationalen Vergleich. Opladen: Leske und Budrich.
Deutsches PISA-Konsortium (Hrsg.) (2004): PISA 2003 – Ein differenzierter Blick auf die Länder des Bundes. Opladen: Leske und Budrich.
DIE ZEIT Nr. 4, 21. Januar 2010, S. 63: Die Reformen der Länder. Hamburg.
Fitzi, Gregor (2008): Max Weber. Frankfurt am Main: Campus.
Haan, Gerhard, de; Harenberg, Dorothee (FU-Berlin) (ohne Jahr): "Förderprogramm Bildung für nachhaltige Entwicklung" (Expertise) Arbeitsbereich Umweltbildung. Freie Universität Berlin. www.institutfutur.de
Hüther, Gerald (1997): Biologie der Angst. Göttingen: Vandenhoeck und Ruprecht.
Hüther, Gerald (1999): Die Evolution der Liebe. Göttingen: Vandenhoeck und Ruprecht.
Hüther, Gerald (2008): Neurodidaktik – Hirnforschung in der Schule. Video 3 Sat: www.win-future.de.
Liket, Theo (1995): Freiheit und Verantwortung. Gütersloh: Bertelsmann.
Margalit, Avishai (1999). Politik der Würde – Über Achtung und Verachtung. Frankfurt am Main: Fischer.
Naschold, Frieder (1994): Produktivität öffentlicher Dienstleistungen. Gütersloh: Bertelsmann.
Naschold, Frieder (1995): Ergebnissteuerung, Wettbewerb, Qualitätspolitik. Berlin: Sigma.
Naschold, Frieder(1996): Leistungstiefe im öffentlichen Sektor. Berlin: Sigma.
Naschold, Frieder (1997): Modernisierung des öffentlichen Sektors im internationalen Vergleich. In: Modernisierung des Staates. Hagen: Manuskript der Fernuniversität Hagen.
Naschold, Frieder (1998): Innovationen und Fehlentwicklungen. Internationale Erfahrungen kommunalen Verwaltungsumbaus. Berlin: Sigma.
Rieß, Werner; Mischo, Christoph; Reinbolz, Andreas; Richter, Katja; Dobler, Claus (2008). Evaluationsbericht 'Bildung für nachhaltige Entwicklung an weiterführenden Schulen in Baden-Württemberg' Teil I und II. Im Auftrag des Umweltministeriums und der Stiftung Naturschutzfonds. Pädagogische Hochschule Freiburg.
Ruep, Margret (1991): Das Phänomen des Teilnehmenden Interesses als Bestandteil von Erziehendem Unterricht bei Johann Friedrich Herbart. Darmstadt: Dissertationsdruck.
Ruep, Margret (Hrsg.) (1999): Innere Schulentwicklung. Donauwörth: Auer.
Ruep, Margret; Breuninger, Helga (2009): Der Mensch im Mittelpunkt des Bildungsmanagements. In: Ruep, Margret (Hrsg.) (2009): Bildungsmanagement-Schulmanagement-Schulleitung. Lehren und Lernen 8/9-2009. Villingen-Schwenningen: Neckarverlag.
Ruep, Margret; Keller, Gustav (2004): Lernende Organisation Schulverwaltung – LOS! Donauwörth: Auer.
Ruep, Margret; Keller, Gustav (2007): Schulevaluation. Frankfurt: Peter Lang.
Ruep, Margret: Augst, Konstanze (2007): Zielvereinbarungen – ein Steuerungskonzept in Baden-Württemberg für die Operativ Eigenständige Schule (OES). In: Lehren und Lernen. 8/9 2007, (S. 4–19). Villingen-Schwenningen: Neckarverlag.
Schein, Edgar (1995): Unternehmenskultur. Ein Handbuch für Führungskräfte. Frankfurt am Main: Campus.
Schulze, Gerhard (1992): Soziale Milieus. In: Schulze, Gerhard (Hrsg.) (1992): Die Erlebnisgesellschaft – Kultursoziologie der Gegenwart. Frankfurt am Main: Campus.

Schwarz, Gerhard (2007): Die 'Heilige' Ordnung der Männer. Wiesbaden: Verlag für Sozialwissenschaften.
Senge, Peter (1996a): Die fünfte Disziplin. Stuttgart: Klett Cotta.
Senge, Peter (1996b): Das Fieldbook zur fünften Disziplin. Stuttgart: Klett Cotta.
Senge, Peter (2000): The Dance of Change. Wien: Signum.
Senge, Peter (2006): The Fifth Discipline. New York: Currency Doubleday.
Seybold, Hansjörg (2008a): Ergänzende Vergleichsstudie zum Evaluationsbericht 'Bildung für nachhaltige Entwicklung an weiterführenden Schulen in Baden-Württemberg': Praxis von Umweltbildung und Bildung für nachhaltige Entwicklung im Vergleich – Ergebnisse von 5 Survey-Studien im Zeitraum von 1985 bis 2007. Manuskript.
Seybold, Hansjörg (2008b): Aufgaben zur Implementation von Bildung für nachhaltige Entwicklung in Baden-Württemberg – Konsequenzen aus 5 Survey-Studien. Manuskript.
Weiss, Bernard (1998): The Spirit of Islamic Law. Athen und London: The University of Georgia Press.
UN-Brundtland Report (1987): Leitbild für eine nachhaltige Entwicklung. UN-Dokument Genf.
Vaill, Peter (1998): Lernen als Lebensform. Stuttgart: Klett Cotta.

URL's

www.bne-portal.de
www.ls-bw.de (Landesinstitut für Schulentwicklung Baden-Württemberg)
www.iqb.hu-berlin.de (Institut zur Qualitätsentwicklung im Bildungswesen)
www.nachhaltigkeit.info/artikel/brundtland-report
www.schule-bw.de/schularten/berufliche_schulen/oes
www.sociovision.de
www.unesco.org
www.win-future.de

Weiterlesen

Bauer, Joachim (2008). Prinzip Menschlichkeit. Hamburg: Hoffmann und Campe.
Der Autor entwickelt als Mediziner und Psychotherapeut aus den Erkenntnissen der Neurowissenschaften das 'Prinzip Menschlichkeit' und weist nach, warum soziale, mitmenschliche und liebevolle Verhaltensweisen sich auch aus egoistischen Gründen als sinnvoll erweisen.

Juul, Jesper, Jensen, Helle (2005). Vom Gehorsam zur Verantwortung. Weinheim: Beltz.
Die Autoren begründen die Notwendigkeit, das Gehorsamsparadigma durch das Paradigma der Verantwortung zu ersetzen. Sie sehen dies als Grundlage für eine neue Erziehungskultur.

Pennac, Daniel (2009). Schulkummer. Köln: Kiepenheuer und Witsch.
Ein poetisches Buch über die Schule mit Blick auf diejenigen Schülerinnen und Schüler, die schwache Leistungen aufzeigen und die darunter leiden, keine liebevollen Lehrerinnen oder Lehrer zu finden. Pennac selbst war ein solcher Schüler und ist Lehrer geworden. Er schreibt ein Plädoyer für eine liebevolle Haltung der Lehrerinnen und Lehrer. Man könnte dieses Buch auch als eine Ethik für Lehrkräfte bezeichnen.

Ruep, Margret (Hrsg.) (2009). Bildungsmanagement – Schulmanagement – Schulleitung. Eine Schule führen, leiten, gestalten. Lehren und Lernen 8/9-2009. Villingen-Schwenningen: Neckarverlag.
Die Zeitschrift stellt in mehreren Einzelartikeln dar, was heute unter modernem Management, insbesondere Schulmanagement und Schulleitung zu verstehen ist. Dabei wird als Grundlage und Grundprinzip hervorgehoben, dass Bildung und Bildungsprozesse den Menschen in den Fokus nehmen müssen, um die letztendlichen Bildungsziele – Freiheit, Mündigkeit und Selbstverantwortung – erreichen zu können.

Weitersurfen

www.dgbima.de
Die Deutsche Gesellschaft für Bildungsmanagement e. V. wurde 2007 gegründet. Sie steht für ein professionelles Bildungsmanagement in allen Bildungsorganisationen. Sie verbindet Elementarpädagogik, schulische und betriebliche Bildung sowie Erwachsenenbildung. Ihre Mitglieder streben ein nationales und internationales Netzwerk an, in dem sich Theoretiker und Praktiker austauschen, miteinander lernen und somit zur Professionalisierung aller Teilbereiche des Bildungsmanagements beitragen.

www.leadershipacademy.at/team-schley.php
Wilfried Schley (Universität Zürich) hat in Zusammenarbeit mit Michael Schratz die *Leadership Academy* als neue vernetzte Form der Organisationsentwicklung in Schule und Schulsystem entwickelt. Hierbei arbeiten Personen aus verschiedenen Hierarchieebenen an ihren Entwicklungsthemen, so dass intensiv an den Sachen gearbeitet wird, ohne dass die Hierarchie eine Rolle spielt. Es handelt sich um eine einem demokratischen Kontext besonders angemessene Form vom Bildungsmanagement und Organisationsentwicklung im Bildungsbereich. Es ist die ideale Lern- und Arbeitsform einer *Lernenden Organisation*.

www.ldl.de
Lernen durch Lehren wurde von Jean-Pol Martin an der Universität Eichstätt auf spezifische Weise (weiter)entwickelt. Es handelt sich gleichermaßen um ein Unterrichtsprinzip wie um ein Führungsprinzip, das auf eine umfassende Kompetenzentwicklung bei allen an Lern- und Organisationsprozessen Beteiligten abzielt. Die LdL-Community ist inzwischen weltweit vernetzt. Martin hat in den letzten Jahren insbesondere die Netzkompetenz als notwendige Kommunikationskompetenz für die globalisierte Welt weiterentwickelt, innovativ fortgeführt von Christian Spannagel, Pädagogische Hochschule Ludwigsburg.

BETTINA WOLF

6. Ganztagsschule

Im internationalen Vergleich stellte die ganztägige Beschulung in Deutschland bislang eher eine Ausnahme dar. Infolge der ersten PISA-Studie avancierte die Ganztagsschule zum bildungspolitischen Trend. Die Etablierung des Halbtagsschulsystems und die aktuelle Diskussion verdecken jedoch die Tatsache, dass die Entwicklung der Ganztagsschule in Deutschland auf eine mehr als hundertjährige Geschichte zurück blicken kann.

6.1 Motive und Begründung von Ganztagsschule

Mit der Geschichte ganztägiger Schulerziehung sind die pädagogischen Motive eng verknüpft. So formulierte der Deutsche Bildungsrat 1968 in seiner Empfehlung zur Errichtung von Ganztagsschulversuchen mehrere erziehungswissenschaftliche Zielsetzungen, die sich auf veränderte Bildungsaufgaben aufgrund komplexer Lebensanforderungen konzentrieren (Holtappels 1994, S. 16f). Die damaligen Erwartungen wie die Realisierung neuer Arbeitstechniken, soziales Lernen, Förderung zur Verbesserung der Chancengleichheit, kulturelle Anregungen, Anforderungen der Lernmotivation und Lernhilfen sowie eine zeitlich-organisatorische Erneuerung von Schule sind nach wie vor aktuell und betonen die Bildungs- und Erziehungsfunktion der Schule.
Die theoretischen Begründungen der ganztägigen Schulerziehung lassen sich seit Ende der 1980er Jahre in drei Bereiche gliedern (Ludwig 1993, Bd. 2, S. 444): sozialpädagogische und sozialpolitische, erzieherische und bildungsdidaktische. In der aktuellen Diskussion scheinen weniger die bildungssoziologischen und schulpädagogischen, sondern die sozialpolitischen Begründungen im Vordergrund zu stehen, da sich diese vor allem an den sozialpädagogischen und gesellschaftspolitischen Bedürfnissen und Anforderungen der modernen Gesellschaft orientieren.

6.1.1 Sozialpädagogische und sozialpolitische Motive

Die Entwicklung der Ganztagsschule im Kontext der Reformpädagogik ist eng mit sozialpädagogischen Motiven verknüpft. Nach 1945 sollte die Errichtung von Ganztagsschulen die Dreiteilung der Lebens- und Aufenthaltsorte vieler Kinder, die zwischen Familie, Schule und Hort bzw. anderen Betreuungsformen pendelten, aufheben (Guter 1976, S. 15ff). Dieser Gedanke steht im engen Kontext mit den aufgrund des gesellschaftlichen Wandels veränderten Erwerbs- und Familienstrukturen. Heutige Kinder wachsen in völlig anderen Konstellationen und Umfeldern auf. Die Familien sind kleiner geworden. Der Anteil von Alleinerziehenden hat zugenommen. Die Konstellationen innerhalb der Familien werden heutzutage häufiger geändert. Veränderte Erwerbs- und Familienstrukturen ziehen die Forderung nach zeitlich geregelten Betreuungsformen nach sich, um Eltern die Vereinbarkeit von Familie und Beruf zu gewährleisten. Zudem ist der Bedarf an erzieherischer Unterstützung bei den Familien gestiegen.

Der gesellschaftliche Wandel hat die Erfahrungsräume der Kinder verändert und lässt auch einen Rückgang innerfamiliärer Kontaktmöglichkeiten vermuten. Ein Verlust an Treffpunkten, Kontakt- und Erfahrungsmöglichkeiten fußt in veränderten Wohnverhältnissen und der Anonymisierung in Städten. Mit dem Rückgang von Nachbarschaftsbeziehungen und dem Verkehrsaufkommen kam es zu einer gewissen 'Verinselung' von Kinderkontakten, da sich kindliche Aktivitäten nicht mehr spontan ergeben, sondern als Treffen an unterschiedlichen Orten organisiert werden. Infolgedessen verringern sich Kommunikation und Interaktion unter Gleichaltrigen. Im Gegensatz dazu haben sich die Informationsräume in der Medienwelt stark erweitert. Die Auswirkungen der veränderten Kindheit im Zug gewandelter Gesellschaftsbedingungen führen zum Rückgang der sozialen Kontaktchancen und Erfahrungsräume. Diese Defizitannahme leitet über zur sozialpädagogischen und sozialpolitischen Begründungslinie, Ganztagsschulen als notwendigen Teil der sozialen Infrastruktur zu etablieren.

Eine ganztägige Schulerziehung eröffnet vielfältige Möglichkeiten der Gleichaltrigensozialisation und sie vermag Defizite an Treff- und Erfahrungsräumen auszugleichen (Holtappels 1994, S. 18). Tendenzen sozialer Separation lässt sich entgegenwirken. Unterschiedliche Entwicklungs- sowie Bildungsmöglichkeiten im Kontext einer veränderten soziokulturellen Infrastruktur von Wohngebieten mit unterschiedlicher Dichte und Qualität an Spiel-, Freizeit- und Kulturangeboten, vermag eine Ganztagsbeschulung eher auszugleichen (vgl. Holtappels 2005).

6.1.2 Erzieherische Motive

Das reformpädagogische Ziel der Umwandlung der reinen Buch- und Unterrichtsschule in eine Erziehungsschule offenbart den hohen Stellenwert von Erziehung innerhalb der Ganztagsschule. Die erzieherische Einflussnahme auf die kindliche und jugendliche Entwicklung lässt sich mittels einer intensiveren Beziehungsarbeit und einem verbesserten Lehrer-Schüler-Verhältnis steigern. Die Entwicklung der ganztätigen Schulerziehung zeigt drei Bereiche, die noch heute gültig sind: Sozialerziehung, Freizeiterziehung und Gesundheitserziehung.

Die Ganztagsschule, die das Gemeinschaftsleben und die Beziehungen der Kinder untereinander fördert, intensiviert das soziale Lernen im Sinn einer Geschwistererziehung. Eine solche Schule eröffnet vielfältige Möglichkeiten der Partizipation der Schülerschaft am Schulleben, so dass demokratisches Verhalten dank Verantwortungs- und aktivem Gestaltungslernen im Schulalltag umgesetzt wird (vgl. Holtappels 2005 (1), S. 55). Wenn sie Freizeitgruppen organisieren und leiten, lernen Schülerinnen und Schüler, Verantwortung zu tragen. Parallel wird dadurch die Identifikation mit der Schule gefördert. Die Stärkung der sozialerzieherischen Funktion stellt eine Antwort auf gewandelte außerschulische Sozialisationsbedingungen sowie die Individualisierung innerhalb der modernen Gesellschaft dar und fördert stabile Sozialkontakte.

Schon ältere Konzeptionen zur Ganztagsschule beabsichtigten die Hinführung zur sinnvollen Freizeitgestaltung, die sich gerade in der modernen Mediengesellschaft als wichtiges Erziehungsziel erweist, um die Selbstfindung und Persönlichkeitsentfaltung der Schüler anzuregen sowie die Zuwendung zu Interessensgebieten auch auf sozialem Gebiet zu fördern. Eine anregungsreiche Freizeitgestaltung, die Schülern attraktive Erfahrungs- und Gestaltungsräume eröffnet, ist vor allem aufgrund der ganztägigen Verweildauer der Schülerschaft notwendig, um einen Ausgleich innerhalb des Ganztages zu ermöglichen.

Aspekte der Gesundheitserziehung und -fürsorge in älteren Konzeptionen kommen in modernen Ganztagsschulen in der Rhythmisierung des Schultags zum Tragen. Mit der Anpassung der Unterrichts- und Freizeitgestaltung an die im Tagesablauf rhythmisch wechselnden Höhen und Tiefen der physiologischen Leistungsbereitschaft werden natürliche Bedürfnisse berücksichtigt (Messner 1991). Der Wechsel von Arbeits- und Erholungsphasen, die körperliche Betätigung bei Sport und Spiel innerhalb des Freizeitangebots sowie gemeinsame Mahlzeiten, die eine gesunde Ernährung anbahnen, entsprechen dem gesundheitserzieherischen Ansatz.

6.1.3 Bildungstheoretisch-didaktische Motive

Diese Begründungslinie stützt sich auf das Leitbild der ganzheitlichen Bildung, die aus der reformpädagogischen Kritik an der der Lernschule des 19. Jahrhunderts entwachsen ist. Anstatt einer einseitigen Förderung geistig-intellektueller Fähigkeiten sollen Kinder und Jugendliche als soziale und emotionale Wesen wahrgenommen und in allen Bereichen gefördert werden. Eine Menschenbildung mit musischen-künstlerischen, handwerklich-praktischen, körperlichen, geistigen und sozialethischen Elementen erfordert ein pädagogisches Konzept, das die Gestaltung der Lern- und Bildungsprozesse mit erweiterten schulischen Inhalten und Zielvorgaben abstimmt.

Die Ganztagsschule eröffnet einen erweiterten Zeitraum für eine neue Lern- und Unterrichtskultur, die eine Intensivierung des selbstständigen und erfahrungsbezogenen Lernens im Rahmen offener Unterrichtsmethoden ermöglicht. Die flexible Unterrichtsplanung im erweiterten Zeitbudget gewährleistet eine rhythmisierende Tageseinteilung, die die Umsetzung zeitintensiver Unterrichtsformen wie z. B. Projekt- und Gruppenunterricht begünstigt. Die Ganztagsschule reagiert auf gewandelte gesellschaftliche Bildungsanforderungen, die von Schulabgängern höhere Qualifikationen für den Berufseinstieg und vermehrt soziale sowie personale Kompetenzen erwarten.

Die erweiterte Schulzeit trägt zur Entwicklung der Lernkultur und der Förderintensität an Schulen bei. Schüler können durch eine differenziertere und variablere Lernkultur besser erreicht werden. Individuelle Förderangebote sowie die Unterstützung bei der Kompensation von Defiziten werden begünstigt. Hausaufgaben können aufgrund des variableren Wechsels von gelenkten und offenen Phasen in die Unterrichtszeit als Übungs- und Fördereinheit integriert werden. Der Ganztag ermöglicht eine Hausaufgabenbetreuung durch Fachkräfte, was insbesondere den Bedürfnissen benachteiligter Schüler entgegen kommt. So entsteht in ganztägig konzipierten Schulen eine Synthese von Unterricht, Fördermaßnahmen und Schul-/Hausaufgaben, die zur Entlastung der Familie beiträgt (Appel, Rutz 2005, S. 23, Larcher Klee, Grubenmann 2008, S. 101–116).

6.2 Formen der Ganztagsschule

In Deutschland haben sich im Wesentlichen drei Grundformen der ganztägigen Schulerziehung herausgebildet (Holtappels 2006, S. 6):
Die Kooperation von Schule und Jugendhilfe als additiv-duales System bietet eine Betreuung auf freiwilliger Basis nach der Unterrichtszeit der Halbtagsschule an. Schule und Hort sind getrennt.
In Schulen mit Ganztagsangebot in offener Form als additives Modell findet der Pflichtunterricht vormittags statt. Nachmittags werden fakultative Angebote für einen Teil der Schülerschaft angeboten.
Die Ganztagsschule in gebundener Form als integriertes Modell zeichnet feste und obligatorische Schulzeiten für die gesamte Schülerschaft aus.
Infolge der bildungspolitischen Bestrebungen zum Ausbau von Ganztagsschulen in Deutschland legte die Kultusministerkonferenz der Länder 2003 die Definitionen für ganztägige Schulen fest (KMK 2004). Seither werden drei Organisationsformen unterschieden, die sich zuvor schon in der Praxis etabliert hatten:
In der voll gebundenen Form sind alle Schüler verpflichtet an mindestens drei Wochentagen für jeweils sieben Zeitstunden an den Angeboten der Schule teilzunehmen.
In der teilweise gebundenen Form verpflichtet sich ein Teil der Schülerschaft zur Teilnahme am ganztägigen Angebot der Schule an mindestens drei Wochentagen für jeweils sieben Zeitstunden.
In der offenen Form ist ein Aufenthalt der Schülerinnen und Schüler in der Schule an mindestens drei Wochentagen für jeweils mindestens sieben Zeitstunden möglich. Die Teilnahme am Ganztagsangebot muss verbindlich für ein Schuljahr zugesagt werden.
Nach der Vereinbarung der Kultusminister der deutschen Bundesländer charakterisieren drei Merkmale eine Ganztagsschule: Eine zeitliche Mindestangebotsdauer von Ganztagen an mindestens drei Tagen in der Woche, eine Mittagspause mit einem Mittagessen an diesen Tagen sowie die Erstellung eines pädagogischen Konzepts. Im Vergleich zum traditionellen Begriff von Ganztagsschule (Gemeinnützige

Gesellschaft Tagesheimschule 1972), der die Erfüllung der Unterrichts- und Erziehungsaufgaben sowohl am Vor- als auch am Nachmittag sowie Mahlzeiten und die Integration von Hausaufgaben im Rahmen eines Schulbesuches zwischen 8 und 16 Uhr vorsieht, hat die neue Begriffsbezeichnung weitreichende Einschränkungen erfahren.

6.3 Pädagogische Gestaltungselemente der Ganztagsschule

Da die Schülerinnen und Schüler einen Großteil ihrer Lebenszeit in der Ganztagsschule verbringen, muss sich ein fundiertes Konzept an ihren Lebensbedürfnissen orientieren. Zur sinnvollen Gestaltung orientiert sich die Ganztagsschule an pädagogischen Gestaltungselementen. Den organisatorischen Rahmen bilden die drei Elemente Zeitkonzept, Personal- und Raumorganisation (Appel, Rutz 2005). Das Zeitkonzept umfasst die Rhythmisierung des Ganztags, die eine Verteilung von Unterricht und Angeboten in Orientierung am menschlichen Biorhythmus auf den ganzen Tag ermöglicht. Ebenso wird eine Rhythmisierung der Schulwoche sowie des Jahrs, z. B. aufgrund gemeinsamer Feste, umgesetzt. Weiter bilden die Organisation und Qualifizierung des Personals ein wichtiges Element, da Fachkräfte mehrerer Berufe wie Lehrkräfte, Sozialpädagogen und Erzieherinnen an Ganztagsschulen arbeiten und kooperieren. Zudem nimmt die Raumorganisation einen wichtigen Stellenwert ein, da die Nutzung der Räume einer guten Planung bedarf und den Kindern und Jugendlichen auch Rückzugsmöglichkeiten bereitgestellt werden sollten.

Folgende pädagogischen Gestaltungselemente lassen sich aus den theoretischen Konzeptionen und der Schulpraxis ganztägiger Schulen ableiten (Holtappels 2006, S. 7, Holtappels 2005, S. 58–62):

Das Mehr an pädagogisch gestalteter Lernzeit ist dazu zu nutzen, die Lernchancen zu optimieren. Im Rahmen einer Intensivierung von Förderung findet eine intensivere Begleitung der Lernentwicklung auch in Ankopplung an den Unterricht statt. Realisiert werden zusätzliche Förderzeiten, die der Übung, Wiederholung und Vertiefung des Lernstoffes dienen, sowie die Integration von Hausaufgaben in den Schultag begünstigen.

Die intensivere Förderung bedarf einer gezielten Unterrichtsentwicklung im Sinn einer Weiterentwicklung der Lernkultur, die Formen der Differenzierung und Individualisierung ermöglicht. Die Differenzierung von Lehr- und Lernformen in Unterricht und Schulleben wird aufgrund offener Lernformen wie Wochenplan, Frei- und Projektarbeit realisiert. Der Unterricht wird durch vielfältige Lernzugänge und lebensnahe Erfahrungen in Orientierung an den Schülerbedürfnissen angereichert. Wahlangebote und Projekte schaffen erweiterte Lerngelegenheiten und verzahnen Unterricht und Freizeitangebot.

Bedeutsam ist die Freizeit im Schulleben, da sich die Kinder wohl fühlen und zur sinnvollen Freizeitgestaltung angeleitet werden sollen. Diese umfasst ein Wahlangebot an Arbeitsgemeinschaften, in denen weitere Lern- und Erfahrungsmöglichkeiten entstehen und musische, gestalterische als auch sportliche Fähigkeiten gefördert werden.

Die Ganztagsschule versteht sich als Raum für Begegnung, soziales und interkulturelles Lernen. Ein aktives Schulleben fördert das Gemeinschaftsleben sowie Identifikationsmöglichkeiten mit der Schule dank Festen, Veranstaltungen und Projekten.

Das Schulleben wird als Feld für Partizipation und Demokratielernen verstanden, da Chancen für eine aktive Mitbestimmung sowie soziale Verantwortung im Schulalltag ermöglicht werden sollen. Die Mitgestaltung von Eltern und Schülern ist ausdrücklich erwünscht.

Das größere Zeitkontingent ermöglicht eine Schulöffnung als differenzierte Arrangements von Lernen und Erfahrung. Es findet nicht nur eine Öffnung nach innen zu den Bedürfnissen der Kinder, sondern auch nach außen zum jeweiligen Stadtteil und zum Lebensalltag statt. Lerninhalte lassen sich projektartig über Anlässe aus der Schulumwelt anreichern. Vielerorts praktizieren Ganztagsschulen Konzepte der Öffnung von Schule, der Nachbarschafts- oder der Gemeinwesenorientierten Schule.

Traditionell versteht sich die Ganztagsschule als Erziehungs- und Lebensschule. Im Vergleich zur Halbtagsschule eröffnet die Ganztagsschule ein Mehr an Zeit und somit mehr Zeit für Unterricht, Projekte, Angebote und Förderung.

6.4 Aktuelle Entwicklung

Nachdem die Kinderbetreuung außerhalb der Schulzeit lange als familiäre Aufgabe gegolten hat, hat die Bildungspolitik das gesellschaftliche Interesse an ganztägiger Schulerziehung seit den 1990er Jahren aufgegriffen. Infolge der internationalen Schulleistungsvergleichstudie PISA 2000 gewann die Verbesserung des Lehrens, Lernens und Leistens an Bedeutung. Parallel erhöhte sich die gesellschaftliche Akzeptanz der Ganztagsschule in Deutschland, so dass sich in einer Repräsentativumfrage von 2002 erstmals die absolute Mehrheit für Ganztagsschulen aussprach (www.roew.uni-dortmund.de/unizet/zu-342-a02.htm). Die größte Initiative zum Ausbau von Ganztagsschulen in Deutschland ging 2003 vom „Investitionsprogramm 'Zukunft Bildung und Betreuung' 2003–2007" (IZBB) des Bundesministeriums für Bildung und Forschung aus. Die Finanzhilfe des Bundes von insgesamt vier Milliarden Euro sollte einen Anstoß für bedarfsorientierte Ganztagsangebote in allen Regionen bilden (BMBF 29.4.2003, Präambel, S. 2). Das Ganztagsschulprogramm unterstützte bis 2008 den Auf- und Ausbau sowie die Weiterentwicklung von bestehenden Ganztagsschulen in allen 16 Bundesländern, so dass jede achte allgemeine Schule zur Ganztagsschule umgebaut werden konnte. Die Finanzierung umfasste den Ausbau notwendiger Räumlichkeiten und die erforderliche Ausstattung. Die Personalkosten werden aus verfassungsrechtlichen Gründen von den Ländern und Kommunen übernommen. Gemäß dem Prinzip der Kulturhoheit der Länder sind die Bundesländer für die konkrete Umsetzung des Investitionsprogramms zuständig. Dementsprechend lassen sich unter ihnen bei der Umsetzung von Ganztagsangeboten unterschiedliche Schwerpunkte feststellen.

IZBB gilt als bildungspolitische Antwort der damaligen rot-grünen Bundesregierung auf die schlechten PISA-Ergebnisse Deutschlands. Begründet wurde der Ausbau von Ganztagsschulen mit unabdingbar zu verbessernden Rahmenbedingungen für schulisches Lernen als auch mit der steigenden Erwerbstätigkeit von Frauen. Die dadurch vom Bund angestoßene Bildungsreform sollte einerseits die Bildungsqualität von Schule und Unterricht nachhaltig verbessern sowie die frühe und individuelle Förderung gewährleisten, andererseits sollte der Abbau des engen Zusammenhangs von sozialer Herkunft und Bildungserfolg bewirkt werden (Jung 2006, S. 29). Aus volkswirtschaftlicher Sicht sollte das Investitionsprogramm zur Qualifizierung zukünftiger Erwerbsarbeit sowie zur Bedarfsdeckung an qualifizierten Erwerbspersonen und gut ausgebildeten Arbeitskräften beitragen, um die Entstehung neuer zukunftssicherer Arbeitsplätze zu sichern (BMBF 29.4.2003, Präambel, S. 2).

Der Auf- und Ausbau von Ganztagsschulen ist in den letzten Jahren in Deutschland weiter vorangeschritten. Die Zahl der schulischen Verwaltungseinheiten[1] mit Ganztagsbetrieb stieg von 4.951 im Jahr 2002 auf 9.688 im Jahr 2006 und hat sich somit innerhalb von vier Jahren fast verdoppelt (Autorengruppe Bildungsberichterstattung 2008, S. 71). Damit bot rund ein Drittel aller schulischen Verwaltungseinheiten Ganztagsplätze an. Unterschiede bestehen hinsichtlich der Schularten. Am Stärksten nahm der Ausbau im Primarbereich zu. Die Zahl von Ganztagsgrundschulen hat sich zwischen 2002 und 2006 um das Zweieinhalbfache erhöht, was einem Anteil von 29 % aller Grundschulen entspricht (ebd.) Der Anteil von Hauptschulen und Gymnasien beträgt zwischen 28 und 30 %. Etwa die Hälfte der Förderschulen und rund drei Viertel aller Integrierten Gesamtschulen bieten Ganztagsangebote an. In Bezug auf die jeweilige Schulart zeigen sich auch mit Blick auf die Bundesländer erhebliche Unterschiede. So liegt der Anteil von Ganztagsgrundschulen zwischen 2 % in Baden-Württemberg und 98 % in Thüringen bzw. 100 % in Berlin (ebd.). Im Bezug auf die Organisationsform des Ganztagsschulbetriebs fällt auf, dass offene Formen überwiegen. Rund 93 % aller Grundschulen arbeiten in offener Form (ebd., S. 72). Die Schülerzahlen in Ganztagsschulen sind von 10 % im Jahr 2002 auf 18 % im Jahr 2006 gestiegen. Auch hier gibt es zwischen den Ländern und vor allem zwischen Ost- und Westdeutschland deutliche Unterschiede. So nehmen in Sachsen 47 %, in Bayern 4 % aller Schülerinnen und Schüler am Ganztagsangebot teil. Bezieht man das additiv-duale System der Hortbetreuung, welche im Osten[2] zuvor in Form von Schulhorten organisiert wurde, in die Betreuungssituation von Schulkindern ein, so ergeben sich für Ost- und Westdeutschland erheb-

---

[1] Eine schulische Verwaltungseinheit bildet ein Schulzentrum, das häufig mehrere Schularten umfasst.
[2] In der DDR entstanden in den 1950er-Jahren Tagheimschulen zur sozialistischen Erziehung und zur Erleichterung der Berufstätigkeit von Frauen. Seit Ende der 1960er-Jahre wurde die Ganztagsbeschulung mit Horten verknüpft, so dass in den 1980er-Jahren über 80 % der Kinder einen Hort besuchten (Fuchs 1992, S. 74).

liche Unterschiede in der Gesamtbetreuungsquote von Grundschülern. Sie ist mit rund 65 % in Ost- im Vergleich zu ca. 13 % in Westdeutschland fünfmal so hoch (ebd., S. 73). Unterschiede zeigen sich auch bei den einzelnen Schularten. So nehmen fast drei Viertel aller Schülerinnen und Schüler in Integrierten Gesamtschulen teil. Der Anteil an Grund- und Hauptschulen ist mit weniger als 20 % und mit unter 10 % an Realschulen deutlich geringer (ebd., S. 72).

Exkurs: Ganztagsschule in Österreich und in der Schweiz

Ganztagsschule in Österreich

In Österreich stellt das Halbtagsschulsystem die Regel dar (vgl. Allemann-Ghionda 2005, S. 202). Ganztägige Beschulung gibt es nur vereinzelt in Privatschulen. Seit einigen Jahren herrscht eine intensive politische Debatte über die Einführung von Gesamtschulen. Zudem gibt es bildungspolitische Überlegungen zur Einführung von Ganztagschulen als sogenannte Offene Schulen mit fakultativem Betreuungsangebot. Gemäß dem Schulorganisationsgesetz verfügen die Schulen mit Tagesbetreuung über einen Unterrichts- und Betreuungsteil in verschränkter oder getrennter Abfolge. Die Ganztagsschule, die seit 1994 als pädagogisches Konzept im Regelschulwesen integriert ist, ist politisch immer noch umstritten (vgl. Burgstaller 2004, S. 10). Als erste Ganztagsschule in Wien wurde 1990 die Ganztagsvolksschule Köhlergasse eröffnet. 2001 startete ein Ganztagsschulprogramm, das den Ausbau von Ganztagsschulen proklamierte. Da der Hauptteil von Ganztagsschulen auf Wien begrenzt ist, besteht ein auffälliger Unterschied zwischen der Hauptstadt und Restösterreich. Vor allem das schlechte Abschneiden Österreichs in der zweiten PISA-Studie 2004 bewirkte in der Öffentlichkeit ein weiteres Umdenken und führte zu einer positiven Einstellung gegenüber Ganztagsbeschulung. So äußerten sich etwa ein Drittel der befragten Eltern besonders positiv; sie sahen in der Ganztagsschule eine Entlastung sowie eine bessere Vereinbarkeit von Beruf und Familie (Obergrießing, Popp 2005).

Ganztagsschule in der Schweiz

Die Ganztagsschule wird in der Schweiz zögerlich eingeführt (Allemann-Ghionda 2003, S. 59, Larcher Klee, Grubenmann 2008). Traditionell ist der Unterricht in öffentlichen Volksschulen über den ganzen Tag verteilt. Dennoch bieten die öffentlichen Regelschulen Unterricht und Betreuung nur für einen begrenzten Teil des Tags an, da der Unterrichtstag durch eine längere unbetreute Mittagspause geteilt wird und die Unterrichtsblöcke am Vor- und Nachmittag mit variierenden Anfangs- und Endzeiten relativ kurz sind. Der in der Schweiz gängige Begriff 'Tagesschule' bezeichnet in der Regel eine schulische Institution, die ein schulisch organisiertes Angebot bestehend aus Unterricht, betreuter Mittagsverpflegung, Aufgabenhilfe und Freizeitgestaltung offeriert (Mangold, Messerli 2005, S. 107). Unterschieden werden die geschlossene und die offene Tagesschule. Die geschlossene Form bietet ein obligatorisches Unterrichts- und Betreuungsangebot an,

wohingegen in offenen Formen der Unterricht verpflichtend und das Betreuungsangebot fakultativ ist (vgl. Bericht 2002, S. 4227).
Die öffentliche Diskussion um Ganztagsschulen verläuft in der Schweiz im Kontext gesellschaftlicher Veränderungen und der Gleichstellungspolitik sowie familienunterstützender Betreuungsangeboten insbesondere im Vorschulbereich. Seit mehreren Jahrzehnten werden familiäre, soziopolitische, wirtschaftliche sowie pädagogische und schulische Aspekte diskutiert (Allemann-Ghionda 2005, S. 216).
Die Kantone sind für den Bildungsbereich zuständig. 2007 boten in der Deutschschweiz insgesamt 83 Tageschulen Ganztagsangebote an (Verein Tagesschule Schweiz 2007). Bezüglich der Angebotsdichte findet man zwischen den Kantonen erhebliche Unterschiede. So werden mit 33 Tagesschulen in Bern über ein Drittel und mit den 20 Tagesschulen in Zürich fast ein Viertel der Ganztagsschulen abgedeckt.

6.5 Wirkung und Möglichkeiten von Ganztagsschule

Den Forschungsstand bezüglich der Wirkung von ganztägiger Beschulung haben in jüngster Zeit erste Ergebnisse der 'Studie zur Entwicklung von Ganztagsschulen – StEG'[3] im Zusammenhang der IZBB-Förderung beträchtlich erweitert.
In den 1990er Jahren ermittelten lokale Bedarfserhebungen eine zunehmende Elternnachfrage an geregelten Betreuungsangeboten und verwiesen auf die Präferenz schulbezogener Angebotsformen (vgl. Bargel, Kuthe 1991, Holtappels 1994). Gemäß der IFS-Umfrage 2004 des Instituts für Schulentwicklungsforschung als auch regionaler Studien in Österreich und der Schweiz erwarten Eltern von einer ganztägigen Schulerziehung eine familiäre Entlastung und günstige Wirkungen auf die Hausaufgabenerledigung sowie positive Effekte auf die Erwerbstätigkeit im Zusammenhang mit der verbesserten Vereinbarkeit von Familie und Beruf (vgl. Mauchle 2002, Bureau 2002, Obergrießing, Popp 2005).
Ältere Studien zur pädagogischen Gestaltung und Wirkung von Ganztagsschule belegen die hohe Schulzufriedenheit und Lernmotivation sowie ein verbessertes Sozialklima (Ipfling 1981, Dobart u. a. 1984, Weidinger 1983). Radisch, Klieme (2004) erkennen aufgrund ihrer Auswertung diverser Studien zur Wirksamkeit ganztägiger Schulorganisation die Stärke von Ganztagsschulen in der Verbindung des erweiterten Zeitumfangs mit pädagogischen Konzepten, da Maßnahmen der inneren Schulreform begünstigt werden, die zu verbesserten Lehr- und Lernprozessen führen könnten.

---

[3] StEG ist ein länderübergreifendes Forschungsprogramm zur Entwicklung von Ganztagsschulen und -angeboten in Deutschland im Zusammenhang mit der IZBB-Förderung, das größere Stichproben von Schulen in mehreren Erhebungswellen in den Jahren 2005, 2007 und 2009 (Längsschnitt) durchführt. Bildungsforscher untersuchen im Auftrag des Bundesministeriums für Bildung und Forschung (BMBF) und in Abstimmung mit den Ländern Ausbau, Nutzung und Entwicklung von Ganztagsangeboten. Hierzu werden pädagogische Fachkräfte, Schulleitung, Schüler, Eltern und Kooperationspartner befragt.

Mit dem Ausbau diverser Ganztagsangebote in Deutschland hat sich der Forschungsstand hinsichtlich ganztägiger Schulerziehung erweitert. So beschreibt eine explorative Studie anhand qualitativer Fallstudien 2005 vorläufige Entwicklungstendenzen (Wahler u.a. 2005).[4] Seit September 2008 liegen die ersten Ergebnisse aus der zweiten Erhebungswelle der Studie zur Entwicklung von Ganztagsschulen (StEG) über den Ausbau, die Nutzung und die Entwicklung von Ganztagsangeboten vor. Anhand dieser Daten lassen sich nun erstmals Tendenzen über die Entwicklung an deutschen Ganztagsschulen feststellen[5]. Ich diskutiere die Ergebnisse von StEG im Kontext diverser Fragestellungen, um die Möglichkeiten von Ganztagsschule auf einer breiteren Ausgangsbasis zu ermitteln.

6.5.1 Angebote, Nutzung und Teilnahme am Ganztagsbetrieb

Schon zu Beginn der jüngsten Entwicklung der Ganztagsangebote zeichneten sie sich hinsichtlich ihrer inhaltlichen, quantitativen und qualitativen Beschaffenheit aus (Wahler u.a. 2005, S. 35). Zu den Standardangeboten zählen ein Mittagstisch, Mittags- und Hausaufgabenbetreuung sowie Arbeitsgemeinschaften. Stichproben aus der Aufbauphase belegen, dass die unterschiedlich gehandhabte Hausaufgabenbetreuung und zusätzlicher Förderunterricht weit verbreitet, jedoch nicht die Regel darstellten (Wahler u.a. 2005, S. 98). Zudem wurde festgestellt, dass die Qualität und Quantität der Arbeitsgemeinschaften nach Schulgröße und Schultyp variierten (ebd., S. 74). Schwerpunkte bildeten 2005 die freizeitorientierten Angebote in der Grundschule und die fächerübergreifenden Angebote im Sekundarbereich (Klieme u.a. 2008, S. 355). Zwischen beiden StEG-Erhebungswellen hat sich das Angebot insbesondere auf dem Gebiet lernbezogener Angebote wie Hausaufgabenbetreuung und Förderung sowie fachbezogener Maßnahmen erweitert. Vor allem Grundschulen haben in allen Angebotsfeldern den Umfang und ihre Angebotspalette ausgebaut. Parallel zu dieser Entwicklung hat die Nutzung dieser erweiterten Förderangebote zugenommen. An der Hausaufgabenhilfe nimmt an Ganztagsgrundschulen im Jahr 2007 jeder Zweite und im Sekundarbereich jeder Dritte teil. Weiter sind die fachunabhängigen Angebote im Freizeitbereich und fächerübergreifenden AGs äußerst beliebt, sie werden von 71% der am Ganztag teilnehmenden Schülerschaft genutzt.

StEG belegt, dass zwei Drittel der Ganztagsschulen die Mehrheit ihrer Schüler für ihr Angebot gewinnt. Die Teilnahme am ganztägigen Angebot liegt in allen befragten Jahrgangsstufen bei über 50%. Insgesamt ist die Teilnahmequote in offenen Ganztagsschulen im Primarbereich von rund 41% auf 56% gestiegen und belegt somit die positive Entwicklung in der Grundschule. Die Erhebung zeigt jedoch, dass Sekundarschüler mit Ausnahme der Jahrgangsstufe 5 schwieriger zu ge-

---

[4] Im Zug des Ausbaus von Ganztagsschulen wurden im Schuljahr 2002/2003 am Deutschen Jugendinstitut (DJI) mittels einer qualitativen Fallstudie die Umsetzung der drei Formen von Ganztagsschule an insgesamt 16 Schulen untersucht. Anhand der explorativen Studie konnten Entwicklungstendenzen sowie kritische Bereiche bei der Umsetzung vielfältiger Angebotsformen identifiziert werden (Wahler u.a. 2005).

[5] www.projekt-steg.de/de/files/pk080908/Presseerklaerung_Steg_2008_Langfassung.pdf).

winnen sind. Bei der Entscheidung, an Ganztagsangeboten teilzunehmen, spielt die Betreuungsfunktion insbesondere in der Primarstufe eine wichtige Rolle, da diese mit steigendem Alter der Kinder deutlich abnimmt (Klieme u. a. 2008, S. 359).

6.5.2 Pädagogische Qualität und Organisationsentwicklung

Die seit 2005 gleichbleibend positive Beurteilung des Angebots verweist auf die Zufriedenheit der Kinder und Jugendlichen. Die Qualität der Schüler-Betreuer-Beziehung und die Schülerorientierung wurden auch 2007 am höchsten eingestuft. Der Lernnutzen, den die Schülerinnen und Schüler für ihre schulischen Leistungen aus den Angeboten ziehen, hängt eng mit der Wahl fachbezogener Angebote zusammen (vgl. Klieme u. a. 2008, S. 361). Umgekehrt steht der soziale Nutzen, der aus den Beziehungen zu Gleichaltrigen entwächst, im positiven Zusammenhang mit freizeitorientierten Angeboten.

Bedeutsam sind die finanziellen und materiellen schulischen sowie außerschulischen Ressourcen, da sich diese auf ein qualitatives und quantitatives Angebot auswirken (Wahler u. a. 2005, S. 60). StEG hat eine Verbesserung der räumlichen Ausstattung seit 2005 festgestellt. Aus Sicht der Schulleitungen erweist sich die Entwicklung im Personalbereich aufgrund personellem Rückgang als unbefriedigend. Entwicklungsbedarf besteht auch bei der pädagogischen Gestaltung der Ganztagsschule. Die ersten StEG-Daten belegen, dass die konzeptionelle Fundierung durch verbindliche Festlegungen im Schulkonzept sowie eine Verknüpfung zwischen Unterricht und außerunterrichtlichen Elementen noch ausbaufähig sind (Klieme 2008 u. a. 2008, S. 364). Gerade die Verbindung zwischen Unterricht und außerunterrichtlichem Angebot als bedeutendes pädagogisches Qualitätsmerkmal ganztägiger Schulerziehung konnte zwischen 2005 und 2007 nicht erhöht werden. Eine Ausnahme bilden hier nur die vollgebundenen Ganztagsschulen. StEG zeigt auch bezüglich der zeitlichen Flexibilität des Ganztagsbetriebs weiteren Entwicklungsbedarf, da nur ein kleiner Teil der untersuchten Schulen den erweiterten Rahmen für eine flexiblere und veränderte Zeitorganisation sowie für eine lerngerechtere Rhythmisierung des Schultages nutzt.

Die Befunde von StEG verweisen auf die Schwierigkeit der innerschulischen Kooperation. Obwohl sich die Zusammenarbeit zwischen Lehrkräften und dem im weiteren pädagogischen Bereich tätigen Personal im Primarbereich hinsichtlich erzieherischen Aufgaben und inhaltlichen Absprachen verbessert hat, nahm die Kooperation bei gemeinsamer Projektarbeit ab. Im Sekundarbereich ist die Kooperation zwischen Lehrern und anderen Personen deutlich zurückgegangen. Nur der Austausch über sozialerzieherische Probleme von Schülern fand 2007 häufiger als 2005 statt.

Aufgrund der eigenen begrenzten Ressourcen sind viele Schulen Kooperationen mit außerschulischen Partnern eingegangen, um ihre Angebotspalette zu erweitern. Die Bedeutung von außerschulischen Kooperationspartnern ist seit 2005 deutlich gestiegen. Der Ausbau der Zusammenarbeit zeigt sich zum einen beim Anstieg von Schulen, die mit außerschulischen Partnern kooperieren, und zum anderen bei der Zunahme von Partnern pro Schule. Entwicklungsbedarf besteht weiterhin hinsichtlich der Verbindlichkeit der Kooperationen, da die Zusammenarbeit auf der Basis eines gemeinsamen Vertrages nur in ca. der Hälfte der Fälle geregelt wird.

6.6 Ganztagsschule und Familie

StEG belegt eine deutliche Zufriedenheit der Eltern mit dem Ganztagsschulbetrieb. Wie zuvor ermittelt (Wahler u.a. 2005) besteht aus Elternsicht jedoch erhöhter Bedarf an verbesserter individueller Förderung. Insbesondere die Hausaufgabenbetreuung gilt als tragendes und unerlässliches Element, da Eltern darin eine Entlastung sowie positive Auswirkungen auf das familiäre Klima erkennen (Wahler u.a. 2005, S. 54). Die Hausaufgabenbetreuung und erweiterte individuelle Förderung stellen unter pädagogischen und familienpolitischen Gesichtspunkten im Vergleich zur Halbtagsschule, die die Mitarbeit der Eltern bei Lernprozessen ihrer Kinder voraussetzt (Holtappels 2004, S. 57), wichtige Strukturmerkmale ganztätiger Schulerziehung dar. Die StEG-Daten der ersten Erhebung verdeutlichen, dass die Ganztagsschule die Balance von Erwerbstätigkeit und Familienleben wesentlich unterstützt (Klieme u.a. 2008, S. 371). Die zweite StEG-Erhebung zeigt, dass Kinder vollerwerbstätiger Mütter am häufigsten regelmäßig an den Ganztagsangeboten teilnehmen. Parallel dazu verweisen die Fallstudien von Wahler u.a., dass infolge des Angebots der Hausaufgabenbetreuung vor allem Kinder von beiderseits berufstätigen Eltern erreicht werden (2005).
Beide StEG-Erhebungen stellen keine negativen Auswirkungen des Ganztagsbesuchs auf das familiäre Klima und Familienaktivitäten fest. Die Veränderungen erweisen sich als tendenziell positiv, da insbesondere die Hausaufgabenbewältigung als auch die Unterstützung bei familiären Erziehungsproblemen geschätzt werden (Klieme u.a. 2008., S. 371).

6.7 Ganztagsschule und Chancengleichheit

Nachdem PISA wiederholt auf den engen Zusammenhang von sozialer Herkunft und Bildungschancen hingewiesen hatte, gewann der Aspekt der Chancengleichheit an Bedeutung. Bildungspolitische Erwartungen, die an die Einführung von Ganztagsschulen verknüpft sind, fokussieren eine bessere Förderung von sogenannten 'Risikokindern' (Lernschwache und Zuwanderer), sowie positive Auswirkungen auf die soziale Integration von Schülern unterschiedlicher sozialer Herkunft. Erwartet wird, dass die Ganztagsschule ungleiche Lernausgangslagen von Kindern unterschiedlicher Milieus auszugleichen vermöge. Hinsichtlich der Klärung des Integrationspotentials von Ganztagsschulen und der Reduktion von sozialer Ungleichheit besteht weiterhin Forschungsbedarf. Zudem sind die Möglichkeiten von Ganztagsschule im Kontext des mehrgliedrigen Schulsystems zu betrachten, da soziale Ungleichheiten während der Sekundarschulzeit aufgrund der selektiven Struktur verstärkt werden (Baumert, Schümer 2001).

Die Betrachtung der organisatorischen und pädagogischen Gestaltungselemente zeigt jedoch, dass Ganztagsschulen vielfältige Möglichkeiten bieten, die Bildungschancen von benachteiligten Kindern zu erhöhen und somit soziale Ungleichheit zu reduzieren (Wolf 2006). Zur Verbesserung der Bildungs- und Lebenschancen von Kindern bedarf es einer pädagogischen Konzeption, damit diese nicht nur betreut werden, sondern ergänzend zur familiären Erziehung entwicklungsfördernde Unterstützung und Bildung erfahren. Diese Möglichkeiten sind jedoch eng mit den Rahmenbedingungen der jeweiligen Organisationsformen verbunden (ebd.). Fallstudien weisen darauf hin, dass die mangelnde Verbindlichkeit des Angebots offenbar zu einer selektiven Nutzung von Schülerinnen und Schülern aus gehobenen sozialen Schichten führt, während Kinder aus bildungsbenachteiligten Milieus nicht erreicht werden (Wahler u.a. 2005, S. 95). Zu Beginn des Ausbaus von Ganztagsangeboten war ein Unterschied bei der verbindlichen Teilnahme bei der Hausaufgabenbetreuung bezüglich der unterschiedlichen Ganztagsformen feststellbar, da insbesondere die Nutzung des Angebots bei offenen Konzeptionen großen Schwankungen unterworfen war (ebd., S. 47f.). Befragungen zeigten, dass Schüler aus bildungsbenachteiligten Milieus vor allem über verbindliche Angebote erreichbar sind (ebd., S. 57). Hinweise deuteten daraufhin, dass Schüler mit Migrationshintergrund das offene Ganztagsangebot relativ selten und unregelmäßig nutzten (ebd., S. 69). Zudem erwiesen sich kostenpflichtige Angebote insbesondere bei der Hausaufgabenbetreuung als kontraproduktiv.

Seit der ersten StEG-Erhebung blieb die Zusammensetzung der Schülerschaft hinsichtlich der sozialen Herkunft sowie des Migrationshintergrunds an den befragten Schulen im wesentlichen unverändert. Es gibt keine Hinweise auf eine Selektivität bezüglich der Herkunft. Im Vergleich zum Sekundarbereich, in dem keine schicht- oder migrationsspezifischen Nutzungsmuster auffallen, verzeichnen die Grundschulen jedoch seit 2005 den stärksten Anstieg bei Kindern mit niedrigem sozialen Status.

6.8 Zusammenfassung

Bis vor einigen Jahren stellte die Ganztagsschule im etablierten Halbtagsschulsystem eine Ausnahme dar. Die bildungspolitische Initiative IZBB des Bundes hat den Auf- und Ausbau von Ganztagsschulen in Deutschland stark forciert. Die Zahl der ganztägigen schulischen Verwaltungseinheiten hat sich innerhalb von vier Jahren nahezu verdoppelt. Mit dem verstärkten Ausbau war auch eine neue Definition von Ganztagsschule mit entsprechenden Merkmalen nötig. Die Festlegung auf drei ganztägige Organisationsformen belegt den Konsens der Kultusminister, die aufgrund der föderalen Struktur beim Ausbau von Ganztagsangeboten unterschiedliche Schwerpunkte hinsichtlich der Organisationsform sowie der Schulart setzten. Begrifflich wird zwischen der voll gebundenen, der teilweise gebundenen und der offenen Form unterschieden. Ausschlaggebend dafür ist die verpflichtende oder freiwillige Teilnahme am Ganztagsangebot. In Österreich und der Schweiz werden ebenfalls fakultative und obligatorische Ganztagsschulformen angeboten. Mehrheitlich werden in Deutschland die Ganztagsschulen in offener Form geführt.

Den Anstoß für den Ausbau von Ganztagsschulen bildeten vorwiegend sozialpolitische und sozialpädagogische Motive. Die Politik reagierte auf das wachsende Elternbedürfnis nach geregelten Betreuungszeiten und einer besseren Vereinbarkeit von Familie und Beruf sowie auf den Bedarf an erzieherischer Unterstützung. Dementsprechend nimmt der Betreuungsfaktor einen wichtigen Stellenwert in der Realisierung von Ganztagsangeboten ein. Dieser Aspekt spiegelt sich in den offenen Ganztagsschulen, die ihr Angebot fakultativ am Nachmittag offerieren. Die erzieherischen und bildungspolitisch-didaktischen Motive spielen in der öffentlichen Debatte eine nachgeordnete Rolle. Sie stehen jedoch in enger Verbindung mit den pädagogischen Inhalten, mit denen ein Ganztagsschulkonzept gefüllt werden sollte, will man damit den veränderten Sozialisationsbedingungen und den gesellschaftlichen Bildungsanforderungen gerecht werden.

Die Ganztagsschule ermöglicht aufgrund ihres größeren Zeitkontingents mehr Zeit für Unterricht, Förderung, Formen der Differenzierung und vielfältige (Lern-)Angebote. Um die verlängerte Schulzeit innovativ und sinnvoll zu nutzen, ist eine Orientierung an den Schülerbedürfnissen notwendig. Die Elemente Zeitkonzept, Personal- und Raumorganisation bilden den organisatorischen Rahmen des Ganztagsbetriebs. Dabei nimmt die Rhythmisierung der Schulzeit eine für die Ganztagsschule charakteristische Funktion ein, da die flexible Zeitorganisation eine bedürfnisorientierte sowie lerngerechtere Verzahnung von Unterricht und Angeboten ermöglicht. Bei den pädagogischen Gestaltungselementen stellen vor allem die Intensivierung von Förderung, die Realisierung von differenzierten Lehr- und Lernformen sowie die Freizeitgestaltung wichtige Merkmale dar, die zusätzliche Lern- und Erfahrungsmöglichkeiten schaffen. Die Öffnung des Unterrichts und der Schule bahnen eine neue Unterrichts- und Lernkultur an, die eine innere Schulreform begünstigt. Die Integration von Hausaufgaben innerhalb des Förderangebots entspricht den bildungstheoretischen Motiven und stellt eine Entlastung der Familien dar.

Mit dem Ausbau von Ganztagsschulen im Zug des IZBB wurde der Forschungsstand hinsichtlich Ausbau, Nutzung und Entwicklung ganztägiger Schulen aktualisiert und erweitert. In Folge der zweiten Erhebungswelle von StEG lassen sich erste Tendenzen über die Entwicklung an deutschen Ganztagsschulen feststellen. Die Schülerinnen und Schüler nehmen unabhängig von ihrer Herkunft insbesondere die Hausaufgabenhilfe, Arbeitsgemeinschaften und freizeitorientierten Angebote wahr. Besonders hoch ist die Teilnahme im Primarbereich, wohingegen Schüler aus der Sekundarstufe schwieriger zu gewinnen sind. Hinsichtlich der pädagogischen Gestaltung und der zeitlichen Flexibilität des Ganztagsbetriebs verweist die Studie jedoch auf weiteren Entwicklungsbedarf. So zeigt sich die Personalsituation als unbefriedigend. Die Elternschaft moniert eine verbesserte individuelle Förderung. Die Verzahnung von Unterricht und außerunterrichtlichem Angebot erweist sich als ausbaufähig. Die flexible Zeiteinteilung im Sinn einer Rhythmisierung des Ganztagsbetriebs nutzen lediglich wenige Schulen.

Mit dem Ausbau von Ganztagsschulen sollten aus bildungspolitischer Sicht die Rahmenbedingungen für schulisches Lernen verbessert werden. Die Entwicklung von individuellen Fördermöglichkeiten ist angestoßen, und – wie erwartet – nutzen Kinder von erwerbstätigen Frauen das Ganztagsangebot überdurchschnittlich. Die bildungspolitischen Bestrebungen, die Verknüpfung von sozialer Herkunft und Bildungserfolg mit der Einführung von Ganztagsschulen zu entkoppeln, sind jedoch komplexer zu erklären, da ungleiche Bildungschancen weitgehend von der selektiven Struktur des mehrgliedrigen Schulsystems begünstigt werden. Da die Stärke vor allem in der Verbindung des erweiterten Zeitumfangs mit pädagogischen Konzepten, die Maßnahmen der inneren Schulreform und eine neue Lernkultur begünstigen, zu liegen scheint, eröffnen Ganztagsschulen vielfältige Möglichkeiten, die Bildungschancen benachteiligter Kinder zu verbessern. Zur Herstellung von Chancengleichheit bedarf es einer pädagogischen Konzeption, deren Möglichkeiten jedoch eng mit der jeweiligen Organisationsform verknüpft sind. Im Vergleich zur offenen Ganztagsschule eröffnet insbesondere die voll gebundene Form die Chance, Erziehung, Betreuung und Bildung gleichmäßig zu berücksichtigen. Die Chance, den Unterricht mit dem Freizeitangebot zu verzahnen und Bildungsprozesse zu intensivieren, ist in dieser Form ausgesprochen hoch. Die teilweise gebundene Form verhindert als Mischform eine vollständige Rhythmisierung des Schultags, so dass die selektive Nutzung des Ganztagsangebots herbeigeführt wird. Da mit zunehmender Freiwilligkeit der Betreuungsaspekt an Bedeutung gewinnt, ist fraglich, ob mit der offenen Ganztagsschule, die mehrheitlich eingeführt wurde, die Herstellung von Chancengleichheit erreicht wird.

Literatur

Allemann-Ghionda, Cristina (2005): Ganztagsschule im internationalen Vergleich – von der Opposition zur Arbeitsteilung zwischen Staat und Familie? In: Hansel, Toni (Hrsg.): Ganztagsschule. Halbe Sache – großer Wurf? Schulpädagogische Betrachtung eines bildungspolitischen Investitionsprogramms. Herbolzheim: Centaurus, S. 199–223.

Allemann-Ghionda, Cristina (2003): Ganztagsschule im internationalen Vergleich. In: Rekus, Jürgen (Hrsg.): Ganztagsschule in pädagogischer Verantwortung. Münster: Aschendorff, S. 49–63.

Appel, Stefan; Rutz, Georg (2005): Handbuch Ganztagsschule. Konzeption, Einrichtung und Organisation. 5. überarbeitete Auflage. Schwalbach: Wochenschau Verlag.

Autorengruppe Bildungsberichterstattung (Hrsg.) (2008): Bildung in Deutschland 2008. Ein indikationsgestützter Bericht mit Analyse zu Übergängen mit Anschluss an den Sekundarbereich I. Berlin und Frankfurt a. M.

Bargel, Tino; Kuthe, Manfred (1991): Ganztagsschule – Angebot – Nachfrage – Empfehlungen. Zusammenstellung von Teilen des Berichts „Ganztagsschule", Bildung-Wissenschaftaktuell 10/90, durchgeführt von der Forschungsgruppe Gesellschaft und Region e. V. Konstanz, gefördert und herausgegeben vom Bundesminister für Bildung und Wissenschaft 1990. In: Kubina, Christian/Lambrich, Hans-Jürgen (Hrsg.): Die Ganztagsschule. Bestandaufnahme – Grundlegung – Perspektiven. Wiesbaden: Institut für Bildungsplanung und Schulentwicklung S. 87–111.

Baumert, Jürgen; Schümer, Gundel (2001): Familiäre Lebensverhältnisse, Bildungsbeteiligung und Kompetenzerwerb. In: Baumert, J. u. a. (Hrsg.): PISA 2000. Basiskompetenzen von Schülerinnen und Schülern im internationalen Vergleich. Opladen: Leske und Budrich, S. 323–407.

Bericht der Kommission für soziale Sicherheit und Gesundheit des Nationalrates: Parlamentarische Initiative Anstoßfinanzierung für familienergänzende Betreuungsplätze vom 22.02.2002.

Bundesministerium für Bildung und Forschung (BMBF) (2003): Verwaltungsvereinbarung Investitionsprogramm „Zukunft Bildung und Betreuung" 2003–2007. Berlin 29.04.2003.

Burgstaller, Petra (2004): Schule im Kontext. Ein kurzes Szenario rund um die Schule in Österreich. In: Spielmobilszene 16, 1/2004. S. 10.

Bureau canton de l'egalitité et de la famille/Institut de Recerce et de Conseil dans le domaine de la famille de l'Université de Fribourg/Pro Familia Fribourg (Hrsg.) (2002): Les accueils extrascolaires dans le canton de Fribourg: besoins, offres et perspectives. Fribourg.

Colberg-Schrader, Hedi (1991): Veränderte Lebensbedingungen von Kindern – Herausforderungen für die weitere Entwicklung des Kinderbetreuungsangebots. In: Gewerkschaft Erziehung und Wissenschaft, Landesverband Baden-Württemberg (Hrsg.): Ganztagsangebote für Schülerinnen und Schüler. Information, Analysen, Meinungen. Ludwigsburg, S. 10–15.

Dobart, Anton; Koeppner, Heidelind/Weissmann, Leopoldine/Zwölfer, Anton (1984): Ganztägige Organisationsformen der Schule: Ganztagsschulen und Tagesheimschule. Darstellung der Schulversuchsarbeit 1974–1982. Schulentwicklung. Arbeits- und Forschungsberichte des Zentrums für Schulversuche und Schulentwicklung 9. Wien.

Fuchs, Günther (1992): Zusammenwirken von Hort und Schule – Erfahrungen aus den Polytechnischen Oberschulen. In: Böttcher, Wolfgang (Hrsg.): Mehr Ganztagsangebote für Kinder und Jugendliche. Witterschlick/Bonn, S. 73–80.

Guter, Irene (1976): Gründe für die Ganztagsschule. In: Dorner, Roland, Witzel, Hermann (Hrsg.): Ganztagsschule – Zielsetzungen und Organisation eines alternativen Schulmodells. Ravensbsurg 1976. Otto Maier Verlag, S. 15–22.

Holtappels, Heinz Günter; Klieme, Eckhard; Rauschenbach, Thomas; Stecher, Ludwig (Hrsg.) (2008): Ganztagsschule in Deutschland. 2., korrigierte Auflage. Weinheim: Juventa.

Holtappels, Heinz Günter (2006): Stichwort: Ganztagsschule. In: Zeitschrift für Erziehungswissenschaft, 9. Jg., H. 1, S. 5–29.

Holtappels, Heinz Günter (2005 (1)): Ganztagsbildung in ganztägigen Schulen – Ziele, pädagogische Konzeption, Forschungsbefunde. In: Fitzner, Thilo; Schlag, Thomas; Lallinger, Manfred (Hrsg.): Ganztagsschule – Ganztagsbildung. Politik – Pädagogik – Kooperation. Bad Boll: Evangelische Akademie, S. 48–85.

Holtappels, Heinz Günter (2005 (2)): Empirische Erkenntnisse über ganztägige Schulformen in Deutschland. In: Otto, Hans-Uwe; Coelen, Thomas (Hrsg.): Ganztägige Bildungssysteme. Innovation durch Vergleich. Münster, New York, München, Berlin: Waxmann, S. 124–143.

Holtappels, Heinz Günter (1994): Ganztagsschule und Schulöffnung. Perspektiven für die Schulentwicklung. Weinheim, München: Juventa.

Ipfling, Heinz-Jürgen (1981): Modellversuche mit Ganztagsschulen und anderen Formen ganztägiger Förderung. Bund-Länder-Kommission für Bildungsplanung und Forschungsförderung. Bonn.

Jung, Petra Maria (2006): Die aktuelle Entwicklung in der Ganztagsschule. In: Recht der Jugend und des Bildungswesens. Zeitschrift für Schule, Berufsbildung und Jugenderziehung, 54. Jg., H. 1, S. 29–35.

Klieme, Eckhard; Holtappels, Heinz Günter; Rauschenbach, Thomas; Stecher, Ludwig (2008): Ganztagsschule in Deutschland. Bilanz und Perspektiven. In: Holtappels, Heinz Günter; Klieme, Eckhard; Rauschenbach, Thomas; Stecher, Ludwig (Hrsg.): Ganztagsschule in Deutschland, S. 353–381.

KMK – Sekretariat der ständigen Konferenz der Kultusminister der Länder in der Bundesrepublik Deutschland: Bericht über die allgemein bildenden Schulen in Ganztagsform in den Ländern in der Bundesrepublik Deutschland – Schuljahr 2002/03. Beschluss der Kultusministerkonferenz vom 02.01.2004. Bonn 2004.

Larcher Klee, Sabine; Grubenmann, Bettina (Hrsg.) (2008): Tagesstrukturen als sozial- und bildungspolitische Herausforderung. Bern: Haupt.

Ludwig, Harald (1993): Entstehung und Entwicklung der modernen Ganztagsschule in Deutschland. Band 1 und 2. Köln, Weimar, Wien: Böhlau.

Mangold, Max; Messerli, Andreas (2005): Die öffentliche Ganztagsschule in Deutschland: Daten und Konzepte. In: Ladenthin, Volker; Rekus, Jürgen (Hrsg.): Die Ganztagsschule. Alltag, Reform, Geschichte, Theorie. Weinheim und München, S. 107–124.

Mauchle, Maria (2002): Bedürfnisabklärung im Kanton Freiburg. In: Schule und Betreuung, Heft 20, S. 2.
Messner, Rudolf (1991): Die Rhythmisierung des Schultages. Erfahrungen und pädagogische Überlegungen zu einem dringlich gewordenen Problem. In: Kubina, Christian; Lambrich, Hans-Jürgen (Hrsg.): Die Ganztagsschule. Bestandsaufnahme, Grundlegung, Perspektiven. Wiesbaden: Institut für Bildungsplanung und Schulentwicklung, S. 54–66.
Obergrießing, Andrea; Popp, Ulrike (2005): Ganztagsschule zwischen bildungspolitischer Vision und sozialen Akzeptanzproblemen. Ergebnisse einer empirischen Untersuchung mit Eltern aus Kärnten. In: Erziehung & Unterricht, 155. Jg., S. 635–647.
Radisch, Falk; Klieme, Eckhard (2004): Wirkungen ganztägiger Schulorganisation. Bilanz und Perspektiven der Forschung. In: Die Deutsche Schule, 96. Jg., H. 2; S. 153–169.
Verein Tagesschule Schweiz (2007): Tagesschulen Schweiz – Übersicht. Tagesschulorganisation, Qualitätsmerkmale, Betreuungsplätze an öffentlichen Tagesschulen in der Schweiz, Verein Tagesschulen. Zürich.
Wahler, Peter; Preiß, Christine; Schaub, Günther (2005): Ganztagsangebote an der Schule – Erfahrungen – Probleme – Perspektiven. München: Klinkhardt.
Weidinger, Wilhelm (1983): Ganztagsschule und Familie. Wien und München: Gutenberg.
Wolf, Bettina (2006): Soziale Ungleichheit: Ganztagsschule als Chance!? Unveröffentlichte Diplomarbeit an der Fakultät für Sozial- und Verhaltenswissenschaften der Eberhard-Karls-Universität Tübingen.
Wolf, Bettina/Schmidt, Hans-Ludwig Schmidt: Soziale Ungleichheit – Integrationspotential durch Ganztagsschule!? In: Birgmeier, Bernd R./Mührel, Eric/Schmidt, Hans-Ludwig: Sozialpädagogik und Integration. Beiträge zur theoretischen Grundlagen, Handlungskonzepten und Arbeitsfeldern. Essen 2010. Verlag Die Blaue Eule, S. 299–322.
www.bildungsbericht.de
www.projket-steg.de
www.projket-steg.de/de/files/pk080908/Presseerklaerung_Steg_2008_Langfassung.pdf
www.roew.uni-dortmund.de/unizet/zu-342-a02.htm
www.tagesschulen.ch

Anregungen zur Reflexion

Da das Gelingen der ganztätigen Schulerziehung von der Umsetzung der pädagogischen Konzeption und den damit verbundenen pädagogischen Gestaltungselementen abhängig ist, sei zu überlegen, ob die *Lehrerausbildung* speziell auf die Anforderungen eingehen müsste, um die Lehrkräfte fundierter auf ihre Aufgaben vorzubereiten. Wäre ein Umdenken in der Lehrerausbildung nötig, um neben der Wissensvermittlung den Aspekten Betreuung, Bildung und Erziehung nachzukommen?

Mit Blick auf die *Qualität von Unterricht* stellt sich die Frage, ob diese an sich durch die Einführung von Ganztagsschulen verbessert wird. Kann die Unterrichtsqualität steigen, wenn die Verankerung des pädagogischen Konzepts sowie die Nutzung der flexibleren Zeiteinteilung für eine lerngerechte Rhythmisierung nicht ausreichend genutzt werden?

Die Angebotspalette und ihre Nutzung sollte hinsichtlich der Schularten und der Ganztagsschulformen betrachtet werden. Wie kann man Kinder aus sozial schwächer gestellten Familien erreichen, um nachhaltig ihre *Chancen zu fördern*?

Wir befinden uns auf dem Weg in eine Wissensgesellschaft. Hier stellt sich die Frage, in wie weit Ganztagsschulen das *lebenslange Lernen* begünstigen?

Weiterlesen

Appel, Stefan; Rutz, Georg (2005): Handbuch Ganztagsschule. Konzeption, Einrichtung und Organisation. 5. überarbeitete Auflage. Schalbach: Wochenschau.
Das Handbuch vermittelt ein breites Grundlagenwissen über die Konzeption der Ganztagsschule und deren Umsetzung in die Praxis. Insbesondere die Konzeptionsmerkmale sowie die Darstellung der vielfältigen Formen von ganztägig arbeitenden Schulen liefern die Basis für die Arbeits-, Erziehungs- und Gestaltungsschwerpunkte sowie Hinweise zur Tagesgestaltung. Ausführlich werden die Rahmenbedingungen Personal, Sachausstattung und Mittagessen dargestellt, die sich bei der Umsetzung einer Ganztagsbeschulung bewähren müssen. Die Anregungen für die Praxis sowie ein umfangreiches Literaturverzeichnis einschlägiger Publikationen als auch das Stichwortverzeichnis ermöglichen eine leserfreundliche Handhabung.

Holtappels Hans-Günter; Klieme, Eckhardt; Rauschenbach, Thomas; Stecher Ludwig (Hrsg.) (2008): Ganztagsschule in Deutschland. 2. korrigierte Auflage. Weinheim und München: Juventa.
Ausführliche Darstellung der Ergebnisse der Ausgangserhebung der „Studie zur Entwicklung von Ganztagsschulen" (StEG). Neben den Grundlagen der Studie werden Ausgangslage und Rahmendaten des ganztägigen Lernens in Deutschland vorgestellt und durch Konzepte als auch Gestaltungselemente ergänzt. Betrachtet werden z. B. Schwerpunkte wie Ziele, Entwicklungsprozesse, Implementierung sowie Organisationskultur ganztägigen Lernens.

Otto, Hans Uwe; Coelen, Thomas (Hrsg.) (2005): Ganztägige Bildungssysteme. Innovation durch Vergleich. Münster et al.: Waxmann.
Nach Beiträgen zur Wissensökonomie und zum informellen Lernen werden verschiedene Ganztagsschulsysteme beleuchtet. Gruppiert nach drei Grundtypen werden die Ganztagsschulsysteme (Frankreich, Japan), die Systeme mit Ansätzen von Ganztagsbetreuung (Italien, Finnland) ebenso wie solche mit Elementen von Ganztagsbildung (Niederlande, Russland) dargestellt. Neueste Umsetzungen von Ganztagsschulbildung in Deutschland finden sowohl eine empirische als auch konzeptionelle Betrachtung.

Weitersurfen

www.ganztagsschulen.org
Umfangreiches Ganztagsschulportal des Bundesministeriums für Bildung und Forschung, das neben der Darstellung des IZBB-Programms auch allgemeine und aktuelle Informationen, Beispiele aus der Schulpraxis sowie Forschungsergebnisse aufzeigt. Neben pragmatischen Tipps wie Stundenplanbeispiele und Antworten auf häufige Fragen umfasst der Service z. B. ein ausführliches Materialangebot, einen Newsletter, eine Adressenliste der Bundesländer sowie wichtige Links.

www.ganztaegig-lernen.org/www/gtl3.aspx
Als Begleitprogramm zum IZBB vermittelt diese Adresse der Deutschen Kinder- und Jugendstiftung als Entwicklungsagentur für Ganztagsschulen „Ideen für mehr! Ganztägig lernen" Informationen zur Qualitätsentwicklung. Angeboten werden diverse Unterstützungsinstrumente wie Beispiele guter Schulpraxis, Möglichkeiten zur Vernetzung und zum Erfahrungsaustausch, die Vermittlung von Experten, Informationen zur Fortbildung und Qualifizierung, die Anbahnung und Moderation von Kooperationsbeziehungen sowie Wissenstransfer aus unterschiedlichen pädagogischen Handlungsfeldern.

www.bildung-betreuung.ch
Adresse des Vereins Tagesschulen Schweiz, welche neben aktuellen Informationen und Veranstaltungshinweisen eine Übersicht über Ganztagschulen liefert und Downloadmöglichkeiten anbietet. Der Service ermöglicht z. B. den Zugriff zu allgemeinen und spezifischen Informationen wie Konzeptionen von Ganztagsschulen, Finanzierungsformen, Evaluationen und Jahresberichten.

Bettina Würth / Peter Fratton

7. Privatschulen – eine ergänzende Alternative zum öffentlichen Schulwesen – am Beispiel der Freien Schule Anne-Sophie in Künzelsau

Prolog

Bildung gilt heute als wertvollste Ressource und Bildungspolitik genießt demzufolge höchste Priorität. Rund 10 Milliarden Euro gibt allein das Land Baden-Württemberg jährlich für Bildungsaufgaben aus (Stand 2009). Damit könnte man sehr zufrieden sein.
Was motiviert nun eine Unternehmerin wie mich dazu, in einem Land mit gut organisierter Bildungs-Infrastruktur eine zusätzliche Schule zu gründen und hierfür ein erhebliches finanzielles Engagement einzugehen? Im Fall der Freien Schule Anne-Sophie waren es sehr persönliche Erfahrungen, die zunächst Fragen aufwarfen und schließlich den Wunsch nach einer reformpädagogischen Alternative begründeten. So haben wir bei der Erziehung unserer eigenen vier Kinder stets großen Wert darauf gelegt, dass diese in einem normalen Umfeld aufwachsen, also auch öffentliche Schulen besuchen. Sehr schnell stellten wir allerdings fest, dass der traditionelle Schulbetrieb die Lernbegeisterung der Kinder eher behinderte, statt sie zu fördern.
Wenn ein einzelnes Kind morgens mit Unlust aus dem Haus geht, ist man als Mutter vielleicht geneigt, dies als vorübergehende Erscheinung zu akzeptieren. Wer diese Erfahrung jedoch mit vier Kindern von unterschiedlichem Temperament und mit individuellen Neigungen macht, stellt sich die Frage nach den Ursachen und möglichen Lösungen immer wieder. Kann man Kinder in einem System aus Jahrgangsklassen und detailliert durchstrukturierten Stundenplänen wirklich bestmöglich fördern? Oder ist dieses System nicht vielmehr darauf angewiesen, dass Kinder optimal 'funktionieren', um im Klassenverband das vorgegebene Wissenspensum möglichst reibungslos zu erarbeiten?
Verstärkt wurden unsere elterlichen Vorbehalte durch die unternehmerischen Erfahrungen mit Schul- und Hochschulabsolventen. Diese Berufseinsteiger häuften im Lauf ihrer Bildungskarriere zwar ein umfangreiches theoretisches Wissen an, scheiterten in der Praxis jedoch immer wieder an den einfachsten Aufgabenstellungen. So fehlt ihnen beispielsweise häufig die Fähigkeit der Selbstorganisation – etwa um eigenverantwortlich Prioritäten zu setzen und einzelne Aufgaben inner-

halb einer selbst gesetzten Frist zu bearbeiten. Auch bei der praxisgerechten Anwendung des theoretischen Wissens hapert es vielfach. Mein Vater, Prof. Dr. h.c. mult. Reinhold Würth, der dieses Schulprojekt von Anfang an intensiv unterstützt hat, spricht deshalb gerne von 'Wissensriesen' und 'Realisierungszwergen'.

Zwar haben die öffentlichen Schulen immer wieder versucht, mit diesen Anforderungen Schritt zu halten, oft jedoch ohne signifikanten Erfolg. Letztlich wurden nur die methodischen und didaktischen Stellschrauben neu justiert. So führte unser Dialog mit Lehrern, befreundeten Eltern und Führungskräften aus unterschiedlichen Wirtschaftsbereichen schliesslich zu der Auffassung, dass man dem Wunsch nach einer optimalen individuellen Förderung junger Menschen in einem Schulsystem traditioneller Prägung nicht entsprechen kann. Und reformpädagogische Alternativen gab es nicht, jedenfalls nicht in Künzelsau.

Damit gewann die Idee der Gründung einer eigenen Schule erstmals Kontur. Dieser Gedanke war keinesfalls im luftleeren Raum geboren, sondern die logische Fortsetzung eines intensiven Engagements. Schon seit vielen Jahren unterstützen die Firmengruppe Würth, die gemeinnützige Stiftung Würth und nicht zuletzt die Mitglieder der Familie Würth Bildungseinrichtungen in großer Zahl. Dies beschränkt sich nicht nur auf die Bereitstellung erheblicher finanzieller Mittel, sondern geht bis heute mit einem intensiven persönlichen Engagement einher.

Die Idee, eine eigene Schule zu gründen, fand von Anfang an die breite und nachhaltige Unterstützung, nicht nur innerhalb der Familie Würth, sondern auch und gerade von Pädagogen und vielen maßgeblichen gesellschaftlichen Kräften in Künzelsau und Hohenlohe. Von Anfang an war klar, dass wir keine privatwirtschaftliche Konkurrenz, sondern eine Ergänzung des bestehenden Bildungsangebots im Sinn hatten.

Hier ist vielleicht der richtige Augenblick, um das 'Geheimnis' der Namensgebung zu lüften. Die Freie Schule Anne-Sophie bewahrt das Andenken an Anne-Sophie Würth, die 1998 im Alter von neun Jahren bei einem tragischen Verkehrsunfall ihr Leben verlor. Die Geldleistung, welche die Versicherung des Unfallverursachers zahlte, bildete den ersten finanziellen Grundstock der Schule. Die Familie Würth will mit der Schule einen Ort schaffen, an dem Kinder, auch im übertragenen Sinn, nicht übersehen werden, einen Ort, an dem das Mädchen Anne-Sophie in vielen Menschen weiter lebt.

Heute ist die gemeinnützige Stiftung Würth Trägerin der Freien Schule Anne-Sophie. Ihr und der Unterstützung der Familie Würth ist es zu verdanken, dass sich die Schule von Anfang an auf einer soliden finanziellen Grundlage entwickeln und insbesondere auch die erheblichen Belastungen eines umfangreichen Schulneubaus tragen konnte.

Eine 'Schule der Gewinner'

Von Beginn an war die Freie Schule Anne-Sophie als Keimzelle für eine neue Art des Lernens konzipiert: Jede Schülerin und jeder Schüler soll von ihrer/seiner individuellen Ausgangslage aus die bestmögliche Förderung erhalten.
Wir vertraten die Überzeugung, dass es keine guten oder schlechten Schüler gebe, sondern allenfalls angemessene oder unangemessene Formen pädagogischer Intervention. Jedes Kind ist einzigartig. Es verfügt über Stärken und Schwächen. Es ist in der Lage, selbst zu entscheiden, was es lernen möchte. So soll jeder junge Mensch, der diesen Lernweg beschreitet, die Freie Schule Anne-Sophie als Gewinner verlassen – mit einem breit angelegten Fundament an Wissen und Fertigkeiten.
Das Vorgesagte sollte nun nicht zu der falschen Annahme führen, dass wir öffentliche Schulen per se für schlecht hielten und mit der Freien Schule Anne-Sophie den einzig gültigen Königsweg beschreiten wollten. Unsere Intention ist eine andere: Es sollte für jedes Kind eine Alternative geben, die seinen Neigungen, seinen Fähigkeiten und seinen Voraussetzungen am besten entspricht. Nicht 'entweder – oder', sondern 'und'! Ein wenig Wettbewerb im sportlichen Sinn darf es zwischen den Schulen durchaus geben. Und gegenseitige Impulse sind sogar ausdrücklich erwünscht!
Weil wir gerade bei den eigenen Lehren sind, sollten wir an dieser Stelle eine weitere Erkenntnis einflechten, die unsere Erfahrungen im Umgang mit öffentlichen Einrichtungen im Allgemeinen und der Schulverwaltung des Landes Baden-Württemberg im Besonderen betrifft. Hier zeigte sich, dass man Irritationen und Vorbehalte von Anfang an vermeiden kann, wenn man offen auf die Verantwortlichen zugeht – auch und gerade bei einem so sensiblen Thema wie einer Schulgründung. So fanden wir auf allen – auch politischen – Ebenen offene Türen und wohlwollende Gesprächspartner. Anders wäre es gar nicht möglich gewesen, in kürzester Zeit die pädagogischen Pflöcke einzuschlagen, qualifizierte Lehrkräfte zu gewinnen, eine temporäre Heimat für die neue Schule zu finden und schließlich den Neubau der Freien Schule Anne-Sophie in weniger als zwei Jahren fertig zu stellen. Wenn denn die Sprache die Quelle aller Missverständnisse ist, wie der französische Schriftsteller Antoine de Saint-Exupery einmal festgestellt hat, dann ist der offene Dialog auch die Basis, um Missverständnisse auszuräumen und gemeinsame Begeisterung zu erzeugen. Diese Erkenntnis beherzigen wir übrigens auch Tag für Tag an der Freien Schule Anne-Sophie, im sogenannten 'Input'. Dazu später mehr.

Schulgerechte Kinder oder kindgerechte Schulen?

Wie kann die Schule den Lernweg eines jungen Menschen gestalten, sodass er tatsächlich als Gewinner seine Ziele erreicht? Hier lohnt es sich, zunächst einen Blick auf das traditionelle Schulsystem zu werfen. Die dort überwiegend praktizierte Didaktik des Frontalunterrichts mit Stundenplan im 45-Minuten-Takt bezeichnet der Schweizer Reformpädagoge Peter Fratton als 7-G-Unterricht: Alle gleichaltrigen Schüler haben beim gleichen Lehrer im gleichen Raum zur gleichen Zeit mit den gleichen Lehrmitteln die gleichen Ziele gleich gut zu erreichen. Konkurrenz ist hier also geradezu vorprogrammiert – eine Konkurrenz überdies, die nicht Leistung zum Maßstab macht, sondern Systemkonformität: Wer sich in diesem 'Lern'-System am besten behauptet, darf sich als Sieger fühlen. Die überwiegende Mehrheit der Schüler hat dabei das Nachsehen.

Sehr früh war also klar, dass eine 'Schule der Gewinner' von Grund auf anders arbeiten muss als die herkömmliche Schulen mit ihrem '7-G-Unterricht'. Darüberhinaus galt es, die Aufgaben und das Selbstverständnis der Lehrkräfte anhand dieser Zielsetzung neu zu definieren – nicht Wissensvermittler sind gefragt, sondern Begleiter, Inspiratoren und Motivatoren.

Schließlich waren wir uns dessen bewusst, dass auch die Rolle der Eltern sich wandeln musste. Das klassische Rollenverständnis – hier pädagogische 'Dienstleister', dort passive 'Leistungsempfänger' – konnte nicht einfach fortgeschrieben werden – auch und gerade, wenn diese Lernwelt ohne Hausaufgaben und Schulnoten auskommen soll!

Mit diesem pädagogischen Rüstzeug, dem Wohlwollen des Regierungspräsidiums Stuttgart und der Unterstützung der Stadt Künzelsau begann im September 2006 die praktische Lernarbeit der Freien Schule Anne-Sophie. Knapp 50 junge Menschen wagten in zwei altersgemischten Klassen der Primarstufe als erste den Schritt in eine neue Lernwelt, zunächst in den Räumen der ehemaligen Landwirtschaftsschule am Künzelsauer Zollstockweg. Parallel begannen die Planungs- und Bauarbeiten für das neue Schulgelände im Künzelsauer Stadtteil Taläcker.

Unser Ziel hat immer darin gelegen, mit der Freien Schule Anne-Sophie einen Lernweg zu eröffnen, der über alle Altersstufen zu einem qualifizierten und staatlich anerkannten Schulabschluss führt. Für den erforderlichen Platzbedarf musste in kürzester Zeit ein kompletter Schulneubau entstehen. Es galt aber auch, den gesamten Lernbetrieb (um einmal eine verbale Anleihe bei der Wirtschaft zu machen) auf dieses übergeordnete Ziel hin auszurichten.

So wurde das Schweizer Ehepaar Doris und Peter Fratton für eine Mitarbeit an der Freien Schule Anne-Sophie gewonnen. Peter Fratton blickte zu diesem Zeitpunkt auf jahrzehntelange praktische Erfahrungen zurück; er hatte sein Konzept des 'Lernens in der gestalteten Umgebung' bereits in vierzehn 'Häusern des Lernens' in der Schweiz verwirklicht. Die Innenarchitektin Doris Fratton gestaltete schließlich das gesamte Interieur des Schulneubaus entsprechend dieser pädagogischen Konzeption und schuf damit eine höchst inspirierende Lernwelt.

Eine freie Schule braucht eine Vision, ein Konzept und klare Regeln

Der Umzug in das neue 'Lerndorf' fiel also zusammen mit einer didaktischen Weiterentwicklung. Aufbauend auf den Erfahrungen aus drei Jahrzehnten reformpädagogischen 'Bildungsunternehmertums' erfuhr das pädagogische Regelwerk der Freien Schule Anne-Sophie seinen Feinschliff. Es orientiert sich am Konzept des 'Autonomen Lernens in der gestalteten Umgebung', das Peter Fratton im Diskurs mit der deutschen Psychoanalytikerin Dr. Ruth Cohn formuliert und an den reformpädagogischen 'Häusern des Lernens' praxisgerecht fortgeschrieben hatte. Dies sei nachfolgend umrissen.

Zunächst impliziert der Begriff des 'autonomen Lernens': Ich kann frei entscheiden. Wer sich diese Schlussfolgerung ungeprüft zu Eigen macht, verkennt möglicherweise das Paradoxon der Autonomie, nämlich dass Autonomie nur dann zu einem konkreten Ziel führt, wenn sie nach einem klaren Regelwerk gestaltet und innerhalb verbindlicher Grenzen praktiziert wird. Sonst entartet Autonomie zu Chaos. Die Zielsetzung aller Lernarbeit haben wir bereits beschrieben: Jedes Kind soll die Schule als Gewinner verlassen. Anders formuliert: Es darf keine Verlierer geben. Wie lässt sich dies konkret umsetzen? Der Titel eines lesenswerten Buches von Hartmut von Hentig regt an, die Schule neu zu denken. Vielleicht sollte man noch einen Schritt weiter gehen und 'Lernen neu denken'. Der Schweizer Architekt Le Corbusier sagte, er hätte bei der Gestaltung seiner Stühle nie an Stühle gedacht, sondern immer ans Sitzen.

Die Auseinandersetzung mit dem Thema Lernen führte zu zwei Axiomen, die die Grundlage unseres pädagogischen Konzepts bilden:

1. Lernen ist eine Existenzform des Menschen. Lernen ist also Teil des Menschseins und demzufolge ein selbstgesteuerter, strukturdeterminierter Prozess. Ein solcher braucht eine unterstützende nicht-direktive Didaktik, also eine 'Unterstützung auf Wunsch' beim Aufbau von Wissensnetzen. Der Lehrer wird zum Begleiter.
2. In jeder Umgebung geschieht das, was der Umgebung angemessen ist. Es gibt geeignete Umgebungen für gemeinsames Lernen, zum konzentrierten Nachdenken, für Sport und Geselligkeit. In diesem Zusammenhang sei an das Stanford-Prison-Experiment des amerikanischen Psychologen Philip Zimbardo von 1971 erinnert[1].

Aufbauend auf diesen beiden Axiomen haben wir vier Forderungen abgeleitet. Sie prägen die gesamte Lernarbeit der Freien Schule Anne-Sophie. Vorauszuschicken wäre allerdings, dass wir diese Forderungen und die daraus abgeleiteten Schlussfolgerungen nicht als gültiges Dogma verstehen. Wir sprechen lieber vom 'derzeit gültigen Irrtum' und räumen damit ein, dass unser Konzept permanent 'in Arbeit' ist und weiterentwickelt werden darf. Nun aber zu unseren vier Forderungen:

1. Autonomes Lernen

Wir unternehmen alles, damit die in einem Lernhaus lernenden und lebenden Menschen nicht nur eigenständig, sondern autonom arbeiten können. Dabei bedeutet autonom 'aus sich selbst heraus', ist also mehr als selbstständig. Autonomes Lernen beinhaltet das Erkennen der eigenen Bedürfnisse und deren Ab- und Angleichung an die Bedürfnisse der Umwelt. Autonom lernen sollen aber nicht nur

---

[1] Zimbardo Philipp G. (1971). Das Stanford-Gefängnis-Experiment: Eine Simulationsstudie über die Sozialpsychologie der Haft

die Lernpartner, sondern auch die Lernbegleiter und alle in der Freien Schule Anne-Sophie mitarbeitenden Menschen.

2. Gestaltete Umgebung

Die Lernumgebung ist so zu gestalten, dass entspanntes Lernen möglich ist. Dabei unterscheiden wir vier Aspekte der Gestaltung: die architektonische, die strukturelle, die organisatorische und die menschliche. Die architektonische Gestaltung ist die manifestierte Form der Gestaltung. 'Häuser des Lernens' erinnern kaum an übliche Schulen. Es gibt weder Klassenzimmer noch Lehrerzimmer oder Bankreihen. Das autonome Lernen findet in Inputräumen, Lernateliers, der Bibliothek, Entspannungsräumen, Gruppenräumen und Präsentationsräumen statt. Wo immer dies möglich war, haben wir das klassische Schulmobiliar durch Möbel ersetzt, wie man sie auch in Wohnräumen findet.

Die strukturelle Gestaltung: Die Struktur aller Lernorte muss so gewählt sein, dass alle notwendigen Materialien jederzeit verfügbar sind. Dies beinhaltet die Herstellung von Arbeits- und Lernmaterialien, die ein möglichst lehrerunabhängiges Lernen ermöglichen. Dazu gibt es strukturierte, lernzielorientierte Materialien in den Lernateliers und unstrukturierte Materialien für das entdeckende, forschende Lernen in den Fachräumen und Forscherecken. Über eine internet-basierte Schulplattform haben Lernpartner die Möglichkeit, Fortschritte zu dokumentieren und damit für Eltern und andere sichtbar zu machen.

Die organisatorische Gestaltung soll uns Freiräume schaffen, damit wir möglichst viel aktive Lernzeit mit den Lernpartnern verbringen können. Dazu nehmen uns beispielsweise die Lernhaus-Assistentinnen alle administrativen Arbeiten ab. Zur organisatorischen Gestaltung gehört auch, dass die Lernpartner selbst verantwortungsvolle Tätigkeiten übernehmen, etwa innerhalb der Lernpartnerorganisation (Exekutive) oder als gewählte Mitglieder des Lernpartnergerichts (Judikative). Alle Lernenden (Lernpartner und Lernbegleiter) bilden die Lernpartnerversammlung (Legislative). Sie wird geleitet von einem Lernpartner.

Die menschliche Gestaltung ist primär vom eigenen Menschenbild geprägt. Auf dieser Grundlage unternehmen wir alles, um entspanntes Lernen zu ermöglichen. Wir verzichten auf Druck, jedoch nicht auf eine klare Planung und Zielerreichung. Wir gestalten unsere Arbeit so, dass wir für persönliche Gespräche unter vier Augen Zeit haben.

3. Respektvoller Umgang

Wir alle gehen mit Menschen und Materialien respektvoll um. Die Erkenntnis, dass Menschen und Dinge verletzlich sind, verpflichtet uns zu Respekt gegenüber allen Menschen und Dingen. Dabei ist Respekt mehr als Anstand. Letzterer ist statisch, ersterer dynamisch. Respekt definiert eine Beziehung immer wieder neu und der Situation und dem Ort angepasst. Wer respektvoll sein will, muss sich in Empathie üben. Unsere Lernhäuser sind so gestaltet, dass nicht nur die Menschen, sondern auch die Dinge darin Rücksicht verlangen, um nicht kaputt zu gehen. Wer hingegen eine Umgebung 'vandalensicher' gestaltet, wird damit letztlich 'Vandalen' heranziehen.

4. Ins Gelingen verliebt sein
Alle verrichten ihre Arbeit mit Hingabe. Von Ernst Bloch stammt der Satz: *Ins Gelingen verliebt sein, nicht ins Scheitern.* Es ist unsere Aufgabe, Reaktionsweisen zu praktizieren, die nachvollziehbar verdeutlichen, dass wir an unserer Arbeit, mit unseren Lernpartnern und an unserer Umgebung spürbare und echte Freude haben.
An dem letztgenannten Postulat arbeiten wir zeitlich und emotional am meisten. Immer wieder holt uns pessimistisches Denken ein, etwa in Formulierungen wie 'bei unseren Schülern geht das nicht' oder 'das kriegen die nie hin'. Wenn wir das Verb *verliebt* von Bloch nehmen, dann zeigt es uns, woran zu arbeiten ist. Verliebtsein ist einer der faszinierendsten emotionalen Zustände. Mit Verliebtsein lassen wir uns auf etwas ein, mit allem was wir sind und haben. Und wie Verliebtheiten zwischen Menschen gelegentlich in Enttäuschungen münden, so gilt dies auch für das 'Verliebtsein ins Gelingen'. Die Fähigkeit, Rückschläge konstruktiv zu verarbeiten, muss schließlich ebenfalls trainiert werden. So wird auch ein Scheitern nicht mehr als Versagen interpretiert, sondern als Leitplanke akzeptiert.

Vom 7-G-Unterricht zur V-8-Begleitung

Eine der wesentlichen Herausforderungen autonomen Lernens ist für die Lernbegleiter die konsequente Abkehr vom 7-G-Unterricht, wie er eingangs bereits angesprochen wurde. ('Alle gleichaltrigen Schüler haben beim gleichen Lehrer im gleichen Raum zur gleichen Zeit mit den gleichen Lehrmitteln die gleichen Ziele gleich gut zu erreichen.') An seine Stelle tritt eine Handlungsanweisung, die wir als 'V-8-Begleitung' bezeichnen: auf vielfältigen Wegen mit vielfältigen Menschen an vielfältigen Orten zu vielfältigsten Zeiten mit vielfältigen Materialien in vielfältigen Schritten und mit vielfältigen Ideen in vielfältigen Rhythmen zu gemeinsamen Zielen.
Die V-8-Begleitung verlangt vom Lernbegleiter die Fähigkeit zum Umgang mit Komplexität. Aus der Kybernetik, der Systemtheorie und der Management-Forschung ist bekannt, dass sich komplexe Systeme nur indirekt, das heißt über Grundsätze, Regeln und Ordnungsprinzipien, steuern lassen. Hier stoßen wir wieder auf das Paradoxon des autonomen Lernens: Nur vereinbarte Grundsätze (Axiome), klare Regeln (Postulate) und verpflichtende Ordnungsprinzipien (Schulordnung) erlauben autonomes Lernen. Wem dieser Umgang mit Komplexität nicht gelingt, der kehrt in der einen oder anderen verkappten Form zum 7-G-Unterricht zurück.
Der Umgang mit Komplexität ist die große – um nicht zu sagen die größte – Herausforderung bei der konzeptionellen Umsetzung. Die meisten Lehrkräfte sind hervorragende Methodiker. Dank ihrer Methodenkenntnis sind sie stets auf der sicheren Wissensseite. Und sie sind bereit, Fehler zu korrigieren, indem sie optimieren. Was uns hingegen fehlt, sind Menschen, die neben dem pädagogischen Wissen auch den Umgang mit Komplexität beherrschen – die also nicht nur optimieren, sondern innovativ an ein Problem herangehen.

Worin besteht aber der Unterschied zwischen Optimierung und Innovation? Innovationen bieten nicht nur eine Problemlösung, sondern schaffen einen zusätzlichen Freiraum. Ein Optimierungsprozess mündet tendenziell in immer weitere zusätzliche Aufgaben und Forderungen – so lange, bis die Lehrkräfte von all den Verbesserungen genug haben. Ein Indikator für eine geglückte pädagogische Innovation ist für uns, dass wir eine Sache verbessert und – nachdem die Innovation greift – auch weniger Arbeit haben. Hier sind vor allem die pädagogischen Hochschulen gefordert, sofern ihnen die Individualisierung von Lernprozessen ein wirkliches Anliegen ist. Managementfachleute, Systemtheoretiker und Kybernetiker müssten in den pädagogischen Hochschulen die Pädagogen, Psychologen und Didaktiker ergänzen und unterstützen.

An der Beherrschung komplexer Prozesse scheiterten in den ersten Jahren viele Lernbegleiter. Da dies an staatlichen Schulen mit herkömmlichen Unterrichtsformen nicht gefordert wird, wurde es auch an den Pädagogischen Hochschulen und Universitäten nicht angemessen berücksichtigt. Bis die pädagogische Ausbildung soweit ist, ist es unabdingbare Aufgabe der Freien Schule Anne-Sophie, die Weiterentwicklung vom Lehrer zum Lernbegleiter selbst zu bewerkstelligen.

Daraus ist ein Pilotprojekt der gemeinnützigen Stiftung Würth in Zusammenarbeit mit der Pädagogischen Hochschule Ludwigsburg entstanden. In einem halbjährigen Bildungsangebot erhalten geeignete Kandidaten die Möglichkeit, diese Qualifikation zu erwerben. Dabei gilt der Grundsatz: Die Praxis bestimmt die Theorie. Es gilt, von der Wegorientierung zur Zielorientierung zu gelangen. Dies bedeutet, dass die Lehrkraft als Begleiterin der Lernenden in den Hintergrund tritt und ihnen bei der Ausgestaltung der Lernprozesse mehr Autonomie zugesteht.

Bildlich gesprochen macht der Lernbegleiter die Bühne frei für seine Lernpartner. Er ist Fachautorität im pädagogischen 'Bühnenbau', aber nicht mehr Schauspieler. Wer aber als Schauspieler angetreten ist, ist nicht auch der begabte und engagierte Bühnenbauer. Der 'klassische' Lehrer ist näher beim Schauspieler. Er sieht seine Berufung und Aufgabe darin, im Mittelpunkt und im Rampenlicht zu stehen. Der Lernbegleiter der Freien Schule Anne-Sophie sieht sich eher in der Rolle des Bühnenbauers: er unternimmt alles, damit die Bühne für den Auftritt seiner Lernpartner gestaltet ist. So gibt es in der Freien Schule Anne-Sophie keine Lehrerpulte, sondern Lerninseln, an denen kurze 'Inputs' stattfinden. Hingegen gibt es überall Podeste, die den Lernpartnern eine Bühne bieten.

Im Sinn einer Irritation als Ereignis vor einer Idee formulieren wir für unsere Lernbegleiterinnen und -begleiter die vier pädagogischen Urbitten (Fratton 1992):

- Bringe mir nichts bei
- Erkläre mir nicht
- Erziehe mich nicht
- Motiviere mich nicht

Sofort stellt sich die Frage, was wir als Lernbegleiter sonst tun sollen, wenn wir all das, was wir gelernt haben, nicht mehr tun dürfen. Die Antwort:

- Bringe mir nichts bei – aber lass mich teilhaben
- Erkläre mir nicht – aber gib mir Zeit zu erfahren

- Erziehe mich nicht – aber begleite mich, wo ich dich brauche
- Motiviere mich nicht – aber dich.

Einfach überzeugen – überzeugend einfach: das Geheimnis der fraktalen Führungsstruktur

Die Lateiner kennen den Ausspruch des römischen Komödiendichters Terenz: *Quod licet jovi, non licet bovi.* Oder zu deutsch: *Was Jupiter sich leisten kann, steht noch nicht dem Ochsen an.* Das Zitat wird auch in Lehrerkreisen gerne dazu benutzt, um die Ungleichheit in der gesellschaftlichen Stellung und die damit verbundenen Privilegien zu akzentuieren. So dürfen Lehrerinnen und Lehrer durchaus ein paar Minuten zu spät ihre Pause beenden, was Kinder und Jugendlichen streng untersagt ist. Über diese Akzentuierung von Privilegien entsteht ein 'heimlicher Lehrplan'. Er lehrt uns, dass Macht Privilegien verleiht – dass Macht nicht als Fähigkeit wahrgenommen wird, um etwas Wertvolles zu bewirken, sondern als Möglichkeit der fortschreitenden Privilegierung.
Gerade Jugendliche in der Pubertät und Adoleszenz reagieren auf Privilegierung qua Macht sehr empfindlich. Es verletzt ihr Gerechtigkeitsgefühl, wenn für Lehrer andere Regeln gelten als für Schüler. Dabei können sie sehr wohl zwischen der Fachautorität und ihren Konsequenzen und einem unverdünnten Machtgehabe unterscheiden. Wenn eine Lehreräußerung an einen Schüler anders intoniert ist als an einen Erwachsenen, handelt es sich oft schon um eine Respektlosigkeit aufgrund von Privilegien. Zum Erwachsenen sagen wir: 'Könnten Sie bitte' und zum Schüler: 'Jetzt mach mal endlich.' Insofern genügen Grundsätze, Regeln und Ordnungsprinzipien zur Handhabung komplexer Situationen nur, wenn sich alle Beteiligten daran halten, es also bezüglich der menschlichen Bedürfnisse keine Machtgefälle, sondern nur fachlich begründete Autoritätsunterschiede gibt.
In der Unternehmensführung 'lernender' Organisationen hat sich eine fraktale Führungsstruktur etabliert, die auch an der Freien Schule Anne-Sophie gilt.
Ein Fraktal ist ein einfaches Grundmuster, das aufgrund ständiger Wiederholung immer wieder neue oder, besser gesagt, erweiterte Formen hervorbringt, ohne am Grundmuster etwas zu verändern. Eisblumen zeichnen fraktale Bilder an Fensterscheiben. Und fraktale Computeranimationen generieren eine scheinbare Fülle an Formen und Farben. Dabei ist es Voraussetzung, dass das Grundmuster unverändert bleibt. Ein Kennzeichen des natürlichen Fraktals ist neben der Einfachheit des Grundmusters auch die Fähigkeit zur Selbstoptimierung und Zielorientierung. So besitzen die Wurzeln und das Geäst eines Baums das gleiche Grundmuster, nur die Umgebung entscheidet, ob es Astwerk oder Wurzelwerk wird. Zudem zeigen Wurzeln eine Form der Selbstoptimierung und Zielorientierung, indem sie alle Hindernisse überwinden, um an Feuchtigkeit zu kommen. Die Äste hingegen streben nach dem Licht.

Aufgrund dieser Gegebenheiten haben wir unsere Postulate in eine fraktale Form gebracht. Das heißt, dass an den Postulaten (autonome Lernformen, gestaltete Umgebung, respektvoller Umgang und ins Gelingen verliebt sein) nichts verändert und in sie hineininterpretiert werden darf, sondern dass sie für alle Menschen der Freien Schule Anne-Sophie gleichermaßen gelten – unabhängig von ihrer Rolle. Es geht dabei nicht nur darum, dass alle Beteiligten die Postulate einhalten, sondern auch darum, dass sie es immer und immer wieder tun, ohne nachzulassen.

Daraus ergibt sich, was man Emergenz nennt: Wir geben wenigen und einfachen Regeln, wie wir sie aus dem Fraktal kennen, die Gelegenheit, durch immerwährende Einhaltung lang genug auf uns zu wirken. Sodann treten völlig neue Eigenschaften auf – wir emergieren, brechen auf, kommen zum Vorschein, tauchen auf und brechen durch. Wir laufen zu Höchstleistungen auf, die wir als solche bezeichnen, weil wir sie uns im nichtemergenten Zustand nicht zugetraut haben. Höchstleistungen sind das Ergebnis von Emergenz. Emergentes Wirken bringt Gruppen zu neuen Ufern und Einzelne zur Genialität. Emergentes und reversibles Verhalten in Bezug auf die Postulate ermöglicht ein gemeinsames entspanntes Lernen in der Wissensaufnahme und Problemlösung und ein kooperierend-wetteiferndes Anwenden des Erfahrenen und Gelernten.

Vom Schulhaus zum Haus des Lernens

Bei der Gründung der Freien Schule Anne-Sophie ging es nicht um die Etablierung 'irgendeiner' Pädagogik mit Reformcharakter, sondern um die Schaffung eines Ortes, an dem 'große' Menschen die 'kleineren' Menschen nicht übersehen. Pädagogik soll in den Köpfen sein, wichtiger jedoch ist, dass in den Herzen der Pädagogen die Kinder sind. Diese Forderung deckt sich mit der Ansicht, die der Psychoanalytiker Erich Fromm in seinem Buch 'Die Kunst des Liebens' formuliert hat: Über der Vermittlung von Wissen geht uns jene Art zu lehren verloren, die für die menschliche Entwicklung am allerwichtigsten ist: die einfache Gegenwart eines reifen, liebenden Menschen.

Wenn also bisher von Pädagogik und pädagogischen Konzepten die Rede war, soll dies nicht darüber hinweg täuschen, dass es die Menschen sind, die aus einer Schule ein Haus des Lernens machen. Und es braucht dazu als wichtigste Voraussetzung 'die einfache Gegenwart eines reifen liebenden Menschen', damit Pädagogik nicht zur Methode verkommt. Den Kern zur Entwicklung zum reifen liebenden Menschen muss der Lernbegleiter mitbringen, indem er sich mindestens zu dem Menschenbild bekennt, das hinter den bereits formulierten Axiomen und den Postulaten steckt und diese als seine eigenen Forderungen akzeptiert.

Den passenden Rahmen hierfür bietet das architektonische Konzept der Freien Schule Anne-Sophie. Dazu kommt das gestalterische Konzept der Innenarchitektin Doris Fratton. Das Stuttgarter Architekturbüro Müller/Djordjevic-Müller hat den Campus der Freien Schule Anne-Sophie als Lerndorf gestaltet, mit Marktplatz, Theater, Bibliothek, Sporthalle, Schwimmbad, dem Dorfteil 'Primaria', dem Dorfteil 'Sekundaria' und dem Gymnasium.

Jeder Dorfteil besteht aus einzelnen Lernhäusern. In der Primaria sind es beispielsweise vier Lernhäuser mit je fünf altersgemischten Lernfamilien, bestehend aus einer Lernbegleiterin und einem Dutzend Lernpartnern. Jedes Lernhaus besteht aus drei großen Räumen, einer Schmökerstube, einem Kunstraum und einem Rollenspielraum. In allen Räumen finden sich strukturierte und unstrukturierte Materialien.
Das fünfte Lernhaus der Primaria ist 'Little England'. Hier nehmen die Kinder alle vier Wochen ein 'Sprachbad' in Englisch. Zwar finden sie in 'Little England' die gleichen Materialien wie in ihrem eigenen Lernhaus, aber alles und ausschließlich in Englisch. Selbst die Lernbegleiter können nur sehr gebrochen Deutsch, sodass eine gestaltete Umgebung für Englisch als Zweitsprache entsteht.
Der Begriff Lernfamilie soll die holistische Denkweise andeuten: Als Lernbegleiter einer Lernfamilie sind wir für alles, was geschieht, zuständig. Wenn wir selbst an Grenzen stoßen, schieben wir die Kinder nicht an andere Institutionen ab, sondern holen uns selbst Rat. So steht jeden zweiten Freitag eine Psychiaterin zur Verfügung, die die Lernbegleiter berät und damit weiterbildet.
Als Lernfamilie nehmen wir zudem gemeinsam nach einem eingespielten Ritual das Mittagessen ein.

Autonomie der Lernhäuser

Wenn wir autonomes Lernen postulieren, bedeutet dies auch, dass diese Autonomie ein Prinzip ist, demzufolge jedem Lernbegleiter innerhalb der Grundsätze, Regeln und Ordnungsprinzipien ein Höchstmaß an Autonomie zusteht. So haben auch die einzelnen Lernhäuser eine ungleich höhere Autonomie als die Fachschaften in einer durchschnittlichen staatlichen oder privaten Schule. Die Lernbegleiter eines Lernhauses entscheiden selbst über die Einstellung eines geeigneten Nachfolgers für austretende Lernbegleiter. Ihre Entscheidung legen sie dem Schulleiter vor, damit dieser sie bestätigt. Auch die Neuaufnahme von Kindern steht in der Kompetenz der Lernhäuser.
Jedes Lernhaus verfügt zudem über ein Lernhausbudget, über das die Lernbegleiter ebenfalls entscheiden können. Alle Absprachen über die Lernhäuser hinweg erfolgen in der Lernhauskonferenz. In diesem Parlament beraten die für ein Jahr gewählten Lernhaussprecher wichtige Themen und Entscheidungen gemeinsam mit der Schulleitung. Ihre Beschlüsse und Absprachen werden protokolliert und allen Lernbegleitern bekannt gemacht.

Krücken zur Lerngesundung

Lernen ist zwar eine Existenzform des Menschen wie das Atmen auch, doch kann es zu Behinderungen kommen. Ähnlich wie Atembeschwerden gibt es Lernbeschwerden. Die Ursachen finden sich zumeist in einer ungeeigneten menschlichen, organisatorischen oder architektonischen Umgebung. Beispiele für krankmachende 'Viren' sind Leistungsvergleiche und 7-G-Unterricht. Auch die unglückliche Trennung der Schularten, unangemessene Bildungsempfehlungen, die Vergabe von Schulplätzen im Losverfahren, die Zuteilung von Kindern an Lehrkräfte und Zensuren können Lernbeschwerden verursachen. Daneben glauben wir, dass der Beamtenstatus von Pädagogen ein ungesundes Klima schafft, indem er ihnen eine Aura der Unantastbarkeit verleiht.

Vor allem ist es jedoch das fehlende Vertrauen zwischen Lehrer und Schüler, das krank macht. Es gibt Kinder, die in neun Schuljahren kein einziges persönliches Gespräch von mehr als fünf Minuten Dauer mit einem ihrer Lehrer führen durften, sondern allenfalls zum Rapport bestellt wurden, wenn sie einer Anforderung nicht genügten. Wie soll eine Beziehung entstehen, wenn die Lehrer 28 Lektionen zu bewältigen haben und anschließend gleich erschöpft nach Hause eilen?

Autonomes Lernen erfordert zu aller erst Lerngesundheit: Freies Atmen zum Lernen, entspanntes Tätigsein, die Entdeckung des Lernens als eine Möglichkeit zur Problemlösung, nicht zuletzt auch Vertrauen in sich selbst mit dem Bewusstsein, wichtig zu sein und angenommen zu werden.

Einige Kinder, die sich für eine Lernkarriere an der Freien Schule Anne-Sophie entschieden haben, sind bereits 'Lerninvalide'. Lernen ist für sie in erster Linie Kampf und Qual, statt Kunst und Können.

Die Freie Schule Anne-Sophie bietet 'Lerninvaliden' vier 'Krücken', die eine Genesung unterstützen sollen, sodass diese jungen Menschen wieder die Freude am Lernen für sich entdecken. Diese sind Input, persönliche Begleitung, Strukturhilfen und die Optimierungsgefäße.

Input: mehr als ein Lehrgespräch

Der Input findet an sogenannten Lerninseln statt. Er ist eine etwa halbstündige Sequenz, eine Art Appetitanreger und methodische Hilfe. Der Input hat fünf Phasen:
1. Das Feedback gibt dem Lernpartner einen Hinweis zu seinem Wissensstand.
2. Die Zielbekanntgabe weist den Lernenden auf die Ziele des Inputs hin. Obwohl die Lernpartner – namentlich ab der Sekundarstufe – ihre Kompetenzraster und operationalisierten Ziele für mindestens ein Jahr im Voraus kennen, fokussiert sie der Lernbegleiter auf die derzeitigen Meilensteine.
3. Die Faszinationsphase ist eine etwa viertelstündige Sequenz, in der der Lernbegleiter im mittelbaren oder unmittelbaren Zusammenhang mit den Lernzielen von seiner eigenen Faszination berichtet. Er überlegt also nie, wie er seine Lernpartner motiviert, sondern schildert seine Faszination; und vielfach ist das, was ihn am meisten fasziniert das, was seine Zuhörer am meisten interessiert. So kann der Input im günstigsten Fall den Lernappetit anregen.
4. Die Anregungsphase: Wir geben dem Lernpartner zwei bis drei Vorschläge, wie er seine Ziele erreichen könnte. Findet er einen vierten, dann kann er auch die-

sen nutzen. Wichtig ist nur, dass er das Ziel erreicht; den richtigen Weg findet er selbst am besten. Es ist eine große Entlastung, wenn es dem Lernbegleiter gelingt, von der Wegorientierung zur Zielorientierung zu gelangen. Lehrer lernen in ihrer Ausbildung vorwiegend, wegorientiert zu arbeiten. Sie schreiben den Kindern Aufgaben vor: Löst aus dem Buch die Aufgaben 13 bis 29. Das Ziel wäre: 'Du kannst die drei binomischen Formeln anwenden. Das Ziel ist erreicht, wenn du vier Aufgaben, die dein Lernpartner oder der Lernbegleiter für dich ausgesucht oder ausgedacht hat, fehlerfrei lösen kannst.' Eine Hilfe, um zu diesem Ziel zu gelangen, kann sein, die Aufgaben 13 bis 29 im Mathebuch zu studieren. Es ist aber auch möglich, das Ziel zu erreichen, indem der Lernbegleiter sofort selbst Aufgaben erfindet, aus denen er für seinen Lernpartner eine Auswahl trifft.
5. Die Planungsphase: Sie schließt den Input ab. Die Lernpartner entscheiden, wann, mit wem und wie lange sie an den Zielen arbeiten möchten. Diese Informationen tragen sie in ihr Lerntagebuch ein und sprechen es mit den involvierten Lernpartnern ab.

Nach dem Input erfolgt die Konsolidierungsarbeit im Lernatelier, in dem jeder Lernpartner seinen persönlichen Arbeitsplatz hat. Der Hauptteil der Lernarbeit findet hier statt. Für Hilfen stehen die Lernbegleiter zur Verfügung, die selbst auch im Lernatelier ihren Arbeitsplatz haben. Im Lernatelier findet man Fachbücher und Nachschlagewerke und jeder Platz verfügt über einen Internetanschluss. In der Primarstufe sind Inputräume und Lernatelier nicht getrennt.

Die Input- und Lernatelierstrukturen finden in den Vormittagszeiten statt. Die Nachmittage sind in einer Clubstruktur gestaltet. Hier bieten die Lernbegleiter ein fächerübergreifendes Angebot, den 'Club', an. Damit werden gleichzeitig die 'Nebenfächer' abgedeckt und in einen größeren Zusammenhang gestellt. Aus einem Angebot von ca. zwanzig Clubs pro Nachmittag seien genannt: Der Forscherclub (Naturwissenschaften), der Kingsclub (Englisch und Geschichte), der Club der kleinen Entdecker (Biologie), der Club der Meisterköche (Hauswirtschaft), der Zickenclub (Soziales Lernen), der Künstlerclub (Gestalten), etc.

Persönliche Begleitung: mehr 'Ziit zum Zämmesii'

In einem Haus des Lernens hat jeder Lernpartner und jeder Lernbegleiter seinen persönlichen Begleiter. Mit ihm kann er unter vier Augen besprechen, was ihm ein Anliegen ist. Der persönliche Begleiter ist der väterliche Freund des Lernpartners, bei Schwierigkeiten auch sein Anwalt, sein Vertrauter. Beim Eintritt in ein Haus des Lernens wird jedem Lernpartner ein Begleiter zugeteilt. Im Lauf der Zeit merkt der Lernpartner, ob er Vertrauen und eine Beziehung aufbauen kann. Wo das nicht der Fall ist, ermuntern wir die Lernpartner, den Begleiter zu wechseln. Es ist wichtig, dass die Lernpartner nie zu einem Gespräch zitiert werden. Die Atmosphäre, die bei solchen Gesprächen herrschen soll, hat ein Lernpartner in die Formulierung gebracht: 'Herr Fratton, ich muss mit Ihnen ein Gespräch haben unter drei Augen, weil eines müssen Sie zudrücken.'

Ein persönliches Gespräch umfasst eine festgelegte Zeitspanne. Wenn wir besprochen haben, was besprochen werden muss, beginnt das '3Z', das heißt die 'Ziit zum Zämesii' oder für Nichtschweizer: Zeit zum Zusammensein, Zeit zum Plaudern über Gott und die Welt. Woher nehmen wir diese Zeit? Einmal ergeben sich aufgrund der Präsenzzeiten (alle Lernbegleiter verbringen den Tag von 7 Uhr 45 bis 16 Uhr 30 im Lernhaus) immer wieder Gelegenheiten für einen individuellen Austausch. Andererseits erteilen unsere Lernbegleiter bedeutend weniger 'Unterricht' als die Lehrer einer herkömmlichen Schule. Während Pädagogen an staatlichen Schulen derzeit bis zu 28 Lektionen zu 45 Minuten wöchentlich halten müssen, absolvieren unsere Lernbegleiter maximal 12 Inputs zu 30 Minuten. Eine weitere Entlastung von organisatorischen und administrativen Tätigkeiten schaffen die Lernhausassistentinnen, die in jedem Lernhaus zur Verfügung stehen, damit die Lernbegleiter und Lernbegleiterinnen die freiwerdende Zeit für die Anliegen der Lernpartner nutzen können.

Die Strukturhilfen – unser Ordnungs- und Erinnerungssystem

Jeder Lernpartner in der Sekundarstufe hält seine Lernerfolge und Ziele in einem Lerntagebuch fest. Die Kinder der Primarstufe führen mit Hilfe der Lernbegleiter den sogenannten 'Roten Faden', der die Zielerreichung dokumentiert. Damit ist das Lerntagebuch jenes Dokument, das ein Lernpartner stets griffbereit bei sich hat. Hier findet er die Fotos seiner Lernpartner und Lernbegleiter, die Regelungen und Vereinbarungen, die wöchentlichen Leistungsauszüge, die ihm seinen Leistungsstand mitteilen, die Wochenlernziele des Pflichtteils, seine persönliche Lernspur und das sogenannte 'Carpe diem', in dem dokumentiert wird, wie viel Zeit er zur Zielerreichung investiert hat. Das Lerntagebuch enthält also viele persönliche Dokumente und Anmerkungen. Deshalb muss, wer in dieses Buch Einblick nehmen möchte, den Besitzer zuvor um Erlaubnis fragen.
Das Portfolio ist ein Präsentationsportfolio, welches neben den Pflichtzielen die Tätigkeit in den nachmittäglichen Clubs dokumentiert und alles, was der Lernpartner informell gelernt hat. Je umfangreicher und vielgestaltiger das Portfolio ist, desto mehr weist es den Verfasser als eigenmotivierten Lerner aus. Die Pflichtziele werden über einen Leistungsausweis dokumentiert.
Die Graduierung: Jeder Lernpartner leistet seine Lernarbeit nach einem individuellen Leistungsprofil. Entscheidend ist insbesondere der Grad der Eigenverantwortung, also der Hinweis auf die erreichte Lernautonomie. Hier unterscheiden wir drei Graduierungsstufen: 'Beginner', 'Advancer' und 'Master of learning'. Alle Lernpartner starten ihre Lernkarriere als 'Beginner'. Sobald sie zeigen, dass sie eine gewisse Autonomie und Eigenverantwortung für ihr Lernen übernehmen können, werden sie zum 'Advancer' graduiert. Wer weitestgehend eigenverantwortlich

lernt, kann zum 'Master of learning' graduiert werden. Mit jeder Graduierungsstufe erhöhen sich die Freiheiten und Verantwortlichkeiten.

Optimierungsgefäße

Als 'Optimierungsgefäße' bezeichnen wir Zeitspannen, in denen die Entwicklung der Sozial- und Methodenkompetenz im Fokus steht. Dazu stehen wöchentlich zwei Stunden zur Verfügung, die fest im Lernplan eingebaut sind: Das soziale Lernen und das autonome Lernen.
Im sozialen Lernen (Sozialkompetenz) können Konflikte angesprochen und Lösungen diskutiert werden. Dazu bringen die Betroffenen oder die Mitglieder des Lernpartnergerichtes einen Konflikt oder Vorfall zur Sprache und formulieren das Ziel, das zu erreichen ist. Wenn keine Themen aus der Gruppe kommen, kann der Lernbegleiter ein Thema einbringen, das Erfahrungen in eine Theorie einbettet.
Autonomes Lernen (Methodenkompetenz): Hier werden Fragen zum eigenen Lernverhalten gebündelt und daraus Strategien abgeleitet. Fragen wie 'Soll ich mit Musik lernen?' 'Wann ist es für mich besser, in Gruppen zu arbeiten?' 'Welches ist mein idealer Arbeitsplatz?' 'Wie konsolidiere ich am besten?' 'Was geschieht eigentlich in meinem Kopf, wenn ich lerne?' warten auf Beantwortung und Klärung.

Eine Zwischenbilanz

Nach nunmehr drei Jahren Lernbetrieb ist es Zeit für eine erste Zwischenbilanz: Hat sich die Gründung der Freien Schule Anne-Sophie gelohnt? Und ist sie auf dem richtigen Weg?
Lassen wir zunächst Zahlen sprechen! Zu Beginn des ersten Schuljahrs 2006/2007 konnten wir 48 junge Menschen begrüßen, die in zwei altersgemischten Lernfamilien der Primarstufe ihre ganz persönliche 'Lernkarriere' begannen. Schon damals war absehbar, dass die die Nachfrage nach Schulplätzen das Angebot deutlich überstieg. Zum Schuljahresbeginn 2009/2010 erlebte unser 'Lerndorf' einen weiteren Wachstumsschub. Nun zählen wir bereits 470 Lernpartnerinnen und Lernpartner aller Altersstufen, 48 Lernbegleiterinnen und Lernbegleiter sowie 13 weitere Mitarbeiter. Unser Wunsch ist es, spätestens im Jahr 2013/14 750 Lernpartnerinnen und Lernpartnern einen Platz zum autonomen Lernen anzubieten.
Unser wichtigstes Ziel liegt darin, jeden Lernpartner auf seinem individuellen Lernweg zu begleiten, sodass er die Freie Schule Anne-Sophie als Gewinner verlassen kann. Dafür ist es wichtig, dass wir den jungen Menschen auch alle staatlichen Bildungsabschlüsse anbieten können.
Festhalten dürfen wir sicher, dass das Interesse an 'unserer' Art des Lernens in Künzelsau und in Hohenlohe ungebrochen ist. Das allein ist bereits ein schöner Beleg für unsere Daseinsberechtigung. Dies gilt umso mehr, als unsere Lernpartner

wirklich einen repräsentativen Querschnitt der Bevölkerung abbilden. Auch wenn wir ihnen und ihren Eltern ein hohes Maß an Verbindlichkeit abverlangen und dies in einem Lernvertrag schriftlich dokumentieren, ist die Freie Schule Anne-Sophie beileibe keine elitäre Bildungseinrichtung für eine kleine, aber feine Zielgruppe, ganz im Gegenteil! Wir sind gesellschaftlich breit verankert, und genau das ist auch eine tragende Säule unseres pädagogischen Konzepts.

Rechtssicherheit und Freiheit

Wie frei sind freie Schulen? Um den Status einer anerkannten Ersatzschule zu erhalten, müssen sich freie Schulen stringent an Vorgaben halten, die auch für staatliche Schulen gelten. Das reicht von der Lehrerqualifizierung bis zu den Raumvorschriften. Dadurch sind nicht nur den Entfaltungsmöglichkeiten enge Grenzen gesetzt, sondern beispielsweise auch der Einführung neuer Lernmethoden entsprechend dem wissenschaftlichen Kenntnisstand. Wünschenswert wäre hingegen die Einführung eines 'Pionierstatus' sowohl für freie als auch für staatliche Schulen, der den Entscheidungsspielraum dieser Einrichtungen erweitert.
So könnten auch staatliche Schulen von der Wegorientierung zur Zielorientierung gelangen, also nur die Ziele vorschreiben, die zu erreichen sind, und nicht den Weg, den alle gehen müssen. Die bildungspolitische Umgebung sollte so gestaltet sein, dass die pädagogischen Einrichtungen mit Leuchtturmfunktion nicht über staatliche 'Höhenvorschriften' klein gehalten werden. Damit freie Schulen wirklich frei arbeiten können, muss ihnen der Schritt zur ausschließlichen Zielorientierung eröffnet werden.
Andererseits verdient es besondere Anerkennung, dass in Deutschland Schulen in freier Trägerschaft den Status einer anerkannten Ersatzschule erhalten können, verbunden mit Zuschussmöglichkeiten für einen Teil der Betriebskosten. Die Schweiz kennt diese Regelung nicht, was dazu führt, dass die Eltern das Schulgeld vollständig aufbringen müssen. Für jedes Kind in der Schweiz zahlt man durchschnittlich 10.000 Euro jährlich. In dieser Hinsicht ist die Schulwahl für Eltern in Deutschland tatsächlich freier.
Die Aufbauphase einer Schule ist – ebenso wie die ersten Jahre eines Unternehmens – von Turbulenzen und Unsicherheiten geprägt. Hier sind unternehmerischer Mut, Entscheidungsfreude und Kreativität gefordert. Solange solche Herausforderungen lösbar sind, bereiten sie Freude und stärken die Handlungsfähigkeit.
Rückblickend dürfen wir festhalten, dass das Wohlwollen der zuständigen Ministerien und des Regierungspräsidiums Stuttgart bei der Überwindung vieler Hindernisse hilfreich war. Das gilt ebenso für die große Unterstützung im kommunalen Bereich, namentlich durch die Stadt Künzelsau. Das Regierungspräsidium hat uns beraten und begleitet, sodass wir nach drei Jahren die staatliche Anerkennung als Haupt- und Werkrealschule sowie als Realschule erhielten.
Schwieriger gestaltete sich hingegen die Erweiterung des schulischen Angebots bei der Gründung eines einzügigen Gymnasiums ab der fünften Jahrgangsstufe. Eine

erste Anfrage wurde mit der Begründung abschlägig beschieden, dass dies wegen der Einzügigkeit nicht möglich sei. Wie sich im Nachhinein heraus stellte, war diese Information falsch. Unverzüglich haben wir um eine Genehmigung für ein G-8-Gymnasium sowie ein Aufbaugymnasium nachgesucht. Noch rechtzeitig zum Schuljahresbeginn 2009/2010 wurde die beantragte Genehmigung erteilt.

Grundsätzlich ist für Schulen in freier und privater Trägerschaft anzumerken, dass deren Gründer in einem rechtlich nicht eindeutig geregelten Umfeld agieren müssen. Dies liegt auch an der Länderhoheit im Bildungsbereich, was faktisch zu sechzehn unterschiedlichen Bildungssystemen in Deutschland führt. Sowohl Schultypen als auch Prüfungsmodalitäten und Schulabschlüsse weichen zum Teil deutlich voneinander ab. Zusätzlich sind die Gründungsvoraussetzungen für private Bildungsangebote unterschiedlich geregelt, bis hin zu unterschiedlichen Fördersystemen und Wartefristen oder den Beurlaubungsregelungen für verbeamtete Lehrer. Dies führt zu einem fast undurchschaubaren Dickicht an Vorschriften, sodass es mitunter sogar schwierig ist, innerhalb einer einzigen Behörde einheitliche Auskünfte zu erhalten.

Über diese gesetzlichen Unterschiede hinaus ist bei der praktischen Arbeit mit den Behörden immer wieder festzustellen, dass die Behörden den Ermessensspielraum, den ihnen die meisten Gesetze und Verwaltungsvorschriften zugestehen, mitunter sehr unterschiedlich wahrnehmen, bis hin zu einzelnen Entscheidern innerhalb einer Behörde. Ermöglicher und Verhinderer – manchmal wirken sie Tür an Tür!

Als Beispiel sei an das Sonderungsverbot erinnert, das in Art. 7 Abs. 4 des Grundgesetzes verankert ist. Das Sonderungsverbot soll sicherstellen, dass Kindern der Besuch einer Privatschule nicht aufgrund eines hohen Schulgeldes verwehrt wird. Wenn man die Spannweite der Schulgelder von Privatschulen in Deutschland betrachtet, wird offensichtlich, dass das 1994 gefällte Urteil des Bundesverfassungsgerichts bezüglich eines Schulgelds aus dem Jahr 1986 (BVerfGE 90, 107 ff.) nicht mehr unreflektiert das Maß für die Ermessensausübung bei der Festlegung der Höhe des Sonderungsverbots und damit einer Schulgeldgrenze im Jahr 2009 sein kann. Das Bundesverfassungsgericht hatte es in dieser Entscheidung als 'auf der Hand liegend' betrachtet, dass ein Schulgeld zwischen 170 DM und 190 DM im Jahr 1985 'nicht von allen Eltern gezahlt werden könne' und somit die allgemeine Zugänglichkeit zur Schule nicht mehr gewährleistet war. Dass die zuständigen Behörden das Sonderungsverbot im Rahmen ihres Ermessens bei Euro-Umrechnung und Inflationsausgleich durchaus unterschiedlich interpretieren, kann man an den unterschiedlichen Schulgeldhöhen der privaten Schulen ablesen.

Ginge man davon aus, dass das Schulgeld an einer freien Schule tatsächlich nur etwa 130 Euro pro Monat betragen dürfe und dass dies für alle auch bereits bestehenden Schulen Gültigkeit hätte, wäre dies das Ende vieler privater Schulen in Baden-Württemberg! Auch aufgrund der leeren öffentlichen Kassen und der selbstständigen Gesetzgebungskompetenz der einzelnen Bundesländer im Bereich der finanziellen Privatschulförderung stellt sich hier die Frage der Rechtssicherheit und der Verlässlichkeit der öffentlichen Hand gegenüber dem Privatschulwesen. Wenn ein und dieselbe Schule drei Wochen nach der Anerkennung dreier Schularten (Grund-, Haupt- und Werkrealschule) die Genehmigung für eine weitere Schulart (Gymnasium) nicht erhält, weil das identische Schulgeld hier zu hoch sei, ist dies hochgradig irritierend. Diese Verunsicherung führt zu der Frage, ob die staatliche Bürokratie freie Schulen wirklich will. Eine derartige Ausgestaltung des Ermessensspielraums vermittelt eher den Eindruck, als müssten diese Bildungseinrichtungen wohl oder übel geduldet werden.

Ein vorsichtiger Ausblick

Kann das 'Land der Dichter und Denker', kann der Wirtschaftsstandort Deutschland auf freie Schulen wirklich verzichten? Ist es nicht vielmehr ein Gebot der Vernunft, ergänzende Bildungsangebote zu fördern, wenn diese die Bildungslandschaft nachweislich bereichern und vielleicht sogar Leuchtturmfunktion für staatliche Schulen übernehmen können? Nicht zuletzt das große Interesse der pädagogischen Fachwelt aus dem staatlichen und freien Schulbereich belegt nachdrücklich, dass die Freie Schule Anne-Sophie richtungweisende Impulse vermittelt.

Als Initiatoren und pädagogische Wegbereiter sind wir zutiefst davon überzeugt, dass die Gründung der Freien Schule Anne-Sophie ein guter Schritt war. Dies gilt insbesondere auch für das erhebliche finanzielle Engagement, insbesondere der gemeinnützigen Stiftung Würth und der zustiftenden Unternehmen der Würth-Gruppe, das der Schule von Anfang an die Durchsetzung hoher professioneller Standards ermöglicht hat. Zwar war vor allem in der Öffentlichkeit und bei den beteiligten Behörden auch Einiges an Überzeugungsarbeit von Nöten, jedoch wurden wir von beiden Seiten auch tatkräftig unterstützt.

Letztlich werden wir alle davon profitieren – unsere Lernpartner (die eigentlichen Gewinner), unsere heimische Wirtschaft und die Region Hohenlohe insgesamt.

Weiterlesen

Fratton, Peter (2006): 'Vom Schulhaus zum Haus des Lernens', in: Zeitschrift für Deutsche Lehrer im Ausland.
Hier findet sich eine ausführlichere Beschreibung des Konzeptes des autonomen Lernens in der gestalteten Umgebung.

Roth, Willi (2006): FaGe-Post, Ausgabe Nov 2006.
Willi Roth beschreibt die ersten Schritte, die er an der Schule für Pflege in Männedorf gemacht hat, um von der Schule zu einem Haus des Lernens zu kommen. Dabei ist er von den Ideen von Peter Fratton ausgegangen und hat diese in seiner Umgebung umgesetzt.

Moser, Andreas, et al. (2007): Projekte Neue Schulkultur – Lehr- und Lernexperimente an gewerblichen Schulen in Baden-Württemberg (Regierungspräsidium Stuttgart, Schule und Bildung, Referat 76, Stuttgart).
In diesem Heft beschreiben die Verfasser das Konzept von Peter Fratton und berichten von Hospitationen in einem seiner Häuser des Lernens. Anschließend beschreiben sie die Schritte, die sie an Beruflichen Schulen gemacht und versucht haben.

Trachsler, Ernst, et al. (2006): Lernräume an Thurgauer Volksschulen – eine Topografie (Forschungsbericht Nr. 3/ März. Hrsg. von der Pädagogischen Hochschule Kreuzlingen, Schweiz.

Die Verfasser haben Projekte, die auf das Konzept von Fratton zurück gehen, ausführlich beschrieben und verglichen. Zugleich gibt der Bericht eine anschauliche Beschreibung von Möglichkeiten, wie auch mit einfachen Mitteln eine gestaltete Umgebung für autonomes Lernen hergestellt werden kann.

Würth, Reinhold (2000): Firmenphilosophie der Würth-Gruppe.
Der Firmengründer beschreibt Zielsetzungen und Haltungen, die in seinem Unternehmen gelten sollen. Beim Studium zeigt sich, dass Passagen ohne Weiteres im Konzept des autonomen Lernens in der gestalteten Umgebung zu finden sind. Es regt an, die oft geäußerte Divergenz zwischen Wirtschaft und Schule zu überdenken,

Fromm, Erich (1956): Die Kunst des Liebens, Frankfurt am Main.
Das schmale Büchlein formuliert ein Menschenbild, das uns in der Umsetzung helfen kann, lernen neu zu denken, indem wir es in einen größeren als den pädagogischen Zusammenhang stellen. Zu bedenken, dass über all dem Wissen um Lehrer und Lernen verloren gehen könnte, was für das Kind am allerwichtigsten ist, nämlich die Gegenwart eines einfachen liebenden Menschen, lohnt sich sehr.

Von Hentig, Hartmut (1985): Wie frei sind freie Schulen – Gutachten für ein Verwaltungsgericht. Stuttgart.
Eine wohl anregende, aber auch zu Bedenken gebende Darstellung über sogenannte Freie Schulen. Es zeigt, dass sich innovative Ideen nur realisieren lassen, wenn sie in das Korsett der Verwaltungsregulative passen.

Cohn, Ruth (1975): Von der Psychoanalyse zur themenzentrierten Interaktion. Stuttgart.
In langen Gesprächen mit Ruth Cohn hat Peter Fratton sein pädagogisches Konzept auf der Basis der humanistischen Psychologie entwickelt. Ruth Cohn ist eine der bedeutendsten und einflussreichsten Vertreterinnen der humanistischen Psychologie und beschreibt in diesem Buch auf praxisorientierte und einfühlsame Weise Wege zu mehr Menschlichkeit.

Weitersurfen

www.freie-schule-anne-sophie.de
ist die Homepage der Schule. Sie finden hier Aktuelles und Geschichtliches zu Schule und Pädagogik.

www.wuerth.com und www.wuerth.de/de/wuerth/stiftung.html
Die Seite des Würth-Konzerns zeigt neben den wirtschaftlichen Ausrichtungen auch das Engagement im Bereich der Kunst und Kultur sowie das Engagement in den Bereichen der Bildung und Ausbildung
http://de.wikipedia.org/wiki/Bettina_Würth
Hier finden sich Informationen zum Werdegang und zur Tätigkeit von Bettina Würth.

www.kiwi.hamburg.de/index.php/article/detail/2047
Hier finden Sie einen Einführungsvortrag von Peter Fratton im Rahmen des Projektes Tor zur Welt in Hamburg.

www.koerber-stiftung.de/koerberforum
Ein Gespräch zu Wollen statt Müssen. Interview von Reinhard Kahl mit Peter Fratton

www.sbw.edu
Das ist der Verbund der von Peter Fratton gegründeten Häuser des Lernens. 2006 hat er alle operativen und strategischen Aufgaben seinen Nachfolgern übergeben, um sich der Beratungs- und Vortragstätigkeit widmen zu können. Durch seinen Weggang haben sich zum Teil andere Ausrichtungen ergeben.

Perspektiven

Petra Burmeister

8. Fremdsprachenlernen in Kindergarten und Grundschule

8.1 Einleitung

In ihrem 'Weißbuch zur allgemeinen und beruflichen Bildung' von 1995 betonte die Europäische Kommission zum wiederholten Mal die Wichtigkeit von Fremdsprachenkenntnissen und stellte fest, dass das „frühzeitige Erlernen von Fremdsprachen vom Kindergarten an […] Bestandteil der Grundkenntnisse sein [müsste]". Die Kommission befand, dass „dem Erwerb von mindestens zwei Fremdsprachen im Lauf der Schulzeit eine vorrangige Stellung einzuräumen" sei und plädierte für eine „Mobilisierung der Bildungseinrichtungen, damit für das Erlernen von wenigstens einer Gemeinschaftssprache von der Primarstufe an gewährleistet ist (Europäische Kommission 1995, S. 20).
Diese Forderungen der Europäischen Kommission, begründet in dem Bestreben, die wirtschaftlichen Fortschritte in der EU durch „umfassendere Investitionen in Kenntnisse, Fähigkeiten und Fertigkeiten [zu] ergänzen" (Europäische Kommission 1995, S. 5), haben sicher dazu beigetragen, dass seit Anfang der 1990er Jahre vielerlei Formen von Fremdsprachenunterricht an deutschen Grundschulen (erneut) erprobt und vermehrt Fremdsprachenprogramme in Kindergärten eingerichtet worden sind.
Neben wirtschaftlich-pragmatischen Argumenten wurden (und werden) immer auch psycholinguistische, neurowissenschaftliche und pädagogische Begründungen für den Fremdsprachenfrühbeginn angeführt (Überblicke z. B. in Maier 1991, Doyé 1993, 2009, Wode 1995, 2009, Schmid-Schönbein 2001, 2008, Cameron [7]2005, Böttger 2005, Grotjahn 2005, Rück 2006). So wird z. B. analog der Faustregel 'Je jünger – desto besser' argumentiert, dass Kinder im Kindergarten- und frühen Grundschulalter aufgrund neurobiologischer Voraussetzungen weitere Sprachen müheloser, besser und schneller lernten, dass sie Sprachen noch weitgehend inzidentiell lernten, gut imitieren könnten, sowie unvoreingenommener gegenüber anderen Kulturen und Sprachen seien. Aus den spezifischen Lernvoraussetzungen werden wiederum didaktisch-methodische Prinzipien abgeleitet. So sollte frühes Fremdsprachenlernen u. a. ganzheitlich, spielerisch, handlungs- und inhaltsorientiert gestaltet sein.
Wie hat sich der Fremdsprachenfrühbeginn entwickelt? Was leistet er? Kann er halten, was sich die (europäische) Bildungspolitik von ihm verspricht?

In diesem Beitrag fasse ich zunächst die Ergebnisse einiger Studien zum frühen Fremdsprachenlernen in deutschen Kindergärten und Grundschulen zusammen. Anschließend wird erörtert, welche Empfehlungen aus diesen Ergebnissen ableitbar sind und wie frühes Fremdsprachenlernen gestaltet werden könnte, um nachhaltiges, lebenslanges Fremdsprachenlernen erfolgreich anzubahnen.

8.2 Fremdsprachenförderung in Kindertageseinrichtungen

Dass Vielen das frühe Fremdsprachenlernen in der Grundschule immer noch zu spät ist, zeigt sich an der stetig wachsenden Zahl an Kindertageseinrichtungen mit fremdsprachlichen Angeboten. Diese sind oft von Eltern initiiert, die ihren Kindern einen mühelosen, spielerischen und vor allem unsanktionierten Einstieg in das Fremdsprachenlernen ermöglichen wollen. Die Bandbreite an Verfahren (zumeist mit Englisch) reicht von ehrenamtlich oder kommerziell angebotenen Spielkreisen im Umfang von einer Wochenstunde bis hin zu zweisprachigen (bilingualen) Einrichtungen, in denen zum Teil bereits die Krippenkinder täglich über mehrere Stunden mit einer Fremdsprache in Kontakt kommen.[1]

Berichte in den Medien sowie der vergleichweise starke Anstieg von Fremdsprachenprogrammen in Kindertageseinrichtungen in den letzten Jahren deuten darauf hin, dass die Akzeptanz solcher Angebote sehr hoch ist. Kindergartenleitungen äußern sich erfreut über steigende Anmeldezahlen, Erzieherinnen staunen, wie unverkrampft die Kinder der Fremdsprache begegnen, und Eltern sind stolz, dass ihre Sprösslinge schon sehr bald Farben und Tiere auf Englisch bezeichnen oder französische Lieder auswendig singen können. Zwar ist anekdotische Evidenz aufgrund ihrer Außenwirkung sehr positiv zu bewerten, da sie Kindertageseinrichtungen zu Fremdsprachenangeboten motivieren sowie Ängste und Vorurteile bezüglich des frühen Fremdsprachenlernens zerstreuen kann. Um allerdings fundierte Aussagen darüber machen zu können, welche Fremdsprachenangebote warum erfolgreich sind, bedarf es systematischer Grundlagenforschung.

Leider sind wissenschaftliche Studien, in denen untersucht wird, wie sich die fremdsprachlichen Fähigkeiten der Kinder entwickeln, wie viel Kontaktzeit zur Fremdsprache mindestens erforderlich ist, damit die Kinder kurzfristig, mittel- und langfristig profitieren, und welche Konzepte und Methoden sich am besten eignen, bisher vergleichsweise rar und stammen zumeist aus zweisprachigen Kindertagesstätten.[2]

---

[1] Zweisprachige Erziehung für Krippenkinder bietet z. B. *Kinderwelt e. V.* in Hamburg (http://www.kinderwelt-hamburg.de; Zugriff vom 20.9.2009).

[2] z. B. Rohde, Tiefenthal 2002, Rohde 2005, Burmeister, Steinlen 2008, Steinlen, Rogotzki 2008, Tiefenthal 2009, Kersten et al. 2009, Steinlen im Druck, Burmeister im Druck. Für eine Zusammenfassung weiterer Studien, siehe Wode 2009.

8.2.1 Zweisprachige Kindertageseinrichtungen

Als zweisprachige bzw. bilinguale Kindertagesstätten bezeichnet man solche Einrichtungen, in denen die Kinder täglich, mindestens jedoch während der Hälfte der Öffnungszeiten, mit der Fremdsprache in Kontakt kommen. Gemäß dem Prinzip „eine Person – eine Sprache" (z. B. Döpke 1992, Baker 2000, Nauwerck 2005), spricht eine der Erzieherinnen in der Gruppe nur Deutsch mit den Kindern, die andere vertritt die fremdsprachige Kultur und verwendet ausschließlich die entsprechende Sprache, die im Idealfall ihre Muttersprache ist. Das Sprachlernverfahren heißt 'Immersion' (von Englisch *to immerse* = eintauchen), oftmals auch als 'Sprachbad' bezeichnet. In immersiven Kindergartenprogrammen wird die Zielsprache nicht systematisch unterrichtet, sondern als Umgangssprache in den üblichen Routinen und Aktivitäten verwendet (z. B. Wode 1995, 2006, 2009, Doyé 2009).[3] Internationale Studien haben gezeigt, dass die Kinder in Programmen mit Frühimmersion die Fremdsprache wie ihre Muttersprache erwerben: 'nebenbei', in der alltäglichen Interaktion mit den *native speakers* der Zielsprache (Überblick in Genesee 1987, Wode 1995, 2009, Wesche 2002).

Im Herbst 2009 gab es laut der neuesten Erhebung des 'Vereins für Frühe Mehrsprachigkeit an Kindertageseinrichtungen und Schulen e. V. (FMKS)' über 660 Kindertagesstätten in Deutschland, die die oben genannten Kriterien bilingualer Programme erfüllen. Diese Anzahl entspricht zwar lediglich 1 % der Kindertageseinrichtungen in Deutschland, beachtlich ist jedoch der 25 %ige Zuwachs von 2007 bis 2009. Die meisten zweisprachigen Kindertagesstätten befinden sich im Saarland (alle mit Zielsprache Französisch), gefolgt von Berlin, Schleswig-Holstein, Rheinland-Pfalz und Nordrhein-Westfalen. Die am häufigsten angebotenen Sprachen in zweisprachigen Einrichtungen sind Englisch (42 %) und Französisch (39 %).[4]

Wie arbeiten zweisprachige Einrichtungen? Was muss die fremdsprachige Erzieherin tun, damit die Kinder sie verstehen? Wie entwickeln sich die fremdsprachlichen Fähigkeiten der Kinder? Leidet die deutsche Sprache?

Ich skizziere erste Ergebnisse von Studien, in denen diese Fragen mit Hilfe quantitativer sowie qualitativer Verfahren systematisch untersucht wurden. Diese Studien sind im Rahmen des Forschungsnetzwerkes 'Mehrsprachigkeit im Kindergarten' bzw. des von der EU geförderten Projekts ELIAS ('Early Language and Intercultural Acquisition Studies') entstanden, dessen Mitglieder zweisprachige Kindertageseinrichtungen wissenschaftlich begleiten, Datenerhebungsinstrumente entwickeln und diese in den beteiligten zweisprachigen Gruppen einsetzen. Das Ziel liegt darin, auf der Basis einer möglichst großen Datenmenge die fremdsprachliche Entwicklung von Kindern in unterschiedlichen zweisprachigen Gruppen zu untersuchen und herauszufinden, welche kontextuellen Bedingungen erfüllt sein

---

[3] Besonders erfolgreich sind Kindergärten mit *total immersion,* in denen alle Erzieherinnen ausschließlich die Fremdsprache verwenden (Überblick in Genesee 1987, Wode 1995, Wesche 2002).

[4] Informationen zur Anzahl und der Verbreitung bilingualer Kindertageseinrichtungen in Deutschland stehen als PDF-Datei im Downloadbereich des Vereins für Frühe Mehrsprachigkeit an Kindertageseinrichtungen und Schulen e. V. (FMKS) zur Verfügung unter http://www.fmks-online.de/download.html; Zugriff am 30.9.2009.

müssen, damit Fremdsprachenprogramme in Kindertageseinrichtungen erfolgreich sind (Burmeister, Steinlen 2008, S. 131). In den bilingualen Kindertageseinrichtungen des ELIAS-Projekts werden zudem die Entwicklung interkultureller Kompetenz und die Möglichkeiten zweisprachiger Umweltbildung erforscht (Kersten et al 2009, S. 3).[5]

8.2.2 Wie Kinder fremdsprachige Handlungen verstehen können

Langjährige nationale und internationale Erfahrungen mit bilingualen Kindertageseinrichtungen haben gezeigt, dass die Kinder bereits nach wenigen Tagen in Interaktionen mit der *native-speaker* Erzieherin situationsgerecht reagieren und sich an den von der *native-speaker* Erzieherin angebotenen Aktivitäten beteiligen (z.B. Weber, Tardif 1990, 1991, 1991a, Pelletier 1998, Wode 2009, Burmeister im Druck). Damit es den Kindern gelingen kann, die Aktivitäten zu verstehen, muss die Erzieherin die Fremdsprache handlungsbegleitend verwenden und alles, was sie sagt, in einen anschaulichen, selbsterklärenden Kontext einbetten. Geht es z.B. um das Händewaschen vor dem Essen, so wird die Erzieherin das Kind zum Waschbecken führen und dort zeigen, was zu tun ist, während sie alle Handlungen in der Fremdsprache beschreibt. Wichtig ist, dass die *native-speaker* Erzieherin deutlich spricht, Schlüsselwörter betont, aber die Fremdsprache nicht künstlich vereinfacht. Der Input sollte inhaltlich und sprachlich altersgemäß und reichhaltig sein.

Die Kinder lernen außerdem sehr bald, dass sie nachfragen können, wenn sie etwas nicht verstanden haben. Während anwesende ältere Kinder in solchen Fällen gerne ihren Expertenstatus demonstrieren und die fremdsprachlichen Äußerungen der Erzieherin für die 'Kleinen' übersetzen, lässt die *native-speaker* Erzieherin nichts unversucht, um die Bedeutung ihrer Äußerungen, ohne Rückgriff auf das Deutsche, zu veranschaulichen. Außerdem wird sie jede deutsche Äußerung der Kinder in die Fremdsprache übertragen und deren Inhalt kommentieren, um den Kindern möglichst viel sprachlichen Input zu bieten (z.B. Snow 1990, Tardif 1994, Burmeister 2006b, im Druck).

Neben solchen verbalen und nonverbalen Kontextualisierungsstrategien, die laut einer Studie von Tardif (1994) in Frühimmersionsprogrammen signifikant häufiger verwendet werden als in monolingualen Einrichtungen, scheinen täglich wiederkehrende, ritualisierte Situationen, z.B. der Morgenkreis, das gemeinsame Essen oder Aufräumen, den Kindern zu helfen, die fremdsprachige 'Kultur' des Kindergartens zu verstehen (Weber, Tardif 1991). Solche Routinesituationen werden häufig durch bestimmte „meaning-marker" (Weber, Tardif 1991, S. 100) initiiert bzw. beendet, etwa mit Liedern, Gesten oder formelhaften Wendungen wie „Time for lunch!" oder „Let's play outside".

---

[5] Informationen zum Forschungsnetzwerk 'Mehrsprachigkeit im Kindergarten' finden sich unter http://www.bilikita.org und zum ELIAS-Projekt (Early Language and Intercultural Acquisition Studies) unter http://www.bilikita.org/eu; Zugriff jeweils am 30.9.2009.

8.2.3 Verständnis und Produktion formelhafter Wendungen

Um zu überprüfen, ob und inwieweit die Kinder die von der *native-speaker* Erzieherin verwendeten formelhaften Wendungen auch außerhalb der täglich wiederkehrenden Situationen verstehen und produzieren können, wurde in vier deutschenglisch bilingualen Kindertageseinrichtungen der sogenannte 'Formeltest' durchgeführt (Burmeister, im Druck). Das Untersuchungsdesign des Formeltests basiert auf einer Studie, die Weber und Tardif (1991a) in kanadischen Kindergärten mit Frühimmersion in der Zweitsprache Französisch durchgeführt haben. In den vier hiesigen Kindertageseinrichtungen wurden insgesamt 174 Kinder mit Hilfe einer großen Handpuppe interviewt. Diese erzählt dem Kind, dass sie seit kurzem den benachbarten Kindergarten besucht, und die englischsprachige Erzieherin dort gar nicht verstehen kann. Die Puppe bittet das Kind um Hilfe und fragt, ob es englischsprachige Äußerungen ins Deutsche übersetzen bzw. deutsche Äußerungen ins Englische übertragen könne. Die Items zum Verständnis und zur Produktion wurden in Zusammenarbeit mit den *native-speaker* Erzieherinnen entwickelt und stammen aus den Routinesituationen der jeweiligen Einrichtungen.

Erste Ergebnisse der Videoanalysen haben ergeben, dass viele der formelhaften Wendungen (durchschnittlich 74 %) auch außerhalb der jeweiligen Routinesituationen verstanden wurden und auf Deutsch wiedergegeben werden konnten. Dabei ist auffällig, dass besonders die jüngeren Kinder die wortwörtliche Bedeutung der Formeln oft nicht kannten (oder der Puppe nicht nennen wollten), aber dennoch eine situationsadäquate Interpretation liefern konnten. So wurde etwa die täglich zur Essenszeit wiederkehrende Aufforderung der Erzieherin „Get your cups!" von einem vierjährigen Kind mit „Trink was" wiedergegeben. Diese Interpretation ist der Situation angemessen, da die Kinder, nachdem sie sich eine Tasse geholt haben, etwas trinken sollen. Ein dreijähriges Kind übersetzte „Get your cups" mit „Körbe wegräumen". Auch diese Interpretation ist angemessen, wenn man die Handlungen betrachtet, die das Essensritual einleiten. In diesem Fall brachte das Kind diese formelhafte Wendung offenbar damit in Verbindung, dass zunächst die Körbe mit Spielzeug oder Malstiften von den Tischen geräumt werden müssen, bevor das Essen aufgetragen werden kann. Diese Beispiele zeigen, dass sich die Kinder die Bedeutung der formelhaften Wendung aus dem für sie wichtigen Aspekt der Situation bzw. den dazugehörigen Handlungen konstruieren und sich der tatsächlichen Bedeutung einzelner Lexeme nicht unbedingt bewusst sind.

Im Bereich der Produktion zeigte sich, dass die Kinder die deutschen formelhaften Wendungen in durchschnittlich 54 % der Fälle in angemessener Weise ins Englische übertragen konnten (Burmeister, im Druck). Wie zu erwarten, wurden besonders die 'geübten' formelhaften Wendungen, auf deren konsequente Verwendung die *native-speaker* Erzieherinnen Wert legten, z. B. „Thank you" oder „Can I have toothpaste, please?" zielgerecht produziert. Es wäre jedoch falsch, von der Produktion solcher Formeln auf den Stand des Spracherwerbs zu schließen, da man Wendungen wie „Can I have toothpaste, please?" auswendig lernen und situationsadäquat anwenden kann, ohne die zugrundeliegende komplexe Struktur erworben zu haben (z.B. Wode 1988). Im vorliegenden Formeltest konnte dies an dem Beispiel 'Der Schmetterling ist rot' gezeigt werden. Zwar kannte die Mehrzahl der Kinder die einzelnen Wörter „butterfly" und „red", den zielgerechten Satz „The butterfly is red", der den Erwerb der Copula-Struktur „Y is X" voraussetzt, konnten jedoch nur wenige Kinder sagen.

8.2.4 Zum Hörverständnis im Bereich der englischen Grammatik

Beobachtungen zeigen, dass Kinder in bilingualen Kindertageseinrichtungen fremdsprachliche Strukturen vergleichsweise spät produzieren – sieht man von auswendig gelernten Liedern, Reimen und formelhaften Wendungen ab (Wode 2009, Petit 2002, Burmeister, im Druck). Jedoch scheinen die Kinder sehr früh und z.T. Monate vor den ersten eigenen kreativen Produktionen, fremdsprachliche Handlungen gut verstehen zu können – wenn auch nicht unbedingt wortwörtlich, wie die oben skizzierte Formeltest-Studie gezeigt hat. Aber wie steht es mit dem Verständnis grammatischer Phänomene? Können die Kinder in bilingualen Kindertagesstätten, ähnlich wie Kinder im Muttersprachenerwerb, bereits grammatische Phänomene verstehen, lange bevor sie diese selber zu verbalisieren imstand sind?
Wie sich das Verständnis grammatischer Phänomene in der Fremdsprache bei Kindern in bilingualen Kindertageseinrichtungen entwickelt, wurde zunächst in zwei englisch-deutsch bilingualen Kindertageseinrichtungen in Pilotstudien des erwähnten Forschungsnetzwerkes 'Mehrsprachigkeit im Kindergarten' untersucht (Steinlen, Rogotzki 2008, Burmeister, Steinlen 2008, Steinlen, im Druck). Das dort verwendete Datenerhebungsverfahren (Steinlen, Wettlaufer 2005) wird in modifizierter Form derzeit im Rahmen des EU geförderten ELIAS-Projekts (s. 8.2.1) an elf Kindertageseinrichtungen eingesetzt. Neun dieser Einrichtungen sind bilingual mit Englisch als Zielsprache, davon sieben in Deutschland und je eine in Belgien und Schweden. Eine deutsch-englisch bilinguale sowie eine monolingual englische Einrichtung in England fungieren als Kontrollgruppen. Ich fasse nun die Ergebnisse der ELIAS-Grammatikverständnistests zusammen, die Anfang 2009 in allen elf Kindertageseinrichtungen mit insgesamt 266 Kindern durchgeführt wurden (Steinlen 2009).
Der Test ist internetbasiert und dauert durchschnittlich fünf Minuten. Die Aufgabe besteht darin, aus jeweils drei Bildern, die nebeneinander auf dem Bildschirm gezeigt werden, durch Berühren des Touchscreens jenes auszuwählen, dass der Äußerung der Testleiterin entspricht. Zwei Bilder unterscheiden sich im Hinblick auf die grammatische Zieldimension, z.B. bezüglich des Vorhandenseins bzw. Fehlens des Pluralmarkers -s in der Äußerung „Show me: Cats!" Das dritte Bild auf dem Bildschirm ist ein Distraktor (VGL. Rohde 2005). Insgesamt testet das Verfahren das Verständnis von neun grammatischen Phänomenen und wird, in einen Abstand von einigen Tagen, zweimal durchgeführt (Steinlen 2009).

Die Analyse der Daten zeigt unterschiedlich gute Ergebnisse für die einzelnen Einrichtungen, die mit der Kontaktdauer zur L2 zusammenhängen[6]: „In general, the more the children were exposed to English, the better their scores were." (Steinlen 2009, S. 26). Innerhalb der Gruppen wurden – ähnlich wie in anderen Studien zum frühen Fremdsprachenerwerb – teilweise erhebliche Unterschiede festgestellt. Diese individuellen Unterschiede sind u.a. damit zu erklären, dass die Kinder, abgesehen von gemeinsam verbrachter Zeit im Morgenkreis oder in Projekten, unterschiedlich intensiven Kontakt zum Englischen haben, denn in den freien Spielzeiten können die Kinder zwischen den Erzieherinnen 'wählen' und sich damit der Fremdsprache, zumindest theoretisch, entziehen. Um untersuchen zu können, wie sich der Kontakt zwischen einzelnen Kindern und der *native-speaker* Erzieherin gestaltet, und welche anderen individuellen und kontextuellen Faktoren das Sprachenlernen in zweisprachigen Kindertageseinrichtungen beeinflussen können, müssen die Protokolle der teilnehmenden Beobachtung sowie die Videodokumentationen, Fragebögen und Interviews ausgewertet und in der Gesamtevaluation mitberücksichtigt werden (Burmeister, Steinlen 2008, S. 142).

In der hier skizzierten Grammatikverständnisstudie wurden, so wie in den vorausgegangenen Pilotstudien, keine signifikanten Unterschiede zwischen Mädchen und Jungen festgestellt (vgl. Burmeister, Steinlen 2008, Steinlen, Rogotzki 2008). Was das Verständnis der neun untersuchten grammatischen Phänomene angeht, so hat die Analyse der Daten ergeben, dass die Kinder in allen Einrichtungen negative Sätze und den Pluralmarker *-s* am besten verstanden haben und die meisten Verständnisprobleme mit der Subjekt-Verb-Kongruenz auftraten. Da Studien mit Kindern, die Englisch als Mutter- oder als Zweitsprache lernen (Au-Yeung et al. 2003, Howell et al. 2003) zu ähnlichen Ergebnissen gekommen sind, lässt sich vermuten, dass, unabhängig vom Erwerbskontext, bestimmte grammatische Phänomene schwieriger zu verstehen sind als andere. Weiterhin haben die ELIAS-Untersuchungen, außer in der monolingualen und der bilingualen Einrichtung in England, eine positive Korrelation zwischen der Entwicklung des Grammatikverständnisses und des Verständnisses von Wörtern ergeben: Je mehr Wörter die Kinder in den untersuchten Einrichtungen verstanden, desto leichter fiel es ihnen, grammatische Phänomene korrekt zu identifizieren (Steinlen 2009, S. 27).

8.2.5 Zum Hörverständnis im Bereich des englischen Wortschatzes

Ob und wie die Kinder in den elf Kindertageseinrichtungen des ELIAS-Projekts englische Wörter verstehen, wurde mit Hilfe des 'British Picture Vocabulary Scale' untersucht (BPVS II, Dunn et al. [2]1997). Der BPVS II ist ein standardisierter Wort-Zeige-Test, der es erlaubt, das Wortverständnis der Kinder in den bilingualen Kindertageseinrichtungen mit dem gleichaltriger Muttersprachlern des Englischen

---
[6] Die bilingualen Gruppen in drei Einrichtungen waren erst sechs bzw. neun Monate vor Beginn der Tests eröffnet worden. Die anderen Gruppen arbeiteten zum Testzeitpunkt bereits 15 bis 35 Monate lang bilingual.

sowie mit Zweitsprachensprechern des Englischen zu vergleichen. Die Aufgabe für die Kinder besteht darin, auf Karten mit jeweils vier Bildern auf jenes Bild zu zeigen, das der Äußerung der Testleiterin entspricht, z. B. „Show me: Baby". Der BPVS II wurde Anfang 2009 mit insgesamt 282 Kindern in den Kindertageseinrichtungen des ELIAS-Projekts durchgeführt (Weitz et al. 2009).

Wie in der oben skizzierten Untersuchung des Grammatikverständnisses, wirkt sich auch in dieser Studie die Kontaktdauer zur Zielsprache in den Einrichtungen deutlich auf die Ergebnisse aus. Das bedeutet, dass – unabhängig von ihrem Lebensalter – jene Kinder die besten Ergebnisse erzielten, die am längsten in der bilingualen Gruppe waren und damit den längsten Kontakt zur Zielsprache hatten (siehe Fußnote 6). Je länger die Kontaktdauer in den bilingualen Einrichtungen war, desto geringer wurden zudem die Unterschiede zwischen den Wortverständnisfähigkeiten der Kinder in den bilingualen Kindergärten aus Deutschland, Belgien und Schweden verglichen mit denen gleichaltriger Muttersprachler bzw. Zweitsprachensprecher des Englischen in England.

8.2.6 Zur Entwicklung des Deutschen

Während sich der fremdsprachliche Nutzen bilingualer Erziehung im Kindergartenalter schnell erschließt, gibt es doch immer wieder Bedenken im Hinblick auf die altersgemäße Entwicklung der Muttersprache. Die internationale Forschung hat jedoch längst gezeigt, dass die Muttersprache selbst in Kindergärten mit sogenannter Vollimmersion, in denen alle Erzieherinnen ausschließlich die Fremdsprache bzw. Zweitsprache verwenden, nicht leidet, sondern in vielen Fällen sogar besser entwickelt ist (Überblick in Genesee 1987, Wesche 2002, Wode 2009). Entsprechende Ergebnisse hat auch die Pilotstudie im ELIAS-Projekt zur Entwicklung des Deutschen in deutsch-englisch bilingualen Kindertageseinrichtungen gezeigt.

Im Mai 2009 wurde in zwei deutsch-englisch bilingualen Kindertageseinrichtungen mit insgesamt 41 Kindern der standardisierte 'Sprachentwicklungstest für drei- bis fünfjährige Kinder' durchgeführt (SETK 3-5, Grimm 2001). Der Test erfasst Sprachverarbeitungsfähigkeiten im Bereich Verständnis und Produktion sowie auditive Gedächtnisleistungen. Die Ergebnisse zeigen, dass die Kinder in allen Subtests überdurchschnittliche Ergebnisse erzielten. Unterschiede zwischen Mädchen und Jungen wurden nicht festgestellt (Neils et al. 2009). Zwar fehlen bislang die Ergebnisse aus den anderen fünf deutsch-englisch bilingualen Einrichtungen des ELIAS-Projekts, es ist jedoch auf Grund der internationalen Erfahrungen anzunehmen, dass auch in diesen Einrichtungen keine Nachteile für die Entwicklung der Muttersprache Deutsch entstehen.

8.3 Aus der Forschung lernen: Zusammenfassende Bemerkungen über das Fremdsprachenlernen in Kindertageseinrichtungen

Die bisherigen Untersuchungen in den hiesigen zweisprachigen Kindergärten bestätigen die internationalen Erfahrungen in vergleichbaren Einrichtungen: Der tägliche mehrstündige, altersgemäß und anschaulich präsentierte, strukturell reichhaltige fremdsprachliche Input, ermöglicht es den Kindern, sich die (situationsgerechte) Bedeutung fremdsprachlicher Handlungen nach kurzer Zeit eigenständig zu erschließen. Je länger und intensiver die Kontaktzeit zur Fremdsprache ist, desto besser können die Kinder vielfältige grammatische Phänomene verstehen und desto umfangreicher ist ihr rezeptiver Wortschatz. Im Vergleich zum Sprachverständnis entwickelt sich das Sprechen, abgesehen von auswendig gelernten Liedern, Reimen oder formelhaften Wendungen, bis zum Ende der Kindergartenzeit langsam. Die deutsche Muttersprache der Kinder entwickelt sich z. T. überdurchschnittlich gut – trotz bzw. aufgrund der intensiven Beschäftigung mit einer zweiten Sprache. Darüberhinaus wurden in den bisher vorliegenden Studien keine Unterschiede zwischen Mädchen und Jungen festgestellt.

Es steht zu vermuten, dass die Kinder in zweisprachigen Gruppen nicht nur (fremd)sprachlich profitieren, sondern auch Sprachbewusstheit entwickeln. Erfahrungen aus der teilnehmenden Beobachtung zeigen, dass die Kinder sehr bald das Englische von der Muttersprache unterscheiden, dass sie Wörter in beiden Sprachen vergleichen und mit der Aussprache englischer Wörter spielen (siehe auch Wode 2009, S. 78 ff.). Sie registrieren Verständnisprobleme von 'neuen' Kindern und helfen ihnen mit Übersetzungen. Darüberhinaus machen die Kinder Erfahrungen im Umgang mit Sprechern einer anderen Sprache und Kultur und können so interkulturelle Kompetenz aufbauen (Hammes-Di Bernardo 2001, Kersten et al. 2009). Wie sich Sprachbewusstheit und interkulturelle Kompetenz in den zweisprachigen Einrichtungen entwickeln, werden weitere Studien zeigen müssen. Dringender Forschungsbedarf besteht zudem im Hinblick auf die Entwicklung der Fremdsprache und des Deutschen bei Kindern, die zu Beginn der Kindergartenzeit bereits zwei- oder mehrsprachig sind. Pilotstudien deuten darauf hin, dass mehrsprachige Kinder mit einer weiteren Sprache zumeist problemlos zurecht kommen und rasche Lernerfolge zeigen.

Die aus den oben skizzierten nationalen Untersuchungen ableitbaren Empfehlungen für die Konzeption von Fremdsprachenprogrammen im Elementarbereich entsprechen in vollem Umfang dem, was die internationale Forschung als Best Practice herausgestellt hat: Wenn man Fremdsprachen bereits im Kindergartenalter wirksam fördern möchte, dann sollte man so früh wie möglich beginnen und den Kindern einen kontinuierlichen, intensiven und qualitativ hochwertigen Input zur Verfügung stellen (z. B. Genesee 1987, Wode 1995, 2009, Wesche 2002). Sinnvoll organisiert werden kann dies am besten in zweisprachigen Einrichtungen bzw. in Kindergärten mit Vollimmersion, in denen die Erzieherinnen ausschließlich die Fremdsprache verwenden. Um die Fremdsprachenkenntnisse über den Kindergarten hinaus wirksam weiterfördern zu können, sollten zweisprachige Kindergärten mit Grundschulen zusammen arbeiten, in denen fremdsprachlicher Sachfachunterricht angeboten wird (z. B. Wode et al. 1999). Über die Erfahrungen mit solchen immersiven Grundschulprogrammen berichte ich in Kapitel 8.6.

8.4 Fremdsprachenunterricht in der Grundschule

Der Fremdsprachenunterricht ist seit dem Schuljahr 2004/2005 fester Bestandteil des verbindlichen Fächerkanons an deutschen Grundschulen. Während die Kinder in Baden-Württemberg, Brandenburg Nordrhein-Westfalen, Rheinland-Pfalz und im Saarland bereits ab der ersten Klasse die erste Fremdsprache lernen, beginnt der Fremdsprachenunterricht in den anderen Bundesländern in der dritten Klasse. Im Saarland wird nur Französisch abgeboten, andernorts lernen die Kinder Englisch oder wahlweise Französisch. Im Schnitt stehen zwei Wochenstunden zur Verfügung, die als Einzelstunden, im Block oder in täglichen Portionen unterrichtet werden.
Während es Anfang der 1990er Jahre noch rege Diskussionen um das beste Konzept für den frühbeginnenden Fremdsprachenunterricht gab (Überblicke z. B. in Brusch 1993, Sauer 1993, Schmid-Schönbein 2001, Rück 2006, Roos 2007, Thürmann 2009), hat sich heutzutage ein lernziel- und ergebnisorientierter Fremdsprachenunterricht durchgesetzt, der auf grundschulgemäßen Prinzipien wie Ganzheitlichkeit, Handlungs- und Themenorientierung, Anschaulichkeit und Entdeckendem Lernen beruht. Er zielt auf die Entwicklung grundlegender kommunikativer Fremdsprachenkompetenz, vor allem in den Bereichen Hörverstehen und Sprechen, auf die Förderung von Sprachbewusstheit und interkulturellem Lernen, und auf die Vermittlung einer positiven Haltung gegenüber Sprachen und dem Sprachenlernen. Die Grundlage des Unterrichts bilden Themen aus der Lebenswelt der Kinder, vielfältige Medien und altersgemäße Methoden und Aufgaben, die Sprachhandeln in unterschiedlichen Kommunikationssituationen ermöglichen (z. B. Schmid-Schönbein 2001, 2008, Slattery, Willis 2001, Klippel [3]2003, Cameron [7]2005, Böttger 2005, Legutke et al. 2009).

8.4.1 Zu den Ergebnissen des Fremdsprachenlernens in der Grundschule

In der Zusammenfassung ihrer von der EU finanzierten Analyse der bis dahin erschienenen wissenschaftlichen Studien zum Fremdsprachenfrühbeginn in Europa, konstatieren Blondin et al. (1998, S. 16), dass die Ergebnisse im Bereich der Kommunikationsfähigkeiten „normalerweise positiv [seien], wenn sie auch in einigen Fällen recht bescheiden sind". Darüberhinaus haben die Analysen der Forschungsberichte ergeben, dass sich das Hör- und Leseverständnis schneller entwickelt als „die Fähigkeiten zu akkurater, kreativer Produktion (ebd., S. 16). Im

Unterschied zu den Erkenntnissen aus zweisprachigen Kindertageseinrichtungen waren die Mädchen im Primarbereich jedoch tendenziell besser als die Jungen (ebd., S. 36).

Diese Befunde der 'frühen' Studien wurden in späteren deutschen Untersuchungen weitgehend bestätigt. Ich stelle nun ausgewählte Ergebnisse deutscher Untersuchungen im Bereich der fremdsprachlichen Entwicklung vor, beschränke die Ausführungen aus Platzgründen auf Evaluationen in Baden-Württemberg, Hamburg und Nordrhein-Westfalen.

Die KESS-Studie in Hamburg

In Hamburg sind seit Beginn des Schulversuchs 'Englisch ab Klasse 3' im Jahr 1996 und der flächendeckenden Einführung zum Schuljahr 1999/2000 zahlreiche Evaluationen erfolgt (z. B. Kahl, Knebler 1996). Die größte Untersuchung ist der Englisch-Hörverstehenstest, der im Juni 2003 im Rahmen der KESS 4-Studie ('Kompetenzen und Einstellungen von Schülerinnen und Schülern') in allen vierten Klassen der 263 Hamburger Grundschulen durchgeführt wurde (zusammengefasst in Börner 2009). Die Viertklässler sollten im ersten Testteil Fragen, die von einem Tonträger abgespielt wurden, den auf Deutsch abgefassten Antworten auf einem Multiple-Choice-Fragebogen zuordnen. Im zweiten Teil waren Fragen zu einer mit einem Tonträger vorgespielten Geschichte zu beantworten. Die Auswertung der Daten hat ergeben, dass die Kinder die Aufgaben im ersten Teil mehrheitlich richtig gelöst haben, und dass im zweiten Teil durchschnittlich sieben der zwölf Fragen richtig beantwortet wurden. Insgesamt waren die Lernstände in den Klassen mit aus- und fortgebildeten Lehrkräften höher (Börner 2009, S. 70).

Die Untersuchung der lernbezogenen Faktoren in KESS 4 haben die bereits in anderen Studien nachgewiesenen Korrelationen zwischen den Schülerleistungen und der sozialen Schicht der Eltern bestätigt. Darüberhinaus haben die Untersuchungen in KESS 4 keinen Unterschied zwischen der Englisch-Hörverstehensleistung bei Kindern von in Deutschland geborenen Eltern und Kindern mit einem hier geborenen Elternteil ergeben, jedoch zwischen dieser Gruppe und Kindern, deren beide Eltern nicht in Deutschland geboren wurden. Geschlechtspezifische Unterschiede hat KESS 4 nicht gezeigt, sehr wohl aber die KESS 7-Studie, in der die Mädchen deutlich besser waren (Börner 2009, S. 71).

Das EVENING-Projekt in Nordrhein-Westfalen

Das nordrhein-westfälische Projekt EVENING ('Evaluation Englisch in der Grundschule'), das seit 2005 läuft, umfasst neben Befragungen von Schulleitungen und Fachlehrkräften sowie Unterrichtsbeobachtungen auch Sprachstandserhebungen. Die Tests für den Bereich rezeptive Kompetenz im Englischen wurde in zwei Versionen, einmal 2006 in 60 Schulen und ein zweites Mal im Jahr 2007 in 31 Schulen durchgeführt (Paulick, Groot-Wilken 2009, S. 180). Sie bestehen aus einem Hör- und einem Leseverstehensteil mit jeweils zwei Aufgaben.

Im Hörverstehenstest hören die Schülerinnen und Schüler zunächst einzelne Sätze und sollen das dazugehörige Bild identifizieren. Im zweiten Teil hören sie eine Geschichte und markieren die jeweils passenden Informationen auf einem Antwortbogen. Im ersten Teil des Leseverstehenstests sollen die Kinder ankreuzen, welche Antwort sich auf einen bestimmten Satz bezieht. Im zweiten Teil sollen sie Textteile einer Geschichte entsprechenden Bildern zuordnen.

Insgesamt sind die Ergebnisse in beiden Tests gut. Im Bereich Hörverstehen haben 73 % der Schülerinnen und Schüler über 50 % der Punkte erreicht, 15 % von diesen Kindern sogar über 75 % der Gesamtpunktzahl. Ähnlich gut sind die Ergebnisse im Leseverstehenstest. Dort haben 74 % der Schülerinnen und Schüler mehr als 50 % der Punkte erreicht, 33 % davon erreichten sogar über 75 %.

Der Vergleich zwischen Jungen und Mädchen hat ergeben, dass die Mädchen signifikant besser waren und durchschnittlich zwei Aufgaben mehr lösten (Paulick, Groot-Wilken 2009, S. 185 ff.). Ein Vergleich zwischen Kindern, die deutschsprachig, deutsch-bilingual oder nichtdeutschsprachig aufwachsen, hat ergeben, dass die Kinder, die nur mit Deutsch aufwachsen, geringfügig besser waren, als die bilingualen Kinder, die wiederum geringfügig besser waren als die Kinder, in deren Familie nur die Herkunftssprache verwendet wird. Da die Unterschiede zwischen deutschen Kindern und Kindern mit anderen Herkunftssprachen im Englischunterricht der Grundschule deutlich geringer sind als in anderen Lernbereichen, „haben die Kinder mit Migrationshintergrund Lernerfolge und fühlen sich in ihrem Lern- und Leistungsverhalten von den Lehrkräften und den Mitschülern anerkannt." (Paulick, Groot-Wilken 2009, S. 193).[7]

Im Rahmen des EVENING-Projekts sind 2007 zudem Sprechtests durchgeführt worden (Keßler 2009). Die Tests, an denen 184 Viertklässler teilnahmen, bestanden aus den Bereichen dialogisches Sprechen und monologisches Sprechen. Beim dialogischen Sprechen sollten die Kinder zunächst Fragen der Lehrkraft beantworten, dann konnten die Kinder selbst Fragen stellen. Beim monologischen Sprechen sollten die Lerner zunächst ein Bild zum Thema Zoo beschreiben. Mit Hilfe von drei weiteren Bildern aus dem Zoo sollten sie dann eine Geschichte über einen Zoobesuch erzählen.

Für die Auswertung der Daten im Bereich dialogisches Sprechen wurden alle inhaltlich und sprachlich angemessenen Antworten gezählt. Die Ergebnisse zeigen, dass die Mehrzahl der getesteten Schülerinnen und Schüler (63,8 %) mindestens neun der insgesamt zwölf Fragen angemessen beantwortet haben. Die Ergebnisse für die selbst produzierten Fragen im zweiten Teil des dialogischen Sprechens zeigten allerdings, dass lediglich 26,1 % der Kinder die Höchstpunktzahl erreichten, d. h., drei bis vier sprachlich vollständige Fragen stellen konnten. Wiederum 26,1 % der Kinder hatten gar keine Fragen gestellt.

---

[7] Diese Ergebnisse stehen im Widerspruch z. B. zu der Studie von Elsner (2005), in der Kinder mit Deutsch als Zweitsprache signifikant schlechtere rezeptive Leistungen im Englischen erbrachten als Kinder mit Deutsch als Muttersprache.

Beim monologischen Sprechen haben immerhin 43,4 % der Kinder die volle Punktzahl erreicht, d. h. mindestens drei vollständige Aussagesätze zu dem Bild formulieren können. Die Ergebnisse für die Bildgeschichte zeigen, dass 50 Kinder keine einzige englischsprachige Aussage zur Geschichte gemacht haben. Die meisten Kinder haben jedoch 4 bis 6 von 8 Punkten erzielen können. Der Vergleich zwischen Jungen und Mädchen sowie zwischen Kindern mit Deutsch als Muttersprache und Deutsch als Zweitsprache ergab keine Unterschiede.

Die zum Teil erhebliche Variation bei den Ergebnissen in den jeweiligen Bereichen des Sprechtests führt Keßler zum einen auf die typische Heterogenität in Grundschulklassen zurück, zum anderen auf die Aufgabenformate, die unterschiedlich weit fortgeschrittene sprachliche Fähigkeiten erfordern (Keßler 2009, S. 172). So sind viele der von den Kindern korrekt formulierten Fragen auswendig gelernte, formelhafte 'chunks' gewesen, die „nicht als tatsächlich von den Lernern kreativ konstruierte Sprachproduktionen missverstanden werden [dürfen]" (Keßler 2009, S. 173).

Das WiBe-Projekt in Baden-Württemberg

Baden-Württemberg war das erste Bundesland, das den Fremdsprachenunterricht bereits ab der ersten Klasse eingeführt hat. Der Unterricht in den Zielsprachen Englisch oder Französisch wurde 2001 an 464 Pilotschulen begonnen und zum Schuljahr 2003/2004 flächendeckend ausgeweitet. Die Pilotphase 'Fremdsprache in der Grundschule' wurde im Projekt WiBe wissenschaftlich begleitet (z. B. Werlen et. al 2006, Teichmann, Werlen 2007, Weskamp 2009). In der vom Schuljahr 2001/2002 bis 2004/2005 durchgeführten Longitudinalstudie wurden der Verlauf des Fremdsprachenunterrichts sowie seine Ergebnisse dokumentiert. Die Datenbasis der wissenschaftlichen Begleitung besteht aus Fallstudien über Lernprozesse von Schülerinnen und Schülern von der ersten bis zur vierten Klasse, für die 500 Zeitstunden Unterricht gefilmt und ausgewertet wurden. Außerdem wurden Aufgabenformate entwickelt, mit denen Interaktions- und Sprachlernkompetenz festgehalten werden können, und es wurden Einzelinterviews durchgeführt. Auf der Grundlage der Datenanalyse und Interpretation „entstanden empirische Bildungsstandards und Instrumente zur Leistungsmessung" (ebd., S. 11). Die Ergebnisse zeigen, dass die Kinder am Ende der zweiten Klasse den Leistungsstand erreichen, der in den Standards formuliert wurde, und „über das basale Rüstzeug verfügen, erfolgreich in der Zielsprache zu interagieren, wenn sich die Interaktionspartnerin bzw. der Interaktionspartner gänzlich auf sie einstellt" (ebd., S. 13). Die Analyse von Einzelinterviews hat gezeigt, dass die Kinder „individuell geprägte Strategien anwenden, um Gesprächspartner zu verstehen, sich interaktiv zu beteiligen und verbale Äußerungen zu einer Geschichte zu produzieren" (ebd., S. 13). Am Ende der vierten Klasse können die Schülerinnen und Schüler Sachverhalte in ihrer zeitlichen Abfolge beschreiben und verwenden dabei „einfache Strukturwörter" (ebd., S. 13). Darüberhinaus werden die Schülerinnen und Schüler zunehmend unabhängiger von ihren Interaktionspartnern und bringen sich vermehrt in Interaktionen ein. Insgesamt haben die Untersuchungen ergeben, dass sich die Kinder innerhalb der ihnen bekannten Themenbereiche „kommunikativ verständlich" ausdrücken können (ebd., S. 14). Der Leistungsstand im grammatischen Bereich ist jedoch nach vier Schuljahren „relativ uneinheitlich" (ebd.).

8.4.2 Zusammenfassung der Ergebnisse und einige Implikationen für den Unterricht und die Forschung

Die bisherigen Untersuchungen zum Fremdsprachenunterricht in der Grundschule haben ergeben, dass die Ergebnisse in Anbetracht der wenigen zur Verfügung stehenden Lernzeit weitgehend zufriedenstellend sind. So gibt die Auswertung des Sprechtests in der EVENING-Studie „Anlass zu der begründeten Hoffnung, dass viele Sprecher über wertvolle rezeptive Fertigkeiten und eine basale produktive Fertigkeit des Sprechens in der Fremdsprache am Ende des 4. Schuljahres verfügen" (Keßler 2009, S. 175). Ähnliche Ergebnisse haben auch die Untersuchungen im Rahmen der wissenschaftlichen Begleitung WiBe in Baden-Württemberg ergeben. In allen Studien hat sich jedoch gezeigt, dass die rezeptiven Kompetenzen deutlich besser entwickelt sind als die produktiven Fähigkeiten.

Darüberhinaus hat sich gezeigt, dass sich der frühe Fremdsprachenunterricht den meisten Fällen günstig auf affektive Faktoren auswirkt, „mit positiven Einstellungen gegenüber Sprachen, Kultur, Sprechern der betroffenen Sprachen, dem Erlernen von Sprachen und der Entwicklung von Selbstvertrauen" (Blondin et al. 1998. S. 16).

Die Analyse der Daten in Sprachstanderhebungen belegt jedoch auch, dass es im Unterricht deutlich mehr Sprechanlässe in relevanten, authentischen Kommunikationssituationen geben sollte. So stellt Roos (2007) in ihrer Studie zur Sprachproduktion in dritten Klassen fest, dass den Schülerinnen und Schülern „wenig Gelegenheit zur kreativ-produktiven Verwendung des Englischen" geboten wurde (Roos 2007. S. 182). Erklären lässt sich das ihrer Meinung nach „durch einen stark buchorientierten Unterricht (...), in dem es vor allem darum geht, die im Lehrwerk vorkommenden und in der Regel durch den Lehrplan vorgegebenen Redemittel in entsprechenden Kommunikationssituationen einzuüben" (ebd., S. 182). Schülerinnen und Schüler sollten daher früher als bisher die Chance erhalten, in vielfältigen Interaktionen Bedeutungen auszuhandeln und eigene Äußerungen zu produzieren, statt sich zu lange auf 'fehlervermeidende' vorgefertigte Redemittel zu verlassen (z.B. Bleyhl 2000, Sommerschuh 2003, Roos 2006, Keßler 2006, 2009, Roos 2007).

Zu überdenken ist auch die Rolle der fremdsprachlichen Schrift im Anfangsunterricht der Grundschule. In seinem Artikel „Ja, das Schreiben und das Lesen..." von 1994 diskutiert Didaktilus die bis dato vorherrschenden Meinungen darüber, inwieweit die Einführung der Schrift eine Belastung für die Schüler sei und spricht sich vehement dagegen aus „Dämme gegen die Schriftlichkeit beim schulischen Begegnen mit Fremdsprachen zu bauen" (Didaktilus 2004, S. 170). Leider sind solche Dämme seither in vielen Klassenzimmern aufgebaut worden, zum Teil mit ministeriellem Segen.

In der Zwischenzeit mehren sich allerdings die Forderungen nach einem früheren Einbezug der Schrift als Unterstützung des Fremdspracherwerbs, insbesondere in Bundesländern, in denen der Fremdsprachenunterricht bereits in der ersten Klasse beginnt (z.B. Zaunbauer 2007, Burmeister 2008, Diehr, Rymarczyk 2008, Rymarczyk 2008a, 2008b, 2008c, Keßler 2009, Börner 2003, Edelenbos et al. 2006, Edelenbos, Kubanek 2009).

Gestützt werden diese Forderungen unter anderem von den Ergebnissen aus Studien in baden-württembergischen Klassen, in denen die Schrift vom ersten bis zum Beginn des dritten Schuljahrs aus dem Unterricht verbannt wurde. Die Untersuchungen haben gezeigt, dass die Lehrkräfte die Kinder mitnichten vor der vermeintlichen Überlastung durch zwei orthographische Systeme schützen, wenn sie ihnen die englische Schrift zu lange vorenthalten. Vielmehr erweisen sie ihnen einen Bärendienst, da sich dann fälschlich aus dem Schriftsystem des Deutschen abgeleitete Vorstellungen über die Schreibweise eines englischen Worts verfestigen können und dann mühsam wieder 'abtrainiert' werden müssen (Diehr, Rymarczyk 2008, Rymarczyk 2008a, 2008b, 2008c).

Es sollte daher (neu) diskutiert und systematisch erforscht werden, inwiefern die Schrift unterstützend wirken und einbezogen werden müsste, und welche Voraussetzungen erfüllt sein sollen, damit der fremdsprachliche Schriftsprachenerwerb gefördert wird, ohne dass er die Kinder überfordert.

Ein weiteres Problemfeld, der Übergang von der Grundschule in die weiterführende Schule, wird im folgenden Kapitel skizziert.

8.5 Der Übergang von der Grundschule in die weiterführenden Schulen

Die Ergebnisse der KESS 4-Studie in den vierten Klassen der Hamburger Grundschulen deuten darauf hin, dass die Bedenken einiger Lehrkräfte in weiterführenden Schule hinsichtlich der Nachhaltigkeit des Englischlernens in der Grundschule unbegründet sind, da im Vergleich zu früheren Studien „bei den Schülerinnen und Schülern in sämtlichen Schulformen, insbesondere in den Gesamtschulen, deutlich höhere Lernstände" ermittelt werden konnten (Börner 2009, S. 71). Auch die anderen oben skizzierten Studien zeigen, dass der Lernerfolg, gemessen an der geringen Kontaktzeit zur Fremdsprache, überwiegend zufriedenstellend ist.

Bei weitem nicht zufriedenstellend gestaltet sich jedoch der Übergang von der Grundschule in die weiterführenden Schulen, ein Reizthema, das sich seit Beginn der ersten Erprobungen von Grundschulfremdsprachenunterricht in den 1970er Jahren wie ein roter Faden durch die fachdidaktische Diskussion zieht. In der Zwischenzeit liegen wissenschaftliche Studien vor, die illustrieren, dass mangelnde Kontinuität von einer Schulstufe zur anderen die Leistungen, „besonders die von schwachen oder langsamen Lernen", beeinträchtigt (Blondin et al. 1998, S. 35). Die Autoren stellen weiterhin fest: „Diskontinuität schlägt sich in unterschiedlichen Lehrmethoden nieder, was der Unkenntnis der Lehrer über Traditionen, Möglichkeiten und Zwängen auf dem anderen Niveau entspringt, und vermindert jeglichen Vorsprung durch den Frühbeginn." (Ebd., S. 35) Entsprechendes zeigen die Befunde der Studie von Heiner Böttger (2009).

8.5.1 Zur Akzeptanz des Grundschulenglischunterrichts und zum Umgang mit seinen Ergebnissen

„Can you say 'useless'? Englischstunden in der Grundschule sollen aufs globale Leben vorbereiten. Doch die Zweifel wachsen."[8], „Effekt gleich null."[9], „Germany considers scrapping 'completely redundant' English classes for children"[10].
Die mit diesen Schlagzeilen betitelten Presseberichte stehen stellvertretend für viele andere, die Anfang 2009 auf die Ergebnisse einer Umfrage über den Grundschulenglischunterricht reagierten, die Böttger mit Englischlehrkräften aus 5. Klassen an bayerischen Realschulen und Gymnasien durchgeführt hatte. Die Fragen in den Leitfadeninterviews zielten zum einen auf die Erfahrungen und Kenntnisse der Lehrkräfte aus den 5. Klassen im Hinblick auf Ziele, Inhalte, Lehrpläne und Verfahren des Englischunterrichts an der Grundschule, zum anderen auf ihre Erwartungen und 'Lehrmotivation' in Bezug auf die Lernerfolge der Schüler am Anfang der fünften Klasse. Darüberhinaus befragte Böttger die Lehrkräfte danach, mit welchen Verfahren sie die Lernerfolge ihrer Schüler in Klasse 5 diagnostizieren, und ob sie im Umgang mit ihren heterogenen Lerngruppen „individualisierende und/ oder differenzierende Maßnahmen" einsetzten (Böttger 2009, S. 9).
Die Auswertung von 67 Leitfadeninterviews hat ergeben, dass 65 % der Lehrkräfte den Beginn des Englischunterrichts in der Grundschule für überflüssig halten, wobei die Analyse der Begründungen zeigt, „dass eine bedeutende Anzahl der befragten Lehrkräfte nicht informiert zu sein scheint über neue Erkenntnisse der relevanten Wissenschaften bezüglich des Themas Fremd-Sprachenfrühbeginn" (ebd., S. 16). Zwar sind 90 % der Lehrkräfte der Meinung, dass die „Motivation und Begeisterungsfähigkeit" (ebd., S. 17) der Schülerinnen und Schüler in der 5. Klasse hoch sei, und dass sie „ausbaubare englischsprachige Fertigkeiten" (88 %) mitbringen, die Erwartung vieler Lehrkräfte an die fremdsprachliche Kompetenz der Kinder werde jedoch nicht erfüllt. Die zu Beginn der 5. Klasse von 83 % der Lehrkräfte festgestellten „erheblichen" Leistungsunterschiede im Englischen, sind nach Meinung von 96 % spätestens am Ende des Schuljahrs nicht mehr vorhanden. (Die Nivellierung der Unterschiede könnte m. E. auch damit zusammenhängen, dass 78 % der Lehrkräfte keine differenzierenden und individualisierenden Maßnahmen im Englischunterricht der 5. Klasse einsetzen.) 80,5 % der Befragten glauben, dass der Englischunterricht in beiden Schulstufen nicht ineinandergreift und

---

[8] Cornelia von Wrangel, in Frankfurter Allgemeine Sonntagszeitung, Nr. 6, 8. Februar 2009, S. 4.
[9] Lena Greiner, in Spiegel Online, 21. Januar 2009; http://www.spiegel.de/0,1518,601836,00.html, Zugriff am 20.09.2009.
[10] Allan Hall, in Daily Mail online, 22. Januar 2009; http://www.dailymail.co.uk/news/worldnews/article-1125913/Germany-considers-scrapping-completely-redundant-English-classes-children.html; Zugriff am 20.9.2009.

bemängeln (55,5%) die fehlenden Anknüpfungspunkte des Lehrplans in der 5. Klasse zum Englischunterricht der Grundschule. Andererseits kennen durchschnittlich 60% die Ziele, Inhalte, Methoden und Lehrpläne des Grundschulenglischunterrichts nicht und kooperieren „in keiner Weise" mit Lehrkräften der Grundschule (57%). Auch die im Rahmen der EVENING-Studie befragten Grundschulenglischlehrkräfte gaben an, 'selten' (65%) bzw. 'nie' (35%) mit Lehrkräften der weiterführenden Schulen zu kooperieren, 76% sahen jedoch die Zusammenarbeit mit der Sekundarstufe I als 'sehr' bzw. 'eher wichtig' an (Thürmann 2009, S. 9f., vgl. auch Groot-Wilken 2009, S. 128f.).

In der Zusammenfassung seiner Studie konstatiert Böttger, „dass die dargestellten Befunde einen enormen, zügigen und dringenden Handlungsbedarf abbilden", den er bei den Lehrkräften beider Schulstufen sowie auf der Ebene der Institutionen und Schulpolitik und -verwaltung verortet (Böttger 2009, S. 47). Zwar ist die Stichprobe in Böttgers Studie vergleichsweise klein und beschränkt sich auf den bayerischen Raum. Dennoch liefert sie konkrete Ergebnisse zur Akzeptanz des Grundschulfremdsprachenunterrichts und beziffert einige der von der Fachdidaktik geäußerten Befürchtungen hinsichtlich der Auswirkungen der 'Übergangsproblematik'.

Böttgers Forderungen nach einem schlüssigen, schulart- und schulstufenübergreifenden Gesamtkonzept, nach effektiven Aus-, Fort- und Weiterbildungsangeboten, nach beständigen Kooperationen auf und zwischen allen Ebenen und einem fachdidaktischen Paradigmenwechsel sind bei Weitem nicht neu (z.B. Sauer 1993, 2000, Schröder 1993, Rück 1994, Piepho 1997, Blondin et al. 1998, Börner 2000, Legutke 2000, Mertens 2001, Bleyhl 2003, Edelhoff 2003, BIG 2007, BIG 2009, Legutke et al. 2009).[11]

Es bleibt zu hoffen, dass die Akteure in den Bildungsinstitutionen die Ergebnisse der Studie zum Anlass nehmen, zeitnah für die Umsetzung der Forderungen zu sorgen. Wie die Untersuchung zum Übergang im Hamburger Schulversuch gezeigt hat (Kahl, Knebler 1996), wird dies wahrscheinlich am besten auf der regionalen Ebene unter Einbezug der jeweiligen schulischen und unterrichtlichen Voraussetzungen sowie der einzelnen Lehrkräfte gelingen. Wie Legutke betont, müssen „Lösungen für die Weiterführung (…) notwendigerweise Veränderungen mit sich bringen, die das Selbstverständnis der Grundschule und der Sekundarstufe I sowie ihrer Lehrkräfte berühren." (2000, S. 39). Und Böttger hat sicher Recht, wenn er vermutet „die gezielte und intensive Professionalisierung von Lehrkräften (…) könnte der Schlüssel dazu sein" (Böttger 2009, S. 49).

---

[11] Siehe auch die Beiträge zum Übergang zwischen Grundschule und weiterführender Schule in Böttger 2008 und Edelhoff 2003.

8.6 Erfahrungen aus Grundschulen mit partieller Immersion

Da sich die geschilderten Perspektiven für das Fremdsprachenlernen in Grundschulen unter anderem aus den Erfahrungen mit immersiven Grundschulen ableiten, fasse ich nun die wichtigsten Ergebnisse von Studien in solchen Schulen zusammen.

Wie erwähnt, bedeutet immersives Lernen im Elementarbereich, dass die Fremdsprache in den üblichen Kindergartenaktivitäten als Medium verwendet wird. Von immersivem Unterricht an Schulen spricht man, wenn Sachfächer wie Biologie und Mathematik oder ganze Fächerverbünde über einen längeren Zeitraum durchgängig in einer Fremdsprache unterrichtet werden. Dadurch, dass die Fremdsprache nicht nur im Fremdsprachenunterricht, sondern auch in Sachfächern verwendet wird, lässt sich die für den Spracherwerb so wichtige Kontaktzeit zur Fremdsprache um ein Vielfaches steigern (Überblick in Genesee 1987, Wesche 2002, Wode 2009, Massler und Burmeister 2010).

In Deutschland wird immersiver Unterricht bereits seit den frühen 1960er Jahren in sogenannten bilingualen Zweigen an weiterführenden Schulen angeboten und ist, wie Hallet bemerkt, „in der deutschen Schullandschaft längst etabliert und auch in den Sachfachdidaktiken nicht mehr [...] wirklich kontrovers" (Hallet 2005, S. 2). Die meisten bilingualen Zweige finden sich an Gymnasien, werden jedoch zunehmend auch in Realschulen und im berufsbildenden Bereich angeboten.[12] Die langjährigen guten Erfahrungen mit bilingualem Unterricht an weiterführenden Schulen wurden auch in der DESI-Studie bestätigt: „Schüler in bilingualen Klassen haben einen sehr deutlichen Kompetenzvorsprung in allen Bereichen. Insbesondere kommen sie im Hörverständnis fast doppelt so schnell voran wie andere Klassen." (DESI-Konsortium 2006, S. 60)

Während es zwischenzeitlich in allen Bundesländern bilinguale Zweige an Gymnasien gibt, ist bilingualer Unterricht an Grundschulen noch längst nicht in der deutschen Schullandschaft etabliert. Langjährige Erfahrungen mit bilingualem Unterricht bzw. Immersion an deutschen Grundschulen zeigen jedoch, dass diese Form von Fremdsprachenförderung um ein Vielfaches effektiver ist als das, was in den üblichen zwei Wochenstunden erreicht werden kann.

Die meisten Erfahrungen und Forschungsberichte stammen von Grundschulen in Norddeutschland, in denen alle Fächer bis auf Deutsch vom ersten Schultag bis zum Ende der Grundschulzeit in englischer Sprache unterrichtet werden. Da die Kontaktzeit zur Fremdsprache in diesen Schulen deutlich höher ist als in Klassen mit den herkömmlichen zwei Wochenstunden, ist es nicht verwunderlich, dass die Schülerinnen und Schüler – ohne systematischen Englischunterricht gehabt zu

---

[12] Im Jahr 2006 gab es in der BRD insgesamt 776 Schulen mit bilingualem Angebot (Sekretariat der Ständigen Konferenz der Kultusminister 2006: 15). PDF-Datei unter: http://www.kmk.org/fileadmin/veroeffentlichungen_beschluesse/2006/2006_04_10-Konzepte-bilingualer-Unterricht.pdf; Zugriff am 20.9.2009.

haben – ein vergleichweise hohes Niveau an Fremdsprachenkenntnisse im Bereich Sprechen und Hören erwerben (z. B. Burmeister 2006a, 2006b, 2006c, Keßler 2006, Piske 2006, Burmeister, Piske 2008, Roos 2006, Wode 2009). Auch im schriftlichen Bereich profitieren die Schülerinnen und Schüler und können, ohne zusätzlichen Schreibunterricht, im Englischen inhaltsadäquate, adressatengerechte Texte schreiben (Burmeister, Piske 2008, Burmeister 2010).

Da es für den Schulerfolg der Kinder entscheidend ist, dass die Fremdsprachenkompetenz nicht zu Lasten der Entwicklung des Deutschen oder der Sachfächer geht, wurden umfangreiche Studien in diesen Bereichen durchgeführt. Die Ergebnisse bestätigen die Befunde aus den internationalen Studien: Für die Kinder in den immersiv geführten Klassen „ergaben sich keine Defizite im Lesen und Schreiben; ihre Mathematikleistungen waren denen der monolingual unterrichteten Schüler überlegen" (Zaunbauer, Möller 2007).

8.7 Perspektiven

Wie die Befunde aus den oben zusammengefassten Forschungsberichten zeigen, ist der herkömmliche Fremdsprachenunterricht in Deutschland auf einem guten Weg. Die Forderung der Europäischen Kommission, dass die Bürger Europas ab dem Kindergartenalter mindestens zwei Fremdsprachen auf einem funktional angemessenen Niveau lernen sollen, und dass Sprachenlernen als ein lebenslanger, nachhaltiger Prozess gestaltet sein soll, lassen sich jedoch in der derzeitigen Bildungslandschaft kaum umsetzen – besonders im Hinblick auf den vergleichsweise späten Beginn, die geringe Wochenstundenzahl und die oben referierte Diskontinuität zwischen den Schulstufen.

Wie die in den vorherigen Abschnitten zusammengefassten Studien belegen, hat die europäische und deutsche Forschung nun aber Ergebnisse vorzuweisen, aus denen sich einige Empfehlungen für die Praxis und ihre Weiterentwicklung ableiten lassen. Diese Empfehlungen sind zwar bereits in den 1980er Jahren im Kontext der kanadischen Immersionsforschung ausgesprochen worden (Überblick in Genesee 1987, Wode 1995, 2009, Wesche 2002), wurden jedoch vielfach als auf deutsche Verhältnisse nicht übertragbar abgetan. Im Licht der Ergebnisse aus der europäischen bzw. deutschen Forschung scheinen sie nun endlich 'hoffähig' geworden zu sein.[13]

1. Fremdsprachenlernen sollte so früh wie möglich beginnen, spätestens jedoch im Kindergarten. Wie in zweisprachigen Kindertageseinrichtungen, so wurden zwar auch im Primarbereich keine wesentlichen Unterschiede in Bezug auf die Geschwindigkeit des Sprachenlernens in unterschiedlichen Altersgruppen festgestellt. Vorteile ergaben sich jedoch aus dem früheren Beginn und der dadurch längeren Kontaktdauer.[14]

---
[13] Aus Gründen der Lesbarkeit werden in diesem Kapitel nur dann Quellen angegeben, wenn sich die Angaben auf vorher nicht genannte Aspekte beziehen.
[14] Für den Grundschulbereich in Europa, siehe Blondin et al. 1998, S. 36.

2. Sprachenlernen ist ein langwieriger Prozess. Daher sollte der Kontakt zur Fremdsprache möglichst intensiv sein, d. h. über einen möglichst langen Zeitraum erfolgen und möglichst viele Stunden am Tag umfassen.
3. Die Kontinuität zwischen den Schulstufen muss gewährleistet sein.
4. Der Faktor Intensität bezieht sich nicht nur auf die Quantität des Kontakts zur Fremdsprache, sondern auch auf die Qualität: Der Unterricht sollte eine reichhaltige Lernumgebung schaffen, die auf relevanten und damit potentiell motivierenden Inhalte beruht.
5. Da Sprachen in der Interaktion gelernt werden, sollten die Aufgaben authentisch sein und zu sinnvollem Sprachhandeln motivieren (z. B. Ellis 2003). Wie Blondin et al. (1998, S. 35) resümieren, sind „die auf Kommunikation, Interaktion, Entdeckung und Geschichtenerzählen gerichteten Methoden den traditionelleren Ansätzen, die auf vorgefertigten Übungen und Dialogen beruhen überlegen."

Die konsequente Umsetzung dieser Empfehlungen mit dem Ziel die Wirksamkeit des Fremdsprachenunterrichts in Deutschland zu erhöhen, kann im Idealfall dazu führen, dass mehr und mehr Schulen bilinguale Zweige anbieten werden, in denen Sachfächer über einen längeren Zeitraum in einer Fremdsprache unterrichtet werden.

Unabhängig davon, ob Kindergärten und Schulen immersive Programme anbieten, sind schlüssige Gesamtkonzepte zur Professionalisierung von Erzieherinnen und Lehrerinnen gefragt, die auf den Ergebnissen der Sprachlehr- und -lernforschung und der Psycholinguistik sowie auf den Erfahrungen der Lehrerinnen und Lehrer beruhen.

Literatur

Au-Yeung, James; Howell, Peter; Davis, Stephen; Sackin, Stevie u. Cunniffe, Paul (2000): Introducing the Preschoolers' Reception of Syntax Test (ROST). *Proceedings of the Conference on Cognitive Development*. Besançon Frankreich. (http://www.speech.psychol.ucl.ac.uk/Publications/PAPERS/PDF/32decolage.pdf; Zugriff 30.09.2009).
Baker, Colin (2000): *A Parents' and Teachers' Guide to Bilingualism*. Clevedon: Mutlilingual Matters.
BIG (Hrsg.) (2009): *Fremdsprachenunterricht als Kontinuum. Der Übergang von der Grundschule in die weiterführenden Schulen*. München: Domino.
BIG (Hrsg.) (2007): *Standards für die Lehrerbildung*. München: Domino.
Bleyhl, Werner (2000): Methodische Konsequenzen aus dem Wissen um das Lernen. In: Bleyhl, Werner (Hrsg.) (2000): *Fremdsprachen in der Grundschule. Grundlagen und Praxisbeispiele*. Hannover: Schroedel, 24–29.
Bleyhl, Werner (2003): Ist früher besser? – Die Bedeutung des frühen Lernens. In: Edelhoff, Christoph (Hrsg.): *Englisch in der Grundschule und darüber hinaus. Eine praxisnahe Orientierungshilfe*. Frankfurt a.M.: Diesterweg Verlag, 5–23.
Blondin, Christiane; Candelier, Michel; Edelenbos, Peter; Johnstone, Richard; Kubanek-German, Angelika u. Traute Taeschner (1998): *Fremdsprachen für die Kinder Europas. Ergebnisse und Empfehlungen der Forschung*. Berlin: Cornelsen.
Börner, Otfried (2000): Übergang in die Klasse 5. In: Bleyhl, Werner (Hrsg.): *Fremdsprachen in der Grundschule. Grundlagen und Praxisbeispiele*. Hannover: Schroedel, 99–103.
Börner, Otfried (2003): Verwendung der Schrift im 3. und 4. Schuljahr. In: Edelhoff, Christoph (Hrsg.): *Englisch in der Grundschule und darüber hinaus. Eine praxisnahe Orientierungshilfe*. Frankfurt a.M.: Diesterweg Verlag, 89–97.

Börner, Otfried (2009): Fremdsprachenlernen in der Grundschule – die Hamburger KESS-Studie. In: Engel, Gaby; Groot-Wilken, Bernd u. Thürmann, Eike (Hrsg.), 67–75.

Böttger, Heiner (2009): *Englischunterricht in der 5. Klasse an Realschulen und Gymnasien. Eine qualitative Studie zur Behandlung der Ergebnisse des Englischunterrichts in der Grundschule im bayrischen Schulsystem.* Nürnberg: Lehrstuhl für Schulpädagogik der Friedrich-Alexander-Universität Erlangen-Nürnberg.

Böttger, Heiner (Hrsg.) (2008): *Fortschritte im Frühen Fremdsprachenlernen. Ausgewählte Tagungsbeiträge Nürnberg 2007.* München: Domino Verlag.

Böttger, Heiner (2005): *Englisch lernen in der Grundschule.* Bad Heilbrunn: Klinkhardt.

Brusch, Wilfried (1993): Fremsprachenunterricht in der Grundschule – nach welchem Konzept? In: *Neusprachliche Mitteilungen aus Wissenschaft und Praxis.* 46.2 (1993), 94–100.

Burmeister, Petra (2010): *Did you now that 15 difrent Fish arts in the Kiel Canal live? On foreign language writing in partial immersion primary school classrooms. In: Diehr, Bärbel u. Rymarczyk, Jutta (Hrsg.): *Researching literacy in a foreign language among primary school learners. Forschung zum Schrifterwerb in der Fremdsprache bei Grundschülern.* Frankfurt a.M.: Peter Lang Verlag, 131–145.

Burmeister, Petra (im Druck): „Put your shoes on!" heißt „Putz Deine Schuhe!": Wie Kinder in deutschenglisch bilingualen Kindergartengruppen formelhafte Sprache verstehen und produzieren. In: Piske, Thorsten (Hrsg.): *Bilinguale Programme in Kindertageseinrichtungen: Umsetzungsbeispiele und Forschungsergebnisse.* Baltmannweiler: Schneider Verlag Hohengehren.

Burmeister, Petra (2008): Auf Englisch lesen und schreiben von Anfang an. In: *Take off! Zeitschrift für frühes Englischlernen.* 3 (2008), 46.

Burmeister, Petra u. Steinlen, Anja (2008): Sprachstandserhebungen in bilingualen Kindertagesstätten. In: Blell, Gabriele u. Kupetz, Rita (Hrsg.): *Fremdsprachenlernen und -lehren – Prozesse und Reformen.* Frankfurt a.M.: Peter Lang Verlag, 129–146.

Burmeister, Petra u. Piske, Thorsten (2008): Schriftlichkeit im fremdsprachlichen Sachfachunterricht an der Grundschule. In: Böttger, Heiner (Hrsg.): *Fortschritte im frühen Fremdsprachenlernen. Ausgewählte Tagungsbeiträge Nürnberg 2007.* München: Domino Verlag, 183–193.

Burmeister, Petra (2006a): Immersion und Sprachunterricht im Vergleich. In: Pienemann, Manfred, Keßler, Jörg-Ulrich u. Roos, Eckhard (Hrsg.): *Englischerwerb in der Grundschule.* Paderborn: Schöningh/UTB, 197–216.

Burmeister, Petra (2006b): Frühbeginnende Immersion. In: Jung, Udo O. H. (Hrsg.): *Praktische Handreichung für Fremdsprachenlehrer.* Frankfurt a.M.: Peter Lang Verlag, 385–391.

Burmeister, Petra (2006c): Bilingualer Unterricht in der Grundschule. In: Timm, Johannes-Peter (Hrsg.). *Fremdsprachenlernen und Fremdsprachenforschung: Kompetenzen, Standards, Lernformen, Evaluation.* Tübingen: Gunter Narr Verlag, 197–212.

Burmeister, Petra; Piske, Thorsten u. Rohde, Andreas (Hrsg.): *An Integrated View of Language Development. Papers in Honor of Henning Wode.* Trier: WVT.

Cameron, Lynne ([7]2005): *Teaching Languages to Young Learners.* Cambridge: Cambridge University Press.

DESI-Konsortium (2006): *Unterricht und Kompetenzerwerb in Deutsch und Englisch. Zentrale Befunde der Studie Deutsch-Englisch-Schülerleistungen-International (DESI).* Frankfurt a.M.: Deutsches Institut für Internationale Pädagogische Forschung. PDF-Datei bei: http://www.dipf.de/de/pdf-dokumente/projekte-materialien/desi-zentrale-befunde/view; Zugriff 20.09.09).

Didaktilus (1994): Ja, das Schreiben und das Lesen... In: *Neusprachliche Mitteilungen aus Wissenschaft und Praxis.* 47.3 (1994), 169–171.

Diehr, Bärbel u. Rymarczyk, Jutta (2008): „Ich weiß es, weil ich so spreche". Zur Basis von Lese- und Schreibversuchen in Klasse 1 und 2. *Grundschulmagazin Englisch/The Primary English Magazine.* 1, Februar/März 2008, 6–8.

Dunn, Lloyd M.; Dunn, Leota M.; Whetton, Chris u. Burley Juliette ([2]1997): *The British Picture Vocabulary Scale.* Windsor: National Foundatin for Eduactional Research (NFER).

Döpke, Susanne (1992): *One Parent One Language. An Interactional Approach.* Amsterdam u. Philadelphia: Benjamins.

Doyé, Peter (1993): Fremdsprachenerziehung in der Grundschule. *Zeitschrift für Fremdsprachenforschung.* 4.1 (1993), 48–88.

Doyé, Peter (2009): *Didaktik der bilingualen Vorschulerziehung.* Tübingen: Gunter Narr Verlag.

Edelenbos, Petra; Johnstone, Richard; Kubanek, Angelika (2006): *Die wichtigsten pädagogischen Grundsätze für die fremdsprachliche Früherziehung. Sprachen für die Kinder Europas. Forschungsveröffentlichungen, gute Praxis u. zentrale Prinzipien. Zusammenfassung.* Als PDF-Datei abrufbar unter: http://ec.europa.eu/education/languages/pdf/doc427_de.pdf; Zugriff am 20.09.2009.

Edelenbos, Peter; Kubanek, Angelika (2009): *Die EU-Schlüsselstudie über Frühbeginn – Forschung, gute Praxis und pädagogische Grundsätze.* In: Engel, Gaby; Groot-Wilken, Bernd u. Thürmann, Eike (Hrsg.), 23–34.

Edelhoff, Christoph (2003): Fremdsprachen in der Grundschule – Herausforderung und Wagnis. In: Edelhoff, Christoph (Hrsg.): *Englisch in der Grundschule und darüber hinaus. Eine praxisnahe Orientierungshilfe.* Frankfurt a.M.: Diesterweg Verlag, 143–149.

Ellis, Rod (2003): *Task-based Language Learning and Teaching.* Oxford: Oxford University Press.

Elsner, Daniela (2005): *Hörverstehen im Englischunterricht der Grundschule. Ein Leistungsvergleich zwischen Kindern mit Deutsch als Mutersprache und Deutsch als Zweitsprache.* Frankfurt a.M.: Peter Lang.

Engel, Gaby; Groot-Wilken, Bernd; Thürmann, Eike (Hrsg.) (2009): *Englisch in der Primarstufe – Chancen und Herausforderungen. Evaluation und Erfahrungen aus der Praxis.* Berlin: Cornelsen.

Europäische Kommission (1995): *Weißbuch zur allgemeinen und beruflichen Bildung: Lehren und Lernen. Auf dem Weg zur kognitiven Gesellschaft.* http://ec.europa.eu/education/languages/pdf/doc409_de.pdf; Zugriff am 20.9.2009.

Genesee, Fred (1987): *Learning through two languages: Studies of immersion and bilingual education.* Cambridge, Mass.: Newbury House.

Grimm, Hannelore (2001): *SETK 3-5: Sprachentwicklungstest für drei- bis fünfjährige Kinder. Diagnose von Sprachverarbeitungsfähigkeiten und auditiven Gedächtnisleistungen [Manual].* Göttingen: Hogrefe.

Groot-Wilken, Bernd (2009): Design, Struktur und Durchführung der Evaluationsstudie EVENING in Nordrhein-Westfalen. In: Engel, Gaby; Groot-Wilken, Bernd u. Thürmann, Eike (Hrsg.), 124–139.

Grotjahn, Rüdiger (2005): Je früher, desto besser? – Neuere Befunde zum Einfluss des Faktors „Alter" auf das Fremdsprachenlernen. In: Pürschel, Heiner; Tinnefeld, Thomas (Hrsg.): *Moderner Fremdsprachenerwerb zwischen Interkulturalität und Multimedia. Reflexionen und Anregungen aus Wissenschaft und Praxis.* Bochum: AKS-Verlag, 186–202.

Hallet, Wolfgang (2005): Bilingualer Unterricht: Fremdsprachig denken, lernen und handeln. *Der Fremdsprachliche Unterricht Englisch.* 39.78 (2005), 2–8.

Hammes-Di Bernardo, Eva (2001). Bilingual-bikulturelle Erziehung als Weg zum interkulturellen Zusammenleben. *KiTa spezial.* 3 (2001), 37–41.

Howell, Peter, Davis, Stephen u. Au-Yeung, James. (2003): Syntactic Development in Fluent Children, Children who Stutter, and Children who Have English as an Additional Language. *Child Language Teaching and Therapy* 19 (2003), 311–337.

Kahl, Peter W.; Knebel, Ulrike (1996): *Englisch in der Grundschule – und dann? Evaluation des Schulversuchs „Englisch ab Klasse 3".* Berlin: Cornelsen.

Kersten, Kristin; Frey, Eva; Hähnert, Alexandra (Hrsg.) (2009): Early Language and Intercultural Acquisition Studies: Progress Report. Magdeburg: ELIAS. (PDF-Datei zum Download bei http://www.bilikita.org/eu/ unter dem Stichwort „Materials"; Zugriff am 30.10.2009).

Kersten, Holger et al. (2009): Intercultural Communication. In: Kersten, Kristin, Frey, Eva, Hähnert, Alexandra (Hrsg.), 13–21.

Keßler, Jörg-Ulrich (2009): Zum mündlichen englischen Sprachgebrauch von Grundschulkindern in Nordrhein-Westfalen am Ende des 4. Schuljahres. In: Engel, Gaby; Groot-Wilken, Bernd u. Thürmann, Eike (Hrsg.), 158–178.

Keßler, Jörg-Ulrich (2006): Englischerwerb im Anfangsunterricht der Primar- und Sekundarstufe: Plädoyer für ein empirisch fundiertes Übergangsprofil. In: Pienemann, Manfred; Keßler, Jörg-Ulrich u. Roos, Eckhard (Hrsg.), 159–184.

Klippel, Friederike (³2003): *Englisch in der Grundschule. Handbuch für einen kindgemäßen Fremdsprachenunterricht. Übungen, Spiele, Lieder für die Klassen 1 bis 4*. Berlin: Cornelsen.

Legutke, Michael K. (2000): Fremdsprachen in der Grundschule: Brennpunkt Weiterführung. In: Riemer, Claudia (Hrsg.): *Kognitive Aspekte des Lehrens und Lernens von Fremdsprachen: Festschrift für Willis J. Edmondson zum 60. Geburtstag*. Tübingen: Gunter Narr Verlag, 38–54.

Legutke, Michael K.; Müller-Hartmann, Andreas; Schocker-v. Ditfurth, Marita (2009): *Teaching English in the Primary School*. Stuttgart: Klett Verlag.

Maier, Wolfgang (1991): *Fremdsprachen in der Grundschule*. Berlin: Langenscheidt.

Massler, Ute; Burmeister, Petra (2010): *CLIL und Immersion. Fremdsprachlicher Sachfachunterricht in der Grundschule*. Braunschweig: Westermann.

Mertens, Jürgen (2001): Der Fremdsprachenunterricht am Wendepunkt. Zum Verhältnis von Grundschule und Sekundarstufe. In: *Neusprachliche Mitteilungen aus Wissenschaft und Praxis*. 54.4 (2001), 194–202.

Nauwerck, Petra (2005): *Zweisprachigkeit im Kindergarten. Konzepte und Bedingungen für das Gelingen*. Freiburg: Filibach.

Neils, Katharina u. Steinlen, Anja (2009). L1-Language Test (SETK). In: Kersten, Kristin, Frey, Eva, Hähnert, Alexandra (Hrsg.), 34–38.

Paulick, Christian; Groot-Wilken, Bernd (2009): Rezeptive Fähigkeiten und Fertigkeiten am Ende der 4. Klasse unter besonderer Berücksichtigung der sprachlichen Schülerbiografien. In: Engel, Gaby; Groot-Wilken, Bernd; Thürmann, Eike (Hrsg.), 179–196.

Pelletier, Janette (1998): A Comparison of Children's Understanding of School in Regular English Language and French Immersion Kindergartens. In: *Canadian Modern Language Review/La Revue Canadienne des Langues Vivantes*. 2.55 (1998). 239–259

Petit, Jean (2002): Acquisition strategies of German in Alsation immersion classrooms. In: In: Burmeister, Petra; Piske, Thorsten; Rohde, Andreas (Hrsg.): *An Integrated View of Language Development. Papers in Honor of Henning Wode*. Trier: WVT, 433–448.

Pienemann, Manfred; Keßler, Jörg-Ulrich; Roos, Eckhard (Hrsg.) (2006): *Englischerwerb in der Grundschule*. Paderborn: Schöningh/UTB.

Piepho, Hans-Eberhard (1997): Grundschulenglisch und wie weiter? In: *Fremdsprachenunterricht*. 41.50 (1997), 331–336.

Piske, Thorsten (2006). Zur Entwicklung der Englischkenntnisse bei deutschsprachigen Immersionsschülerinnen und -schülern im Grundschulalter. In: Schlüter, Norbert (Hrsg.): *Fortschritte im Frühen Fremdsprachenlernen. Ausgewählte Tagungsbeiträge Weingarten 2004*. Berlin Cornelsen, 206–212.

Piske, Thorsten; Burmeister, Petra (2008): Erfahrungen mit früher englischer Immersion an norddeutschen Grundschulen. In: Schlemminger, Gérald (Hrsg.): *Erforschung des Bilingualen Lehrens und Lernens. Forschungsarbeiten und Erprobungen von Unterrichtskonzepten und -materialien in der Grundschule*. Baltmannsweiler: Schneider Verlag Hohengehren, 131–150.

Rohde, Andreas; Tiefenthal, Christine (2002): On L2 lexical learning abilities. In: Burmeister, Petra; Piske, Thorsten; Rohde, Andreas (Hrsg.): *An Integrated View of Language Development. Papers in Honor of Henning Wode*. Trier: WVT, 449–471.

Rohde, Andreas (2005): *Lexikalische Prinzipien im Erst- und Zweitsprachenerwerb*. Trier: WVT.

Roos, Eckhard (2006): Unterrichtskonzeption und Spracherwerb. In: Pienemann, Manfred; Keßler, Jörg-Ulrich u. Roos, Eckhard (Hrsg.), 217–235.

Roos, Jana (2008): „It's a pink?" Zur Rolle des Sprechens im Englischunterricht der Grundschule. In: Böttger, Heiner (Hrsg.), 194–201.

Roos, Jana (2007): *Spracherwerb und Sprachproduktion. Lernziele und Lernergebnisse im Englischunterricht der Grundschule*. Tübingen: Gunter Narr.

Rück, Heribert (1994). Fremdsprachenunterricht in der Grundschule: Fragen der Lehrerfortbildung und des Übergangs vom Primar- in den Sekundarbereich. In: *Neusprachliche Mitteilungen aus Wissenschaft und Praxis*. 47.3 (1994), 152–161.

Rück, Heribert (2006): Fremdsprachenfrüherwerb: Geschichte, Gründe, Konzepte. In: Jung, Udo O.H. (Hrsg.): *Praktische Handreichung für Fremdsprachenlehrer*. Frankfurt am Main: Peter Lang Verlag, 392–401.

Rymarczyk, Jutta (2008a): Früher oder später? Zur Einführung des Schriftbildes in der Grundschule. In: Böttger, Heiner (Hrsg.): *Fortschritte im Frühen Fremdsprachenlernen. Ausgewählte Tagungsbeiträge Nürnberg 2007.* München: Domino, 170–182.

Rymarczyk, Jutta (2008b): Paralleler Schriftspracherwerb in Erst- und Fremdsprache ist unmöglich! In: *Take off! Zeitschrift für frühes Englischlernen.* 4 (2008), 48.

Rymarczyk, Jutta (2008c): Zum Umgang mit Schrift im frühen Fremdsprachenunterricht. In: *Take off! Zeitschrift für frühes Englischlernen.* 4 (2008), 49.

Sauer, Helmut (2000): Frühes Fremdsprachenlernen in Grundschulen – ein Irrweg? In: *Neusprachliche Mitteilungen aus Wissenschaft und Praxis.* 53.1 (2000), 2–7.

Sauer, Helmut (1993): Fremdsprachlicher Frühbeginn in der Diskussion – Skizze einer historischen Standortbestimmung. In: *Neusprachliche Mitteilungen aus Wissenschaft und Praxis.* 46.2 (1993), 85–94.

Schmid-Schönbein, Gisela (2001): *Didaktik: Grundschulenglisch.* Berlin: Cornelsen.

Schmid-Schönbein, Gisela (2008): *Didaktik und Methodik für den Englischunterricht.* Berlin: Cornelsen.

Schröder, Konrad (1993): Nicht A oder B, sondern A plus B – Gedanken zum Fremdsprachenlernen ab Klasse 3. In: *Neusprachliche Mitteilungen aus Wissenschaft und Praxis.* 46.2 (1993), 72–73.

Slattery, Mary; Willis, Jane (2001): *English for primary teachers. A handbook of activities u. classroom language.* Oxford, Oxford University Press.

Snow, Marguerite A. (1990). Instructional methodology in immersion foreign language education. In: Amado M. Padilla; Halford H. Fairchild u. Concepciòn M. Valadez (Hrsg.). *Foreign language education. Issues and strategies.* Newbury Park, CA: Sage, 156-171.

Sommerschuh, Günther (2003): Von der Grundschule zur Sekundarschule: Ein konstruktiver Übergang. In: Edelhoff, Christoph (Hrsg.): *Englisch in der Grundschule und darüber hinaus. Eine praxisnahe Orientierungshilfe.* Frankfurt a.M.: Diesterweg Verlag, 110–121.

Steinlen, Anja K.; Wettlaufer, Jörg. (2005): *Kiel Picture Pointing Test. Grammar and Vocabulary. Online Test.* Mimeo: Universität Kiel.

Steinlen, Anja K. (im Druck): Das Hörverständnis der englische Grammatik und des englischen Wortschatzes in einem bilingualen Kindergarten. In: Piske, Thorsten (Hrsg.): *Bilinguale Programme in Kindertageseinrichtungen: Umsetzungsbeispiele und Forschungsergebnisse.* Baltmannsweiler: Schneider Verlag Hohengehren.

Steinlen, Anja K. (2009): ELIAS L2-Grammar Test. In: Kersten, Kristin, Frey, Eva, Hähnert, Alexandra (Hrsg.), 24–27.

Steinlen, Anja K.; Rogotzki, Nina (2008): Comprehension of L2 grammar in a bilingual preschool: a developmental perspective. In: Marinis, Theodoros, Papangeli, Angeliki u. Stojanovik, Vesna (Hrsg.): *Proceedings of the Child Language Seminar 2007 – 30th Anniversary.* Reading: Universität Reading, 163–173.

Tardif, Claudette (1994): Classroom Teacher Talk in Early Immersion. In: Canadian *Modern Language Review/La Revue Canadienne des Langues Vivantes.* 3.5 (1994), 466–481.

Teichmann, Klaus; Werlen, Erika (2007): *Schlussbericht der Wissenschaftlichen Begleitung WiBe der Pilotphase Fremdsprache in der Grundschule. Zielsprache Englisch und Zielsprache Französisch.* Stuttgart: Ministerium für Kultus, Jugend und Sport.

Tiefenthal, Christine (2009): *Fast Mapping im natürlichen L2-Erwerb.* Trier: WVT.

Thürmann, Eike (2009): Anfänge, Übergänge und Perspektiven – Prognosen zur Weiterentwicklung des Englischunterrichts. In: Engel, Gaby; Groot-Wilken, Bernd u. Thürmann, Eike (Hrsg.), 5–22.

Weber, Sandra; Tardif, Claudette (1990): The Young Child's View of Starting Immersion. In: Berkeley Fleming, Margaret Whitla (Hrsg.): *So You Want Your Child to Learn French!* 2. überarbeitete Auflage Ottawa, Canada: Runge Press Limited (Canadian Parents for French), 54–60.

Weber, Sandra; Tardif, Claudette (1991): Culture and Meaning in French Immersion Kindergarten. In: Lilliam M. Malavé; George Duquette (Hrsg.): *Language, Culture u. Cognition. A Collection of Studies in First and Second Language Acquisition.* Clevedon, England: Multilingual Matters, 93–109.

Weber, Sandra, Tardif, Claudette (1991a): Assessing L2 Competency in Early Immersion Classrooms. In: Canadian Modern Language Review/La Revue Canadienne des Langues Vivantes, 5.47 (1991), 219–234.

Weitz, Martina, Svenja Grzyb, Andreas Rohde, Kristin Kersten (2009): L2 – Lexicon Test (BPVS). In: Kersten, Kristin, Frey, Eva, Hähnert, Alexandra (Hrsg.), 28–33.

Werlen, Erika; Bleutge, Christine; Manz, Stephanie (2006): Grundlagen für eine Didaktik des frühen Fremdsprachenunterrichts – Zwischenergebnisse der Wissenschaftlichen Begleitung der Pilotphase *Fremdsprachen in der Grundschule in Baden-Württemberg*. In: Schlüter, Norbert (Hrsg.): *Fortschritte im Frühen Fremdsprachenlernen. Ausgewählte Tagungsbeiträge Weingarten 2004*. Berlin Cornelsen, 42–60.

Weskamp, Ralf (2009): Fremdsprachenlernen in der Grundschule: Das baden-württembergische Forschungsprojekt „WiBe". In : Engel, Gaby; Groot-Wilken, Bernd u. Thürmann, Eike (Hrsg.), 47–66.

Wesche, Mari B. (2002): Early French Immersion: How has the original Canadian model stood the test of time? In: Burmeister, Petra; Piske, Thorsten u. Rohde, Andreas (Hrsg.): *An Integrated View of Language Development. Papers in Honor of Henning Wode*. Trier: WVT, 357–379.

Wode, Henning (1988): *Einführung in die Psycholinguistik. Theorien, Methoden, Ergebnisse*. München: Hueber Verlag.

Wode, Henning (1995): *Lernen in der Fremdsprache. Grundzüge von Immersion und bilingualem Unterricht*. Ismaning: Max Hueber Verlag.

Wode, Henning; Burmeister, Petra; Daniel, Angelika u. Rohde, Andreas (1999). Verbundmöglichkeiten von Kindergarten, Grundschule und Sekundarstufe I im Hinblick auf den Einsatz von bilingualem Unterricht. *Zeitschrift für interkulturellen Fremdsprachenunterricht* [Online], 4.2 (1999), 17 Seiten. http://spz1.spz.tu-darmstadt.de/projekt_ejournal/jg-04-2/beitrag/wode2.htm; Zugriff am 20.09.2009.

Wode, Henning. (2006): Mehrsprachigkeit durch immersive KiTas. Eine überzeugende Methode zum nachhaltigen Fremdsprachenerwerb. In: Rieder-Aigner, Hildegard (Hrsg.): *Zukunfts-Handbuch Kindertageseinrichtungen: Qualitätsmanagement für Träger, Leitung, Team*. VII. 22. Regensburg/Berlin: Walhalla, 1–16. (als PDF-Datei verfügbar unter www.fmks-online.de)

Wode, Henning (2009): *Frühes Fremdsprachenlernen in bilingualen Kindergärten und Grundschulen*. Braunschweig: Westermann.

Zaunbauer, Anna C.M. (2007). Lesen und Schreiben in der Fremdsprache – von Anfang an. *Take off! Zeitschrift für frühes Englischlernen* 1/2007, 46.

Zaunbauer, Anna C.M. u. Möller, Jens (2007). Schulleistungen monolingual und immersiv unterrichteter Kinder am Ende des ersten Schuljahres. *Zeitschrift für Entwicklungspsychologie und Pädagogische Psychologie* 39, 141–153.

Weiterlesen

Engel, Gaby; Groot-Wilken, Bernd; Thürmann, Eike (Hrsg.) (2009): *Englisch in der Primarstufe – Chancen und Herausforderungen. Evaluation und Erfahrungen aus der Praxis*. Berlin: Cornelsen.
Die Beiträge in diesem Sammelband stellen empirische Studien zur Evaluation des Grundschulfremdsprachenunterrichts in Deutschland und in europäischen Nachbarstaaten vor und zeigen fachdidaktische und pädagogische Problemfelder und Entwicklungsmöglichkeiten auf.

Roos, Jana (2007): *Spracherwerb und Sprachproduktion. Lernziele und Lernergebnisse im Englischunterricht der Grundschule*. Tübingen: Gunter Narr.
Jana Roos untersucht, wie sich die Englischkenntnisse von nordrheinwestfälischen Drittklässlern im Laufe des ersten Lernjahres entwickeln. Ihre psycholinguistische Analyse der Lernerdaten zeigt, dass in den untersuchten Klassen kaum produktiver Spracherwerb stattfindet, da viele der in den Lernzielen genannten grammatischen Strukturen nicht erworben sind, sondern höchstens in auswendig gelernten formelhaften Wendungen verwendet werden. Roos warnt davor, die Produktionsfähigkeiten von Kindern nach einem zweistündigen Fremdsprachenunterricht zu überschätzen und plädiert dafür, die Gesetzmäßigkeiten von Lernersprache zur Grundlage von Unterrichtszielen und -inhalten zu machen.

Wode, Henning (2009): *Frühes Fremdsprachenlernen in bilingualen Kindergärten und Grundschulen.* Braunschweig: Westermann.
In seiner praxisorientierten Einführung in das Thema zweisprachige Erziehung in Kindertagesstätten und Grundschulen informiert Wode über die Grundannahmen und Ziele von früher Mehrsprachigkeit und berichtet über erfolgreiche bilinguale Programme und ihre Leistungsfähigkeit.

Weitersurfen

http://www.fmks-online.de/download.html
Der Verein für Frühe Mehrsprachigkeit an Kindertageseinrichtungen und Schulen e. V. (FMKS) arbeitet gemeinnützig und ist 2005 als „Beste Initiative zur Förderung der frühkindlichen Sprachkompetenz und Fremdsprachenförderung" mit dem „LeapFrog Learning Award" ausgezeichnet worden. Auf seiner Homepage bietet der FMKS vielfältige Informationen rund um das Thema 'Zweisprachige Erziehung im Elementar- und Primarbereich'.

Michael Henninger / Christina Barth /
Anna Kutter / Meike Jaschniok / Christian Schmidt

9. Erfolgsfaktoren von Mediengestütztem Lehren und Lernen

Mediengestütztes Lehren und Lernen ist aus zeitgemäßen Bildungsszenarien nicht mehr wegzudenken. Gleichwohl ist das Ausmaß an organisationaler, finanzieller und personaler Unterstützung für die Implementierung, d. h. die nachhaltige Integration digitaler Medien in Bildungsangeboten, durchaus Schwankungen unterworfen. Es ist mal mehr, mal weniger en vogue, den Einsatz digitaler Medien etwa in Schule oder Hochschule entweder energisch zu fordern oder auch deutlich zurückzuweisen. Mit dem vorliegenden Beitrag wollen wir einerseits zu einer evidenzbasierten Bewertung medial unterstützter Lehre beitragen. Andererseits wollen wir auch konkrete Hinweise sowohl für die Gestaltung als auch für die Implementierung aktueller digitaler 'Werkzeuge' zur Unterstützung von Lehr- und Lernprozessen liefern.

Gerade für eine Einschätzung der Relevanz mediengestützten Lehrens und Lernens ist ein Rückblick in die jüngere Vergangenheit sehr hilfreich. Wir wollen den Lesern die Gelegenheit geben, die letzten fünfzig Jahre bezüglich der Bildungstechnologie reflektiert Revue passieren zu lassen und damit auch die Grundlage für einen Blick in die Zukunft schaffen. Im Anschluss an den Abschnitt 'Zurück in die Zukunft' werden wichtige Hinweise zur evidenzbasierten Gestaltung erfolgreicher Lehr-Lernumgebungen gegeben. Dabei gehen wir auf aktuelle Theorien und empirische Forschungsergebnisse ein. Eine wichtige Ergänzung zu den Hinweisen für eine gute Gestaltung von Lernumgebungen stellt das Kapitel zu den 'E-Learning-Werkzeugen' dar. In diesem Teil informieren wir über aktuelle Trends in der E-Learning-Szene. Ohne eine systematische und nachhaltige Implementation mediengestützter Bildungsangebote nützen allerdings auch die besten Gestaltungshinweise oder auch schicke Web 2.0 Technologien wenig. Daher bildet ein Abschnitt zur 'Implementation' den Abschluss unseres Beitrags.

9.1 Zurück in die Zukunft

Lehren und Lernen mit digitalen Medien kann inzwischen schon auf eine jahrzehntelange Tradition zurückblicken. In dieser Zeit haben sich in der Bildungslandschaft bereits mehrere technologische und didaktische Konzepte etabliert. Über diese geben wir nun einen Überblick.

9.1.1 Behavioristisch beeinflusste Phase

Behavioristische Lerntheorien beziehen sich mit ihren Lehr-Lernzielen auf beobachtbares Verhalten (als Ausdruck von Wissen, Fertigkeiten und Einstellungen). Der Lerner wird dabei als 'Black Box' verstanden, d.h. Vorkenntnisse und interne Vorgänge spielen in diesen Theorien kaum eine Rolle (Leutner 2001, S. 269). Lernen wird als Veränderung von Verhaltenswahrscheinlichkeiten verstanden, wobei man durch den Einsatz von Übung und Verstärkung – durch das 'operante Konditionieren' – versucht, die Verhaltenswahrscheinlichkeit eines erwünschen Verhaltens zu erhöhen, bzw. eines unerwünschten Verhaltens zu verringern.

Eine bekannte Anwendung behavioristischen Gedankenguts für das Lehren und Lernen ist der Programmierte Unterricht. Dabei werden die Lerninhalte in möglichst kleine Lerneinheiten aufgeteilt. Diese werden typischerweise in vier Schritte unterteilt:

– Präsentation eines neuen Inhalts
– eine direkt daran anschließende Frage
– die Beantwortung der Frage durch die Lernenden
– eine unmittelbare Rückmeldung (Hense, Mandl 2009, S. 24).

Die Umsetzung der behavioristischen Prinzipien erfolgte zum Teil in Form von Büchern zum Selbststudium. Zum Teil wurden aber auch bereits computerbasierte Lösungen realisiert. Die computergestützte Form des Programmierten Unterrichts wurde jedoch noch nicht breitflächig eingesetzt, da die Technologie damals wenig erschwinglich war (Hense, Mandl 2009, S. 24). Das änderte sich in den 1980er Jahren. Das Konzept des Programmierten Unterrichts hat inzwischen als allgemeingültiges Lehr-Lern-Prinzip ausgedient. Dennoch findet man es noch in 'Drill-and-practice'-Programmen. Beispiele hierfür sind etwa Softwareprogramme zum Vokabellernen. Beim medienbasierten Lernen spielen die behavioristischen Prinzipien inzwischen lediglich eine Rolle als ergänzendes Element zu anderen Instruktionsformen. Ein Grund für die Verdrängung der behavioristischen Lernprinzipien in den 1970ern aus der Mediendidaktik liegt darin, dass diese vor allem dann hilfreich sind, wenn es um den Erwerb von Faktenwissen und Routinehandlungen geht. Bei komplexen Anforderungen, dem Vermitteln von Problemlösekompetenzen oder dem Aufbau von Zusammenhangswissen sind behavioristische Methoden hingegen weniger zielführend (Hense, Mandl 2009, S. 24, Weidenmann 2006, S. 429). Hinzu kommt, dass die technische Weiterentwicklung digitaler Medien inzwischen viel mehr Möglichkeiten bietet, als die Umsetzung primitiver 'Drill-and-practice'-Programme (Hense, Mandl 2009, S. 25).

9.1.2 Kognitivistisch beeinflusste Phase

Als einer der bekanntesten kognitivistisch beeinflussten Lehr-Lern-Ansätze gilt das 'Instructional Design' (ID), als dessen Begründer Robert Mills Gagné gilt (z.B. Niegemann 2009, S. 357 ff.). Das ID basiert unter anderem auf den Grundannahmen, dass Lehr-Lern-Prozesse zweckrational durchgeplant und Wissensbestände relativ unabhängig vom Lernenden in Form einer allgemeinen Wissensbasis repräsentierbar seien (Hense, Mandl 2009, S. 25). Die Lernenden sollen dank der Lernumgebungen möglichst adaptiv und mit den jeweils am besten geeigneten Methoden und Lernwegen unterstützt werden. Hierzu bedarf es eines Instruktionsplans, der vorgibt, wann und unter welchen Umständen, welche Methoden einzusetzen sind (ebd., S. 25). Der ID-Ansatz wurde häufig in Form 'Tutorieller Programme' umgesetzt. Tutorielle Programme zeichnen sich im Unterschied zum Programmierten Unterricht etwa dadurch aus, dass sie flexibler sind und in größerem Umfang auf die Eingaben der Lerner reagieren können. So wird ein höheres Maß an Adaptivität beim Lernen erzielt. Fortgeschrittene tutorielle Systeme stützen sich auf Ergebnisse der „Künstlichen Intelligenz" (Weidenmann 2006, S. 467 f.). Intelligente tutorielle Systeme enthalten etwa eine Diagnosekomponente, mit deren Hilfe die kognitiven Prozesse des Lernenden erfasst werden können. Damit ist es möglich, Instruktionen und Aufgaben spezifisch an den Lerner anzupassen. Auch die tutoriellen Ansätze, die sich am ID orientieren, sind nicht unkritisiert geblieben. Es hat sich als außerordentlich schwierig herausgestellt, auf der Grundlage eines kognitiven Modells von Lernprozessen eine funktionale Programmsteuerung zu entwickeln. Die individualisierte Instruktion hat sich in der Praxis als nur mit hohem Aufwand zu erreichendes Ziel herausgestellt. Kritisiert wurde auch die im Kognitivismus verorteten Vorstellung, dass es eine Art 'Wissenstransport' vom Lehrenden zu den Lernenden gebe. Diese Vorstellung war die Grundlage der angenommenen Plan- und Steuerbarkeit von Lernprozessen (Hense, Mandl 2009, S. 25). Schließlich wichen die kognitivistischen lerntheoretischen Ansätze den konstruktivistischen Theorienansätzen.

9.1.3 Konstruktivistisch beeinflusste Phase

Der Konstruktivismus wurde von der lehr-lern-theoretischen Forschung etwa seit Ende der 1980er Jahre aufgegriffen. Er hat das Denken über Prozesse des Lehrens und Lernens grundlegend verändert. Der Konstruktivismus geht davon aus, dass ein Lerner die Wirklichkeit nicht passiv abbildet, sondern sie aktiv im Erkenntnisprozess für sich konstruiert. Gegenstände in der Umwelt müssen daher 'wahrgenommen', 'erfahren', 'erlebt' und in bereits vorhandene Wissensstrukturen integriert werden (Issing 2002, S. 154).
Nach Hense und Mandl (2009, S. 26 ff.) lässt sich zwischen einer vorausgehenden individuell-konstruktivistisch beeinflussten Phase und einer nachfolgenden sozial-konstruktivistisch beeinflussten Phase unterscheiden.
Die individuell-konstruktivistische Phase fokussierte stark den einzelnen Lerner. Nach dem konstruktivistischen Verständnis kann das Wissen beim Lernen nicht einfach weitergegeben werden. Vielmehr kann Lernen nur ein Ergebnis der aktiven Konstruktion des Lernenden sein (ebd., S. 26, Gerstenmaier, Mandl 1995). Damit ist gemeint, dass ausgehend von den beim Lernenden bereits vorhandenen kognitiven Strukturen Informationen von ihm individuell ausgewählt, interpretiert, mit dem Vorwissen verknüpft und abgespeichert werden. Damit sind individuelle Lernprozesse kaum vorhersagbar oder planbar. Der Schwerpunkt bei der Formulierung

von Lernzielen lag in dieser Phase weniger im Erwerb konkreter Wissensinhalte, sondern vielmehr in der Befähigung zum selbständigen Lernen und dem Aufbau von Problemlösekompetenzen. Zu den bekanntesten konstruktivistischen Instruktionsansätzen gehören 'Cognitive Apprenticeship', 'Cognitive Flexibility' und 'Anchored Instruction'. Die Umsetzung konstruktivistischer Ansätze wurde von Anfang an stark mit der Nutzung von Medien verknüpft. Kritisiert wurde anfänglich, dass der Konstruktivismus das individuelle und selbstgesteuerte Lernen überbetone, was zur Überforderung der Lernenden führe. Daher entwickelte sich der konstruktivistisch instruktionale Ansatz in Richtung eines 'sozial konstruktivistischen Instruktionsmodells'. Hier spielt die Unterstützung des individuell Lernenden durch andere Lernende eine wichtige Rolle.

Ein bedeutsamer Ansatz in dieser sozial konstruktivistischen Phase ist das Konzept der 'Learning Community'. Eine 'Learning Community' stellt eine Gruppe von Lernenden dar, die aufgrund kooperativer Arbeits- und Lernprozesse in einem bestimmten Wissensgebiet neues Wissen erwerben und tiefgreifend durchdringen. Damit soll sowohl das kollektive Wissen der Gruppe auf einem Themengebiet erweitert und optimiert als auch die Entwicklung von individuellem Wissen gefördert werden (Hense, Mandl 2009, S. 28f.).

Inzwischen werden konstruktivistische Ansätze häufig mit kognitivistischen, d.h. auf unmittelbare instruktionale Unterstützung abzielenden Elementen kombiniert. Dies soll der Gefahr entgegenwirken, dass Lerner durch das selbstorganisierte Lernen überfordert werden.

9.1.4 Technische Innovationen

Im Lauf der Zeit haben sich nicht nur die Lerntheorien weiterentwickelt. Auch die technischen Möglichkeiten zur Umsetzung von Lernszenarien haben sich stark erweitert. Inzwischen bieten sich vielfältige mediale Umsetzungsmöglichkeiten an und Lernen kann etwa mit dem Einsatz einer Lernplattform oder Web 2.0-Anwendungen auch im Rahmen konstruktivistischer und insbesondere sozial-konstruktivistischer Ansätze unterstützt werden (Weidenmann 2006, S. 471f.). Als weitere Entwicklungen zeichnen sich zudem das 'Mobile Learning', d.h. Zugriff auf Lerninhalte über mobile Endgeräte und das 'Game Based Learning' ab (Hense, Mandl 2009, S. 35). Inzwischen beschränkt sich die Einbindung von Medien in die Lehre bei weitem nicht mehr nur auf die Anreicherung von Präsenzlehre durch den Einsatz von Beamern, Wandmonitoren und Computerräumen mit Desktop-Rechnern. Vielmehr haben inzwischen auch netzbasierte E-Learning-Werkzeuge Einzug in Hochschulen und Schulen gehalten. Die Dynamik der technischen Weiterentwicklung entspricht aber nicht immer dem Erkenntnisgewinn im wissenschaftlichen Bereich. Das liegt unter anderem daran, dass bei technischen Entwicklungen Marktgegebenheiten eine zentrale Rolle spielen. Oft werden Entwicklungen nur forciert, weil sich Absatzmöglichkeiten damit erschließen lassen, ohne dass ein Nutzen für die Lernenden wirklich erkennbar wäre. Die auf stetige Weiterentwicklung von Wissen ausgerichtete Forschung kann und soll nicht jeder technischen

Möglichkeit nachlaufen. In Folge dessen können wissenschaftliche Evidenz für die Bewertung medialer Lernumgebungen und die aktuellen technischen Möglichkeiten durchaus in einem Ungleichgewicht stehen. Daher muss man sich beim Einsatz digitaler Techniken die Frage stellen, ob nun die instruktionalen Konzepte (Methode) oder die Technologie (Medium) die Oberhand über das Wohl und Wehe medialer Lehre behalten soll.

9.1.5 Medium oder Methode?

Gerade in Anbetracht des rasanten technologischen Fortschritts stellt sich die Frage, was denn beim Lernen mit Medien relevant sei – das Medium oder die Methode? Moreno (2005, S. 2 ff., 2006, S. 63 ff.) stellt diesbezüglich zwei Hypothesen in den Raum. Die 'Media-effects-learning'-Hypothese besagt, dass neue Technologien ein tiefergehendes effektiveres Lernen ermöglichen, die instruktionalen Methoden werden dabei nicht betrachtet. Die 'Method-affects-learning'-Hypothese besagt, dass es weniger relevant sei, welches Medium verwendet werde, solange Medien instruktional so eingesetzt sind, dass eine angemessene kognitive Verarbeitung stattfindet. Demnach wäre es also nicht die Technologie per se, die Lernen unterstützt. Vielmehr wäre entscheidend, wie diese zur Unterstützung des Lernens genutzt wird.

Ergebnisse mehrerer Studien unterstützen die 'Method-affects-learning'-Hypothese. Dabei zeigte sich, dass eine Instruktionsmethode, die sich in einfacheren, alten Technologien bewährt hat, sich auch in neuen Technologien bewährt. Zusätzliche Lerneffekte sind nicht zwingend zu erwarten, wenn dieselbe Information medial dargeboten wird (Moreno 2006, S. 66, Weidenmann 2006, S. 429).

Haben also die Medien überhaupt keinen Einfluss auf das Lernen? Doch, sie haben durchaus Effekte auf das Lernen, wie Moreno (2006, S. 67) darlegt. Tatsächlich widersprechen sich die „Method-effects-learning"- und die „Media-affects-learning"-Hypothesen überhaupt nicht. Vielmehr lassen sie sich sogar in einer „Media-enables-method"-Hypothese integrieren. Demnach liegt der große Vorteil neuer Technologie darin, dass diese eine große Bandbreite instruktionaler Methoden ermöglichen. Dabei ist es immer notwendig, die Charakteristiken einer bestimmten Technologie zu identifizieren und zu entscheiden, welche für den Lernprozess wichtig sind (vgl. auch Weidenmann 2006, S. 428 f.).

9.1.6 Was sagt uns die Vergangenheit?

Es ist wichtig, die Vergangenheit nicht nur zu kennen, sondern aus ihr auch etwas zu lernen. Fünfzig Jahre Bildungstechnologie zeigen, dass die Technik in aller Regel schnell veraltet. Dabei wiederholt sich leider oft ein problematisches Muster: Neue Technologien wecken euphorische Erwartungen (sie werden oft auch entsprechend vermarktet) und führen teils zu breit angelegten Initiativen hinsichtlich der Ausstattung von Bildungseinrichtungen. Bereits kurz danach erfolgt dann die große Ernüchterung aufgrund überzogener Erwartungen und Implementierungsproblemen.

Vergessen wird dabei oft, dass technische Innovationen nicht automatisch zu pädagogischen Innovationen führen. Digitale Medien können das Lernen nur nachhaltig beeinflussen, wenn sie auch pädagogisch sinnvoll eingesetzt werden. Eine 1:1-Übertragung der Präsenzlehre in E-Learning wird daher die Lehre kaum verbessern – sieht man einmal von nur kurzfristig zu erzielenden motivierenden Effekten bei den Lernern ab (Weidenmann 2006, S. 433). Hieraus ableitbar ist die Forderung, Technologien stärker eigens für Lernzwecke zu entwickeln und sich um eine wechselseitige 'Koevolution' von technologischer und lehr-lern-theoretischer Entwicklung zu bemühen (Hense, Mandl 2009, S. 30). Will man Medien in die Lehre integrieren, ist daher zu beachten, dass eine Systemintegration eine notwendige aber keinesfalls hinreichende Voraussetzung für einen wirkungs- und sinnvollen Einsatz von Medien in der Lehre darstellt. Es empfiehlt sich auch nicht, jeder technischen Neuerung 'blind hinterher zu rennen'. Vielmehr müssen die Potentiale der technischen Innovation erkannt und sinnvoll genutzt werden. Hierzu gehört auch, dass Medien nicht die Lehr-Instruktion ersetzten können, sondern Lehr-Werkzeuge sind, welche die Instruktion unterstützen.

9.2 Gestaltungsmerkmale

Wir stellen nun relevante theoretische Konzepte und Forschungsergebnisse sowie daraus ableitbare Prinzipien für die Gestaltung von Lehr-Lernmedien vor.

9.2.1 Überlastung durch digitale Lehr-Lernmedien vermeiden

Stellen Sie sich vor, ein Lernender, Schüler/in oder Student, ruft auf seinem Computerbildschirm einen Lernbaustein auf. Er sieht bunte Schriften in unterschiedlichen Farben, Größen und Schriftarten, die je nach Wichtigkeitsgrad der Information fett markiert sind oder blinken. Man kann sich vorstellen, dass es dem Lernenden schwer fallen dürfte, sich lange zu konzentrieren und dass er infolge der vielen Animationen leicht vom eigentlichen Lernen abgelenkt werden könnte. Nach der 'Cognitive-Load-Theorie' (Sweller 1999) ist das menschliche Arbeitsgedächtnis Kapazitätsbegrenzungen unterworfen – nur bis zu sieben kognitive Elemente lassen sich gleichzeitig im Arbeitsgedächtnis verfügbar halten (Miller 1956). Ein solches kognitives Element kann sowohl eine kurze Repräsentation eines äußeren Stimulus sein – wie z. B. blinkende Schrift – oder auch ein aus dem Langzeitgedächtnis aktiviertes Schema, das die Verarbeitung äußerer Stimuli steuert. Aufgrund der eingeschränkten kognitiven Verarbeitungskapazität müssen Lernmedien in ihrer Instruktion so gestaltet sein, dass möglichst viel kognitive Kapazität für die richtigen Verarbeitungsprozesse genutzt wird, d.h. die Verarbeitung lernrelevanter Informationen. Informationen die eher ausschmückenden Charakter haben – z.B. das Blinken von Wörtern – ziehen unnötigerweise kognitive Ressourcen ab. Die kognitive Belastung (cognitive load), die durch die lernrelevanten Prozesse entsteht wird als germane* load (*relevant, passend) bezeichnet. Weitere Belastungen entstehen außerdem durch den Schwierigkeitsgrad der Aufgabe (intrinsic load), der abhängig ist vom Vorwissen des Lernenden, und durch die extrinsische Belastung (extranous load), die z. B. durch animierte Hintergründe, Hintergrundgeräusche oder Darstellungen die Suchprozesse erfordern erzeugt wird und die Verarbeitungsprozesse erschwert. Diese drei Typen der kognitiven Belastung wirken additiv, weshalb mediale Lernangebote so gestaltet sein sollten, dass das Arbeitsgedächtnis hauptsächlich mit germane load belastet und die extrinsische Belastung möglichst gering gehalten wird.

9.2.2 Animationen – Segen oder Fluch?

Animierte Darstellungen könnten die Verarbeitung textueller Informationen verringern, da sie den Betrachter von der Textinformation ablenken. Sollte man daher auf diese 'dekorativen' Elemente verzichten? Was ist mit Animationen, die genau die Informationen transportieren, die mit den Lernzielen des Unterrichts korrespondieren?
Schnotz und Rasch (2005) teilen Animationen in zwei Funktionsgruppen ein, die beide auch auf eine Reduktion des Cognitive Loads abzielen:
(1) Animationen mit Ermöglichungsfunktion sollen eine umfangreichere Verarbeitung der Lerninhalte unterstützen als dies statische Bilder vermögen. Ein Beispiel dafür wären Manipulationsbilder, in denen der Lernende Rahmenbedingungen verändern und die Veränderungen beobachten kann. Es zeigt sich, dass solche Manipulationsbilder einen Ermöglichungseffekt besonders für Lerner mit hohen Lernervoraussetzungen, z. B. Vorwissen haben (Schnotz, Rasch 2005).
(2) Animationen mit Erleichterungsfunktion können den Cognitive Load von Aufgaben reduzieren, die sonst nur mit hoher mentaler Anstrengung lösbar wären. Ein Beispiel sind Simulationen, in denen Lernende Veränderungsprozesse beobachten können. Solche Simulationen haben einen Erleichterungseffekt besonders für Lerner mit geringen Lernervoraussetzungen, wie z. B. geringem Vorwissen. Die Erleichterungsfunktion kann sich aber auch nachteilig auswirken, wenn durch die Animation eine Verstehensillusion erzeugt wird, aufgrund derer sich der Lernende nicht mehr um tiefenorientiertes Lernen bemüht (Schnotz, Rasch 2005, ebd.).

9.2.3 Prinzipien zur Gestaltung medialer Lernangebote

Die Frage, wie der Einsatz neuer Medien für das Lehren und Lernen nun genau zu gestalten sei, beantworten Moreno und Mayer (2003). Sie haben auf der Grundlage unzähliger Forschungsergebnisse zur kognitiven Verarbeitung von Informationen beim Lernen neun Prinzipien zur Gestaltung medialer Lernangebote entwickelt. Die theoretische Grundlage für diese Prinzipien bildet die 'Cognitive Theory of Multimedia Learning' (ebd.). Diese Theorie basiert auf der Annahme der Existenz je zweier Verarbeitungskanäle im sensorischen Gedächtnis und im Arbeitsgedächtnis – sowohl für visuelle als auch für auditive Informationen. Werden beide Kanäle beansprucht, kann man von einer optimalen kognitiven Auslastung beim Lernen sprechen.

Im Folgenden werden einige der neun Prinzipien zur Gestaltung medialer Lernangebote vorgestellt:

Das *Multimedia-Prinzip* besagt, dass Schüler besser durch Worte und Grafiken lernen als nur durch Worte. Werden Worte um relevante Grafiken ergänzt, dann werden die Lernenden dazu veranlasst, beide Materialien zu selektieren und zu verbinden, die gemeinsam dazu beitragen ein mentales Modell zu konstruieren. Dies wird auch 'Prinzip der dualen Kodierung' genannt.

Laut dem *Kohärenz-Prinzip* lernen Schüler besser, wenn überflüssiges Material aus einer Lerneinheit ausgeschlossen wird. Denn überflüssiges Material konkurriert mit relevanten Materialien um kognitive Ressourcen und unterbricht Prozesse der Organisation. Weniger ist also tatsächlich manchmal mehr.

Das *Prinzip der Modalität* besagt, dass Schüler von einer Kombination aus Worten und Grafiken dann besser lernen, wenn die Worte gesprochen und nicht geschrieben werden. Grund dafür ist, dass gesprochene Worte im auditiven Kanal verarbeitet werden. Die Grafiken müssen dann nur noch im visuellen Kanal verarbeitet werden, was die Kapazität des Arbeitsgedächtnisses erweitert.

Entsprechend dem *Prinzip der räumlichen Kontiguität*, lernen Schüler besser, wenn mehrere Quellen visueller Informationen integriert statt separiert sind. Quellen, die nicht integriert sind, zwingen den Lernenden, sich eine Quelle im Arbeitsgedächtnis zu halten, während er sich der anderen widmet – das Knüpfen mentaler Verbindungen wird dann schwieriger. Informationen, die zusammengehören, sollen also auch zusammen präsentiert werden.

Zusammenfassend ausgedrückt, sollen die von Mayer und Moreno empfohlenen Gestaltungsprinzipien für multimediale Lernumgebungen dabei helfen, dass eine aktive, auf den Lerngegenstand fokussierte Verarbeitung unterstützt wird.

9.3 E-Learning-Werkzeuge

Nachdem in den vorherigen Abschnitten bereits die bisherige Entwicklung evidenzbasierter Mediennutzung sowie mögliche didaktische Gestaltungsmerkmale beschrieben wurden, beleuchten wir nun die zur Verfügung stehenden E-Learning-Werkzeuge. Als 'Werkzeuge' verstehen wir digitale Medien und Technologien zur Gestaltung von Lernumgebungen und zur Unterstützung von Lehr-Lernprozessen (Hense, Mandl 2009). Aufgrund der sehr weit gefassten Definition ist auch die Palette an E-Learning-Werkzeugen entsprechend umfangreich. Sie reicht von Lehrfilmen auf DVD oder VHS-Kassetten bis zu aktuellsten Anwendungen im Bereich des 'social web', die oft auch als Web-2.0-Tools bezeichnet werden.

Um eine Übersicht über Medien, die zum Gestalten von E-Learning-Szenarien zur Verfügung stehen, zu erhalten, bietet sich eine systematische Klassifizierung der Werkzeuge an. Eine in der Literatur weit verbreitete Kategorisierung hat Kerres (2001, S. 94 ff.) vorgenommen. Er unterscheidet hinsichtlich ihrer Funktion im Lehr-Lernprozess drei Gruppen von Medien: (1) Medien zur Wissens(re)präsentation, (2) Medien zur Wissensvermittlung und (3) Medien zur Konstruktion und Kommunikation von Wissen. Darüberhinaus sind weitere Systematisierungen, etwa nach technischen Eigenschaften wie der Synchronizität möglich. Um einen Überblick über die speziell für den schulischen Kontext verfügbaren E-Learning-Werkzeuge zu ermöglichen, bietet sich in der weiteren Diskussion eine Unterteilung der Werkzeuge in zwei Klassen an, je nachdem ob die Medien zur Unterstützung von Präsenzlehre oder zur Gestaltung netzbasierter Lehr-Lern-Angebote eingesetzt werden sollen.

9.3.1 E-Learning-Werkzeuge zur Unterstützung der Präsenzlehre

Die wohl häufigste Form des Medieneinsatzes in Präsenzveranstaltungen ist die Nutzung von Medien als Präsentationswerkzeug für vorher vorbereitetes Unterrichtsmaterial. Die Ausstattung von Seminar- und Klassenräumen mit einem Beamer kann inzwischen in vielen Fällen als vorausgesetzt gelten. Diese Geräte ergänzen oder ersetzen die Tafel oder das TV-Gerät als Wiedergabemedium im Klassensaal. Aufgrund der primären Nutzung als Abspielgerät, geht der Trend bei der Entwicklung von Beamern hin zu integrierten Projektionslösungen. Neuere Modelle auf dem Markt verfügen inzwischen bereits über einen integrierten USB-Eingang, so dass die Medieninhalte direkt von einem mobilen Speichermedium – etwa einem Memory Stick oder einer mobilen Festplatte – wiedergegeben werden können. Ein zusätzlicher Präsentationsrechner ist in diesen Fällen nicht mehr notwendig.

Einen Schritt weiter gehen die 'Interactive Whiteboards'[1]. Diese 'elektronischen Wandtafeln' erlauben nicht nur die Wiedergabe von Bildmaterial, sondern über spezielle Stifte auch die Eingabe von Texten oder das Erstellen digitaler Tafelbilder. Die Bildschirmaktivitäten können dabei nicht nur auf einem angeschlossenen Computer für die spätere Wiedergabe gespeichert, sondern auch weiterverarbeitet und dann den Schülerinnen und Schüler verteilt werden.

Neben diesen Formen des primär frontalen Einsatzes lassen sich Computeranwendungen in der Präsenzlehre auch zur Realisierung von Einzellernen oder Gruppenarbeit anwenden. Für die individuelle Arbeit mit Lernprogrammen, 'Computer Based Trainings' (CBT) oder für die kooperative Erstellung von digitalen Lernartefakten ist jedoch eine gewisse technische Infrastruktur in der Bildungseinrichtung nötig. Zum einen muss eine ausreichende Anzahl an Computern für die Lernenden verfügbar sein. Zum anderen bedarf es je nach Einsatzszenario einer Netzwerkarchitektur, die die Computer untereinander oder gar mit dem Internet verbindet. Ein typisches Beispiel sind die in vielen Schulen eingerichteten Computerräume. Im Zug der fortschreitenden Verbreitung drahtloser Netzwerkarchitekturen, den 'wireless local area networks' (WLAN) und dem Trend hin zu mobilen Computertechnologien, werden Computerräume zunehmend durch Laptop-Klassen ersetzt.

---

[1] Häufig wird hierfür auch der Begriff *SMART Board* verwendet. SMART Technologies brachte 1991 als erster Anbieter ein *Interactive Whiteboard* mit dieser Modellbezeichnung auf den Markt.

In diesen Fällen bringt entweder jeder Lernende sein eigenes Notebook in den Unterricht mit oder ein Klassensatz mobiler Rechner wird für entsprechende Lernszenarien von der Bildungseinrichtung bereitgestellt. Eines der größten Probleme bei der Gestaltung entsprechender Lernsettings ist die traditionelle Einrichtung der Klassenräume. Um mehr Flexibilität auch bei der räumlichen Gestaltung des Unterrichts zu ermöglichen, wird der zukünftige Trend sicher hin zu rollbarer und leicht umstellbarer Möblierung mit Tischen und Stühlen sowie mobilen Trennwänden gehen (Buddensiek 2004).

9.3.2 E-Learning-Werkzeuge zur Gestaltung netzbasierter Lehr-Lern-Angebote

Während digitale Medien im Präsenzunterricht lediglich ein zusätzliches Werkzeug zur Unterrichtsgestaltung darstellen, sind entsprechende Technologien für die Konzeption von netzbasierten Lehr-Lernangeboten, dem 'Online Lernen', eine Grundvoraussetzung. Die Instrumente werden hierbei genutzt um Informationen bereitzustellen, Kommunikation zu ermöglichen und dank des didaktisch abgestimmten Einsatzes die kognitiven Lernprozesse der Schülerinnen und Schüler zu unterstützen (Bremer 2005). Zu diesem Zweck kann man zunächst einmal auf sämtliche technische Möglichkeiten zurückgreifen, die auch generell im Internet verwendet werden. E-Mails, Newsgroups, Foren, Chats und klassische Websites sind sicher weitgehend bekannte Werkzeuge, die keiner näheren Beschreibung bedürfen[2]. Wir beschrieben darum lediglich Anwendungen, die aktuell den E-Learning-Diskurs prägen. Dies sind auf der einen Seite 'Learning Management Systeme' (LMS) und auf der anderen Seite Anwendungen und Dienste aus dem Bereich des Web 2.0.

9.3.3 Learning Management Systeme

Ein Learning Management System (LMS) ist eine Software, die der Administration und Steuerung der Lernvorgänge von Schülerinnen und Schülern dient. Es handelt sich dabei um speziell für den Bildungskontext entwickelte 'Content Management Systeme' (CMS), die häufig auch mit dem umgangssprachlichen Begriff 'Lernplattform' bezeichnet werden (Baumgartner, Häfele, Maier-Häfele 2004). Sie wird normalerweise auf einem Server betrieben, auf den mittels eines herkömmlichen Webbrowsers zugegriffen werden kann. Bei dieser Client-Server-Struktur wird für die Benutzung keine zusätzliche Anwendungssoftware benötigt. Ein weiteres für ein LMS typisches Merkmale ist auf technischer Seite die Untergliederung in das 'Frontend', den Teil, der für die Lernenden sichtbar ist und in dem sie agieren können, sowie dessen Pendant, das 'Backend', in dem die Dozierenden und Administratoren die Lerninhalte einstellen, verwalten und zu einzelnen Unterrichtseinheiten kombinieren. Ein Rechtesystem erlaubt es den individuellen Nutzern unterschiedliche Rollen zuzuweisen – zum Beispiel 'Lernende', 'Dozierende' oder 'Tutoren'.

---

[2] Für eine detaillierte Darstellung und Beschreibung vgl. Bremer (2005).

Sie regeln, auf welchen Teil des Systems einer Person Zugriff gewährt wird und welche Aktionen sie im System ausführen darf. So können Lernende zwar Lerninhalte abrufen, diese jedoch üblicherweise nicht verändern.

Neben einfachen Dateien und Dokumenten können auch interaktive Lernbausteine, also komplette didaktisch aufbereitete Unterrichtseinheiten, über die Lernplattform bereitgestellt werden. Um die Lehrenden bei der Erstellung solcher komplexer E-Learning-Contents zu unterstützen, findet man auf dem Markt eine Reihe von Autorentools, die auch ohne detaillierte Programmierkenntnisse bedienbar sind[3]. Diese Programme berücksichtigen bei der Produktion auch automatisch die am weitesten verbreiteten Standardisierungsnormen, wie SCORM[4] oder AICC[5] und sichern so die Wiederverwendbarkeit einmal erstellter Lerninhalte und den Transfer in andere LMS, sofern diese ebenfalls die Standardisierungsnormen berücksichtigen.

Das im deutschsprachigen Raum im Bildungsbereich am häufigsten anzutreffende LMS ist die Open-Source-Software moodle[6]. Sie ist kostenlos verfügbar und beinhaltet bereits zahlreiche Groupware-Funktionen, wie einen Gruppenkalender, private sowie gemeinsame Dateiablagen, Diskussionsforen oder ein internes E-Mail-System. Aufgrund des offenen Quellcodes ist es Programmierern möglich, zusätzliche Module zu entwickeln, die in die Plattform integrierbar sind. Die weite Verbreitung dieses Systems hat in den letzten Jahren zur Entstehung einer großen Entwicklergemeinde geführt. Es sind zahlreiche Zusatzanwendungen entstanden, die ebenfalls kostenlos im Netz zugänglich gemacht wurden. Neben moodle kennen wir zahlreiche – teils proprietäre – LMS. Die Entscheidung für ein bestimmtes LMS liegt häufig nicht beim Lehrenden oder den Lernenden, sondern wird von der beim Bildungsanbieter vorgefundenen Infrastruktur determiniert.

Diese enge Bindung der LMS an eine spezielle Bildungseinrichtung ist es auch, die von einigen E-Learning-Experten kritisiert wird (vgl. stellvertretend Kerres 2006). Sie befürchten, dass die Lernenden mit dem Verlassen der Bildungseinrichtung – zum Beispiel beim Übergang in eine andere Schulform – den Zugang zu ihren bisher erstellten Lernartefakten verlieren. Trotz Standardisierungsbemühungen, etwa im Bereich der Wiederverwendbarkeit von Lerninhalten, ist die Interoperabilität zwischen den Systemen nicht ausreichend gewährleistet. Kritiker plädieren daher – auch in Hinblick auf die Unterstützung des 'Lebenslangen Lernens' – für die Verwendung von 'Personal Learning Environments' (PLE) (Attwell 2007), also offener Lern- und Arbeitsumgebungen, die der Lernende individuell gestalten kann und über die er die absolute Kontrolle hat. Zentrale Komponenten sind hierbei Anwendungen und Dienste des Web 2.0.

---
[3] Eine Übersicht über die verschiedenen Autorensysteme findet sich bei Häfele und Maier-Häfele (2004).
[4] SCORM steht für „Sharable Content Object Reference Model" und ist eine von der „Advanced Distributed Learning Initiative" (ADL) veröffentlichte Standardsammlung für E-Learning-Produkte.
[5] AICC steht für „Aviation Industry CBT Committee". Dieses Gremium der Amerikanischen Luftfahrtindustrie entwickelt Standards für die Entwicklung, Verbreitung und Evaluation von E-Learning-Angeboten.
[6] Links zu den in diesem Text genannten E-LEarning-Werkzeugen finden Sie, gemeinsam mit weiteren Informationsquellen im Serviceteil zu diesem Beitrag.

9.3.4 Anwendungen und Dienste des Web 2.0

Im Rahmen der technologischen Veränderungen und der Diversifikation des Internets auch im privaten Alltag hat sich seit Anfang des 21. Jahrhunderts auch der Umgang mit diesem Medium verändert. War es vor einigen Jahren für 'Normalnutzer' noch schwer, eigene Inhalte im Internet zu platzieren, so ermöglichen es inzwischen neue Anwendungen und Dienste, auch technisch weniger versierten Personen, eigene Beiträge kostenlos und einfach einem breiten Publikum im Netz zu präsentieren (Hense, Mandl 2009). Tim O'Reilly gab diesen veränderten Nutzungsformen 2005 mit 'Web 2.0' eine Bezeichnung, die sich inzwischen weitgehend etabliert hat. Allerdings handelt es sich beim Web 2.0 nicht um eine technische Weiterentwicklung der bisherigen Internettechnologien, sondern vielmehr um eine „veränderte Haltung der Nutzer/innen gegenüber dem Internet, die sich insbesondere durch eine aktivere Teilhabe und durch die konsequente Verwendung der technischen Möglichkeiten auszeichnet" (Gaiser 2008, S. 1). In Anlehnung an die aktive Teilhabe und den kommunikativen Austausch wird auch häufig der Begriff des 'social web' als Synonym für Web 2.0 verwendet.

Bereits früh wurde versucht, diese neuen Anwendungen und Dienste auch im Bildungskontext anzuwenden, um effiziente Lernumgebungen zu gestalten und Lernprozesse zu unterstützen. Stephen Downes (2005) prägte hierfür – in Analogie zu Web 2.0 – den Begriff des 'E-Learning 2.0'. In der Zwischenzeit haben Anwendungen wie Weblogs, Wikis, Foto- und Videocommunities (z. B. flickr, YouTube) und Social Networks (z. B. Facebook, StudiVZ) sich auf dem Markt etabliert und sie werden auch teilweise recht erfolgreich im Bereich der (Hochschul-)Lehre erprobt. Vor allem Weblogs, Wikis und Podcasts wird ein großes Potential zur Gestaltung von Lehr-Lernumgebungen zugeschrieben, weshalb wir hier auf diese drei Anwendungen näher eingehen.

Weblogs, oder kurz Blogs, sind technisch gesehen rudimentäre CMS, mittels derer einfach und ohne größere Programmierkenntnisse Websites erstellt werden können. Der Name setzt sich aus den Wortteilen 'Web' und 'Log' zusammen und bezeichnet ursprünglich die von Usern in den Anfängen des World Wide Web – also der 'Prä-Google-Ära' – erstellten tagebuchartigen Dokumentationen ihrer Surferlebnisse, in denen interessante Quellen und Links festgehalten wurden. Obwohl sich heutige Weblogs stark weiter entwickelt haben, spricht man häufig noch von 'Internettagebüchern', wobei sowohl die thematische Ausrichtung als auch die Funktion der Weblogs inzwischen sehr vielfältig sind und von privaten Homepages bis zur thematischen Linksammlung oder zum Marketinginstrument eines Unternehmens reichen. In der Regel haben alle Weblogs gemeinsam, dass sie von den Betreibern, den 'Bloggern', mehr oder weniger regelmäßig aktualisiert und die Inhalte in chronologisch absteigender Reihenfolge dargestellt werden. Darüberhinaus können die Beiträge meistens von den Lesern kommentiert werden. Über Links, Trackbackfunktionen oder RSS-Feeds lassen sich Weblogs leicht miteinander verknüpfen, so dass ein dezentrales Netzwerk entsteht. Man spricht darum auch von der 'Blogosphäre'. Für die Einrichtung eines Weblogs bedarf es lediglich eines

Kontos bei einem der vielen kostenlosen Diensten. Die bekanntesten sind sicher Wordpress oder Blogger. Allerdings empfiehlt es sich, gerade für Bildungseinrichtungen, die Software auf einem eigenen Server zu betreiben um gewisse Einschränkungen, wie Werbefinanzierung oder begrenzte Speicherkapazität zu umgehen und die volle Kontrolle über das System zu behalten. Beim Einsatz von Weblogs in der Lehre ist jedoch zu bedenken, dass das Werkzeug kein didaktisches Konzept darstellt. Seinen Einsatz muss man sowohl methodisch als auch didaktisch planen und auf das angestrebte Lernziel abstimmen. Dabei können Weblogs vielerlei Funktionen – im Verlauf einer Unterrichtseinheit teilweise auch gleichzeitig – erfüllen. Sie reichen vom Wissensmanagement-Werkzeug über ein Lerntagebuch bis hin zum Diskursmedium oder allgemein als Tool zum Erwerb von Medienkompetenzen (Röll, 2005, Akbari, Schmidt, Spannagel 2008). Weblogs lassen sich somit vielfältig im Bildungskontext einsetzen und bieten das Potential, „eine Lernumgebung für reflektiertes, situiertes Lernen im sozialen Kontext [bereitzustellen], die besonderem Masse Identifikation und Motivation von Lernenden fördern und einen langfristigen selbstständigen Lernprozess unterstützen kann" (Pullich 2007, S. 14f.).

Ein ähnliches Werkzeug sind Wikis, eine Software, die es den Nutzern erlaubt, eine Website zu erstellen, deren Inhalte andere Nutzer jederzeit kommentieren und verändern können. Wikis unterstützen Hyperlinks. Sie haben eine einfache Sprachsyntax, was es erlaubt, leichthin neue Seiten anzulegen oder bestehende Seiten untereinander mit Crosslinks zu verknüpfen, so dass ein multimedialer Hypertext entsteht. Das wohl bekannteste Beispiel für ein Wiki ist die Online-Enzyklopädie Wikipedia.

Wie bei Weblogs existieren auch für Wikis zahlreiche kostenlose Hosting-Anbieter im Internet. Aber auch hier empfiehlt sich aus den bereits erwähnten Gründen die Installation auf einem Server der Bildungseinrichtung. Didaktisch werden Wiki-Systeme in der Lehre häufig zur kollaborativen Erarbeitung eines Themengebiets eingesetzt. Dabei werden in Einzel- oder Kleingruppenarbeit Teilaspekte des Themas erschlossen und die Ergebnisse auf einer Wiki-Seite dokumentiert. Im Anschluss werden die einzelnen Einträge mit Links vernetzt. Aber auch weitere Anwendungsmöglichkeiten in Lehr-Lern-Szenarien sind denkbar (vgl. Hense, Mandl 2009).

Im Gegensatz zu Weblogs und Wikis handelt es sich bei Podcasts nicht um textbasierte Medien, sondern um Audio- oder Videodateien – in letzterem Fall spricht man auch von 'Vodcasts' oder 'Videocasts' – die den Nutzern per Internet zur Verfügung gestellt werden. Das Kofferwort Podcast setzt sich aus den beiden Wörtern iPod (ein weitverbreiteter MP3-Player der Firma Apple) und Broadcasting (engl. für Rundfunk) zusammen. Es handelt sich also um eine Reihe von Medienbeiträgen, 'Episoden', die über einen RSS-Feed automatisch bezogen werden können. Die jeweiligen Folgen lassen sich entweder direkt im Internet anschauen, anhören oder für die Nutzung auf einem mobilen Endgerät (z. B. MP3-Player, mobiler Videoplayer oder Multimedia-Handy) herunterladen. Im Bildungsbereich werden Podcasts vor allem zum Aufzeichnen von Seminaren und Vorlesungen, aber auch zur

Erstellung von kurzen Lehrfilmen verwendet. Zahlreiche Beispiele finden sich auf den speziell für den Bildungskontext eingerichteten Plattformen, wie TeacherTube, EduTube oder aber auch beim weltweit größten Videoportal YouTube.

9.3.5 Trends und zukünftige Entwicklungen

Bei den hier dargestellten E-Learning-Werkzeugen handelt es sich lediglich um eine kleine Auswahl der bekanntesten Tools, die bereits im Lehr-Lern-Kontext zum Einsatz kommen. Darüber hinaus gibt es, vor allem im Bereich der social software eine Reihe weiterer Anwendungen, die sich zur Gestaltung von Lernumgebungen nutzen lassen. Nahezu wöchentlich drängen neue Anbieter auf den Markt.
Parallel zur Anwendungssoftware entwickeln sich auch die zur E-Learning-Nutzung benötigten Endgeräte weiter. Im technologischen Bereich geht hier der Trend eindeutig in Richtung Mobilität und Vernetzung. Multimediahandys, MP3-Player und mobile Computer, wie etwa die derzeit beliebten Netbooks, werden immer leistungsfähiger und finden zunehmend Verbreitung auch bei Schülerinnen und Schülern. Im Kontext des 'mobile learning' (kurz: 'mLearning') stehen somit auch die Bildungseinrichtungen vor der Herausforderung, eine Antwort auf die Frage zu finden, wie diese privaten Geräte der Lernenden in den formellen Schulalltag eingebunden werden können.
Ein weiterer Trend bildet die aktuell von der Politik, etwa der UNESCO oder der Europäischen Kommission, verstärkt geförderte Entwicklung von freizugänglichen Lern- und Lehrmaterialien, den 'Open Educational Ressources' (OERs). In mehreren Projekten entstanden in den vergangenen Jahren Lerninhalte und Softwareanwendungen, die für jedermann frei verfügbar und auch zur Gestaltung von E-Learning-Einheiten nutzbar sind.
Letztlich bleibt abzuwarten, welche neuen Entwicklungen im Bereich des E-Learnings noch auf uns zukommen und inwieweit sie sowohl im (Hoch-)Schulalltag als auch im Bereich des informellen Lernens unser Leben verändern werden. Aber es deutet vieles darauf hin, dass die Entwicklung hin zu mobilen Lösungen, offenem Zugang und somit zu einer verstärkten Verschmelzung von formellem und informellem Lernen gehen wird.

9.4 Implementierung digitaler Lehr- und Lernkonzepte

Mediengestütztes Lehren und Lernen lässt sich in institutionellen Bildungskontexten (Schule, Hochschule) nur dann nachhaltig verankern, wenn die entsprechenden Voraussetzungen geschaffen werden. Aber auch die strategische und planerische Integration mediengestützten Lehren und Lernens gehören zu den Erfordernissen einer erfolgreichen Implementation. Oft finden sich solche strategischen oder planerischen Überlegungen in 'Medienentwicklungsplänen' – zumindest sollten sie darin enthalten sein.

Erforderliche Entscheidungen betreffen zunächst den Ausgangspunkt der Implementierung digitaler Lehr- und Lernkonzepte. Werden die Konzepte für den Einsatz digitaler Medien zentral von den Entscheidungsträgern der Bildungsinstitution entworfen? Oder sollen die Lehrpersonen digitale Medien nach eigenem Ermessen und eigenverantwortlich einsetzen können? Eine weitere Entscheidung betrifft die Reichweite der Implementierung digitaler Lehr- und Lernkonzepte. Dabei ist zwischen einem Ansatz des *minimal change* und einem Ansatz des *active change* zu unterscheiden. Die detaillierte Planung der Implementierung lässt sich mit einem Medienentwicklungsplan unterstützen, der das systematische Vorgehen und die notwendigen Maßnahmen detailliert beschreibt. Trotz sorgfältiger Planung können jedoch auch Probleme bei der Implementierung digitaler Lehr- und Lernkonzepte auftreten. Die typischen Probleme beschreiben wir in Abschnitt 9.4.3 und diskutieren dort auch Lösungsansätze.

9.4.1 Ausgangspunkt der Implementierung digitaler Lehr- und Lernkonzepte

Die Implementierung digitaler Lehr- und Lernkonzepte in Bildungsinstitutionen geht grundsätzlich von zwei Ebenen aus. Einerseits ist es möglich, dass die Implementierung eines solchen Konzeptes einzelne oder mehrere Mitglieder der Organisation selbständig initiieren und tragen (Bottom-Up-Implementierung). Eine Lehrperson beschließt beispielsweise, den eigenen Unterricht oder die eigenen Lehre mittels digitaler Medien zu unterstützen. Sie entscheidet, welches Konzept sie realisiert und wie sie es auf ihre eigene Lehre anwendet. Im anderen Fall geht die Implementierung digitaler Lehr- und Lernkonzepte von den Entscheidungsträgern einer Bildungsinstitution aus. Umfang und Art der zu implementierenden Lehr- und Lernkonzepte werden zentral beschlossen. Die Lehrpersonen setzen die für sie getroffene Entscheidung dann in ihrer eigenen Lehre um.
Der zweite Fall ist die *Top-Down*-Implementierung (Kerres 2004). Die Implementierung wird von den Entscheidungsträgern systematisch (von oben) in alle Bereiche der Organisation (nach unten) getragen. Dies hat für die Bildungsinstitution den Vorteil, dass sie systematisch und ganzheitlich erfolgt. Der Einsatz digitaler Medien auf Kursebene (durch die einzelne Lehrperson) wird zudem von den Entscheidungsträgern der Institution unterstützt. Allerdings ist eine ganzheitliche Implementierung neuer Lehr- und Lernkonzepte nicht ohne Veränderungen in der Bildungsinstitution möglich, die im Fall einer *Top-Down*-Implementierung von den Entscheidungsträgern für die gesamte Institution beschlossen und eingeleitet werden. Bei einem solchen Vorgehen sind allerdings die Belange der Mitglieder der Institution zu berücksichtigen. Oft scheitert die Top-Down-Implementierung am Widerstand der Lehrpersonen, weil sie dabei nicht ausreichend eingebunden sind und unterschiedliche Interessenslagen nicht berücksichtigt werden.
Geht der Einsatz digitaler Lehr- und Lernkonzepte hingegen von einer einzelnen Lehrperson aus, trägt sie selbst die Entscheidung über den Umfang der Digitalisierung ihrer Lehre sowie über die Art der eingesetzten Medien. Sie hat demzufolge

große Gestaltungsfreiheit und zudem die Möglichkeit, ihre Lehre sukzessive um digitale Lehr- und Lernkonzepte zu ergänzen. Allerdings kann eine solche Implementierung digitaler Lehr- und Lernkonzepte von unten für die Einzelperson erhebliche zusätzliche Arbeit mit sich bringen. Da die Implementierung nicht zentral geplant wurde, muss sie sich selbst in die Einsatzmöglichkeiten und Funktionsweisen digitaler Medien einarbeiten und wird dabei in der Regel kaum von ihrer Bildungsinstitution unterstützt. Darüberhinaus ist der Nutzen im Sinn einer nachhaltigen Medienentwicklung für die Gesamtinstitution eher gering. Darum wird eine Medieninitiative im Zweifelsfall Elemente beider Positionen enthalten (Kerres 2004).

9.4.2 Umfang der Implementierung digitaler Lehr- und Lernkonzepte

Eine nachhaltige Verankerung digitaler Lehr- und Lernkonzepte in einer Bildungseinrichtung kann zwei unterschiedlichen Medienstrategien beziehungsweise strategischen Sichtweisen zur Einführung der Medien folgen, dem *minimal change* oder dem *active change* (Kerres 2004).

Der Ausdruck *minimal change* bezeichnet eine Implementierung von digitalen Medien, die mit möglichst wenigen Veränderungen in den Strukturen und Prozessen der Organisation verbunden ist. Neue digitale Lehr- und Lernformen sollen in die bestehenden Strukturen und Prozesse der Organisation integriert werden. Hinter einem solchen *minimal change* steht die Annahme, dass die Akzeptanz der Mitglieder der Organisation höher ist, wenn die Integration digitaler Lehr- und Lernkonzepte mit wenigen zusätzlichen Neuerungen einhergeht. Die Lehrpersonen können sich in einem solchen Fall langsam an die neuen Formen des Lehrens und Lernens gewöhnen. Allerdings beinhaltet der Ansatz eines *minimal change* die Annahme, dass Medien quasi automatisch eine positive Wirksamkeit haben. Eine Lehrperson könnte in diesem Fall ihr bisheriges Lehrkonzept einfach durch ein digitales Lehrkonzept ersetzen und damit automatisch positive Wirkungen erzeugen (Kerres 2004). Eine Unterstützung der Lehre durch digitale Medien ist allerdings erst dann Erfolg versprechend, wenn die Strukturen und Prozesse in der Organisation den Anforderungen der neuen digitalen Lehr- und Lernformen entsprechen.

Dies berücksichtigt die Position des *active change*. Ein *active change* beruht auf der Annahme, dass nur durch gezielte umfassende Maßnahmen in der gesamten Organisation die Potenziale der neuen digitalen Lehr- und Lernformen optimal genutzt werden können. Der *active change* ist insofern mit weiterreichenden gezielten strukturellen und personellen Veränderungen in der Organisation verbunden und schließt ein Veränderungsmanagement (oder *change management*) ein. Die Implementierung digitaler Lehr- und Lernformen erfordert strategische Ziele, die Unterstützung durch die Institutionsleitung aber auch die Partizipation aller betroffenen Mitglieder der Organisation. Für einen *active change* ist charakteristisch, dass zunächst strategische Ziele bestimmt werden, aus denen die relevanten Maßnahmen für die Bildungsinstitution abgeleitet werden (Kerres 2004). Diese Maßnahmen sind meist umfassend und werden schrittweise durchgeführt. Anhand zuvor festgelegter Meilensteine und messbarer Parameter kann der Erfolg der Maßnahmen regelmäßig geprüft werden. Ein *active change* erfolgt idealerweise unter Einbezug externer Beratung. Das Vorgehen ist langwierig und mit höheren Kosten (z.B. für Weiterbildung der Mitarbeiter, für Organisationsentwicklung, für Marketing) verbunden als ein *minimal change*. Allerdings geht ein *active change* in der Bildungsinstitution mit einem Diskurs über Ziele und Maßnahmen einher, der bei allen Mitgliedern der Organisation zu einer hohen Akzeptanz der notwendigen Maßnahmen führen kann. Eine über die Berücksichtigung der Betroffenen und ihrer Bedürfnisse gewonnene Akzeptanz für digitale Lehr- und Lernformen gilt auch als Erfolgsfaktor für eine nachhaltige Nutzung dieser Lehr- und Lernformen (Bürg, Kronburger, Mandl 2004).

Die Strategien des *minimal change* und des *active change* zielen somit beide auf eine hohe Akzeptanz der Implementierung digitaler Lehr- und Lernformen: Beim *minimal change* soll die Akzeptanz durch möglichst wenige organisationale Veränderungen gesichert werden, beim *active change* aus geplanten, einschneidenden, aber auch von allen gemeinsam diskutierten Maßnahmen resultieren.

9.4.3 Medienentwicklungspläne als Planungsinstrument für eine systematische Implementierung

Eine systematische Einführung und Verankerung digitaler Lehr- und Lernkonzepte in einer Organisation erfordert eine ganzheitliche Planung und Implementierung (Lehmann, Mandl 2009). Bei der Planung und Umsetzung ist auch zu berücksichtigen, dass die Einführung neuer Lehr- und Lernformen in einer Bildungsinstitution mehr als nur eine einzelne Maßnahme enthält. Die Implementierung ist vielmehr als ein Prozess zu sehen, der sich über einen längeren Zeitraum erstrecken muss, soll er die erwünschten Ergebnisse in der Organisation bewirken. Sie bedarf also systematischer Planung, die aufbauend auf den gegebenen Bedingungen der Organisation und hinsichtlich der gesetzten Ziele Maßnahmen für die Gesamtorganisation festlegt.

Als Instrument zur Unterstützung dieser Planungsprozesse für die Implementierung digitaler Lehr- und Lernkonzepte in Bildungsinstitutionen sollte ein Medienentwicklungsplan dienen, den die Verantwortlichen der Organisation mittragen. Ein Medienentwicklungsplan wird auf die spezifische Organisation und ihre besonderen Voraussetzungen und Bedürfnisse hin erarbeitet und enthält eine Beschreibung des Ist-Zustands, die Definition von Zielen der Implementierung sowie eine Formulierung von Maßnahmen, die notwendig sind, um die Ziele zu erreichen (e-teaching.org, 2009).

Ein Medienentwicklungsplan definiert die Zuständigkeiten für die medial unterstützte Lehre in der Bildungsorganisation. Er sollte Angaben darüber enthalten, wer die Umsetzung der geplanten Maßnahmen koordiniert und steuert und wer Ansprechpartner bei Fragen oder Problemen ist.

Als erster Schritt bei der Implementierung digitaler Lehr- und Lernkonzepte ist eine Bestandsaufnahme in der Bildungsinstitution erforderlich. Wichtig dabei ist, einen Überblick über die bereits vorhandene und in Lehre oder Forschung integrierte Medientechnik zu bekommen. Daraus lassen sich die technischen, didaktischen und organisatorischen Anforderungen einzelner Fächer oder Forschungsverbünde ableiten. Die kumulierten Anforderungen der Bereiche der Organisation ergeben den Gesamtbedarf an Kompetenz- und Servicestrukturen. Im Medienentwicklungsplan werden außerdem die Ziele der Implementierung digitaler Lehr- und Lernkonzepte beschrieben: Welcher Nutzen ist vom Einsatz neuer Medien zu erwarten? Welche Vorteile erhoffen sich die Mitglieder der Bildungsinstitution von neuen Medien? In welcher Form und wofür sollen digitale Medien in der Bildungsinstitution eingesetzt werden?

Bei der Erarbeitung eines Medienentwicklungsplans ist es relevant, dass die Zielsetzung und damit verbunden auch die Gestaltungsmerkmale der medialen Angebote thematisiert werden. Ein Medienentwicklungsplan soll an dieser Stelle über die rein technische oder organisationale Konzeptionierung hinausgehen. Er sollte außerdem beschreiben, wie die digitalen Lehr- und Lernkonzepte in das Curriculum der Bildungsinstitution einzubinden sind. Dazu müssen möglicherweise Curricula erweitert werden, auch, um Lernziele wie Medienkompetenz zu integrieren (Haass, Schulz-Zander 2003). Ein weiteres Thema im Medienentwicklungsplan ist die vorgesehene Evaluation der Maßnahmen. Die Evaluation kann etwa die digitalen Lernkonzepte fokussieren oder den Lernerfolg mit dem Einsatz neuer Medien. Wichtig ist jedoch, dass im Vorfeld festgelegt wird, was mit welchem Ziel evaluiert werden soll (Bremer 2006). Für diese thematischen Bereiche eines Medienentwicklungsplans ist zum Einbezug von Fachleuten für Instruktion oder Didaktik dringend zu raten.

Des Weiteren enthält ein Medienentwicklungsplan Angaben zum geplanten Ausbau der technischen Infrastruktur und des dafür notwendigen Service-Bereichs. Das Ausmaß der dafür notwendigen Maßnahmen bestimmen das Ergebnis der Bestandsaufnahme in der Organisation und der Zielsetzung der Implementierung digitaler Lehr- und Lernkonzepte.

Fazit

Mediengestütztes Lehren und Lernen stellt bei evidenzbasierter Gestaltung ein wichtiges Element erfolgreicher Lehr- und Lernarrangements an Schule und Hochschule dar. Zweifelsohne ist mit mediengestützter Lehre eine anspruchsvolle Art des Lehrens verbunden, in die Lehrende und die involvierte Institution zeitlich und organisational investieren müssen. Es hat sich allerdings über die Jahre hinweg gezeigt, dass die mediendidaktischen als auch instruktionalen Möglichkeiten moderner Bildungstechnologien positive Impulse beim Lehren und Lernen geben können. Unter Berücksichtigung instruktionaler Erkenntnisse, mediendidaktischer Konzepte und organisationaler Notwendigkeiten kann und wird mediengestütztes

Lehren und Lernen einen Mehrwert in den gegenwärtigen und zukünftigen Lernwelten darstellen.

Literatur

Akbari, Mostafa; Schmidt, Tim; Spannagel, Christian (2008): Ein Planungsraster zum Einsatz von Weblogs in der Lehre. In: Lurcke, Ulrike u. a. (Hrsg.): *Workshop Proceedings der Tagungen Mensch/ Computer 2008, DeLFI 2008 und Cognitive Design 2008.* Berlin: Logos, 305–310.

Attwell, Graham (2007): Personal Learning Environments – the future of eLearning. In: *eLearning Papers Vol. 2, No. 1.* http://www.elearningeuropa.info/files/media/media11561.pdf (20.11.2009).

Baumgartner, Peter; Häfele, Hartmut; Maier-Häfele, Kornelia (2004): Lernplattformen für das Corporate e-Learning. In: Hugl, Ulrike u. a. (Hrsg.): *Virtuelle Personalentwicklung. Status und Trends IuKT-gestützten Lernens.* Wiesbaden: DUV, 95–117.

Bremer, Claudia (2005): Online Lehren leicht gemacht! Leitfaden für die Planung und Durchführung virtueller Hochschulveranstaltungen. In: Berendt, Brigitte u. a. (Hrsg.): *Neues Handbuch Hochschullehre* (Ergänzungslieferung 20, Oktober 2005). Bonn: Raabe-Verlag.

Bremer, Claudia (2006): Qualitätssicherung und eLearning: Implementierungsansätze für die Hochschule. In: Sindler, Alexandra u. a. (Hrsg.): *Qualitätssicherung im E-Learning.* Münster: Waxmann.

Buddensiek, Wilfried (2004): Lernräume gestalten. In: Träger der gesetzlichen Schüler-Unfallversicherung in NRW (Hrsg.): *Gute und gesunde Schule,* 137–143. http://www.guteundgesundeschule.de/gugs_full/bilder/Doku_GugS_web.pdf (11.11.2009).

Bürg, Oliver; Kronburger, Katrin; Mandl, Heinz (2004): *Implementation von E-Learning in Unternehmen. Akzeptanzsicherung als zentrale Herausforderung* (Forschungsbericht Nr. 170). München: LMU.

Downes, Stephen (2005): E-learning 2.0. In: *eLearn Magazine,* October 17, 2005. http://www.elearnmag.org/subpage.cfm?article=29-1/section=articles/ (20.11.2009).

e-teaching.org (2009): *Medienentwicklungsplan.* http://www.e-teaching.org/projekt/organisation/organisationsentwicklung/medienentwicklung/ (23.10.2009).

Euler, Dieter; Seufert, Sabine (2005): Change Management in der Hochschullehre: Die nachhaltige Implementierung von e–Learning-Innovationen. *Zeitschrift für Hochschuldidaktik (ZFHD),* 3, 2005, 3–15.

Gaiser, Birgit (2008): *Lehre im Web 2.0 – Didaktisches Flickwerk oder Triumph der Individualität?* http://www.e-teaching.org/didaktik/kommunikation/08-09-12_Gaiser_Web_2.0.pdf (20.11.2009).

Gerstenmaier, Jochen; Mandl, Heinz (1995): Wissenserwerb unter Konstruktivistischer Perspektive. In: *Zeitschrift für Pädagogik,* 41, 867–888.

Häfele, Hartmut; Maier-Häfele, Kornelia (2003): *Autorensysteme für Learning Content.* Karlsruhe: Wissensplanet.

Haass, Uwe L.; Schulz-Zander, Renate (2003): Innovative Praxis mit Neuen Medien in Schulen. Empfehlungen für Schulen und Entscheidungsträger.
http://www.ganztaegig-lernen.org/www/web844.aspx (06.11.2009).

Hense, Jan; Mandl, Heinz (2009): Bildung im Zeitalter digitaler Medien – Zur wechselseitigen Verflechtung von Bildung und Technologien. In: Henninger, Michael u. a. (Hrsg.): *Handbuch Medien- und Bildungsmanagement.* Weinheim: Beltz, 22–40.

Issing, Ludwig, J. (2002): Instruktions-Design für Multimedia. In: Issing, Ludwig, J. u. a. (Hrsg.): *Information und Lernen mit Multimedia und Internet.* Weinheim: Beltz, 151–176.

Kerres, Michael (2001): *Multimediale und telemediale Lernumgebungen. Konzeption und Entwicklung* (2., vollständig überarbeitete Auflage). München: Oldenbourg Verlag.

Kerres, Michael (2004): Vorabdruck: Strategieentwicklung für die nachhaltige Implementation neuer Medien in der Hochschule. In: Pfeiffer, Thomas u. a. (Hrsg.): *Handbuch Organisationsentwicklung: Neue Medien in der Lehre: Dimensionen, Instrumente, Positionen.* Münster: Waxmann, 147–162.

Kerres, Michael (2006): Potenziale von Web 2.0 nutzen. In Hohenstein, Andreas et al. (Hrsg.): *Handbuch E-Learning*. München: DWD-Verlag.

Lehmann, Sven; Mandl, Heinz (2009): Implementation von E-Learning in Unternehmen. In: Henninger, Michael et al. (Hrsg.): *Handbuch Medien- und Bildungsmanagement*. Weinheim: Beltz, S. 436–457.

Leutner, Detlev (2001): Instruktionspsychologie. In: Rost, Detlef H. (Hrsg.): *Handwörterbuch Pädagogische Psychologie*. Weinheim: Beltz, 267–276.

Mayer, Richard E.; Moreno, Roxana (2003): Nine ways to reduce cognitive load in multimedia learning. In: *Educational Psychologist*, 38, H. 1, 43–52.

Miller, George. A. (1956): The magical number seven, plus or minus two: Some limits on our capacity for processing information. *Psychological Review*, 63, 81–97.

Moreno, Roxana (2005): Instructional technology: Promise and pitfalls. In: Pytlik Zillig, Lisa u.a. (Hrsg.): *Technology-based education: Bringing researchers and practitioners together*. Greenwich, CT: Information Age Publishing, 1–19.

Moreno, Roxana (2006): Learning with high tech and multimedia environments. In: *Current Directions in Psychological Science*, 15, 63–67.

Moreno, Roxana (2006): *Does the modality principle hold for different media? A test of the method affects-learning hypothesis*. In: *Journal of Computer Assisted Learning*, 22, 149–158.

Niegemann, Helmut M. (2009): Instructional Design. In: Henninger, Michael u.a. (Hrsg.): *Medien- und Bildungsmanagement*. Weinheim: Beltz, 356–370.

O'Reilly, Tim (2005): *What is Web 2.0. Design Patterns and Business Models for the Next Generation of Software*. http://oreilly.com/web2/archive/what-is-web-20.html/ (20.11.2009).

Pullich, Leif (2007): Weblogs als Lernjournale. Kommunikation und Reflexion mit Weblogs im Rahmen akademischer Abschlussarbeiten. In: *IfBM.Impuls – Schriftenreihe des Instituts für Bildungswissenschaft und Medienforschung*, 1(3). http://deposit.fernuni-hagen.de/342/1/2007-03-Weblogs-als-Lernjournale.pdf (01.07.2009).

Röll, Martin. (2005): Corporate E-Learning mit Weblogs und RSS. In: A. Hohenstein, Andreas u.a. (Hrsg.): *Handbuch E-Learning*. München: DWD.

Schnotz, Winfried; Rasch, Thorsten (2005): Enabling, Facilitating, and Inhibiting Effects of Animations in Multimedia Learning: Why Reduction of Cognitive Load Can Have Negative Results on Learning. *Educational Technology Research and Development*, 53(3), 47–58.

Sweller, John (1999): Instructional design in technical areas. Melbourne, Australia: ACER Press.

Weidenmann, Bernd. (2006): Lernen mit Medien. In: Krapp, Andreas u.a. (Hrsg.): *Pädagogische Psychologie* (5. Aufl.). Weinheim: Psychologie Verlags Union, 423–476.

Weiterlesen

Abfalter, Erwin (2007): Foren, Wikis, Weblogs und Chats im Unterricht. Boizenburg: Verlag Werner Hülsbusch.
Der Autor stellt die Charakteristiken und potentiellen Einsatzbereich von Online-Kommunikationsmedien für das Lehren und Lernen ausführlich dar. Ausgehend von den bildungsrelevanten Medienmerkmalen geht er auf die Einbindung der Anwendungen in didaktische Konzepte ein.

Dorok, Sebastian (2006): Podcasting im Unterricht. http://www.lehrer-online.de/dyn/bin/562054-562892-1-podcasting_im_unterricht.pdf (21.11.2009)
In diesem Beitrag werden Grundlagen der Podcast-Produktion sowie mögliche Einsatzszenarien für den Unterricht beschrieben. Darüberhinaus enthält der Text weiterführende Links rund um das Thema Podcasting.

Hettinger, Jochen (2008): E-Learning in der Schule. Grundlagen, Modelle, Perspektiven. München: kopead.
Dieses Grundlagenbuch gibt einen Überblick über das weite Themengebiet 'Medien in der Schule', angefangen von mediendidaktischen, psychologischen und technischen Grundlagen des E-Learnings über Fragen zur Unterrichtsorganisation bis hin zu rechtlichen Fragen beim Einsatz von E-Learning im Schulunterricht.

Weitersurfen

http://www.blogger.com
Das Angebot dieses kostenlosen weblogs gehört zum Unternehmen Google und es wird ein Google-Account benötigt. Im Gegensatz zu Wordpress kann die Software nicht für einen eigenen Server betrieben werden.

http://www.c4lpt.co.uk/Directory/ (Directory of Learning Tools)
Ein Verzeichnis mit zahlreichen E-Learning-Werkzeugen, kategorisiert nach vielerlei Anwendungsgebieten. Die Datenbank wird regelmäßig aktualisiert und umfasst aktuell über 3.100 Tools, von denen der größte Teil kostenlos nutzbar ist.

http://edutube.org
Ebenfalls eine Video-Community speziell für Videos aus dem Bildungsbereich, allerdings mit einem hohen Anteil an englischsprachigem Material.

http://e-teaching.org
Ein Informationsportal mit angeschlossener Community rund um das Thema 'Digitale Medien in der (Hoch-)Schule'. Das Internetangebot entstand aus einem Projekt des Instituts für Wissensmedien in Tübingen. Die Seite bietet eine gute Möglichkeit, sich schnell zu informieren, wenn es um Fragen des Einsatzes digitaler Medien in der Lehre geht! Auf den Webseiten finden sich zahlreiche Informationen, Materialen und Publikationen rund um das Thema E-Learning und E-Learning-Werkzeuge. Darüberhinaus werden im Rahmen wechselnder Themen-Specials regelmäßig kostenlose Online-Vorträge und Workshops angeboten.

http://www.facebook.com
Das weltweit größte und am schnellsten wachsende Social Network mit aktuell über 300 Millionen Nutzern. In Deutschland derzeit die drittgrößte Community, mit stark wachsenden Nutzerzahlen (Stand: November 2009).

http://www.flickr.com
Website der aktuell größten Online-Foto-Communities. Neben der Möglichkeit, selber Bilder online zu präsentieren, eignet sich diese Plattform auch als Fundgrube für freiverwendbares Bildmaterial zur Gestaltung von Lerninhalten.

http://www.lehrer-online.de/
Dieses Online-Portal richtet sich speziell an Lehrerinnen und Lehrer, die am Thema 'Unterrichten mit digitalen Medien' interessiert sind. Neben zahlreichen Informationen zu aktuellen Entwicklungen, findet man auf den Seiten auch viele Publikationen und Best-Practice-Beispiele aus dem Schulunterricht.

http://www.lmz-bw.de
Unter dem Stichwort 'Medienentwicklungsplanung' stellt das Landesmedienzentrum Baden-Württemberg diverse Online-Broschüren und Informationsmaterialien zu Medienentwicklungsplänen, allgemeine Multimediaempfehlungen für Schulen sowie Materialien für unterschiedliche Schulstufen und Schularten bereit.

http://www.lo-net2.de
Website zu einem weiteren, vor allem im deutschsprachigen Schulbereich weitverbreiteten Learning Management System.

http://moodle.org
Website zu einem der bekanntesten Open-Source-Learning Management Systeme. Neben Anwenderforen und der Möglichkeit zum Download finden sich hier auch neueste Entwicklungen rund um die Software moodle.

http://www.studivz.net, http://www.schuelervz.net und http://meinvz.net
Die VZ-Seiten mit StudiVZ, SchülerVZ und MeinVZ sind gegenwärtig das beliebteste Netzwerk in Deutschland. Zusammen kommen die drei Communities auf 14,6 Nutzer pro Monat (Stand: 3. Quartal 2009).

http://www.teachertube.com
Eine Videoplattform speziell für Lehrerinnen und Lehrer. Hier finden sich zahlreiche, jedoch meist englischsprachige Lehrfilme.

https://www.tu-chemnitz.de/phil/ipp/elearning/studentenprojekte/Lernprogramm_Bild/Start.html
Auf dieser Seite der Technischen Universität Chemnitz können Sie sich zu Aspekten der 'Gestaltung und des Einsatzes von Bildern in Lernangeboten' weiter informieren. Das WebBasedTraining entstand dort im Sommersemester 2007 im Rahmen eines Seminars.

http://twitter.com/
Der derzeit bekannteste Micro-Blogging-Anbieter. Im Gegensatz zu 'normalen' Blogs steht beim Micro-Blogging für einen Beitrag nur eine begrenzte Anzahl an Zeichen (in diesem Fall 140) zur Verfügung.

http://wikipedia.org
Startseite von Wikipedia, der größten freien Online-Enzyklopädie. Sie ist gleichzeitig das wohl bekannteste Beispiel für ein Wiki-System.

http://wordpress.com
Einer der bekanntesten Weblog-Anbieter. Neben der Möglichkeit kostenlos einen eigenen Weblog einzurichten, besteht auch die Möglichkeit, die Wordpress-Software auf einem eigenen Server zu installieren.

http://www.youtube.com
Die gegenwärtig größte und bekannteste Video-Plattform im Internet. Neben privaten Videos finden sich hier auch Aufzeichnungen von Vorlesungen oder kurze Lehrfilme zum Einsatz im Unterricht.

GREGOR LANG-WOJTASIK[1]

10. INTERKULTURELLES LERNEN IN EINER GLOBALISIERTEN GESELLSCHAFT – DIFFERENZPÄDAGOGISCHE ANREGUNGEN AM BEGINN DES 21. JAHRHUNDERTS

10.1 Vorbemerkungen

Es gibt heute kaum noch eine bildungspolitische Stellungnahme, die ohne eine angemahnte Notwendigkeit einer Förderung Interkulturellen Lernens und Interkultureller Kompetenz auskommt (z. B. Kultusministerium 2004, S. 64). Gleichzeitig bleibt meistens unklar, was genau mit dem 'Interkulturellen' von Lernen und Kompetenz gemeint ist. Bis heute wird relativ unbedenklich unterstellt, dass ein Lernen von Menschen unterschiedlicher national-kultureller Hintergründe als Interkulturelles Lernen zu charakterisieren sei und dass in der Konsequenz eine Förderung von Begegnungen zwischen 'Kulturen' erfolgreiche Möglichkeiten interkulturellen Kompetenzerwerbs nach sich zöge. Aus der Tourismus- und Vorurteilsforschung ist bekannt, dass dies keinen Kausalzusammenhang darstellt (Lang-Wojtasik, Scheunpflug 2002) und dass in derartigen Begegnungen ein interkulturelles Nichtverstehen eher die Regel ist (Kumbier, Schulz von Thun 2006). Damit wird sichtbar, dass es neue Überlegungen braucht, wie bisherige Vorschläge Interkultureller Pädagogik und Didaktik (Auernheimer 2007, Holzbrecher 1997, 2004) am Beginn des 21. Jahrhunderts in einer globalen Gesellschaft weitergedacht werden können (am Beispiel indisch-deutscher Begegnungen: Lang-Wojtasik 2010). Dabei liegt eine besondere Chance darin, dass sich Interkulturelle Pädagogik über die Grenzen einer Spezialdisziplin hinaus entwickelt hat (Gogolin, Krüger-Potratz 2006) und als Querschnittsfeld in erziehungswissenschaftlicher Forschung, Lehre und Praxis zur Kenntnis genommen wird (Krüger-Potratz 2005, S. 30ff.).
Angesichts fundamentaler Transformationen auf Weltniveau wird ab den 1990er Jahren sichtbar, dass sich Gesellschaft immer mehr als Weltgesellschaft ausdifferenziert, was in der Bildungssoziologie bereits länger prognostiziert worden ist (Luhmann 1971). Wir leben am Beginn des 21. Jahrhunderts in einer riskanten Welt, die als immer unübersichtlicher, schneller und uneindeutiger erscheint. Mit der funktionalen Ausdifferenzierung dieser Weltgesellschaft sind Konsequenzen für

---
[1] Dieser Beitrag ist Annette Scheunpflug gewidmet.

erziehungswissenschaftliche Diskurse und pädagogisches Handeln verbunden, die sich jenseits des Inter-Kulturellen verorten lassen müssten. Die Bildungskonzeption Globales Lernen im Kontext einer Bildung für nachhaltige Entwicklung offeriert hier Anregungen für die Schule und außerschulische Lernprozesse (Seitz 2002, Lang-Wojtasik, Lohrenscheit 2003, Asbrand, Scheunpflug 2005).

Eine eindimensionale Betrachtung von Kultur ist auch aus erziehungswissenschaftlicher Perspektive nicht mehr tragfähig, wenn Interaktionssituationen von Menschen in Lernprozessen beschrieben werden sollen. Prominent sind Vorschläge einer Pädagogik der Vielfalt (Prengel 1996), in der Pluralität und der Umgang mit Differenz ('egalitäre Differenz') wie eine normative Richtschnur per se erscheint. Auf das dahinter liegende Theorieangebot einer differenzorientierten Pädagogik wird im vorliegenden Beitrag Bezug genommen, um Möglichkeiten interkulturellen Lernens als Offerten des Kompetenzerwerbs in einer globalisierten Gesellschaft darzustellen. Interkulturelle Pädagogik und Globales Lernen werden so als Diskurslinien international und interkulturell vergleichender Erziehungswissenschaft zusammengedacht. Auf dieser Grundlage formuliere ich erziehungswissenschaftliche und pädagogische Konsequenzen.

Zunächst ist darüber nachzudenken, wie die aktuelle Gesellschaft beschrieben werden kann und welche Herausforderungen für Bildung und Lernen damit verbunden sind. Im Anschluss daran schildere ich, wie Interkulturelle Pädagogik und Globales Lernen mit diesen Herausforderungen umgehen. Abschließend skizziere ich perspektivisch eine Pädagogik und Didaktik der Differenz als Rahmenkonzept zum Umgang mit den globalen Herausforderungen für konkretes pädagogisches Handeln.

10.2 Entwicklung zur Weltgesellschaft

Die heutige Gesellschaft kann nur noch als Weltgesellschaft betrachtet werden. Sie ist ein allumspannender Problem- und Kommunikationszusammenhang (Luhmann 1971, 1997, Stichweh 2000) mit weitreichenden Konsequenzen für nationalstaatlich verfasste Semantik, auf die sich die meisten gesellschaftlichen Betrachtungen – und damit auch die Erziehungswissenschaft (Scheunpflug 2003a, b) – beziehen. Um die damit einhergehende Unübersichtlichkeit analytisch in den Griff zu bekommen, betrachte ich die Welt, in der wir leben, entlang von vier Sinndimensionen: räumlich, sachlich, zeitlich, sozial (Luhmann 1984, S. 112 ff., Treml 2000). Die beschriebenen Phänomene und Zusammenhänge sind in der Weltgesellschaft für alle Menschen relevant, allerdings stellen sie sich in unterschiedlichen Gegenden der Welt und in unterschiedlichen kulturellen Kontexten anders dar (im Folgenden: Hornstein 2001, Scheunpflug, Hirsch 2000, Scheunpflug 2003a, b, Treml 2000, S. 250 ff.).

Räumlich betrachtet geht es um die Differenz von Regionalisierung (Nationalstaaten, die miteinander in Beziehung stehen) und Globalisierung (als verstärkte Nutzung von Netzwerken jenseits grenzziehender Nationen). In der Weltgesellschaft verlieren Phänomene ihren Anker im Raum. Es kommt zu einer Wahrnehmung von *Entgrenzung* dessen, was bisher sicheren Halt und Rahmung gegeben hat. Neue Medien und Kommunikationsformen (parallel zur zeitlichen Betrachtung) lassen den Raum immer weniger bedeutsam werden für das alltägliche Tun. So können Personen an Ereignissen über das Internet teilnehmen, ohne selbst anwesend zu sein. Es entstehen neue, virtuelle Strukturen, die sich nicht mehr entlang nationalstaatlicher Hierarchien, sondern in neuen gesellschaftlichen Netzwerken (Castells 2002) organisieren: Z. B. können Teeproduzierende in Sri Lanka per E-mail direkt mit Weltläden in Deutschland kommunizieren, um die kommenden Produkterwartungen zu klären. Sofern ein Internetzugang vorhanden ist, wird es möglich, an virtuell bereitgestellten Informationen teilzuhaben und diese als Wissen zu generieren. Gleichzeitig ist die Bedeutung von Räumen als Bezugsgröße für Handeln (beispielsweise in der Betreuung von älteren Familienmitgliedern) nach wie vor wichtig. Der britische Soziologe Robertson (1998, Beck 1997, S. 90) spricht deshalb von *Glokalisierung* und meint damit die gleichzeitige Bedeutungszunahme lokaler und globaler Prozesse. Es entstehen neue soziale Beziehungen und veränderte Formen von Fremdheit, die weniger über räumliche Nähe oder nationalstaatliche Zugehörigkeit als über die Zugehörigkeiten zu agierenden Netzwerken gekennzeichnet sind.

Sachlich betrachtet werden wir Zeugen einer Problemlast, die das Leben der Menschheit als Ganzes in Frage stellt (UNDP 1999, S. 2f.). Ökonomisch ereignet sich eine zunehmende Transnationalisierung von Finanz- und Kapitalbeziehungen bis hin zum Crash, was als Krise bezeichnet wird. Beobachtbar sind Unternehmensstrategien, Marktorientierungen, Technologietransfers oder Forschungsbestrebungen über Ländergrenzen hinweg. Sichtbar sind eine veränderte Teilhabe am Wohlstand, eine wachsende wirtschaftliche Kluft zwischen Ländern des Nordens und des Südens sowie innerhalb von Nationalgesellschaften zwischen Arm und Reich und eine veränderte Arbeitswelt mit sich schnell verändernden Qualifikationsanforderungen. Ökologisch erleben wir wachsende Umweltprobleme und einen steigenden Ressourcenverbrauch. Der Klimawandel wird stetig greifbarer und das Erreichen ökologischer Nachhaltigkeit scheint schwieriger zu werden. Politisch lässt sich eine Gegenbewegung von Universalisierung (Durchsetzung allgemeingültiger Werte und Normen z. B. durch Stärkung der Vereinten Nationen) und Unilateralismus beobachten (z. B. der Einmarsch der USA im Irak und in Afghanistan oder das Ringen um geostrategische Interessen Chinas in afrikanischen Ländern). Mit diesen Herausforderungen sind alle Menschen weltweit, ob gewollt oder ungewollt, konfrontiert. Es geht um die Teilhabe des Einzelnen an der Arbeitswelt und die dafür notwendigen Qualifikationen, den Schutz der Artenvielfalt und natürlicher Lebensgrundlagen als Voraussetzungen überlebensfähiger Zivilisationen, die Einhaltung der Menschenrechte im Sinne eines globalen Grundkonsenses, die Sicherstellung demokratischer Partizipationsmöglichkeiten, die Halbierung der weltweiten Armut bis 2015 (wie in den MDGs – Millenium Development Goals gefordert; BMZ 2002) – und auch die Schaffung von Sicherheit angesichts eskalierender Konflikte, Krieg und Terror. Die beschriebenen Phänomene kennzeichnet eine hohe *Komplexität* und es scheint immer schwieriger zu sein, sich sicher für etwas entscheiden zu können. Damit steigt die Wahrnehmung von und das Bewusstsein für *Kontingenz.* Alles kann auch anders sein als das, wofür ich mich entschieden habe, obwohl ich wusste, dass es auch andere Möglichkeiten gibt. Dies hat Konsequenzen für Einzelpersonen, für menschliche Gemeinschaften, für Staaten und für das Gesamt der 'Einen Welt'. Es werden neue Herausforderungen sichtbar, die für die Beurteilung einzelnen Verhaltens sowie für Fragen von Solidarität und Gerechtigkeit neue Beurteilungsmaßstäbe, Verstehenshorizonte und Handlungsperspektiven erfordern.

In einer *zeitlich*en Dimension kommt es zu einer wahrgenommenen „Schrumpfung der Zeit" (UNDP 1999, S. 1). Die weltweite Kommunikation wird immer schneller und überfordert nicht selten den Menschen mit seinem evolvierten Zeitempfinden (zum Beispiel im Umgang mit E-mails). Denn vorhandene Zeitgrenzen erscheinen als überwindbar und ungleichzeitig ablaufende Prozesse können gleichzeitig bearbeitet werden *(Entzeitlichung als Gleichzeitigkeit des Ungleichzeitigen).* Eine in Bombay um 5.30 Uhr unmittelbar nach dem Milchholen geschriebene E-mail kann innerhalb von Sekunden in Weingarten ankommen, wo es erst ein Uhr morgens ist und sich der Empfänger auf das Schlafengehen vorbereitet. Die E-mail kann unmittelbar bearbeitet werden. Ein Brief, der mit gewöhnlicher Post versandt wird, braucht demgegenüber auch heute für diese Reise noch mindestens fünf Tage. Mit der veränderten Kommunikationszeit gehen veränderte Reaktionserwartungen einher. Diese orientieren sich an den individuellen Möglichkeiten von Kommunikationspartnern. Allerdings ist bei dieser Argumentation zu bedenken, dass die Möglichkeit virtueller Teilhabe weltweit sehr ungleich verteilt ist (Jäger 2004, S. 72). Parallel dazu ereignet sich ein *beschleunigter Sozialer Wandel*, der gleichzeitig als Motor und Folge der fundamentalen Transformationsprozesse beschrieben werden kann. Wir leben in der historischen Situation, in der der soziale Wandel schneller geworden ist als die Zeitspanne eines Generationenwechsels. Zum ersten Mal in der Geschichte der Menschheit können sich Menschen der älteren Generation bei der Auseinandersetzung mit Menschen der jüngeren Generation nicht einfach auf ihr in der Jugendzeit erworbenes Wissen verlassen. Dies hat massive Konsequenzen für die Lehrendentätigkeit. Konflikte zwischen *Modernität und Traditionalität* sind an vielen Orten der Welt die Konsequenz. In Deutschland wird dies sichtbar in einem gewissen Auseinanderleben der Generationen mit Folgen für das gemeinsame Leben und Lernen (Franz et al. 2009) sowie gesellschaftliche Orientierungen.

In der *Sozial*dimension lässt sich das Erfordernis einer zunehmenden individuellen Leistung für die Teilhabe an Gesellschaft beschreiben (Individualisierung). Damit gehen immer vielfältigere Lebensentwürfe (*Pluralisierung*) und wahrnehmbare Unterschiede (*Heterogenität*) zwischen Individuen einher. Jedes Individuum muss heute von der Geburt bis ins hohe Lebensalter seine gesellschaftliche Zuordnung zunehmend selbst organisieren (Treml 2000, S. 103). Gleichzeitig gibt es weltweit vertraute Bezugspunkte in einer vereinheitlichten Kultur etwa von Großstädten (z. B. die Struktur von Bahnhöfen als Einkaufszentren in Hannover, Hiroshima und Paris). Auch Lebenswelten in ähnlichen sozialen Kontexten werden sich über den

Globus hinweg ähnlich. Die gewohnte Trennung von Vertrautem in der Nähe und Fremdem in der Ferne verschiebt sich. Vertrautes oder Fremdes ist nicht länger nach räumlicher Nähe sortiert, sondern vielmehr ein Ausdruck sozialer Ausdifferenzierung oder Fragmentierung (Appadurai 1990). Der Unterschied zwischen privilegierten und nichtprivilegierten Menschen zwischen und in Gesellschaften nimmt zu.

Tab. 1 Entwicklung zur Weltgesellschaft

	Weltgesellschaft
zentrale Differenz	Regionalisierung (Nationalstaaten) vs. Globalisierung
räumlich	Globalisierung (Glokalisierung und Entgrenzung)
sachlich	Komplexitätssteigerung (Komplexität und Kontingenz)
zeitlich	Beschleunigter Sozialer Wandel zwischen Modernität und Traditionalität (Entzeitlichung und Orientierungsprobleme)
sozial	Individualisierung (Pluralisierung und Heterogenität)

Mit dieser überblicksartigen Bestandsaufnahme einer Weltgesellschaft (Tab. 1) sind die Schwierigkeiten gesellschaftlicher Orientierung und Handlungsfähigkeit angedeutet. Denn welche Normen sollen gelten und wie können sie in welchem Referenzrahmen legitimiert werden? Zudem ergeben sich aus dem beobachtbaren Auseinanderdriften von (National-)Kultur und (National-)Gesellschaft Folgeprobleme für die gesellschaftliche Analyse und pädagogische Handlungsfähigkeit. Immerhin unterstellt erziehungswissenschaftliche Theorie und Praxis eine Verbindung von Erziehung und Gesellschaft zur Enkulturation Heranwachsender. Anders formuliert: Welche Funktionalität kann man für Bildung, Erziehung und Schule in der Gesellschaft beanspruchen, wenn letztere als Weltgesellschaft beschrieben wird? Um diese Fragen bearbeiten zu können, betrachte ich zunächst die beiden Diskurse Interkultureller Pädagogik und des Globalen Lernens.

10.3 Interkulturelle Pädagogik

„In dieser Schule gibt es kaum Probleme, weil kaum Ausländerkinder vorhanden sind". Dies ist ein Satz, den ich immer wieder in Unterrichtsentwürfen von Studierenden lese oder der im Gespräch mit gestandenen Kolleginnen und Kollegen geäußert wird. Was ist daran problematisch? Zunächst wird unterstellt, dass es einen kausalen Zusammenhang zwischen Schwierigkeiten und Kindern mit nichtdeutschem Pass gäbe. Ist das so? Und wenn ja, um welche Probleme geht es? Des Weiteren ist sichtbar, dass selbstverständlich der juristische Terminus des 'Ausländers' verwendet wird, um einen pädagogischen Reflexions- und Handlungszusammenhang in den Blick zu nehmen. Zwar ist die seit den internationalen Schulleistungsvergleichsuntersuchungen kultivierte Bezeichnung 'Heranwachsender mit Migrationshintergrund' auch nicht per se korrekter. Sie bietet aber eine Chance, dem damit angesprochenen Phänomen näherzukommen. Eine Auseinandersetzung mit Kultur und Interkulturellem setzt die Annahme voraus, dass es unterschiedliche Kulturen gibt, dass die dadurch geprägten Menschen in einen Austausch treten wollen und dass dabei Kulturelles bedeutsam ist. Möglicherweise ist dies vor allem eine akademische Frage. Denn immerhin spielt für Kinder im Kindergarten und in der Grundschule, die einen nicht-deutschen Pass haben, die kulturelle Zugehörigkeit keine herausragende Rolle bei der Gestaltung ihrer Lebenswelt (DJI 2000). Angesichts von Diskriminierungstendenzen im Bildungswesen gegenüber Heranwachsenden mit Migrationshintergrund (Gomolla, Radtke 2007, Flam 2009) scheint es gleichwohl angebracht, pädagogisch zu intervenieren.

Die Interkulturelle Pädagogik in Deutschland beschäftigt sich mit der Migration in dieses Land[2], dem damit zusammenhängenden Verständnis von Nation und den Konsequenzen für Bildungs- und Erziehungsprozesse.[3] Obwohl das Gebiet, das heute als Deutschland charakterisiert wird, seit jeher im Zentrum Europas durch Migration charakterisiert ist (Meinhardt 2005), wird von einer Interkulturellen Pädagogik im engeren Sinn erst ab den 1960er Jahren gesprochen. In dieser Zeit tauchen die ersten Kinder der als 'Gastarbeiter' in den 1950er Jahren angekommenen Menschen in den Schulen auf. Die Interkulturelle Pädagogik ist im deutschsprachigen Raum v.a. aus der kritischen Auseinandersetzung mit der Ausländerpädagogik hervorgegangen (Niekrawitz 1991, Krüger-Potratz 2005, S. 37–61)[4]. Sie ist eine ausdifferenzierte Disziplin der Erziehungswissenschaft mit interdisziplinären Bezügen und vielfältigen Forschungs- und Lehrfeldern (Krüger-Potratz 2005, S. 13–36, Gogolin, Krüger-Potratz 2006, S. 69–114). Dazu gehören vor allem: Bildungsgeschichte mit interkultureller Perspektive, international und interkulturell vergleichende Fragestellungen, interkulturelle Bildungs-, Schul- und Unterrichtsforschung, sprachbezogene Forschung (Auernheimer 2005, Gogolin, Krüger-Potratz 2006). Die Migrationsgruppen in Deutschland haben sich nach dem Ende der Blockkonfrontation (1989) stark ausdifferenziert. Bis 1973 konzentrierte sich die Migration nach Deutschland auf ein knappes Dutzend Herkunftsstaaten mit einer überschaubaren Zahl von Sprachen. Derzeit gibt es in Deutschland mehr als einhundert geschätzte Herkunftssprachen (Gogolin, Krüger-Potratz 2006, S. 22) Damit sind neue Herausforderungen einer pluralen Gesellschaft verbunden.

---

[2] Im Überblick: Fürstenau, Gomolla 2009a, b. In diesen Herausgeberinnenbänden wird der Zusammenhang von Migration und schulischem Wandel anhand verschiedener pädagogischer Themen- und Handlungsfelder bearbeitet – bisher Elternbeteiligung und Unterricht; Leistungsbeurteilung, Mehrsprachigkeit, Organisationskultur und Statteilkooperation in Vorbereitung.

[3] Darüber hinaus gibt es auch eine Rezeption interkultureller Pädagogik vor allem aus 'klassischen Einwanderungsländern' wie z.B. Kanada, Großbritannien, Australien im Rahmen international und interkulturell vergleichender Erziehungswissenschaft, die hier nicht betrachtet werden (Adick 2008, S. 116ff, Waterkamp 2006, S. 149ff.).

[4] Ausländerpädagogik bezeichnet aus heutiger Perspektive jene Konzeptionen, mit denen das doppelte bildungspolitische Erfordernis einer Beschulung zur gesellschaftlichen Teilhabe in Deutschland bei gleichzeitiger Rückführungsmöglichkeit in das Herkunftsland angestrebt werden sollte (Schmidtke 2005, S. 145f).

In der Interkulturellen Pädagogik geht es zentral um die Differenz von Inklusion (Einbeziehung) und Exklusion (Ausschluss). Diese Differenz wird im deutschsprachigen Bildungskontext bereits ab Mitte des 19. Jahrhunderts wirksam und lässt sich auf vier Differenzlinien zuspitzen (Krüger-Potratz 2005, S. 62 ff.) – *Staatsangehörigkeit* (Inländer vs. Ausländer), *Ethnie* (deutsche vs. andere Volksgruppen), *Kultur* (Mehrheits- und Leitkultur vs. Minderheitenkulturen) und *Sprache* (Deutsch als Lingua Franca, Mehrheitssprache vs. andere Muttersprachen und Dialekte als Minderheitensprachen). In diesen Differenzlinien sind Hierarchien als Höher- und Minderwertigkeiten impliziert, die z. B. in der Differenz von *Traditionalität* als Rückständigkeit (Junge aus dem ländlichen Anatolien) und *Modernität* als Fortschrittlichkeit (Bildungsbürgertum der europäischen Aufklärung) wirksam werden. Meistens sind diese Unterscheidungen verbunden mit den Differenzen *arm* und *reich* sowie *privilegiert* und *nicht-privilegiert* (Lang-Wojtasik 2009b).
Hinter diesen Differenzlinien liegt angesichts der Nation als Referenzpunkt die Annahme einer Monoperspektive, die einer Multirealität entgegensteht. In der Schule wird dies sichtbar angesichts eines angenommenen 'Normalitätskonstrukts' einer mittelschichtgeprägten Institution (Wenning 2004, S. 573, 1999, S. 328 ff), über das Homogenität hergestellt werden soll; mit Folgeproblemen für alle Kinder und Jugendlichen, die per se heterogen sind. Bei alledem ist festzuhalten, dass es eine homogene deutsche 'Kultur' nie gegeben hat (Meinhardt 2005, S. 29). Sie ist gleichzeitig eine Richtschnur, an der sich die Verfügbarkeit oder Nicht-Verfügbarkeit über anschlussfähiges Kulturelles Kapital (Bourdieu 1983) entscheidet und damit auch die Frage schulischer Leistungen. Es wird davon ausgegangen, dass Jugendliche mit Migrationshintergrund andere „Wahrnehmungs-, Denk- und Handlungsschemata" als jene haben, die „im Normalfall in [deutschen] Mittelschichtfamilien ausgebildet […]" werden (Baumert, Schümer 2001, S. 329 f). Dieser empirische Befund ist zunächst als beschreibend zur Kenntnis zu nehmen. Fatal wird er dann, wenn sich eine Interpretation an Wertigkeiten orientiert, die über einen Migrationshintergrund funktional äquivalent einen 'Ausländer' exkludieren, der kulturalisiert und ethnisiert (Mecheril 2004, S. 113 ff.) wird und dessen Mehrsprachigkeit vor allem als Gefahr denn als Potenzial begriffen wird (Kracht 2000).
Thematische Spannungsfelder Interkultureller Pädagogik und Didaktik lassen sich auf den Umgang mit dem Eigenen (Vertrautem) und Anderem (Fremden) zuspitzen. Es geht um die Zielsetzung gegenseitigen Verstehens über Kommunikation (verbal und non-verbal). Gehen wir davon aus, dass Kultur ein Orientierungs- und Sinnsystem ist, über das Identitätsbildung stattfindet (Holzbrecher 2004, S. 85 ff., Kumbier, Schulz von Thun 2006, S. 10), kann sich interkulturelles Verstehen in einem dynamischen Zwischenraum zweier Referenzsysteme ereignen. Die Möglichkeit des Verstehens beeinflussen die beobachtende Person, das Wahrgenommene, die soziale Einbindung und die kulturelle Einbettung der beobachtenden Person (Holzbrecher 2004, S. 14 f.). Aus der Vielfalt möglicher Perspektiven ergibt sich so eine herausragende Lernchance, die genutzt, aber nicht erzwungen werden kann. Um interkulturelle Kommunikation, Verstehen und Lernen wahrscheinlich zu machen, braucht es Metareflexion und aufgeklärtes, konstruktives Handeln. Um

das Andere als neues Vertrautes und das Eigene als altes Fremdes begreifen zu können, ist auch eine Auseinandersetzung mit dem eigenen – kulturell geprägten Standpunkt – notwendig. Dabei geht es darum, die Spannung zwischen Kulturrelativismus (Anerkennung ethnischer Differenz und kultureller Vielfalt vs. Wertrelativismus und Gleichgültigkeit) sowie Kulturuniversalismus (kulturübergreifende 'Universalien' vs. Höherwertigkeit 'europäischer Aufklärung') sichtbar und aushaltbar zu machen (ebd., S. 22 ff.). Mittels Konzeptionen Interkultureller Pädagogik soll ein reflektiertes interkulturelles Lernen angeregt werden. Möglich ist dies z. B. im Rahmen Antirassistischer Erziehung, ethnischer Spurensuche in Geschichte und Gegenwart, einem Lernen für Europa, der Wahrnehmung von Bildern des Fremden und Eigenen sowie über ein heuristisches Prozessmodell (ebd. 2004, S. 97 ff.). Letzteres ist eines der elaboriertesten Angebote und umfasst einen sechsschrittigen Verlauf: 1) Subjektebene; 2) Ebene der lebensweltlich bzw. biographisch erlernten Bedeutungsgehalte; 3) Historisch-gesellschaftliche Ebene: Verortung der Erkenntnisse in makrostrukturellen Zusammenhängen; 4) Ebene der Lerngruppe: Erarbeitung neuer „Formen des Deutens, Handelns bzw. der Beziehung zum Thema im 'hier und jetzt'; 5) Ebene politischer bzw. ästhetischer Aktion: Konkretisierung dessen, was an die Öffentlichkeit gegeben werden soll, an welchen Stellen die neuen Erkenntnisse partizipatorisch eingebracht werden können; 6) Evaluationsebene (Holzbrecher 2004, S. 121 f.).

Es bleibt offen, ob über diese didaktischen Anregungen Interkulturelle Kompetenz im Rahmen pädagogischer Professionalität (Auernheimer 2002) möglich wird. Denn: „Interkulturelle Kompetenz ist eine soziale Kompetenz oder Beziehungskompetenz, die sich in der Interaktion und Kommunikation zwischen dem hauptberuflichen Personal einer Einrichtung und Klienten mit Migrationshintergrund sowie im multikulturellen Team und in der Zusammenarbeit mit Freiwilligen realisiert. Sie umfasst eine Reihe von Teilkompetenzen, die sich auf einer Ich-, Wir, Sach- und Organisationsebene weiter aufschlüsseln lassen. Sie weist kognitive, emotionale und handlungsbezogene Aspekte auf. Sie bezieht sich darüber hinaus auf einen Referenzrahmen in der jeweiligen Organisation in einer gegebenen historisch gesellschaftlichen Situation, die zugleich von globalen Prozessen bestimmt wird. Sie basiert auf einem Werteverständnis, in dem sich die Ziele für das Miteinander in der Gesellschaft widerspiegeln." (Fischer 2006, S. 35) Was hier überfordernd klingen mag, ist auch dann zum Scheitern verurteilt, wenn wir davon ausgehen, Interkulturelle Kompetenz sei eine neue Spezialkompetenz für Menschen, die mit Migranten zusammenarbeiten (Losche 2005). In diesem Sinn wäre dann „Kompetenzlosigkeitskompetenz" (Mecheril 2002) ein erwartbares Ergebnis.

Vor dem Hintergrund postkolonialer Studien und Theorien wird in den Kultur- und Sozialwissenschaften ein 'cultural turn' wahrnehmbar, der in Begriffen wie 'Hybridisierung', 'Travelling Cultures', 'Plural Societies', 'Kreolisierung' sowie 'Transkulturalität' abgebildet ist. Dies bedeutet eine Abkehr vom Herder'schen 'Kugelmodell' von Kultur (Welsch 1992, 1995, Datta 2005, Göhlich et al. 2006, Gippert et al. 2008).

Geht man von einem erweiterten und multiperspektivischen Kulturbegriff aus und denkt diesen interdisziplinär weiter, werden die Offerten einer intersektionalen Pädagogik der Differenz offenbar. Damit ist die Perspektive der Migrationspädagogik (Mecheril 2004) sowie Diversity Education (Nohl 2006, S. 132–136) angesprochen, in der das 'Sitting at a crossroads' (Krüger-Potratz, Lutz 2002) als Identitätsbildung angesichts vielfältiger Kreuzungen und Verschränkungen wirksam wird. Es wird „notwendig und möglich […], Geschlecht, Ethnizität, Klasse, sexuelle Orientierung usw. in ihrem Zusammenspiel und in Bezug auf die Gleichzeitigkeit ihrer Wirkung zu untersuchen" (Leiprecht, Lutz 2005, S. 220).[5]

Bezogen auf die gesellschaftliche Eingangsanalyse ist sichtbar, dass die vorgeschlagene Pädagogik der Vielfalt als Weiterentwicklung Interkultureller Pädagogik nach wie vor im nationalen Referenzhorizont argumentiert und damit das Auseinanderdriften von (National-)Kultur und (National-)Gesellschaft angesichts der Weltgesellschaft nur bedingt in den Blick kommt.

Diese Perspektive ist den folgenden Überlegungen immanent. Es geht um Lernprozesse angesichts von Unüberschaubarkeit und Risiko.

Tab. 2 Systematik Interkultureller Pädagogik und Globalen Lernens

	Interkulturelle Pädagogik (Nation als Referenzpunkt)	Globales Lernen (Weltgesellschaft als Referenzpunkt)
Zentrale Differenzen	Inklusion und Exklusion Eigenes und Anderes, Fremdes Vertrautheit und Fremdheit	Inklusion und Anschlussfähigkeit
	Mono- und Multi	Sicherheit und Unsicherheit
	Normalität und Homogenität	Variation als Normalität
Räumlich	Inländer und Ausländer (Staatsangehörigkeit) Mit und ohne Migrationshintergrund Ethnie der Mehrheit und Minderheit (Region)	Offenheit und Begrenzung
Sachlich	Leitkultur und Minderheitenkulturen	Wissen und Nichtwissen
Zeitlich	Traditionalität (Rückständigkeit) und Modernität (Fortschrittlichkeit)	Gewissheit und Ungewissheit
Sozial	Mehrheitssprache und Minderheitensprache Reich und Arm Privilegiert und Nicht-Privilegiert	Vertrautheit und Fremdheit

---

[5] Bezogen auf Unterrichtsbeobachtung: Lang-Wojtasik 2008a.

10.4 Globales Lernen

„Ich möchte gerne ein Praktikum im Ausland machen, weil ich mich so sehr für andere Kulturen und die Vielfalt der Welt interessiere". „Die Welt ist irgendwie unüberschaubarer geworden. Es fällt mir schwer, begründete Entscheidungen zu treffen". Diese beiden Zitate sind Aussagen von Studierenden. Im ersten Fall geht es um ein Interesse an der Welt aufgrund eines Blicks über den Tellerrand des eigenen Nahbereichs. Im zweiten Fall wird die 'neue Unübersichtlichkeit' angesprochen, die in der 'Zweiten Moderne' (Beck 1997) oder 'Postmoderne' (Lyotard 1986) als prominent erscheint.

Die Bildungskonzeption Globalen Lernens ist im deutschsprachigen Raum relativ jung.[6] Sie hat Traditionslinien in der Entwicklungspolitischen Bildung, der Dritte-Welt-Pädagogik, in der Entwicklungspädagogik, dem Ökumenischen Lernen, der Friedenspädagogik, der Umweltbildung, der Menschenrechtspädagogik und der Interkulturellen Pädagogik (Scheunpflug, Seitz 1995, Asbrand, Scheunpflug 2005, Lang-Wojtasik 2003, Lang-Wojtasik, Lohrenscheit 2003). Das zentrale Anliegen liegt darin, die globale Perspektive mit dem lokalen Nahbereich der Lernenden zu verbinden. Globales Lernen zielt als Querschnittskonzeption darauf ab, verantwortliches Handeln in der Weltgesellschaft zu ermöglichen. Leitbilder sind dabei Nachhaltigkeit und internationale Gerechtigkeit:[7] „Globales Lernen bearbeitet die doppelte Herausforderung der Globalisierung, nämlich sowohl eine Orientierung für das eigenen Leben zu finden als auch eine Vision für das Leben in einer human gestalteten Weltgesellschaft zu entwickeln, und setzt diese in pädagogisches Handeln und didaktische Bemühungen um." (Scheunpflug, Schröck 2002, S. 10)

Globales Lernen hat im deutschsprachigen Raum zwei Diskurslinien.[8] In holistisch-handlungstheoretischer Perspektive werden normative Ziele und Inhalte festgelegt, die mittels Bildung erreicht werden sollen (Bühler 1996, Selby, Rathenow 2003), z. B. solidarisches Handeln, Toleranz oder Empathie. In evolutions- und systemtheoretischer Perspektive geht es darum, Lernofferten zu generieren, wie Menschen auf das Leben in einer Weltgesellschaft vorbereitet (Treml 1993 a, b; 1996, Scheunpflug 1996, Asbrand, Lang-Wojtasik, Scheunpflug 2006) und wie über den Erwerb von Kompetenzen Fakten, Orientierung und Handlung in einen zirkulären Zusammenhang gebracht werden können.

---

[6] Zum internationalen Diskurs z. B. Bourn 2001; vgl. auch die Periodika Zeitschrift für internationale Bildungsforschung und Entwicklungspädagogik (ZEP) sowie International Journal for Development Education and Global Learning (IJDEGL).

[7] Nachhaltigkeit und internationale Gerechtigkeit stehen spätestens seit dem Brundtland-Bericht (Weltkommission 1987) und der UN- Konferenz von Rio (1992) auf der globalen Tagesordnung. Für Deutschland wurde in der 1996 erschienen Studie *Zukunftsfähiges Deutschland* aufgezeigt, was hinsichtlich einer nachhaltigen Entwicklung passieren müsste (BUND, Misereor 1996; Brot für die Welt, EED, BUND 2008). Zentrale Aspekte sind die inter- und intragenerationelle Generationenverantwortung, eine Interdependenz von Ökonomie, Okologie und Sozialem sowie notwendige Kongruenz von Umwelt und Entwicklung. Zur Umsetzung braucht es demnach eine Partizipation aller beteiligten Akteure (insbesondere der Zivilgesellschaft) sowie eine Neubestimmung von Solidarität.

[8] Darüberhinaus werden Aspekte Globalen Lernens in einer Bildung für nachhaltige Entwicklung berücksichtigt, die aus der Umweltbildung hervorgegangen ist (Haan 2002; Bormann, Haan 2008).

Globales Lernen ist eine erziehungswissenschaftliche Querschnittsdisziplin mit zahlreichen Forschungs- und Lehrfeldern, die allerdings institutionell bis heute sowohl im akademischen als auch im Handlungsfeld kaum gewürdigt werden (Asbrand, Lang-Wojtasik 2007a). Der Orientierungsrahmen Globale Entwicklung (BMZ, ISB, Inwent, KMK 2007) bietet – bei aller Kritik (Asbrand, Lang-Wojtasik 2007b) – als bildungspolitisches Angebot mehrere Anknüpfungsmöglichkeiten an den erziehungswissenschaftlichen Kompetenzdiskurs. Dies ist vor allem möglich infolge der Domänenspezifität bei gleichzeitiger Fach- und Fachverbundorientierung sowie einer Orientierung an drei Kompetenzbereichen: Erkennen, Bewerten, Handeln sowie einer Ausdifferenzierung in elf Kernkompetenzen. Allerdings ist die 'Implementation Globalen Lernens in der Schule' mit etlichen Fallstricken konfrontiert, die man im Kontext der Schulentwicklung betrachten kann (ZEP 1, 2009). Die Debatten um den Zusammenhang von Kompetenzen und Globalem Lernen (Lang-Wojtasik, Scheunpflug 2005) sowie Qualitätsstandards (Scheunpflug 2009, Asbrand, Lang-Wojtasik 2009) sind in vollem Gang.

Globales Lernen ist vor allem auch jenseits der Schule bzw. in verbindenden Arrangements außerschulischer und schulischer Pädagogik relevant, z.B. im Rahmen von Schulpartnerschaften (Asbrand 2007, Scheunpflug 2007) und Begegnungsreisen oder der Berücksichtigung von Weltläden als Lernorten (Asbrand 2003, Schößwender 2003, Asbrand, Schößwender 2006). In beiden Feldern braucht es reflektierte Standards und Rahmenbedingungen, ohne die ein erfolgsorientiertes Globales Lernen eher unwahrscheinlich ist (Krogull, Landes-Brenner 2009, Blendin, Goebel, Schößwender 2009).

In aktuellen Konzeptionen Globalen Lernens geht es darum, Lernofferten als Kompetenzen zu generieren. Damit sollen die Anschlussfähigkeit an die Umwelt einer variationsreichen Weltgesellschaft ermöglicht und eine Inklusion in institutionalisierte Lernformen sowie Reflexionshorizonte angeboten werden. Die eingangs charakterisierten weltgesellschaftlichen Herausforderungen, die ich als Entgrenzung und Glokalisierung (räumlich), Komplexität und Kontingenz (sachlich), Entzeitlichung und Beschleunigung (zeitlich) sowie Individualisierung und Pluralisierung (sozial) charakterisiert habe, erfordern riskante Entscheidungen. Wir nehmen stärker wahr, dass dies in der Spannung zwischen Sicherheit und Unsicherheit passiert. Als Menschen sind wir gefordert, zu handeln, um gesellschaftsfähig zu bleiben. In der *Raumdimension* geht es um den *Umgang mit Offenheit und Begrenzung* in der Weltgesellschaft mit ihren Begleiterscheinungen. Die individuelle Lebenssituation hängt eng mit Menschen zusammen, die nur bedingt Teil der eigenen Lebenswelt sind. Die intensive Beschäftigung mit Widersprüchen der Weltgesellschaft und das Kennenlernen anderer Perspektiven sind eine Herausforderung für pädagogische Prozesse. In der *Sachdimension* geht es darum, den *Umgang mit Wissen und Nichtwissen* zu lernen und angesichts großer gesellschaftlicher Komplexität zu lernen, Entscheidungen unter Unsicherheit zu fällen sowie Wirkungen und Nebenwirkungen zu bedenken. Der *Umgang mit Komplexität* und der Kontingenz der Entscheidungsmöglichkeiten wird zur zentralen Herausforderung für Lernen. In der *Zeit-*

dimension geht es um den *Umgang mit Ungewissheit*. Der Umgang mit ungewisser Zukunft und Suche nach sicheren Orientierungen erfordert ein 'Erlernen des Aushaltens', ohne dass fundamentalistische Lösungen zu bevorzugen sind. Dies wird eine zentrale Schlüsselqualifikation der Zukunft sein. Selbstsicherheit in einer weltgesellschaftlich offenen Welt zu erreichen, die sich gleichzeitig offen auf gesellschaftlichen Wandel einlässt, ist eine große pädagogische Herausforderung. In der *Sozialdimension* geht es um den *Umgang mit Vertrautheit und Fremdheit*. Menschen müssen lernen, *mit Fremdem angemessen umzugehen und Vertrautes* nicht per se als einzig richtiges zu akzeptieren – eine anspruchsvolle Lernaufgabe. Sozialerziehung erhält eine bisher noch nicht dagewesene abstrakte Dimension. Solidarität wird zu einer Haltung, die über den Nahbereich hinausgeht (Scheunpflug 1996, Scheunpflug, Schröck 2002, Asbrand, Lang-Wojtasik, Scheunpflug 2006, Lang-Wojtasik 2010).

Diese Konzeption Globalen Lernens macht ernst mit einer weltgesellschaftlichen Perspektive jenseits nationaler Provenienz. Sie erlaubt es, das Auseinanderdriften von Kultur und Gesellschaft lerntheoretisch in den Blick zu nehmen. Kultur ist in diesem Verständnis generalisierter Sinn (Lang-Wojtasik 2008b, S. 48 ff). Damit werden neue Betrachtungsmöglichkeiten 'interkultureller' Zusammenhänge eröffnet. Es bleiben drei weitere Problemstellungen, die erst in Ansätzen bearbeitet sind: Woher wissen wir, wie Heranwachsende Wissen und Handeln in der Weltgesellschaft schaffen und aufeinander beziehen (Asbrand 2009)? Welche Funktionalität hat bei alledem die Schule als Institution, Organisation und Interaktionsort (Lang-Wojtasik 2008b, 2009c)? Wie lassen sich Nachhaltigkeit und internationale Gerechtigkeit legitimieren (Hartmeyer 2007, S. 273 ff.)?

Was bedeuten diese Überlegungen für interkulturelles Lernen in einer globalisierten Gesellschaft?

Tab. 3 Pädagogik und Didaktik der Differenz: Reflektiertes Differenzlernen in einer globalisierten Gesellschaft

	Weltgesellschaft	Interkulturelle Pädagogik	Globales Lernen	Pädagogik und Didaktik der Differenz
Räumlich	Glokalisierung und Entgrenzung	Staatsangehörigkeit Migrationshintergrund Ethnie	Offenheit und Begrenzung	Glokale Abstraktionskompetenz
Sachlich	Komplexität und Kontingenz	Leit-, Minderheitenkulturen	Wissen und Nichtwissen	Interkulturelle Kompetenz
Zeitlich	Beschleunigter Sozialer Wandel, Entzeitlichung und Orientierungsprobleme	Traditionalität, Modernität	Gewissheit und Ungewissheit	Nachhaltige Orientierungskompetenz
Sozial	Individualisierung, Pluralisierung, Heterogenität	Mehrheits-, Minderheitensprache Reich, Arm Privilegiert, Nicht-Privilegiert	Vertrautheit und Fremdheit	Pluralitätskompetenz

10.5 Pädagogik und Didaktik der Differenz in der Weltgesellschaft

Interkulturelle Pädagogik und Globales Lernen sind bisher als Teilbereiche der Erziehungswissenschaft nur wenig aufeinander bezogen worden. Dies will ich anhand ausgewählter Überlegungen nun versuchen (Überblick: Tab. 3).
Interkulturelle Pädagogik lässt sich angesichts der Beschäftigung mit Migration als nationalgesellschaftlicher und pädagogischer Herausforderung auf die stärkere Wahrnehmung von Heterogenität und damit verbundene Konsequenzen zuspitzen. Mit Globalem Lernen wird das Bemühen verbunden, Anschlussmöglichkeiten an eine variationsreiche Weltgesellschaft über den Erwerb von Kompetenzen zu schaffen. Hinter beiden Herausforderungen liegt eine jeweils implizite Differenz; Heterogenität wird wahrnehmbar angesichts angenommener Normalität und herzustellender Homogenität. Variationsvielfalt wird dann semantisch wirksam, wenn sie als Umwelt sozialer Systeme (Interaktion, Organisation, Gesellschaft) in den Blick kommt. Damit müssten Konsequenzen für Pädagogik und Didaktik verbunden sein.
Angesichts der weltgesellschaftlichen Herausforderungen (s.o.) ist es sinnvoll, Heterogenität als Variationsreichtum zu denken und so eine Homogenität der Pluralität als Umwelt pädagogischer Prozesse theoretisch reflektierbar und praktisch umsetzbar zu machen (Lang-Wojtasik 2009a). So lassen sich mit einer zukunftsgewandten Pädagogik der Differenz über die normative Annahme einer 'egalitären Differenz' hinausdenkende Überlegungen anstellen, vor welchen Herausforderungen interkulturelles Lernen in einer globalisierten Gesellschaft steht. Denn Kultur hat eine Funktion als Orientierungs- und Sinnsystem jenseits nationalkultureller Reduktion, über die Anschlussfähigkeit an eine variationsreiche Weltgesellschaft herstellbar ist. Dabei geht es um die Offenlegung und Berücksichtigung von Mehrperspektivität und -schichtigkeit, und darum, Betrachtungen, Positionierungen und Entscheidungen jenseits des 'Normalen' als Regelfall zu begreifen.
Um dies wahrnehmbar zu machen, ist *reflektiertes Differenzlernen* unabdingbar, das in vier Kompetenzbereichen sichtbar wird, die zirkulär aufeinander bezogen sind. Kompetenz umfasst hier im Anschluss an Weinert (2001) kognitive, motivationale und handlungsbezogene Merkmale, was problemorientierte Dispositionen ermöglicht.
Glokale Abstraktionskompetenz umfasst in einer räumlichen Betrachtung eine Auseinandersetzung mit der Differenz von Begrenzung und Entgrenzung. Es geht darum, den eigenen Standpunkt im räumlichen Kontext zu entdecken, zu verorten und zu vertreten. Um dies umzusetzen, muss die Wahrnehmung virtueller und konkreter Räume gefördert werden; etwa im Umgang mit neuen Medien. Notwendig erscheint eine kritische Mediennutzung zur Förderung reflektierter Global Citizens (Kammerl, Lang-Wojtasik 2006). Möglich ist dies etwa in der Nutzung von Chancen, die sich aus neuen virtuell-konkreten Netzwerken ergeben (z.B. in der Global Education Week; http:,,www.wusgermany.de, index.php?id=24). Eine

herausragende Chance liegt in konkreten Begegnungen (Schul- oder Hochschulpartnerschaften), die kontinuierlich über elektronische Kommunikation gepflegt werden und neue Handlungspotenziale entwickeln können. Vor diesem Hintergrund ist es möglich, Hierarchisierungen als unterstellte Höher- und Minderwertigkeiten (Ausländer, Inländer, mit, ohne Migrationshintergrund, Ethnie der Mehrheit, Minderheit) zu reflektieren und ihre Begrenztheit angesichts einer entgrenzten Weltgesellschaft zu veranschaulichen.

Interkulturelle Kompetenz ist auf der Sachebene mehr als die bloße Begegnung mit dem 'kulturell Anderen'. Sie bedeutet ein Nachdenken über 'Kultur' als Sinnsystem für individuelle und kollektive Identitätsentwicklung. Es geht darum, die Differenz von Wissen und Nichtwissen aushalten zu lernen; also das eigene Wissen kontinuierlich in der kritischen Auseinandersetzung mit vielfältigen Informationen zu erweitern, auf bekannte und unbekannte Phänomene zu beziehen und in Taten umzusetzen. Dafür ist eine umfassende Allgemeinbildung unerlässlich, die die unterschiedlichen Lernbedürfnisse mit den antizipierten Anforderungen einer Weltgesellschaft zur Deckung bringt. Es reicht also nicht, einen Kanon von Inhalten bereitzuhalten. Zukunftsgewandte Kompetenzorientierung impliziert eine Problembearbeitung, die sich immer wieder an neuen Themen ausrichten muss. Um die kulturell unterschiedlich geprägten Positionen einschätzen und beurteilen zu lernen, sind die Konfrontation mit Widersprüchen und die Kultivierung des reflektierten Perspektivenwechsels notwendig. Dieses sehr abstrakt anmutende Denken muss dabei immer mit konkretem Handeln verbunden sein, weil sonst die Gefahr der Überforderung zu groß ist. Eine besondere Möglichkeit dafür bietet etwa ein umfassend vor- und nachbereiteter Besuch im Weltladen. Vor diesem Hintergrund wird es möglich, die Differenz einer angenommenen 'Leitkultur' als Gegenstück zur Vielfalt damit einhergehender Minderheitenkulturen wahrzunehmen und die damit verbundenen Schwierigkeiten zu illustrieren.

Angesichts der 'Entzeitlichung' und Beschleunigung des sozialen Wandels kommt es darauf an, im Rahmen *nachhaltiger Orientierungskompetenz* den Umgang mit Gewissheit und Ungewissheit zu erlernen. Es geht darum, das eigene Bewusstsein reflektiert zu erweitern, vor diesem Hintergrund alternative Optionen zu entdecken und in begründete Aktivitäten münden zu lassen. Die Zukunft ist immer offen und in der Gegenwart getroffene Entscheidungen bedeuten nie absolute Gewissheit. Dabei bietet die Vergangenheit als Referenzpunkt für Legitimation (Normen und Werte) immer eine Möglichkeit, mit momentaner zukunftsbezogener Ungewissheit umzugehen. Um diesen Zusammenhang trotz 'neuer Unübersichtlichkeit' als Konstante der Reflexion wieder zu kultivieren, ist ein Bewusstsein für den sozialen Wandel, für Werte und Normen unabdingbar – das etwa im inter- und intragenerationellen Dialog (Franz et al. 2009) legitimierbar und nachvollziehbar wird; jenseits der hierarchischen Differenz von Traditionalität (Rückständigkeit) und Modernität (Fortschrittlichkeit). Es geht um die Möglichkeit zur Partizipation an Entwicklung und zur begründeten Entscheidung für Solidarität. Um sich einen Überblick zu verschaffen, hilft Strukturierung. Es ist zunächst zentral, ein Problem zu verstehen. Dabei hilft es, Fragen zu stellen, die in der Regel in der Gegenwart mit

Bezug zur Vergangenheit bedeutsam sind. Anhand einer Auswahl ist dann Information generierbar, die zu Planung, Aktivität und Reflexion führt und neue Fragen ermöglicht. Hilfreich ist weiter ein umfassendes problemorientiertes und Selbstorganisation förderndes Methodenrepertoire (z. B. Pro-Kontra, Mind-Map; Scheunpflug, Schröck 2002, S. 19–29).

Schließlich bedeutet *Pluralitätskompetenz*, den Umgang mit Vertrautheit und Fremdheit zu lernen. Denn mit dem zunehmenden Erfordernis von Individualisierung wird Unterschiedlichkeit produziert, die als Pluralisierung sichtbar wird: Je eigener ich den Einzelnen denke, umso anders wird er im Kontext der Verschiedenen. Für Bildung, Erziehung und Schule stellt sich nun die Frage nach Chancengleichheit und Bildungsgerechtigkeit (VBW 2007), also nach dem Anspruch, allen vergleichbare Möglichkeiten eigener Entfaltung zu bieten und dabei die Lernvoraussetzungen umfassend zu berücksichtigen. Es geht darum, Kenntnisse über Heterogenität und Gerechtigkeit zu erweitern, sich interaktiv zu positionieren und Optionen für Veränderung entwickeln zu lernen. Um einen reflektierten Standpunkt einzunehmen, ist umfassendes Wissen über die Normalität der Heterogenität und damit verbundene Erfordernisse einer demokratisch-gerechten Gesellschaft unabdingbar. Notwendig sind ebenfalls differenzierte Kommunikationsmöglichkeiten (verbal und non-verbal), was erlaubt, sich einerseits im globalen Kontext verständigen zu können und andererseits das Potenzial z. B. von Mehrsprachigkeit in Schulen als Chance zu begreifen. Kommunikation im globalen und interkulturellen Kontext braucht eine konstruktive Konflikt- und Streitkultur, denn Nicht- und Missverstehen sind die Regel (Haumersen, Liebe 1999). Wichtige Anregungen bietet diesbezüglich die bewertungsfreie Kommunikation (Rosenberg 2007). Die Auseinandersetzung mit Vielfalt ist möglich im sozialen Handeln, über das Sozialerfahrungen entstehen. Dazu ist ein Rahmen notwendig, in dem pädagogisch Handelnden ihre glokale Verantwortung bewusst ist und sie Kindern und Jugendlichen als werdenden Gesellschaftsmitgliedern begegnen – mit Respekt, Achtung, Klarheit und Solidarität.

Bei aller Kritik an ihr (Klemm 2009) bietet die Schule als 'Refugium der Gesellschaft' (Lang-Wojtasik 2008b) eine herausragende Möglichkeit, den beschriebenen Kompetenzerwerb zu unterstützen und so Anschlussmöglichkeiten an eine heterogene und variationsreiche Weltgesellschaft anzubieten: Aufgrund der Begrenzung von Umwelt und der Strukturierung über die Organisation wird eine Erweiterung des personalen Horizonts möglich. Innerhalb dieses Rahmens lassen sich Entscheidungsoptionen und Anschlussmöglichkeiten dank reduzierter Komplexität erproben. Die Schule offeriert Orientierungsmöglichkeiten für eine offene Zukunft durch personal rhythmisierte Umweltbezüge. Schließlich ermöglicht sie, in ihrem Rahmen Individualität zu entfalten und so Optionen zum Umgang mit Pluralität zu erschließen (Lang-Wojtasik 2008b).

Mit den hier skizzierten Überlegungen sind weitere Konsequenzen für die Erziehungswissenschaft verbunden. Es ergeben sich Fragen an eine professionalisierte Lehrendenbildung, die Lehrendenforschung, die Schul- und Unterrichtsforschung sowie die Theoriebildung. Es scheint, dass einer Pädagogik und Didaktik der Differenz im beschriebenen Sinne durchaus ein zukunftsfähiges Potenzial innewohnt – vielleicht auch hinsichtlich der Förderung eines professionellen 'Global teachers'.

Literatur

Adick, Christel (2008): *Vergleichende Erziehungswissenschaft. Eine Einführung.* Stuttgart: Kohlhammer.
Appadurai, Arjun (1990): Disjuncture and Difference in the Global Culture Economy. In: Featherstone, Mike: *Global Culture: Nationalism, Globalization and Modernity.* London: Sage, 295–310.
Asbrand, Barbara (2003): Keine Angst vor Komplexität. Der Faire Handel als Lernort und Gegenstand Globalen Lernens. In: *Zeitschrift für internationale Bildungsforschung und Entwicklungspädagogik.* 26.2 (2003), 7–13.
Asbrand, Barbara (2007): Partnerschaft – eine Lerngelegenheit? In: *Zeitschrift für internationale Bildungsforschung und Entwicklungspädagogik.* 30.3 (2007), 8–4.
Asbrand, Barbara (2009): *Wissen und Handeln in der Weltgesellschaft.* Eine qualitativ-rekonstruktive Studie zum Globalen Lernen in der Schule und in der außerschulischen Jugendarbeit. Münster et al.: Waxmann.
Asbrand, Barbara; Lang-Wojtasik, Gregor (2007a): Globales Lernen in Forschung und Lehre. In: *Zeitschrift für internationale Bildungsforschung und Entwicklungspädagogik*, 30.1 (2007), 2–27.
Asbrand, Barbara, Lang-Wojtasik, Gregor (2007b): Vorwärts nach weit? Anmerkungen zum Orientierungsrahmen für den Lernbereich Globale Entwicklung im Rahmen einer Bildung für nachhaltige Entwicklung. In: *Zeitschrift für internationale Bildungsforschung und Entwicklungspädagogik.* 30.3 (2007), 33–36.
Asbrand, Barbara; Lang-Wojtasik, Gregor (2009): Qualitätskriterien für Unterrichtsmaterialien entwicklungsbezogener Bildungsarbeit. In: *Zeitschrift für internationale Bildungsforschung und Entwicklungspädagogik.* 32.3 (2009), 8–13.
Asbrand, Barbara; Lang-Wojtasik, Gregor; Scheunpflug, Annette (2006): Pädagogische Grundlagen Globalen Lernens. In: Asbrand, Barbara; Bergold, Ralph; Dierkes, Petra; Lang-Wojtasik, Gregor (Hrsg.): *Globales Lernen im Dritten Lebensalter. Ein Werkbuch.* Bielefeld: Bertelsmann, 36–43.
Asbrand, Barbara; Scheunpflug, Annette (2005): Globales Lernen. In: Sander, Wolfgang (Hrsg.): *Handbuch politische Bildung.* Schwalbach, Ts.: Wochenschau, 469–484.
Asbrand, Barbara; Schößwender, Birgit (2006): Themenfeld Ökonomie und Fairer Handel. In: Asbrand, Barbara; Bergold, Ralph; Dierkes, Petra; Lang-Wojtasik, Gregor (Hrsg.): *Globales Lernen im Dritten Lebensalter. Ein Werkbuch.* Bielefeld: Bertelsmann, 121–137.
Auernheimer, Georg (2005): Forschung zu interkulturellem Lehren und Lernen in der Schule. In: Leiprecht, Rudolf; Kerber, Anne (Hrsg.): *Schule in der Einwanderungsgesellschaft. Ein Handbuch.* Schwalbach, Ts.: Wochenschau, 126–141.
Auernheimer, Georg (2007; 5. Aufl.): *Einführung in die interkulturelle Pädagogik.* Darmstadt: Wissenschaftliche Buchgesellschaft.
Auernheimer, Georg (Hrsg.) (2002): Interkulturelle Kompetenz und pädagogische Professionalität. Opladen: Leske u. Budrich.
Baumert, Jürgen; Schümer, Gundel (2001): Familiäre Lebensverhältnisse, Bildungsbeteiligung und Kompetenzerwerb. In: Deutsches PISA-Konsortium (Hrsg.): *PISA 2000. Basiskompetenzen von Schülerinnen und Schülern im internationalen Vergleich.* Opladen: Leske u. Budrich, 323–407.
Beck, Ulrich (1997): *Was ist Globalisierung?* Frankfurt, M.: Suhrkamp.
Blendin, Manuel; Goebel, Julia; Schößwender, Birgit (2009): Qualitätsentwicklung in der Bildungsarbeit im Fairen Handel. In: *Zeitschrift für internationale Bildungsforschung und Entwicklungspädagogik.* 32.3, 20–24.
BMZ (2002) = Bundesministerium für wirtschaftliche Zusammenarbeit und Entwicklung (2002): *Auf dem Weg zur Halbierung der Armut. Zwischenbericht zur Umsetzung des Aktionsprogramms 2015.* Bonn.

BMZ; ISB; Inwent; KMK (2007): *Globale Entwicklung.* Orientierungsrahmen für den Lernbereich Globale Entwicklung im Rahmen einer Bildung für nachhaltige Entwicklung. Bonn.

Bormann, Inka; Haan, Gerhard de (Hrsg.) (2008): *Kompetenzen der Bildung für nachhaltige Entwicklung.* Operationalisierung, Messung, Rahmenbedingungen, Befunde. Wiesbaden: VS.

Bourdieu, Pierre (1983): Ökonomisches Kapital, kulturelles Kapital, soziales Kapital. In: Kreckel, Reinhard (Hrsg.): *Soziale Ungleichheiten.* Göttingen, 183–198.

Bourn, Douglas (2001): Global Perspectives in Lifelong Learning. In: *Research in Post-Compulsory Education.* 6.3 (2001), 325–338.

Brot für die Welt; EED; BUND (Hrsg.) (2008): *Zukunftsfähiges Deutschland in einer globalisierten Welt.* Ein Anstoß zur gesellschaftlichen Debatte. Eine Studie des Wuppertal Instituts für Klima, Umwelt, Energie. Frankfurt/Main: Fischer.

Bühler, Hans (1996): *Perspektivenwechsel?* Unterwegs zu „globalem Lernen". Frankfurt, M.: IKO.

BUND; Misereor (Hrsg.) (1996): *Zukunftsfähiges Deutschland.* Ein Beitrag zu einer global nachhaltigen Entwicklung. Studie des Wuppertal Instituts für Klima, Umwelt und Energie. Basel, Boston, Berlin: Birkhäuser.

Castells, Manuel (2002): *Das Informationszeitalter.* Opladen: Leske u. Budrich (3 Bde).

Datta, Asit (Hrsg.) (2005): *Transkulturalität und Identität.* Bildungsprozesse zwischen Exklusion und Inklusion. Frankfurt, M.: IKO.

DJI (2000) = Deutsches Jugendinstitut (2000): *Wie Kinder multikulturellen Alltag erleben.* Ergebnisse einer Kinderbefragung. München.

Fischer, Veronika (2006, 2. Aufl.): Interkulturelle Kompetenz – ein neues Anforderungsprofil für die pädagogische Profession. In: Fischer, Veronika; Springer, Monika; Zacharaki, Ionna (Hrsg.): *Interkulturelle Kompetenz.* Fortbildung – Transfer – Organisationsentwicklung. Schwalbach, Ts.: Wochenschau, 33–47.

Flam, Helena (2009): Diskriminierung in der Schule. In: Melter, Claus; Mecheril, Paul (Hrsg.): *Rassismuskritik:* Band 1: Rassismustheorie und -forschung. Schwalbach, Ts.: Wochenschau, 239–257.

Franz, Julia; Frieters, Norbert; Scheunpflug, Annette; Tolksdorf, Antz; Markus, Eva-Maria (2009): *Generationen lernen gemeinsam.* Theorie und Praxis intergenerationeller Bildung. Bielefeld: Bertelsmann.

Fürstenau, Sara; Gomolla, Mechthild (Hrsg.) (2009a): *Migration und schulischer Wandel: Elternbeteiligung.* Wiesbaden: VS.

Fürstenau, Sara; Gomolla, Mechthild (Hrsg.) (2009b): *Migration und schulischer Wandel: Unterricht.* Wiesbaden: VS.

Gippert, Wolfgang; Götte, Petra; Kleinau, Elke (Hrsg.) (2008): *Transkulturalität.* Gender- und bildungshistorische Perspektiven. Bielefeld: transcript.

Gogolin, Ingrid; Krüger-Potratz, Marianne (2006): *Einführung in die Interkulturelle Pädagogik.* Opladen, Farmington Hills: Barbara Budrich.

Göhlich, Michael; Leonhard, Hans-Walter; Liebau, Eckart; Zirfas, Jörg (Hrsg.) (2006): *Transkulturalität und Pädagogik*: Interdisziplinäre Annäherungen an ein kulturwissenschaftliches Konzept und seine pädagogische Relevanz. Weinheim, München: Juventa 2006.

Gomolla, Mechthild; Radtke, Frank-Olaf (2007; 2. Aufl.): *Institutionelle Diskriminierung.* Die Herstellung ethnischer Differenz in der Schule. Wiesbaden: VS.

Haan, Gerhard de (2002): Die Kernthemen der Bildung für eine nachhaltige Entwicklung. In: *Zeitschrift für internationale Bildungsforschung und Entwicklungspädagogik.* 25.1 (2002), 13–20.

Hartmeyer, Helmuth (2007): *Die Welt in Erfahrung bringen.* Globales Lernen in Österreich. Entwicklung, Entfaltung, Entgrenzung. Frankfurt, M.: IKO.

Haumersen, Petra; Liebe, Frank (1999): *Multikulti: Konflikte konstruktiv.* Mediation in der interkulturellen Arbeit. Mühlheim: Verlag an der Ruhr.

Holzbrecher, Alfred (1997): *Wahrnehmung des Anderen.* Zur Didaktik interkulturellen Lernens. Opladen: Leske u. Budrich.

Holzbrecher, Alfred (2004): *Interkulturelle Pädagogik.* Berlin: Cornelsen.

Hornstein, Walter (2001): Erziehung und Bildung im Zeitalter der Globalisierung. Themen und Fragestellungen erziehungswissenschaftlicher Reflexion. In: *Zeitschrift für Pädagogik.* 47.4 (2001), 517–537.

Jäger, Uli (2004): *Pocket global.* Globalisierung in Stichworten. Bonn: Bundeszentrale für politische Bildung.

Kammerl, Rudolf; Lang-Wojtasik, Gregor (2006): Globales Lernen und Neue Medien. Lernherausforderungen, Bildungsmöglichkeiten und didaktische Arrangements. In: *Zeitschrift für internationale Bildungsforschung und Entwicklungspädagogik.* 29.3 (2006), 2–6.

Klemm, Ulrich (2009): *Mythos Schule.* Warum Bildung entschult und entstaatlicht werden muss. Eine Streitschrift. Lich: Edition AV.

Kracht, Annette (2000): *Migration und kindliche Zweisprachigkeit.* Interdisziplinarität und Professionalität sprachpädagogischer und sprachbehindertenpädagogischer Praxis. Münster et al.: Waxmann.

Krogull, Susanne; Landes-Brenner, Sigrun (2009): Qualitätsstandards für Begegnungsreisen im Nord-Süd-Kontext. In: *Zeitschrift für internationale Bildungsforschung und Entwicklungspädagogik.* 32.3 (2009), 14–19.

Krüger-Potratz, Marianne (2005): Interkulturelle Bildung. Eine Einführung. Münster et al.: Waxmann.

Krüger-Potratz, Marianne; Lutz, Helma (2002): *Sitting at a crossroads – rekonstruktive und systematische Überlegungen zum wissenschaftlichen Umgang mit Differenzen.* In: *Tertium Comparationis.* 8.2, (2002), 81–92.

Kultusministerium (2004) = Ministerium für Kultus, Jugend und Sport Baden-Württemberg (2004): Bildungsplan 2004. Grundschule. Stuttgart.

Kumbier, Dagmar; Schulz von Thun, Friedemann (Hrsg.) (2006): *Interkulturelle Kommunikation.* Methoden, Modelle, Beispiele. Reinbek: Rowohlt.

Lang-Wojtasik, Gregor (2003): *Concepts of Global Learning – the German debate.* In: *The Development Education Journal.* 10.1 (2003), 25–27.

Lang-Wojtasik, Gregor (2008a): Pädagogik der Differenz und die Beobachtung von Unterricht. In: *PÄD Forum: unterrichten erziehen.* 27.5 (2008), 287–291.

Lang-Wojtasik, Gregor (2008b): *Schule in der Weltgesellschaft.* Herausforderungen und Perspektiven einer Schultheorie jenseits der Moderne. Weinheim, München: Juventa.

Lang-Wojtasik, Gregor (2009a): *'Die gesamte Jugend den Schulen anvertrauen!? Heterogenität als pädagogische Herausforderung und Forschungsperspektive'* – Vortrag an der Carl von Ossietzky Universität Oldenburg am 7. August 2009 (unveröffentlichtes Manuskript).

Lang-Wojtasik, Gregor (2009b): Difference as a Contribution to Education Theory and Global Learning from a German Perspective: We should learn more about the cultures of foreign children'. In: *International Journal for Development Education and Global Learning.* 1.3 (2009), 5–21.

Lang-Wojtasik, Gregor (2009c): Schultheorie in der globalisierten Welt. In: Blömeke, Sigrid; Bohl, Thorsten; Haag, Ludwig; Lang-Wojtasik, Gregor; Sacher, Werner (Hrsg.): *Handbuch Schule.* Bad Heilbrunn: Klinkhardt, 33–41.

Lang-Wojtasik, Gregor (2010): Globales Lernen in interkulturellen Begegnungen. Indisch-deutscher Dialog als Chance. In: *Lehren und Lernen*; Sonderheft (2010), 7–12.

Lang-Wojtasik, Gregor; Lohrenscheit, Claudia (Hrsg.) (2003): *Entwicklungspädagogik – Globales Lernen – Internationale Bildungsforschung.* 25 Jahre ZEP. Frankfurt/Main: IKO.

Lang-Wojtasik, Gregor; Scheunpflug, Annette (2002): Bildung durch Begegnungsreisen? Interkulturelles Lernen in Zeiten des Massentourismus. In: Kreienbaum, Maria-Anna; Gramelt, Katja; Pfeiffer, Stephanie; Schmitt, Thomas (Hrsg.): Bildung als Herausforderung. Leben und Lernen in Zambia. Frankfurt, M.: IKO, 17–35.

Lang-Wojtasik, Gregor; Scheunpflug, Annette (2005): Kompetenzen Globalen Lernens. In: *Zeitschrift für internationale Bildungsforschung und Entwicklungspädagogik.* 28.2 (2005), 2–7.

Leiprecht, Rudolf; Lutz, Helma (2005): Intersektionalität im Klassenzimmer: Ethnizität, Klasse, Geschlecht. In: Leiprecht, Rudolf, Kerber, Anne (Hrsg.): *Schule in der Einwanderungsgesellschaft.* Ein Handbuch. Schwalbach, Ts.: Wochenschau, 218–234.

Losche, Helga (2005; 4. Aufl.): *Interkulturelle Kommunikation.* Sammlung praktischer Spiele und Übungen. Augsburg: ZIEL.

Luhmann, Niklas (1971): Die Weltgesellschaft. In: *Archiv für Rechts- und Sozialphilosophie.* 57, (1971), 1–35.

Luhmann, Niklas (1984): *Soziale Systeme*. Grundriß einer allgemeinen Theorie. Frankfurt, M.: Suhrkamp.
Luhmann, Niklas (1997): *Die Gesellschaft der Gesellschaft*. Frankfurt, M.: Suhrkamp.
Lyotard, Jean-Francois (1986): *Das postmoderne Wissen*. Ein Bericht. Graz, Wien: Passagen.
Mecheril, Paul (2002): 'Kompetenzlosigkeitskompetenz'. Pädagogisches Handeln unter Einwanderungsbedingungen. In: Auernheimer, Georg (Hrsg.): *Interkulturelle Kompetenz und pädagogische Professionalität*. Opladen: Leske u. Budrich, 15–34.
Mecheril, Paul (2004): *Einführung in die Migrationspädagogik*. Weinheim, Basel: Beltz.
Meinhardt, Rolf (2005): Einwanderungen nach Deutschland und Migrationsdiskurse in der Bundesrepublik – eine Synopse. In: Leiprecht, Rudolf, Kerber, Anne (Hrsg.): *Schule in der Einwanderungsgesellschaft*. Ein Handbuch. Schwalbach, Ts.: Wochenschau, 24–55.
Niekrawitz, Clemens (1991): *Interkulturelle Pädagogik im Überblick*: Von der Sonderpädagogik für Ausländer zur interkulturellen Pädagogik für Alle. Ideengeschichtliche Entwicklung und aktueller Stand. Frankfurt, M.: IKO.
Nohl, Arnd-Michael (2006): *Konzepte interkultureller Pädagogik*. Eine systematische Einführung. Bad Heilbrunn: Klinkhardt.
Prengel, Annedore (2006; 3. Aufl.): *Pädagogik der Vielfalt*. Verschiedenheit und Gleichberechtigung in Interkultureller, Feministischer und Integrativer Pädagogik. Wiesbaden: VS.
Robertson, Roland (1998): Glokalisierung: Homogenität und Heterogenität in Raum und Zeit. In: Beck, Ulrich (Hrsg.): *Perspektiven der Weltgesellschaft*. Frankfurt, M.: Suhrkamp, 192–220.
Rosenberg, Marshall B. (2007; 6. Aufl.): *Gewaltfreie Kommunikation*: Eine Sprache des Lebens. Paderborn: Junfermann.
Scheunpflug, Annette (1996): Die Entwicklung zur globalen Weltgesellschaft als Herausforderung für das menschliche Lernen? In: *Zeitschrift für internationale Bildungsforschung und Entwicklungspädagogik*. 19.1 (1996), 9–14.
Scheunpflug, Annette (2003a): Globalisierung als Bildungsherausforderung. In: Beillerot, Jacky; Wulf, Christoph (Hrsg.): *Erziehungswissenschaftliche Zeitdiagnosen*: Deutschland und Frankreich. Münster et al.: Waxmann, 262–278.
Scheunpflug, Annette (2003b): Stichwort: Globalisierung und Erziehungswissenschaft. In: *Zeitschrift für Erziehungswissenschaft*. 6.2 (2003), 159–172.
Scheunpflug, Annette (2007): Partnerschaft oder Patenschaft? Zur Geschichte einer Auseinandersetzung. In: *Zeitschrift für internationale Bildungsforschung und Entwicklungspädagogik*. 30.3 (2007), 2–7.
Scheunpflug, Annette (2009): Standards für Qualität? Herausforderungen für die Weiterentwicklung Globalen Lernens. In: *Zeitschrift für internationale Bildungsforschung und Entwicklungspädagogik*. 32.2 (2009), 4–7.
Scheunpflug, Annette; Hirsch, Klaus (Hrsg.) (2000): *Globalisierung als Herausforderung für die Pädagogik*. Frankfurt, M.: IKO.
Scheunpflug, Annette; Schröck. Nikolaus (2002; 2. Aufl.): *Globales Lernen*. Einführung in eine pädagogische Konzeption zur entwicklungsbezogenen Bildung. Stuttgart: Brot für die Welt.
Scheunpflug, Annette; Seitz, Klaus (1995): *Die Geschichte der entwicklungspolitischen Bildung*. Zur pädagogischen Konstruktion der „Dritten Welt". Frankfurt, M.: IKO (3 Bde).
Schmidtke, Hans-Peter (2005): Entwicklung der pädagogischen Betrachtungsweise – Ausländerpädagogik, interkulturelle Pädagogik. Pädagogik der Vielfalt. In: Leiprecht, Rudolf; Kerber Anne (Hrsg.): *Schule in der Einwanderungsgesellschaft*. Ein Handbuch. Schwalbach, Ts.: Wochenschau Verlag, 142–161.
Schößwender, Birgit (2003): Lernanlass, Lernort, Lerninhalt. Bildung aus der Perspektive der Fair-Handels-Bewegung. In: *Zeitschrift für internationale Bildungsforschung und Entwicklungspädagogik*. 26.2 (2003), 2–6.
Seitz, Klaus (2002): *Bildung in der Weltgesellschaft*. Gesellschaftstheoretische Grundlagen Globalen Lernens. Frankfurt, M.: Brandes/Apsel.
Selby, David; Rathenow, Hanns-Fred (2003): *Globales Lernen*. Praxishandbuch für die Sekundarstufe I und II. Berlin: Cornelsen.

Stichweh, Rudolf (2000): *Die Weltgesellschaft.* Soziologische Analysen. Frankfurt, M.: Suhrkamp.
Treml, Alfred K. (1993a): Desorientierung überall – oder Entwicklungspolitik und Entwicklungspädagogik in neuer Sicht. In: Scheunpflug, Annette; Seitz, Klaus (Hrsg.): *Selbstorganisation und Chaos.* Entwicklungspolitik und Entwicklungspädagogik in neuer Sicht. Tübingen, Hamburg: Schöppe/Schwarzenbart, 15–36.
Treml, Alfred K. (1993b): Entwicklungspolitik und Entwicklungspädagogik in evolutionstheoretischer Sicht. In: Scheunpflug, Annette; Seitz, Klaus (Hrsg.): *Selbstorganisation und Chaos.* Entwicklungspolitik und Entwicklungspädagogik in neuer Sicht. Tübingen, Hamburg: Schöppe/Schwarzenbart, 111–134.
Treml, Alfred K. (1996): *Die pädagogische Konstruktion der 'Dritten Welt':* Bilanz und Perspektiven der Entwicklungspädagogik. Frankfurt, M.: IKO.
Treml, Alfred K. (2000): *Allgemeine Pädagogik.* Grundlagen, Handlungsfelder und Perspektiven der Erziehung. Stuttgart et al.: Kohlhammer.
UNDP (1999): *Human Development Report 1999.* Globalization with a Human Face. Oxford: Oxford University Press.
VBW – Vereinigung der Bayerischen Wirtschaft e. V. (Hrsg.) (2007): *Bildungsgerechtigkeit.* Jahresgutachten 2007 des Aktionsrates Bildung. Wiesbaden: Leske + Budrich.
Waterkamp, Dietmar (2006): *Vergleichende Erziehungswissenschaft.* Ein Lehrbuch. Münster et al.: Waxmann.
Weinert, Franz E. (2001): Concept of Competence: A Conceptual Classification. In: Rychen, Dominique S.; Salganik, Laura H. (ed.): *Defining and selecting key competencies.* Göttingen: Hogrefe.
Welsch, Wolfgang (1992): *Transkulturalität.* Lebensformen nach der Auflösung der Kulturen. In: Information Philosophie. 2 (1992), 5–20.
Welsch, Wolfgang (1995): *Transkulturalität.* Zur veränderten Verfaßtheit heutiger Kulturen. In: Zeitschrift für Kulturaustausch. 45.1, (1995), 39–44.
Weltkommission (1987) = Weltkommision für Umwelt und Entwicklung (Hrsg.) (1987): *Unsere gemeinsame Zukunft – Der Brundtland-Bericht der Weltkommission für Umwelt und Entwicklung* (Download: www.nachhaltigkeit.aachener-stiftung.de) (5.10.2009).
Wenning, Norbert (1999): *Vereinheitlichung und Differenzierung.* Zu den „wirklichen" gesellschaftlichen Funktionen des Bildungswesens im Umgang mit Gleichheit und Verschiedenheit. Opladen: Leske u. Budrich.
Wenning, Norbert (2004): Heterogenität als neue Leitidee der Erziehungswissenschaft? Zur Berücksichtigung von Gleichheit und Verschiedenheit. In: *Zeitschrift für Pädagogik,* 50.4 (2004), 565–582.
ZEP 1, 2009 = *Zeitschrift für internationale Bildungsforschung und Entwicklungspädagogik.* 32.1 (2009).

Weiterlesen

Gogolin, Ingrid; Krüger-Potratz, Marianne (2006): Einführung in die Interkulturelle Pädagogik. Opladen, Farmington Hills: Barbara Budrich.
Die Publikation gibt einen Überblick der aktuellen Diskurse und Themenfelder Interkultureller Pädagogik als erziehungswissenschaftlicher Querschnittsdisziplin.

Holzbrecher, Alfred (2004): Interkulturelle Pädagogik. Berlin: Cornelsen.
Vor dem Hintergrund theoretischer Überlegungen werden didaktische Überlegungen und konzeptionelle Offerten interkultureller Pädagogik vorgestellt.

Lang-Wojtasik, Gregor; Lohrenscheit, Claudia (Hrsg.) (2003): Entwicklungspädagogik – Globales Lernen – Internationale Bildungsforschung. 25 Jahre ZEP. Frankfurt/Main: IKO.
Die Dokumentation Globalen Lernens im deutschsprachigen Raum anhand von Quellentexten aus einem Vierteljahrhundert bietet einen ausschnitthaften Blick auf ein junges Diskursfeld.

Lang-Wojtasik, Gregor (2009b): Difference as a Contribution to Education Theory and Global Learning from a German Perspective: We should learn more about the cultures of foreign children'. In: International Journal for Development Education and Global Learning. 1.3 (2009), 5–21.
Ausgehend von einer Alltagssituation mit Studierenden wird die international und interkulturell vergleichende Erziehungswissenschaft im deutschsprachigen Raum differenztheoretisch betrachtet und Perspektiven für erziehungswissenschaftliche Forschung und pädagogische Praxis in der Weltgesellschaft werden entworfen.

Scheunpflug, Annette, Schröck. Nikolaus (2002; 2. Aufl.): Globales Lernen. Einführung in eine pädagogische Konzeption zur entwicklungsbezogenen Bildung. Stuttgart: Brot für die Welt.
In der Handreichung wird das Themenfeld Globales Lernen didaktisch umrissen und konkrete Vorschläge zur Umsetzung im pädagogischen Alltag werden unterbreitet.

ZEP – Zeitschrift für internationale Bildungsforschung und Entwicklungspädagogik
Das seit 1977 erscheinende Periodikum Globalen Lernens umfasst die zentralen Debatten des damit assoziierten Lehr- und Forschungsfelds.

Weitersurfen

http://www.globaleslernen.de, oder http://www.ewik.de
Die Eine Welt Internet Konferenz ist ein netzwerkorientiertes Portal, auf dem Aktivitäten und downloads für pädagogisch Handelnde dokumentiert und angeboten werden.

Die Autorinnen und Autoren

Die Autorinnen und Autoren

Burmeister, Petra
Prof. Dr. phil., (Englisch) Pädagogische Hochschule Weingarten (burmeister@ph-weingarten.de).
Forschungsschwerpunkte: Spracherwerb, frühes Fremdsprachenlernen, bilingualer Unterricht.
Burmeister, Petra (2006): Bilingualer Unterricht in der Grundschule. In: Timm, Johannes-Peter (Hrsg.). *Fremdsprachenlernen und Fremdsprachenforschung: Kompetenzen, Standards, Lernformen, Evaluation*. Tübingen: Gunter Narr Verlag, S. 197–212.

Fratton, Peter
Schweizer Reformpädagoge, gründete 1980 das erste 'Haus des Lernens' in der Schweiz. Es folgten vierzehn weitere Schulgründungen. Seit 2006 Begleiter und Berater von Schulprojekten. Seit 2008 Begleiter der Freien Schule Anne-Sophie (p.fratton@sbw.edu; www.adz-netzwerk.de/Peter-Fratton.php).

Henninger, Michael
Prof. Dr. rer. soc., Dr. phil. habil., Diplompsychologe. Studienleiter Medien- und Bildungsmanagement, Pädagogische Hochschule Weingarten (henninger@ph-weingarten.de).
Wissenschaftliche Mitarbeitende im Studiengang Medien- und Bildungsmanagement und Co-Autor/innen: **Christina Barth, Anna Kutter, Maike Jaschniok, Christian Schmidt.**
Henninger, Michael/Mandl, Heinz (Hrsg.) (2009): Handbuch Medien- und Bildungsmanagement. Weinheim: Beltz.

Lang-Wojtasik, Gregor
Prof. Dr., (Erziehungswissenschaft), Pädagogische Hochschule Weingarten (lang-wojtasik@ph-weingarten.de). Leiter der Stabsstelle 'International Office' bis 09/2010, Direktor des Forschungszentrums für Schulentwicklung und Professionalisierung (seit 07/2010), Senatsbeauftragter für Indien. Arbeits- und Forschungsschwerpunkte: Schulentwicklungsforschung (Grundbildung und Schultheorie); Qualitativ-interpretative Bildungs- und Unterrichtsforschung; International und Interkulturell Vergleichende Erziehungswissenschaft (Globales Lernen und Schule in der Globalisierung); Didaktik der Primarstufe und der Sekundarstufe I.
Lang-Wojtasik, Gregor: Schule in der Weltgesellschaft. Herausforderungen und Perspektiven einer Schultheorie jenseits der Moderne. Weinheim/München: Juventa 2008.

Die Autorinnen und Autoren

Raidt, Tabea
Dr., Bildungssoziologin, Stuttgart (mail@tabearaidt.de; www.tabearaidt.de).
Raidt, Tabea (2009): Ökonomische Perspektiven auf Bildung – Beobachtungen zu deutschen Widerständen. In: Barz Heiner (Hrsg.): Handbuch Bildungsfinanzierung. Wiesbaden: Verlag für Sozialwissenschaften.

Ruep, Margret
Dr., Rektorin der Pädagogischen Hochschule Weingarten, Präsidentin der Deutschen Gesellschaft für Bildungsmanagement e. V., Mitglied im Bodenseerat, im Vorstand der Internationalen Bodenseehochschule. Fachgebiete: Unterrichtsentwicklung, Schulentwicklung, Organisationsentwicklung, Personalentwicklung, Bildungsmanagement, Globales Lernen (rektorin@ph-weingarten.de; aruep@t-online.de; www.ph-weingarten.de/de/leitung-verwaltung/leitung-verwaltung-rektorat-rektor.php.).
Ruep, Margret (Hrsg./Heftverantwortliche) (2009): Bildungsmanagement-Schulmanagement-Schulleitung. Lehren und Lernen 8/9-2009. Villingen-Schwenningen: Neckarverlag.

Schnaitmann, Gerhard W.
Privatdozent Dr. phil., M.A., Pädagogische Hochschule Weingarten, Forschungsgebiete: Empirische Unterrichtsforschung und Schulentwicklung, Erziehungswissenschaft – Educational Science (schnaitmann@ph-weingarten.de).
Schnaitmann, Gerhard W. (2006): Evaluation und Evaluationsforschung aus der Sicht der Lehrerbildung. In: Pädagogisches Forum – Unterrichten/Erziehen. Heft 2/2006.

Schratz, Michael
Univ.-Prof. Dr., Dekan der Fakultät für Bildungswissenschaften der Leopold-Franzens-Universität Innsbruck, Österreich, Institut für Lehrerinnenbildung und Schulforschung (michael.schratz@uibk.ac.at). Tätigkeit in Lehrerbildung und Qualifizierung von Führungskräften in den Bereichen Lernen und Lehren, Führung, Unterrichts- und Schulentwicklung. Arbeitsschwerpunkte: Entwicklung von Professionalität und Leadership, Systementwicklung im Bildungswesen. Wissenschaftliche Leitung der Leadership Academy. Mitglied zahlreicher internationaler Kommissionen und Arbeitsgruppen (Europarat, OECD, EU). Längere Forschungsaufenthalte in Großbritannien, USA und Australien. Zahlreiche Veröffentlichungen zu Bildung, Gesellschaft und Lernen, Leadership und Qualitätsentwicklung. Mitbegründer und -herausgeber mehrerer pädagogischer Zeitschriften.
Schratz, M. u. a. (2002): Serena, oder: Wie Menschen ihre Schule verändern. Schulentwicklung und Selbstevaluation in Europa. Innsbruck: Studienverlag (Übersetzung in 6 Sprachen).

Wolf, Bettina
Diplom-Pädagogin und Hauptschullehrerin (fiwo2000@aol.com).
Wolf, B., Schmidt, H.-L. (2010). Soziale Ungleichheit – Integrationspotential durch Ganztagsschule!? In: Bernd R. Birgmeier, Eric Mührel, Hans-Ludwig Schmidt: Sozialpädagogik und Integration. Beiträge zu theoretischen Grundlagen, Handlungskonzepten und Arbeitsfeldern. Essen. S. 299–322.

Würth, Bettina
Vorsitzende des Beirats der Würth-Gruppe und Initiatorin der Freien Schule Anne-Sophie (bettina.wuerth@wuerth.com).